校企合作双元开发新形态信息化教材
高等职业教育轨道交通类"十四五"技能型人才培养实用教材

# 城市轨道交通
## 列车运行自动控制系统维护

（智媒体版）

主　编　张桂源　张庆玲　赵　丽
副主编　李泽健　南　洋　李　巍

新形态信息化教材

校企合作双元开发

课程思政

动画

微课

课件

西南交通大学出版社
·成都·

图书在版编目（CIP）数据

城市轨道交通列车运行自动控制系统维护：智媒体版 / 张桂源，张庆玲，赵丽主编. —成都：西南交通大学出版社，2023.6

校企合作双元开发新形态信息化教材　高等职业教育轨道交通类"十四五"技能型人才培养实用教材

ISBN 978-7-5643-9307-6

Ⅰ.①城… Ⅱ.①张… ②张… ③赵… Ⅲ.①城市铁路－自动控制系统－维修－高等职业教育－教材　Ⅳ.①U239.5

中国国家版本馆 CIP 数据核字（2023）第 093857 号

---

校企合作双元开发新形态信息化教材
高等职业教育轨道交通类"十四五"技能型人才培养实用教材

Chengshi Guidao Jiaotong Lieche Yunxing Zidong Kongzhi Xitong Weihu (Zhimeiti Ban)

### 城市轨道交通列车运行自动控制系统维护
（智媒体版）

| | |
|---|---|
| 主编 | 张桂源　张庆玲　赵　丽 |
| 责任编辑 | 穆　丰 |
| 封面设计 | 何东琳设计工作室 |
| 出版发行 | 西南交通大学出版社<br>（四川省成都市金牛区二环路北一段 111 号<br>西南交通大学创新大厦 21 楼） |
| 邮政编码 | 610031 |
| 发行部电话 | 028-87600564　028-87600533 |
| 网址 | http://www.xnjdcbs.com |
| 印刷 | 四川玖艺呈现印刷有限公司 |
| 成品尺寸 | 185 mm×260 mm |
| 印张 | 20 |
| 字数 | 501 千 |
| 版次 | 2023 年 6 月第 1 版 |
| 印次 | 2023 年 6 月第 1 次 |
| 定价 | 68.00 元 |
| 书号 | ISBN 978-7-5643-9307-6 |

课件咨询电话：028-81435775
图书如有印装质量问题　本社负责退换
版权所有　盗版必究　举报电话：028-87600562

# 前 言
PREFACE

随着我国经济快速发展，城市规模不断扩大，城市人口数量逐年增加，城市交通的压力也越来越大，如何解决这一问题引起了人们越来越多的关注。党的二十大报告中指出，高质量绿色发展才是社会主义现代化国家发展的普遍形态，而城市轨道交通以其快捷、高效、安全、绿色、环保等优越性成为目前解决城市交通问题的一把钥匙。目前，我国城市轨道交通正处于欣欣向荣的发展阶段，截至2022年底，31个省（自治区、直辖市）和新疆生产建设兵团共有55个城市开通运营城市轨道交通线路308条，运营里程10 287.45 km，全年累计完成客运量193.02亿人次，总进站量为116.56亿人次。

在城市轨道交通中，列车运行自动控制系统是保证列车安全、高效运行的核心系统。其采用先进的通信、计算机技术，连续控制、检测列车运行，通过车—地间大量的信息传递实现高密度、大运量的列车运行控制。随着我国城市人口数量的逐年升高，对城市轨道交通安全性和高效性的需求也在逐年提升，因而许多高端、复杂的城市轨道交通列车运行控制系统技术设备需要大量的专业技术人员进行操作、维护、保养、故障处理等。目前在该领域的高级技能型人才缺口较大，因此培养工作于生产一线的高级应用型技能人才成为高等职业教育的首要目标。为了适应目前的高职院校"三教改革"对教材的需求，本新形态信息化教材应运而生。

本书按照"项目引领、任务驱动"模式编写并配备技能训练工单，对城市轨道交通列车运行控制系统进行全面、系统的描述。内容包括城市轨道交通列车运行自动控制系统入门认知、系统认知、新技术认知3大模块，7个学习项目，24个子工作任务，涵盖了目前我国城市轨道交通常用的列车运行控制系统的特点、构成、功能、发展历程，城市轨道交通列车运行控制系统的关键技术、设备，城市轨道交通列车运行控制系统的原理，基于轨道电路、通信的列车运行控制系统的结构、特点、原理、操作、维护以及城市轨道交通列车运行控制系统新技术。本书旨在体现职业知识与技术训练相结合，具有针对性和操作性；案例及实操训练的引入实现了在培养学生技术技能及职业能力的同时，进一步提升学生对吃苦耐劳、精益求精等工匠精神的认知。

本书由长春职业技术学院（智能交通系）张桂源、张庆玲、赵丽担任主编，李泽健、南洋、李巍担任副主编。赵丽负责项目 5 的编写，张桂源负责项目 6 的编写，李泽健负责项目 1、项目 2 的编写，南洋负责项目 3、项目 4 的编写，李巍负责项目 7 的编写。全书由张桂源负责统稿，由张庆玲负责任务评价标准的制定与全书的审核。

鉴于我国城市轨道交通列车运行控制系统技术先进、种类较多、制式复杂，在内容编写与知识阐述中难以面面俱到，同时编者学术水平和实践经验有限，书中难免存在疏漏和不妥之处，恳请广大读者和同行朋友批评指正。

编 者

2023 年 5 月

# 二维码目录
## LIST OF QR CODE

| 序号 | 二维码名称 | 资源类型 | 书籍页码 |
|---|---|---|---|
| 1 | 城市轨道交通的认知 | 课件 | P3 |
| 2 | 城市轨道交通列车运行控制系统认知 | 课件 | P12 |
| 3 | 城市轨道交通列车运行控制系统的发展历程 | 课件 | P22 |
| 4 | 列车运行控制系统发展历程 | 微课 | P23 |
| 5 | 车—地通信设备认知 | 课件 | P33 |
| 6 | 应答器工作原理 | 动画 | P37 |
| 7 | 计轴器原理 | 动画 | P60 |
| 8 | 测速技术 | 课件 | P68 |
| 9 | 测速方法 | 动画 | P69 |
| 10 | 定位技术 | 课件 | P73 |
| 11 | 相对定位方式 | 微课 | P77 |
| 12 | 速度控制技术 | 课件 | P80 |
| 13 | 车—地通信技术 | 课件 | P84 |
| 14 | 基于漏泄波导的车—地通信技术 | 微课 | P85 |
| 15 | 车门控制 | 动画 | P114 |
| 16 | 自动排列进路 | 动画 | P119 |
| 17 | TBTC系统基础知识认知——概述 | 课件 | P126 |
| 18 | TBTC系统组成及分类 | 微课 | P127 |
| 19 | TBTC系统基础知识认知——ATS | 课件 | P129 |
| 20 | TBTC系统基础知识认知——ATP | 课件 | P136 |

续表

| 序号 | 二维码名称 | 资源类型 | 书籍页码 |
|---|---|---|---|
| 21 | TBTC 系统基础知识认知——ATO | 课件 | P149 |
| 22 | 对位停车控制 | 动画 | P149 |
| 23 | 西门子 TBTC 系统认知 | 课件 | P152 |
| 24 | 西门子 ATC 系统概述 | 微课 | P152 |
| 25 | CBTC 系统基础知识认知 | 课件 | P188 |
| 26 | CBTC 系统概述 | 微课 | P189 |
| 27 | CBTC 原理 | 动画 | P194 |
| 28 | 卡斯柯 CBTC 系统认知——卡斯柯 Urbalis 888 系统概述 | 课件 | P201 |
| 29 | 卡斯柯 Urbalis888 系统概述 | 微课 | P201 |
| 30 | 卡斯柯 CBTC 系统认知——ATP/ATO 子系统 | 课件 | P205 |
| 31 | 卡斯柯 CBTC 系统认知——ATS 子系统 | 课件 | P217 |
| 32 | 卡斯柯 CBTC 系统认知——CI 子系统 | 课件 | P229 |
| 33 | 卡斯柯 CBTC 系统认知——数据通信子系统 | 课件 | P234 |
| 34 | 卡斯柯 CBTC 系统认知——卡斯柯 Urbalis 888 原理 | 课件 | P240 |
| 35 | 卡斯柯 Urbalis 888 系统原理 | 微课 | P240 |
| 36 | 其他列车运行控制系统认知 | 课件 | P255 |

# 目录
CONTENTS

## 模块 1　城市轨道交通列车运行自动控制系统学习入门

### 项目 1　城市轨道交通列车运行控制系统概述 …………………………… 002
　　工作任务 1　城市轨道交通的认知 ……………………………………… 003
　　工作任务 2　城市轨道交通列车运行控制系统认知 …………………… 012
　　工作任务 3　城市轨道交通列车运行控制系统的发展历程 …………… 022

### 项目 2　城市轨道交通列车运行控制系统关键设备认知 ………………… 032
　　工作任务 1　车—地通信设备认知 ……………………………………… 033
　　工作任务 2　列车检测设备认知 ………………………………………… 049

### 项目 3　城市轨道交通列车运行控制系统关键技术认知 ………………… 067
　　工作任务 1　测速技术 …………………………………………………… 068
　　工作任务 2　定位技术 …………………………………………………… 073
　　工作任务 3　速度控制技术 ……………………………………………… 080
　　工作任务 4　车—地通信技术 …………………………………………… 084
　　工作任务 5　联锁技术 …………………………………………………… 092

## 模块 2　城市轨道交通列车运行自动控制系统认知

### 项目 4　城市轨道交通列车运行自动控制系统工作原理认知 …………… 100
　　工作任务 1　ATP 子系统工作原理 ……………………………………… 101
　　工作任务 2　ATO 子系统工作原理 ……………………………………… 110
　　工作任务 3　ATS 子系统工作原理 ……………………………………… 115

项目 5　基于轨道电路的列车运行控制系统维护 ············································· 125
　　工作任务 1　TBTC 系统基础知识认知 ················································ 126
　　工作任务 2　西门子 TBTC 系统认知 ················································· 152
　　工作任务 3　US&S 列车运行控制系统认知 ·········································· 163
　　工作任务 4　TBTC 系统设备维护训练 ··············································· 172

项目 6　基于通信的列车运行控制系统维护 ················································· 187
　　工作任务 1　CBTC 系统基础知识认知 ··············································· 188
　　工作任务 2　卡斯柯 CBTC 系统认知 ················································ 200
　　工作任务 3　其他列车运行控制系统认知 ············································· 255
　　工作任务 4　CBTC 系统设备维护训练 ··············································· 269

## 模块 3　城市轨道交通列车运行自动控制系统新技术认知

项目 7　城市轨道交通列车运行自动控制系统新技术 ····································· 280
　　工作任务 1　基于车—车通信的列车运行自动控制系统认知 ······················ 281
　　工作任务 2　全自动无人驾驶列车运行自动控制系统的认知 ······················ 290
　　工作任务 3　全自动无人驾驶系统运营管理及故障处理 ··························· 303

参考文献 ······························································································· 312

模块 1

城市轨道交通列车运行
自动控制系统学习入门

# 项目 1　城市轨道交通列车运行控制系统概述

### 知识目标

(1) 了解城市轨道交通特点及发展历程。
(2) 熟悉城市轨道交通体系的构成。
(3) 掌握城市轨道交通列车运行控制系统的组成。
(4) 熟悉城市轨道交通列车运行控制系统的分类及选用原则。
(5) 掌握城市轨道交通列车运行控制系统主要解决哪些问题。
(6) 熟悉国内外城市轨道交通列车运行控制系统的发展概况。
(7) 了解城市轨道交通列车运行控制系统的发展趋势。

### 能力目标

(1) 明确城市轨道交通体系架构。
(2) 能识别不同城市轨道交通列车运行控制系统的特点。
(3) 明确城市轨道交通列车运行控制系统的选用方法。

### 重点难点

(1) 城市轨道交通体系的构成。
(2) 城市轨道交通列车运行控制系统的组成、分类。
(3) 城市轨道交通列车运行控制系统的发展趋势。

### 案例引入

**案例叙述：**

一列隶属日本地铁公司的列车在一处限速 70 km/h 的急转弯出轨，冲入距离出轨点约 60 m 远与轨道距离 6 m 的一栋九层楼公寓内部，该事故导致两节地铁车厢严重变形，车上乘客死伤惨重，酿成日本地铁历史上最严重的事故之一。

后经事故调查发现，造成事故的原因是驾驶员为了赶点而超速驾车行驶，出轨地点的限速为 70 km/h，而从事故列车上获取的数据显示当时列车的行驶速度已达到 90 km/h，且事故发生的列车运行控制系统制式陈旧，部分系统已不能实现其功能，列车在进行超速行驶时没有实现停车防护。

**案例分析：**

造成这起事故的原因除了驾驶员的人为因素外，列车运行控制系统不能正常工作，无法完成对线路中运行列车最基本的速度防护，未能实现对列车运行安全的防护也是主要原因。由此可见，在城市轨道交通中列车运行控制系统起着极其重要的作用。

## 工作任务 1　城市轨道交通的认知

课件　城市轨道交通的认知

### 技能训练

《城市轨道交通的认知》训练工单

| 学习项目 | 城市轨道交通列车运行控制系统概述 | | 姓名 | | 班级 | |
|---|---|---|---|---|---|---|
| 任务名称 | 城市轨道交通的认知 | | 学号 | | 组别 | |
| 任务目标 | 1. 能够明确说明城市轨道交通的定义；<br>2. 能够描述所在城市的城市轨道交通发展情况 ||||||
| 任务描述 | 学生以小组为单位，通过查阅相关资料及实地调研，完成下列任务：<br>1. 介绍城市轨道交通的定义；<br>2. 描述城市轨道交通的发展概况（国内、国外两个角度）；<br>3. 以小组为单位查询所在城市的城市轨道交通发展过程、现状及特点 ||||||
| 任务要求 | 1. 场地要求：列车运行控制系统实训室；<br>2. 设备要求：无；<br>3. 工具要求：无 ||||||
| 课前任务 | 请根据教师下发的视频资源，探索所在城市的城市轨道交通的发展历程，并在课程平台讨论区中讨论 ||||||
| 课中训练 | 1. 通过查阅相关资料，将国内外主要城市的城市轨道交通发展概况记录在表 1-1-1 中。<br>表 1-1-1　国内外主要城市的城市轨道交通发展过程记录表<br><br>| 城市名 | 首条开通线始终点站及开通时间 | 城市轨道交通发展过程 | 城市轨道交通的特点 |<br>|---|---|---|---|<br>| 伦敦 | | | |<br>| 东京 | | | |<br>| 北京 | | | |<br><br>2. 请学生分组调研所在城市的城市轨道交通发展情况，并进行 PPT（微软公司演示文稿软件）汇报展示 ||||||
| 任务总结 | 对项目完成情况进行归纳、总结、提升： ||||||
| 课后任务 | 思考不同城市的城市轨道交通发展异同，并在课程平台讨论区中讨论 ||||||

> 理论要点

"城市轨道交通"是一个含义较广的概念,在国际上没有统一的定义。一般而言,城市中车辆在固定的轨道上运行并主要用于城市客运的交通系统都称为城市轨道交通。

广义的城市轨道交通是指以轨道运输方式为主要技术特征,在城市公共客运交通系统中具有中等以上运量的轨道交通系统(有别于道路交通),主要提供城市内(有别于城际铁路,但可涵盖郊区及城市圈范围)公共客运服务,是一种在城市公共客运交通系统中起骨干作用的现代化立体交通系统。

狭义的城市轨道交通是指地铁、轻轨和单轨。

城市轨道交通凭借其大载客量、快捷、准时、安全、环保的特点成为解决城市交通拥挤的最有效手段。城市公共交通的轨道化程度已成为衡量一个城市现代化的重要标志之一。城市轨道交通经历了近一个半世纪的发展,技术成熟、安全可靠、形式多样、用途广泛,已成为城市交通的骨干力量。

## 1.1 城市轨道交通的发展概况

### 1.1.1 城市轨道交通的起源

在16世纪前,城市交通的发展只是表现为城市道路网的不断修建与完善,其交通形式则一直为个人行为的步行、骑马和马车出行。直到进入16世纪中期,建立了地区性的车辆出租系统,公共交通才开始出现。最早的城市公共交通是1625年左右在伦敦、巴黎出现的马车出租业务(这是出租车的前身),到1700年,伦敦的出租马车大概只有600辆。这一历史时期的公共交通主要服务于贵族阶层,绝大多数民众仍然依靠步行出行,故而城市结构仍然是密集而紧凑的,城市半径在步行可达距离之内。

最早出现的现代意义上的城市大容量公共交通是1819年在巴黎运行的公共马车。这是一种可载多人的大型马车,在固定线路上往返运行,任何人只要交付一定的资费就可乘坐,对市民出行十分方便。由于其实用性,公共马车很快就在欧美一些主要城市得到推广,1827年,美国纽约运行了第一条改良后的公共马车线路,载客人数提高到12人。

随着城市规模的逐渐扩大,人们对公共交通运输能力的要求也不断提高,为了有效地利用牵引动力,在改良马车的同时,也对道路进行不断地改造,借鉴矿山的轨道运输线路发明了有轨马车,如图1-1-1所示。

图1-1-1 有轨马车

1832 年，在美国纽约市的曼哈顿街道上铺设了轨道并开始了有轨公共马车运行，这是城市轨道交通的雏形。这种有轨马车仅用 2 匹马就可以拉动载有 40 名乘客的车厢，比普通马车的乘客多出 2 倍。1847 年，英国伦敦出现了最早的双层公共马车，敞开的顶层可以让乘客悠闲地游览市容。1851 年，该马车顶层有了遮阳防雨的车篷。到 1861 年，伦敦的街道上也有了有轨马车。

1765 年，英国人瓦特改良了蒸汽机，人类进入了"蒸汽机时代"。

英国人理查德·特里维西克根据蒸汽汽车的工作原理，经过多年的探索、研究与改进，终于在 1804 年制造了第一台单气缸和大飞轮的蒸汽机车，该机车能够牵引 5 辆车厢并以 8 km/h 的速度在轨道上行驶，这就是在轨道上最早行驶的机车。因为当时使用煤炭或木柴做燃料，人们就把它叫作"火车"。在此之后，史蒂芬森又积极改进了火车的性能，并且取得了很大的进展，于 1814 年制造出一辆有两个气缸能够牵引 30 t 货物爬坡的火车。此时人们开始意识到，火车是一种很有前途的交通运输工具，并于 1825 年在英国的斯托克顿与达林顿之间开设了世界上第一条营业铁路。从这以后，火车就以速度快、运载能力强的优点逐渐在世界范围得到了广泛的应用与快速的发展。

随着牵引动力的改革，铁路发展速度逐步加快，到第一次世界大战爆发前夕，全世界就已经修建铁路达 110 万千米左右。

电能的利用无疑是 19 世纪人类最伟大的创举，它为人们带来了全新的生活方式和巨大的社会财富。1879 年，德国的西门子哈尔斯克电报机制作所研制出了第一辆有轨电车，这是一辆通过第三轨供电的机车，车上装有一台 2.2 kW 的电动机，可拉动 3 节载有 18 人的平板车厢。

## 1.1.2　国外城市轨道交通的发展

从 1863 年伦敦建成世界上第一条地铁至今，城市轨道交通的发展已经有超过 160 年的历史。城市化进程的加快、大城市人口数量的激增以及城市公路交通的拥堵使城市轨道交通日益得到各国政府的重视，目前全球每天客运量约为 1.2 亿人次，城市轨道交通运输在城市客运体系中发挥的作用越来越重要。

目前拥有城市轨道交通线路最多的地区分别为欧洲、亚洲和美洲。运营线路较长的国家分别为中国、美国、日本和德国，上述国家运营里程数合计占全球运营里程近 45%。发达国家的主要大城市如纽约、华盛顿、芝加哥、伦敦、巴黎、柏林、东京等已基本完成城市轨道交通网络建设，后起的新兴国家和地区城市轨道交通方兴未艾，亚洲地区包括中国、印度、伊朗、越南、印度尼西亚等多个国家均有多个城市在建或规划建设城市轨道交通线路。

城市轨道交通的诞生和发展经历了一个曲折的过程，大致分为以下几个阶段：

### 1. 初始发展阶段（1863—1924）

1843 年，英国人查尔斯·皮尔逊为伦敦市设计了世界上最早的城市地铁系统。伦敦地铁于 1863 年 1 月 10 日建成通车，线长 6.5 km，采用蒸汽机牵引，这是世界上第一条地铁铁路。

1874 年，英国伦敦首次使用盾构法施工，于 1890 年 12 月 18 日修建成另一条约 5.2 km 的地铁铁路，并首次采用电力机车牵引。

截至 1923 年，世界许多国家的大城市修建了地铁，例如芝加哥、费城、波士顿、巴黎、汉堡、纽约、马德里等。这一阶段欧美的城市轨道交通发展较快。

### 2. 停滞萎缩阶段（1924—1949）

一方面是第二次世界大战的爆发造成了城市轨道交通发展的停滞和萎缩，另一方面是汽车工业的发展制约了城市轨道交通的发展。汽车的灵活、便捷、可达性等特点使其在这一时期得到了飞速发展。相比之下，城市轨道交通投资大，建设周期长，运营成本高。这一时期只有东京、大阪和莫斯科修建了地铁。

### 3. 重新发展阶段（1949—1969）

汽车的过度增加使城市交通堵塞，严重时还会导致交通瘫痪，加之汽车工业带来了空气污染、噪声严重、石油能源过度耗费等问题，人们又重新认识到解决这些城市交通问题必须依靠电力驱动的城市轨道交通。这一阶段，名古屋、北京、蒙特利尔等城市相继修建了地铁，城市轨道交通发展从欧美扩展到了亚洲。

### 4. 高速发展阶段（1970年至今）

随着社会城市化的发展，导致人口高度集中，这要求城市轨道交通高速发展以适应日益增加的客流运输需求，而科学技术的进步为城市轨道交通奠定了良好的发展基础。另外，城市轨道交通本身具有的大运量、高效率、节约城市土地资源等特点也为其高速发展创造了条件。在这一阶段，城市轨道交通的发展扩展到发展中国家。

据日本地下铁道协会统计，截至1999年全世界已经有173个城市建成了地下铁道，线路总长超过了7 000 km。20世纪50-90年代中等发达国家和发展中国家地下铁道建设进程如表1-1-2所示。

表1-1-2　20世纪50-90年代中等发达国家和发展中国家地下铁道建设进程

| 年代 | 城市数目 | 建设历程/km | 年代 | 城市数目 | 建设历程/km |
| --- | --- | --- | --- | --- | --- |
| 1950—1960 | 10 | 455.65 | 1981—1990 | 29 | 978.20 |
| 1961—1970 | 10 | 799.00 | 1991—1999 | 95 | 415.30 |
| 1971—1980 | 29 | 1 634.80 | 总计 | 173 | 4 282.95 |

## 1.1.3　国内主要城市轨道交通的发展

我国自1969年北京地铁1号线开通以来，经过50多年的发展，城市轨道交通已进入快速发展时期。据不完全统计，截至2022年底，我国已有北京、上海、广州、深圳、南京、天津、重庆、武汉、长春、大连、成都、沈阳等共有55个城市开通城市轨道交通，运营线路308条，运营线路总长度10 287.45 km。其中，地铁运营线路8 008.17 km，占比77.84%；其他制式城轨交通运营线路2 279.28 km，占比22.16%。当年新增运营线路长度1 080.63 km，所需车辆超过3万辆。

截止2022年7月，上海以地铁里程829.59 km，排名世界第一。

北京是我国第一个拥有地铁的城市。1965年7月1日，北京市开始兴建第一条地下铁道，即地铁1号线，一期工程全长23.6 km，于1969年10月1日建成通车。随后，地铁2号线也于1984年9月通车试运营。然而到2001年，这32年的建设时间里，北京共竣工了42 km地铁，平均每年只修建 1.3 km 地铁，特别是 1987—1997 年的十年间，只开通了复兴门到西单的 1.8 km 地铁。此时的北京地铁发展较为落后。

随着城市地面交通压力日益增大，北京城市轨道交通建设也紧锣密鼓地进行。2002 年 12 月 28 日，北京地铁 5 号线开工建设，紧接着 4 号线、10 号线（一期）、奥运支线、机场快轨线陆续开工，为了迎接盛大的北京奥运会，在 2008 年 7 月 19 日北京地铁 10 号线一期、机场线和奥运支线 3 条新地铁线路同时开通试运营，使运营里程达到 200 km。2009 年 9 月 28 日，由香港地铁公司参与投资建设并负责运营的北京地铁 4 号线开通，使北京轨道交通运营里程接近 230 km，车站达 147 座。北京地铁房山线、昌平线一期、15 号线一期、亦庄线和大兴线 5 条地铁线路于 2010 年 12 月 30 日正式开通运营，使北京的轨道交通运营里程达到 336 km。一次开通里程达 108 km，这在国内首屈一指，如此大规模的地铁建设，在世界地铁建设史上也是很少见的。

"十四五"期间，北京城市轨道交通建设和开通速度还将加快，将有超过 5 000 亿元投入到支持优化公共交通及轨道交通的发展中，随着"三环、四横、五纵、七放射"城市轨道交通网建成，原定的 561 km 轨道总里程有望再增百余千米。尤其是市区内的地铁将交织成网，每 500 m 就可以找到一座地铁站。

广州地铁（Guangzhou Metro）是指服务于中国广东省广州市和珠江三角洲的城市轨道交通系统。作为国际地铁联盟的成员之一，其第一条线路广州地铁 1 号线于 1997 年 6 月 28 日正式开通运营，使广州成为中国第四座、广东省首座开通轨道交通的城市。截至 2022 年 5 月，广州地铁运营里程为 621 km，位列中国内地第三名。

截至 2020 年 3 月 22 日，广州地铁最高日客运量为 2019 年 12 月 31 日的 1 156.94 万人次。

截至 2022 年 5 月，广州地铁运营线路共 16 条，分别为 1 号线、2 号线、3 号线（含 3 号线北延段）、4 号线、5 号线、6 号线、7 号线、8 号线、9 号线、13 号线、14 号线（含知识城线）、18 号线、21 号线、22 号线、APM 线和广佛地铁，共设车站 302 座，共有换乘站 40 座。

截至 2022 年 5 月，广州地铁在建线路共有 11 条（段），分别为 3 号线东延段、5 号线东延段、7 号线二期、10 号线、11 号线、12 号线、13 号线二期、14 号线二期、18 号线一期后通段、22 号线后通段、广花城际段。

重庆轨道交通（Chongqing Rail Transit，CRT）的第一条线路于 2004 年 11 月 6 日开通观光运行，2005 年 6 月 18 日开通试运营，使重庆成为中国内地第九座、西部地区第一座开通轨道交通的城市。

截至 2023 年 2 月，重庆轨道交通已开通 1、2、3、4、5、6、9、10 号线，环线，国博线，江跳线，共 11 条线路，运营里程 501 千米。其中，1、4、5、6、9、10 号线、环线、国博线为地铁系统，2、3 号线为单轨系统（跨座式单轨），江跳线为市域（郊）铁路。

截至 2023 年 2 月，重庆轨道交通在建线路包括 4 号线西延伸段、5 号线一期中段、6 号线东延伸段、10 号线二期后堡站至兰花路站段、15 号线一期及二期、18 号线一期及北延伸段、24 号线一期、27 号线、市郊铁路江跳线过江段、市域快线璧铜线。

2022 年，重庆轨道交通年客运量为 9.11 亿人次。截至 2023 年 3 月，日最高客运量为 2023 年 3 月 3 日的 436.6 万人次。

城市轨道交通系统是一个庞大而复杂的系统，犹如一个巨大的联动机，将土木工程、建筑、机械、电机电器、自动控制、计算机、通信、信号等领域协调有序地联结在一起，共同发挥作用，从而安全、顺畅、准时地完成运输任务。

## 1.2 城市轨道交通的作用及特点

### 1.2.1 城市轨道交通的地位与作用

现代化城市的实质就是解决好人与时间、空间的关系，城市化的过程是人们驾驭空间的过程，城市现代化的过程是人们驾驭时间的过程。城市轨道交通作为公共交通的一部分，它的主要作用体现在以下几个方面：

（1）城市轨道交通是城市公共交通的主干线，是客流运送的大动脉，还是城市的生命线工程。建成运营后，其将直接关系到城市居民的出行、工作、购物和生活。

（2）城市轨道交通是世界公认的低能耗、少污染的"绿色交通"，是解决"城市病"的一把"金钥匙"，也符合党的二十大报告中提出的"制造业高端化、智能化、绿色化发展"的要求。对于实现城市的可持续发展具有非常重要的意义。

（3）城市轨道交通的建设可以带动城市的发展，促进城市繁荣，形成郊区卫星城和多个副中心，从而缓解城市中心人口密集、住房紧张、绿化面积小、空气污染严重等城市问题。

（4）城市轨道交通的建设与发展有利于提高市民出行的效率，节省时间，改善生活质量。

### 1.2.2 城市轨道交通的主要技术特性

#### 1. 运量大

目前城市轨道交通在高峰小时单向运输能力可以达到六七万人次，成为运量最大的城市交通工具。

#### 2. 速度快

城市轨道交通通常采用电动车组作为牵引动力，而且配有良好的线路条件和自动控制体系，确保了列车良好的运行环境和性能。目前，地铁最高运行速度一般都在 80 km/h，在部分站间距较大的郊区，地铁运行速度可以达到 110 km/h。

#### 3. 污染少

城市轨道交通的动力来源于电力牵引，所以与道路交通相比，污染微乎其微，这也是其称为"绿色交通"的原因之一，对城市环境保护有着积极意义。

#### 4. 能耗低

作为一种大运量的集团化客运系统，城市轨道交通每运送一位乘客所消耗的能量水平，远远低于其他城市交通方式。

#### 5. 可靠性强

由于城市轨道交通线路一般与地面交通完全隔离，因而不受地面交通的影响。如果线路建设在地下隧道内，则完全不受外界气候环境的影响，所以，城市轨道交通是城市客运交通方式中可靠性最强的一种，尤其是在上下班高峰时段，即地面交通拥挤不堪的情况下，对于时间性极强的现代城市交通行为者而言，这个优势更是无可比拟的。

#### 6. 舒适性佳

城市公共客运交通方式舒适性主要表现在环境质量与拥挤程度两个方面。而城市轨道交通系统环境质量较好，不论是在车站候车、售检票，还是在途中乘车，均有现代化的环控措施保证良好的空气质量；拥挤度则可通过轨道交通的准时性、速达性得到较大程度的调整。

#### 7. 占地面积小

城市轨道交通既是城市公共客运交通，又是大运量集团化轨道交通。线路主要存在于地下隧道中、高架桥梁上，较少占用地面，因此每位乘客完成交通行为所占用的道路面积是最小的。

### 1.2.3　城市轨道交通的特点

城市轨道交通的诞生和发展在世界已有一百多年的历史，19世纪60年代，世界上第一条地铁在伦敦诞生，揭开了城市轨道交通发展的序幕。城市轨道交通发展到现在，呈现出以下特点：

#### 1. 样式的多样性

根据轨道交通系统基本技术特征的不同，轨道交通系统主要有市郊铁路、地下铁轻轨交通、独轨铁路和有轨电车等类型。

#### 2. 规划布局要求的科学性和合理性

世界级大城市在修建或者调整交通线路之前首先要对地区客流量和乘客需求的要素进行全面地调查和科学地分析，管理当局还要根据新出现的交通问题筹划建设新的线路。轨道交通线网规划不仅需要与城市地面交通配合，还要与公路、铁路、民航等大交通协调。因此，大城市交通系统一般以建设和发展轨道交通为主，再综合布置高速公路和其他交通方式。

#### 3. 建设和服务的高标准化

城市轨道交通的建设和运营必须与城市环境融为一体，相互协调，并提升环境的品位，以促进城市可持续发展。城市轨道交通建设按构筑物的形式或者轨道相对于地面的位置分为地下轨道、高架轨道、地面轨道三类，由于这三种轨道敷设方式对工程的建造成本有着较大的差别，因此在不同的周边环境和地理位置情况下，选择适当的敷设方式对节省工程投资有着积极的作用。但是为了减少对城市的干扰，达到环保的要求，有的城市即使在建设造价相对较低的轻轨时也要进入地下，这样人们对造成的工程量的增加和成本的大幅度上升以及对城市地下结构的破坏是否环保的看法就见仁见智了。同时，应该在有旧线路时尽量进行旧线路的改造，避免新建，这也是达到环保的一个途径。

城市轨道交通带来的不仅仅是科技和运力的提升，同时也带来了服务的高标准化。各大城市轨道交通的设计、建设、运营和管理都十分重视以优质的服务满足城市、经济、发展和乘客的需求，它比常规公交更加迅捷、方便、舒适，这对于提升城市出行水平有很大的作用。

### 4. 发展性和复杂性

城市轨道交通与城市的形成、发展及城市化进程的初级阶段、中级阶段和高级阶段相对应，城市交通的发展也分为初级、中级和高级三个阶段；相应地，作为城市交通主要组成部分的城市轨道交通的发展则经历了生成期、成长期和成熟期三个阶段，并且每个时期均有其独特的技术特点。

#### 1）生成期的特点

（1）城市轨道交通设计简单，技术装备水平低。

（2）城市轨道交通在城市交通中所占的份额有限。

#### 2）成长期的特点

（1）在硬件方面，先进技术的采用主要表现为城市轨道交通运输工具的更新与完善。以工业革命驱动的城市化进程及现代城市的诞生，促使了人与物在城市空间运动流量中的迅速扩大。与城市经济功能及经济结构的完善，城市规模的扩大及人与物在城市内部空间运动流量的增加相对应，城市公共交通系统得到了迅速的发展与完善。

（2）在软件方面，先进技术的采用主要表现为城市规划与城市交通布局及城市轨道交通网络的发展开始以先进的设计思想为指导。比如，在马德里的城市改建方案中，索里亚就对城市轨道交通在城市规划中的系统布置提出了较为科学的看法。他的"线状城市"方案认为城市的形状应采用线状，同时轨道交通应以地下线路、地面线路与高架线路相结合的方式进行规划、建设。

#### 3）成熟期的特点

（1）城市交通体系不再单一，更注重公交协调合作的作用，强调大小公交的衔接和一体化，大容量快速轨道交通与传统汽、电车地面交通两大类运输方式形成全方位、立体化、多层次的格局。

（2）随着城市化发展速度变慢，人与物向城市空间运动的加速度也变慢，导致人与物的空间运动量逐渐减少，空间运动规模不再扩大，这样，城市内部轨道交通的压力将得到一定程度的缓解。但是由于城市分解和过度市郊化造成的市郊轨道交通问题开始逐渐突出。

### 5. 城市轨道交通是巨大的综合性复杂系统

（1）建设规模大，一个城市的轨道交通线网一般有百余千米至数百千米。

（2）技术要求高，几乎涉及现代土木工程、机电设备工程所用高新技术领域。

（3）项目投资大，每千米造价达3亿元~4亿元。

（4）建设周期长，单线建设周期要4~5年，线网建设一般要30~50年。

（5）信息量大，建设、运营过程中所产生的信息量很大，处理工作非常繁重。

（6）系统复杂，要考虑城市轨道交通与其他交通方式、城市发展的关系，考虑城市轨道交通线网布局、建设次序、资源共享的关系，考虑轨道交通工程策划、建设、运营、资源利用的关系等。

### 1.2.4 城市轨道交通体系构成

城市轨道交通是属于集多专业、多工种于一身的复杂系统，通常由城市轨道路线、车辆、通信信号、供变电、车站、维护检修基地、指挥控制中心等组成。城市轨道交通的运输组织、功能实现、安全保障均应遵循有轨交通的客观规律。在运输组织上要实行集中调度、统一指挥、按列车运行图组织行车。在功能实现方面，各有关专业如线路、车站、隧道、车辆、供电、通信、信号、机电设备及消防系统，均应保证状态良好，运行正常。在安全保障方面，其主要依靠行车组织和设备正常运行，来保证必要的行车间隔和正确的行车线路。

为了保证列车运行安全、正点，在集中调度、统一指挥的原则下，行车组织、设备、车辆检修、设备运行管理、安全保证等均由一系列规章制度来规范。列车运行是一个多专业、多工种配合的工作，是围绕安全行车这一中心而组成的有序联动、时效性极强的系统。

城市轨道交通系统中，采用了以电子计算机处理技术为核心的各种自动化设备，从而代替人工的、机械的、电气的行车组织、设备运行和安全保障系统。如 ATC（列车自动控制）系统可以实现列车自动驾驶、自动跟踪、自动调度；SCADA（供电系统管理自动化）系统可以实现主变电所、牵引变电所、降压变电所设备系统的遥控、遥信、遥测和遥调；BAS（环境监控系统）和 FAS（火灾报警系统）可以实现车站环境控制的自动化和消防、报警系统的自动化；AFC（自动售检票）系统可以实现自动售票、检票、分类等功能。这些系统全线各自形成网络，均在 OCC（控制中心）设置中心计算机，实现统一指挥，分级控制。

随着经济的发展及新技术在城市轨道交通中的应用，城市轨道交通的运载能力被提高到了一个更高的水平。在这个背景下，现代的列车运行控制系统应运而生，它用于控制、监督、执行和保障城市轨道交通列车运行安全，以轨道交通信号控制技术和通信技术为基础，是集列车运行控制、行车指挥、设备检测和信息管理于一体的综合控制系统。

### 评价标准

《城市轨道交通的认知》任务评价单

| 评价方式 | 评价内容 | 比例 | 得分 |
| --- | --- | --- | --- |
| 学生自评 | 按项目评价内容及标准进行评价 | 20% | |
| 组内互评 | 按项目评价内容及标准进行评价 | 20% | |
| 组间互评 | 按项目评价内容及标准进行评价 | 20% | |
| 教师评价 | 按项目评价内容及标准进行评价 | 40% | |
| 任务得分 | | | |

《城市轨道交通的认知》任务评价内容及标准

| 序号 | 评价项目 | 评价内容 | 评价标准 | 分值 | 得分 |
|---|---|---|---|---|---|
| 1 | 任务完成情况 | 国内外主要城市的城市轨道交通发展概况介绍 | 主要城市轨道交通开通情况正确、始终点站是否描述正确；不同城市的城市轨道交通的发展过程是否讲述清楚；城市轨道交通特点的描述是否明确，根据实际情况酌情打分 | 35分 | |
| | | 所在城市的城市轨道交通发展情况汇报 | 所在城市的城市轨道交通发展历程是否讲述清楚；所在城市的城市轨道交通的特点是否描述明确，根据实际情况酌情打分 | 45分 | |
| 2 | 职业素养情况 | 资料搜集情况 | 资料搜集非常全面5分；资料搜集比较全面1~4分；资料搜集不全面酌情扣1~5分 | 5分 | |
| | | 语言表达情况 | 表达非常准确5分；表达比较准确1~4分；表达不准确酌情扣1~5分 | 5分 | |
| | | 工作态度情况 | 态度非常认真5分；态度较为认真2~4分；态度不认真、不积极酌情扣1~5分 | 5分 | |
| | | 团队分工情况 | 分工非常合理5分；分工比较合理1~4分；分工不合理酌情扣1~5分 | 5分 | |

# 工作任务 2　城市轨道交通列车运行控制系统认知

课件　城市轨道交通列车运行控制系统认知

## 技能训练

《城市轨道交通列车运行控制系统认知》训练工单

| 学习项目 | 城市轨道交通列车运行控制系统概述 | 姓名 | | 班级 | |
|---|---|---|---|---|---|
| 任务名称 | 城市轨道交通列车运行控制系统认知 | 学号 | | 组别 | |
| 任务目标 | 1. 能够说明列车运行控制系统的组成及各个组成部分的作用；<br>2. 能够描述列车运行控制系统的分类情况，并对不同类型的列车运行控制系统的组成、原理及特点进行明确说明。 | | | | |
| 任务描述 | 学生以小组为单位，通过查阅相关资料及实地调研，完成下列任务：<br>1. 介绍列车运行控制系统的组成及各部分的作用；<br>2. 按照闭塞制式的不同，对ATC系统的分类方法及不同类型的ATC系统的特点进行描述；<br>3. 按照车—地通信方式的不同，对ATC系统的分类方法及不同类型的ATC系统的组成、原理及特点进行描述 | | | | |
| 任务要求 | 1. 场地要求：列车运行控制系统实训室；<br>2. 设备要求：无；<br>3. 工具要求：无 | | | | |

续表

| 课前任务 | 请根据教师下发的视频资源，探索城市轨道交通列车运行控制系统特点及其在城市轨道交通中的作用，并在课程平台讨论区中讨论 |
|---|---|
| 课中训练 | 1. 通过查阅相关资料，将城市轨道交通列车运行控制的组成及各个组成部分的作用记录在表 1-2-1 中。<br><br>表 1-2-1　城市轨道交通列车运行控制系统概况记录表<br><br>| 列车运行控制系统组成 | 各部分的作用 | 列车运行控制系统作用 |<br>|---|---|---|<br>| 控制中心设备 |  |  |<br>|  |  |  |<br>| 车站及轨旁设备 |  |  |<br>|  |  |  |<br>|  |  |  |<br>| 车载设备 |  |  |<br>|  |  |  |<br><br>2. 通过查阅相关资料，将城市轨道交通列车运行控制系统两种不同的分类方式及不同类型的列车运行控制系统的组成及特点记录在表 1-2-2 中，并进行 PPT 汇报展示。<br><br>表 1-2-2　城市轨道交通列车运行控制系统分类<br><br>| 分类方式 | 名称 | 组成 | 特点 |<br>|---|---|---|---|<br>| 城市轨道交通列车运行控制系统 |  |  |  |<br>|  |  |  |  |<br>|  |  |  |  |<br>|  |  |  |  |<br>|  |  |  |  |<br><br>3. 请学生分组讨论在城市轨道交通建设中应该如何合理地选择 ATC 系统，并针对讨论结果进行汇报 |
| 任务总结 | 对项目完成情况进行归纳、总结、提升： |
| 课后任务 | 思考车—地之间的无线信息传输通道与列车运行控制系统实现移动闭塞之间的关系，并在课程平台讨论区中讨论 |

> 理论要点

## 2.1 列车运行控制系统组成

列车运行控制系统（ATC）是城市轨道交通运行控制系统中最重要的组成部分，由列车自动防护（Automatic Train Protection，ATP）、列车自动驾驶（Automatic Train Operation，ATO）和列车自动监控（Automatic Train Supervision，ATS）三个子系统组成，简称为"3A"子系统。各子系统之间相互支持，实现对列车的控制，保障列车行驶的安全和运输效率的高效。

城市轨道交通列车运行自动控制系统 ATC 是根据列车在线路上运行的客观条件和实际情况，对列车运行的速度与控制方式等状态进行监督、控制和调整的技术装备。系统包括地面与车载两部分，地面设备生成并传递出对列车控制所需要的全部基础数据，例如列车运行的限制速度、线路信息等；车载设备通过传输媒介将地面设备传来的信号进行信息处理，形成列车速度控制数据及列车制动模式，并不断监督和控制列车安全运行。ATC 系统改变了传统的信号控制方式，可以连续、实时地监督列车的运行速度，自动控制列车的制动系统，实现列车的超速防护。列车控制方式可以由人工驾驶，也可以由设备实行自动控制，使列车根据其本身条件自动调整追踪间隔，提高线路的通过能力。

ATC 系统需设置行车指挥中心，沿线各车站设计为区域性联锁，其联锁设备放在控制站（一般为有岔站，有时也称为联锁集中站）。列车上安装有车载控制设备。行车指挥中心与控制站通过有线数据通信网连接，行车指挥中心与列车之间可采用无线通信进行信息交换。ATC 系统直接与列车运行有关，因此 ATC 系统中的数据传输要求比一般通信系统的安全性、可靠性、实时性更高。

ATC 系统设备分布于控制中心（OCC）、车站、轨旁及列车。列车运行控制系统组成框图如图 1-2-1 所示。

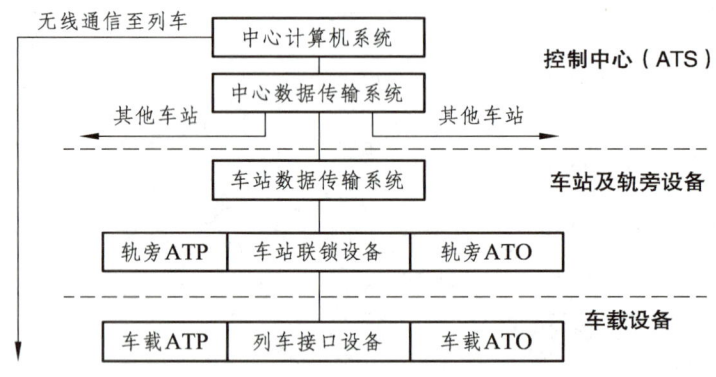

图 1-2-1　列车运行控制系统组成框图

控制中心设置有中心计算机系统、中心数据传输系统、信息管理系统等。中心计算机系统通过内部冗余结构进行全部数据处理和行车指挥功能，这种结构符合故障—安全原则和可靠性要求；中心数据传输系统可以对所辖车站及运行中的列车实现双向高速数据传递。

中心计算机系统中存有固定的被控区域的各种数据（如线路坡度、曲线数据以及当线路允许速度，还应包括轨道电路状态、信号机位置及显示状态、应答器位置及工作状态等），运行中的列车的各种数据（如列车位置、列车制动效果等）将通过各站分机传送到中心计算机。中心计算机根据各种数据计算出行车指挥命令，这些命令如行车目标速度、到达下一个目标点的行车距离以及车载计算机应使用的速度曲线及制动曲线，并通过数据传输设备传送到车载计算机中，并根据最大允许速度自动驾驶列车。线路设备的变化如轨道电路反映的各种状态，都是通过数据传输系统输入到控制中心的。因此，数据传输系统是轨旁设备与列车、列车与车站以及各车站间、车站与控制中心间的闭环式地—车信息交换的通道。

## 2.2 列车运行控制系统的分类

### 2.2.1 按照闭塞制式分类

按闭塞制式不同，列车运行控制系统（ATC）可以分为固定闭塞式 ATC、准移动闭塞式 ATC 和移动闭塞式 ATC。

#### 1. 固定闭塞式 ATC

固定闭塞将线路划分为固定的闭塞分区，前后车的位置都是用固定的地面设备来检测；闭塞分区用轨道电路或计轴装置来划分。由于列车定位是以固定区段为单位的（系统只知道列车在哪一个区段中，而不知道在区段中的具体位置），所以固定闭塞的速度控制模式是分级的，需要向被控列车传送的信息只有速度码。

固定闭塞的闭塞长度较大，并且一个分区只能被一辆列车占用，所以不利于缩短行车时间间隔，除此之外，因为无法知道列车的具体位置，需要在两辆列车之间增加一个防护区段，这使得列车间的安全间隔较大，影响了线路的使用效率。图 1-2-2 所示为固定闭塞式 ATC 示意图。

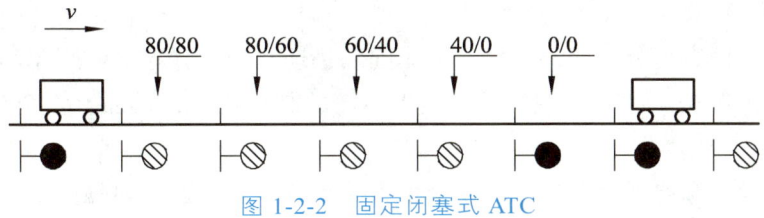

图 1-2-2 固定闭塞式 ATC

#### 2. 准移动闭塞式 ATC

准移动闭塞对前后列车的定位方式是不同的（见图 1-2-3），前行列车的定位仍然沿用固定闭塞方式，而后续列车的定位则采用移动的或称为连续的方式，即后续列车可以定位更加精准。为了提高后续列车的定位精度，目前各系统均在地面每隔一段距离设置 1 个定位标志（即轨道电路的分界点、信标或计轴器等），列车通过时提供绝对位置信息。在相邻定位标志之间，列车的相对位置由安装在列车上的轮轴测速装置连续测得。

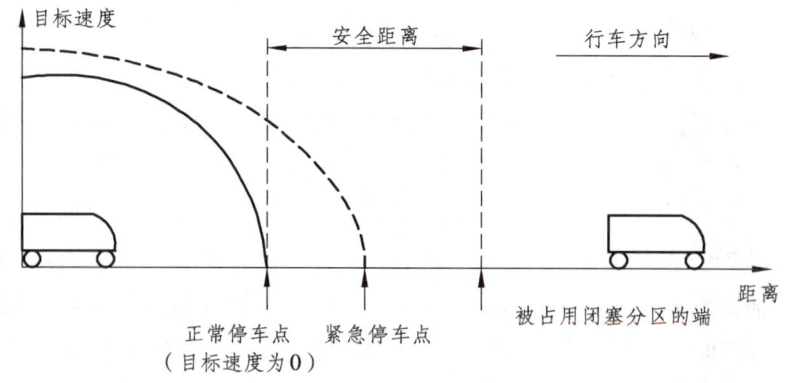

图 1-2-3 准移动闭塞式 ATC

由于准移动闭塞采用了固定和移动两种定位方式,所以其速度控制模式既有连续的特点,又有阶梯的性质。但是与"固定"性质相对应的设备,必须在工程设计和施工阶段完成设置。由于被控列车的位置是由列车自行实时(移动)测得的,所以其最大允许速度的计算最终是在车载设备上实现的。

准移动闭塞在控制列车安全间隔方面比固定闭塞更进一步,可以告知后续列车继续前行的距离,后续列车也可以通过这一距离合理地采取减速或制动,从而可以改善列车控制,缩小时间间隔,提高线路使用效率。但准移动闭塞中后续列车的最大目标制动点仍必须在先行列车占用分区的外方,因此它没有完全突破轨道电路的限制。

### 3. 移动闭塞式 ATC

移动闭塞式 ATC 系统前、后两列车都采用移动式的定位方式,其可借助感应环线或无线通信的方式实现。早期的移动闭塞系统大部分采用基于感应环线的技术,即通过在轨间布置感应环线来定位列车和实现车载计算机与车辆控制中心之间的连续通信。目前,大多数先进的移动闭塞系统已采用无线通信系统实现各子系统间的通信,构成基于无线通信技术的移动闭塞。

#### 1)移动闭塞 ATC 系统的特点

(1)线路没有固定划分的闭塞分区,列车间隔是动态的,并随前一列车的移动而移动。

(2)列车间隔是按后续列车在当前速度下所需的制动距离,再加上安全余量计算和控制的,确保不追尾。

(3)制动的起点和终点是动态的,轨旁设备的数量与列车运行间隔关系不大。

(4)可实现较小的列车运行间隔。

(5)采用地—车双向传输,信息量大,易于实现无人驾驶。

#### 2)移动闭塞 ATC 系统的工作原理

移动闭塞 ATC 系统的原理如图 1-2-4 所示。移动闭塞系统是一种区间不分割、根据连续检测先行列车位置和速度进行列车运行间隔控制的列车安全系统。系统将先行列车的后部看作是假想的闭塞区间,后续列车的速度曲线随着目标点的移动而实时计算,后续列车到先行列车的保护段后部之间的距离等于列车制动距离加上列车制动反应时间内驶过的距离。

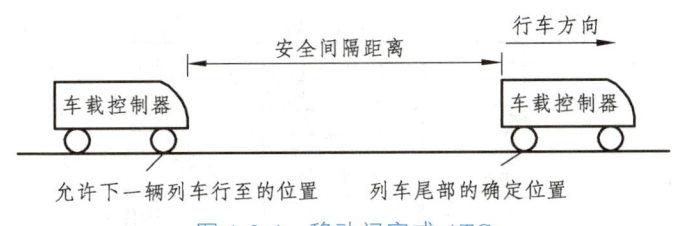

图 1-2-4　移动闭塞式 ATC

移动闭塞 ATC 系统在对列车的安全间隔控制上更进了一步。通过车载设备和轨旁设备连续的双向通信，控制中心可以根据列车实时的速度和位置动态地计算列车的最大制动距离。列车的长度加上这一最大制动距离并在列车后方加上一定的防护距离，便组成了一个与列车同步移动的虚拟分区。由于保证了列车前后的安全距离，两个相邻的移动闭塞分区就能以很小的间隔同时前进，这使列车能以较高的速度和较小的间隔运行，从而提高运营效率。

根据车—地双向信息传输方式不同，移动闭塞 ATC 系统可分为基于感应环线传输方式和基于无线通信的传输方式两种。基于无线通信的传输方式按无线扩频通信方式可分为：直接序列扩频和跳频扩频方式；按数据传输媒介可分为：自由空间波、裂缝波导管和漏泄电缆等传输方式。

其中无线移动闭塞 ATC 系统的组成主要包括无线数据通信网、车载设备、区域控制器和控制中心等。其中，无线数据通信是移动闭塞实现的基础，通过可靠的无线数据通信网，列车不间断将其标识、位置、车次、列车长度、实际速度、制动潜能和运行状况等信息以无线的方式发送给区域控制器。区域控制器追踪列车并通过无线传输方式向列车发送移动授权，根据来自列车的信息计算、确定列车的安全行车间隔，并将相关信息（如先行列车位置、移动授权等）传递给列车，控制列车运行。车载设备包括无线电台、车载计算机和其他设备（如传感器、查询器等）。列车将采集到的数据（如车辆信息、现场状况和位置信息等）通过无线数据通信网发送给区域控制器，以协助完成运行决策，同时对接收到的命令进行确认并执行。

### 2.2.2　按照车—地通信方式分类

按照车—地通信方式的不同，ATC 系统可分为点式 ATC 系统和连续式 ATC 系统。

#### 1. 点式 ATC 系统

点式 ATC 系统因其主要功能是实现列车超速防护，所以又称为点式 ATP 系统。它靠点式应答器传递信息，用车载计算机进行信息处理。

点式 ATC 系统的主要优点是采用有源、高信息容量的地面应答器。该系统结构简单、安装灵活、可靠性高、价格明显低于连续式 ATC 系统，但是其难以胜任列车密度大的情况，如后续列车驶过地面应答器时，因前方区段有车，它算出的速度曲线是一条制动曲线。后续列车驶过后，尽管前行列车已驶离，但后续列车已驶过地面应答器，得不到新的信息只能减速运行，直到抵达运行前方的地面应答器，才能加速。

#### 1) 点式 ATC 系统的结构

点式 ATC 系统的结构如图 1-2-5 所示，它是由车载设备和地面设备组成，其中地面设备包括地面应答器、轨旁电子单元，车载设备包括车载应答器、测速传感器、中央处理单元及显示、操作与记录设备。

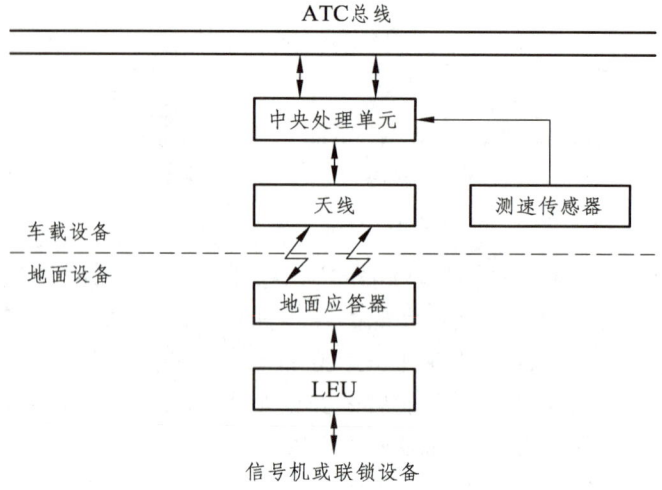

图 1-2-5　点式 ATC 系统结构

（1）地面应答器。

地面应答器通常设置在信号机旁或在一段需要降速的缓行区间的始、终端。不论什么形式的地面应答器，其共同特点是无源的，接收车载设备发射的能量，供内部电路与回答发送用，其内部寄存器按协议以数码形式存放，实现列车速度监控及其他行车功能所必需的数据。置于信号机旁的地面应答器，用以向列车传递信号显示信息，因此需要通过接口与信号机相连。地面应答器内所存储的部分数据受信号显示的控制，此接口即轨旁电子单元 LEU。置于线路上的地面应答器通常不需与任何设备相连，所存放的数据往往是固定的。

当列车驶过地面应答器且车载应答器与地面应答器对准时，车载应答器以一定的频率，通过电磁感应方式将能量传递给地面应答器，地面应答器的内部电路在接收到来自车上的能量后开始工作，将所存储的数据以某种调制方式（通常用频移键控 FSK 方式）通过电磁感应传送至车上。车载应答器与地面应答器之间的能量与数据传输如图 1-2-6 所示，其中 100 kHz 为能量通道，850 kHz 为数据传输通道，50 kHz 为增大可靠性而设置的监督通道。

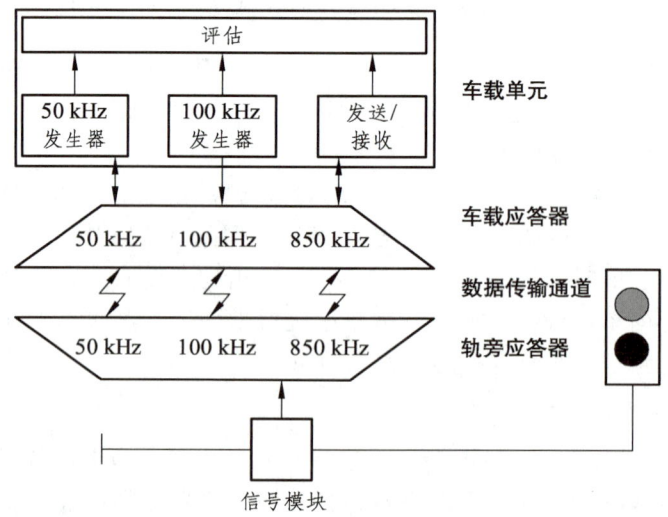

图 1-2-6　车载应答器与地面应答器之间的能量与数据传输

(2)轨旁电子单元 LEU。

轨旁电子单元是地面应答器与信号机之间的电子接口设备,其任务是将不同的信号显示转换为约定的数码形式。LEU 是一块电子印制电路板,可根据不同类型的输入电流输出不同的数码。

点式 ATC 系统车载设备组成如图 1-2-7 所示。

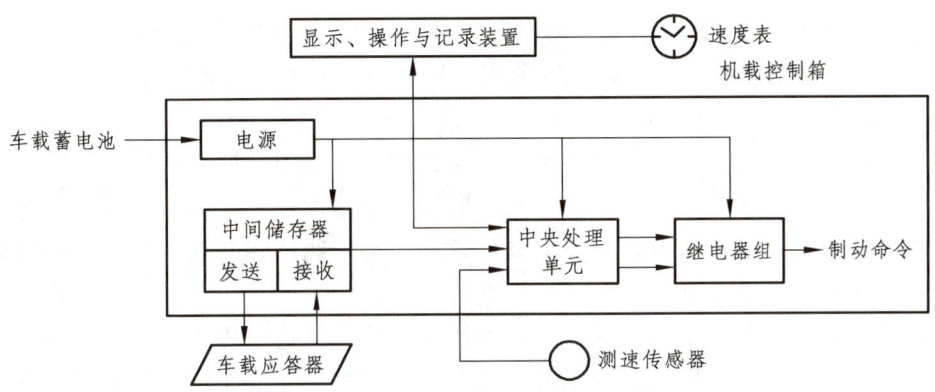

图 1-2-7　点式 ATC 系统车载设备组成

(3)车载应答器。

车载应答器完成车—地的耦合联系,将能量送至地面应答器,接收地面应答器所储存的数据并传送至中央处理单元。

(4)测速传感器。

测速传感器通常装在轮轴上,根据每分钟车轮的转数与车轮直径,在中央处理单元内换算成列车目前的速度。

(5)中央处理单元。

中央处理单元的核心是安全型计算机,它负责对所接收到的数据进行加工处理,形成列车当前允许的最大速度,将此最大允许速度值与列车的现有速度值进行比较,以决定是否给出启动常用制动乃至紧急制动的信息。从车载应答器传向地面应答器的高频电磁能量也是由它产生的。

(6)显示、操作与记录装置。

经过一个接口,即可将中央处理单元内的列车现有速度及列车最大允许速度显示出来,这种显示可以是指针式或液晶显示屏方式,按照需要,还可显示出其他有助于司机驾驶的信息,如距目标点的距离、目标点的允许速度等。对于出现非正常的情况(如出现超速报警、启用常用或紧急制动),都可以由记录仪进行记录。

2)点式 ATC 系统的基本原理

点式 ATC 系统的车载设备接收信号点或标志点的应答器信息,还接收列车速度和制动压力信息,输出控制命令并向司机显示。地面应答器向列车传送每一信号点的允许速度、目标速度、目标距离、线路坡度、信号机号码等信息,车载中央控制单元根据地面应答器传送至车上的信息及列车自身的制动率(负加速度),计算得出两个信号机之间的速度监控曲线。

## 2. 连续式 ATC 系统

按车—地信息传输所用的媒体分类，连续式 ATC 系统可分为有线与无线两大类，前者可分为利用轨间电缆与利用数字编码音频轨道电路两类。按车—地所传输信息的内容，ATC 系统可分为速度码系统与距离码系统。

### 1）基于轨道电路的连续式 ATC 系统

ATC 系统有速度码系统和距离码系统两种。不论是速度码系统还是距离码系统，都基于以轨道电路作为传输信息的通道，完成列车占用检测和发送 ATP 信息。

（1）速度码系统（Speed Code System）。

速度码系统通常使用频分制方法，采用的是移频轨道电路，即用不同的低频频率来代表不同的允许速度。系统根据前行列车的位置，向轨道电路发送相应的低频频率，车上的传感器接收到该低频频率，经译码得知当前的允许速度，与测速传感器测得的实际运行速度进行比较，决定是否采取制动措施。

这类制式在信息传递与车上信息处理方面比较简单，从地面传递给列车的允许速度（限速值）是阶梯分级的，只能构成固定闭塞。这对于平稳驾驶、节能运行及提高行车效率都是非常不利的。因此，速度码系统已逐渐被能实时计算限速值的距离码系统所取代。

（2）距离码系统（Distance Code System）。

距离码系统从地面传至车上的是该列车距离前方目标点的距离等一系列基本数据，车载计算机根据地面传至车上的各种信息（包括区间的最大限速、目标点的距离、目标点的允许速度、区间线路的坡度等）及储存在车载单元内的列车自身的固有数据（如列车长度、常用制动及紧急制动的制动率、测速及测距信息等），实时计算出允许速度曲线，并按此曲线对列车的实际运行速度进行监控。

由于信息电码的多样性和复杂性，所以距离码系统必须使用时分制数字电码方式，按协议来组成各种信息。距离码系统采用数字编码音频轨道电路。

因为数据传输、实时计算及列车车速监控都是连续的，所以速度监控是实时、无级的，可以有效地实现平稳驾驶与节能运行，构成准移动闭塞。但是，钢轨不是一种理想的信息传输通道，铁质材料对音频信号的衰耗很大，集肤效应非常明显，限制了轨道电路的有效长度。此外，钢轨之间的漏泄、轮轨之间的接触电阻等因素均会影响轨道电路的性能。通过轨道电路传输难以实现列车与地面间的大容量信息交换。然而，权衡性能、价格、安全可靠与可用性等诸方面的因素，用音频数字轨道电路构成的连续式 ATC 系统在城市轨道交通中仍得到广泛的应用。

### 2）采用轨间电缆的连续式 ATC 系统

采用轨间电缆的连续式 ATC 系统利用轨间铺设的电缆传输信息。控制中心储存线路的固定数据（区间线路坡度、弯道、缓行区段的位置及长度等），经联锁设备，ATC 将沿线的信号显示、道岔位置等信息传送至控制中心。列车将其数据（载重量、列车长度、制动率、所在位置、实际速度）经电缆传送给控制中心。控制中心的计算机根据这些数据计算出该时刻的列车允许速度。此速度值经电缆传送给运行在线路上的相应列车，列车获得此速度值对列车速度进行监控。这种方式统一指挥全部列车运行，遇有发生行车晚点或其他障碍，可迅速地将行车命令传给列车。但控制中心故障则会全线瘫痪，因此采用另一种控制方式，即控制中心将有关信息（线路坡度、缓行区段位置、目标距离或目标速度等）通过电缆送至列车，由车载计算机计算其允许速度。

采用轨间电缆的 ATC 系统，其信息传递的连续性是以昂贵的轨间电缆为代价的，维修费用也高，而且轨间电缆的存在给线路养护工作带来了不便，因此目前较少采用。

3) 无线 ATC 系统

无线 ATC 系统利用无线通信的方式传输信息。地面编码器生成编码信息，通过天线向车上发送。信号显示控制接口负责检测要发送的信号显示信息，并从已编程的数据中选出有用数据送至编码器，同时选出与限制速度、坡度、距离等有关的轨道数据。编码器用高安全度的码将这些数据编码，经过载波调制，馈送至无线通道向列车发送。车上接收设备接收限制速度、坡度、距离后，由车载计算机计算出目标速度，对列车进行监控。

用无线通道实现车—地数据传输的 ATC 才是真正意义上的移动闭塞，被认为是最先的 ATC 系统。目前，许多公司均开发出了各自的移动闭塞技术并已广泛应用。

## 2.3 ATC 系统的选用原则

（1）ATC 系统应采用安全、可靠、成熟、先进的技术装备，具有较高的性能价格比。

（2）城市轨道交通运营线路宜采用准移动闭塞式 ATC 系统或移动闭塞式 ATC 系统，也可以采用固定闭塞式 ATC 系统。

因为城市轨道交通具有客流量大、行车密度高的特点，而准移动闭塞式和移动闭塞式 ATC 系统可以实现较大的通过能力，对于客运量变化具有较强的适应性，可以提高线路利用率，具有高效运行、节能等作用，并且控制模式与列车运行特性相近，能较好地适应不同列车的技术状态，其技术水平较高，具有较大的发展前景。虽然固定闭塞式 ATC 系统技术水平相对较低，但由于可满足 2 min 通过能力的行车要求且价格相对低廉，因此也宜选用。根据实际情况，因地制宜选择三种不同制式的 ATC 系统是完全必要的。

### 评价标准

《城市轨道交通列车运行控制系统认知》任务评价单

| 评价方式 | 评价内容 | 比例 | 得分 |
| --- | --- | --- | --- |
| 学生自评 | 按项目评价内容及标准进行评价 | 20% | |
| 组内互评 | 按项目评价内容及标准进行评价 | 20% | |
| 组间互评 | 按项目评价内容及标准进行评价 | 20% | |
| 教师评价 | 按项目评价内容及标准进行评价 | 40% | |
| 任务得分 | | | |

### 《城市轨道交通列车运行控制系统认知》任务评价内容及标准

| 序号 | 评价项目 | 评价内容 | 评价标准 | 分值 | 得分 |
|---|---|---|---|---|---|
| 1 | 任务完成情况 | 城市轨道交通列车运行控制系统的组成及各个组成部分的作用 | 城市轨道交通列车运行控制系统的组成描述是否正确;<br>列控系统各组成部分的作用阐述是否清楚;<br>列控系统对于城市轨道交通的重要性描述是否明确,根据实际情况酌情打分 | 30分 | |
| | | 列车运行控制两种不同的分类方式及不同类型的列车运行控制系统的组成及特点 | 列车运行控制两种不同的分类方式表述是否清楚;<br>第一种分类方式中不同类型的列控系统特点表述是否详尽、明确;<br>第二种分类方法中不同类型的列控系统组成、原理及特点阐述是否清楚,根据实际情况酌情打分 | 35分 | |
| | | 城市轨道交通建设中应该如何合理地选择ATC系统 | 是否能够准确掌握不同列控系统的特点;<br>列控系统的选用依据阐述是否准确;<br>表达、阐述是否清晰,根据实际情况酌情打分 | 15分 | |
| 2 | 职业素养情况 | 资料搜集情况 | 资料搜集非常全面5分;资料搜集比较全面1~4分;资料搜集不全面酌情扣1~5分 | 5分 | |
| | | 语言表达情况 | 表达非常准确5分;表达比较准确1~4分;表达不准确酌情扣1~5分 | 5分 | |
| | | 工作态度情况 | 态度非常认真5分;态度较为认真2~4分;态度不认真、不积极酌情扣1~5分 | 5分 | |
| | | 团队分工情况 | 分工非常合理5分;分工比较合理1~4分;分工不合理酌情扣1~5分 | 5分 | |

# 工作任务3　城市轨道交通列车运行控制系统的发展历程

课件　城市轨道交通列车运行控制系统的发展历程

### 技能训练

《城市轨道交通列车运行控制系统的发展历程》训练工单

| 学习项目 | 城市轨道交通列车运行控制系统概述 | | 姓名 | | 班级 | |
|---|---|---|---|---|---|---|
| 任务名称 | 城市轨道交通列车运行控制系统的发展历程 | | 学号 | | 组别 | |
| 任务目标 | 1. 能够说明城市轨道交通列车运行控制系统主要解决城市轨道交通中的哪些基本问题;<br>2. 能够描述国内外城市轨道交通列车运行控制系统的发展情况;<br>3. 能够准确总结出城市轨道交通列车运行控制系统的发展趋势 | | | | | |

续表

| 任务描述 | 学生以小组为单位，通过查阅相关资料及实地调研，完成下列任务：<br>1. 介绍国内外城市轨道交通列车运行控制系统发展情况；<br>2. 描述所在城市的城市轨道交通列车运行控制系统的发展过程、现状及特点；<br>3. 总结城市轨道交通列车运行控制系统的发展趋势 |
|---|---|
| 任务要求 | 1. 场地要求：列车运行控制系统实训室；<br>2. 设备要求：无；<br>3. 工具要求：无 |
| 课前任务 | 请根据教师下发的视频资源，探索我国城市轨道交通列车运行控制系统发展历程，并在课程平台讨论区中讨论 |
| 课中训练 | 1. 通过查阅相关资料，将国外城市轨道交通列车运行控制系统发展过程记录在表1-3-1中。<br>表1-3-1　国外城市轨道交通列车运行控制系统发展过程记录表<br><br>| 发展阶段 | 时间 | 特点 |<br>|---|---|---|<br>| 机械装置控制阶段 | | |<br>| 电气控制阶段 | | |<br>| 自动控制阶段 | | |<br><br>2. 通过查阅相关资料，将国内城市轨道交通列车运行控制系统发展过程记录在表1-3-2中，并做相应的汇报展示。<br>表1-3-2　国内城市轨道交通列车运行控制系统发展过程记录表<br><br>| 发展阶段 | 时间 | 特点 |<br>|---|---|---|<br>| 初创阶段 | | |<br>| 过渡阶段 | | |<br>| 发展阶段 | | |<br><br>3. 请学生分组查找资料并总结城市轨道交通列车运行控制系统发展趋势，并进行PPT汇报展示。<br>4. 请学生分组查找资料并总结所在城市的城市轨道交通列车运行控制系统的发展历程，并进行PPT汇报展示 |
| 任务总结 | 对项目完成情况进行归纳、总结、提升： |
| 课后任务 | 思考国内外城市轨道交通列车运行控制系统发展的异同，并在课程平台讨论区中讨论 |

### 理论要点

在城市轨道交通中，列车运行控制系统追求的是安全和高效的两大目标。城市轨道交通系统能否安全高效运行，取决于列车运行控制系统的性能。列车运行控制系统是城市轨道交通系统的大脑和中枢，是确保列

微课　列车运行控制系统发展历程

车运行安全、提高列车运行效率的核心子系统，也是一个国家体现其自动化水平的标志之一。在城市轨道交通系统中，列车运行速度虽然不是很高，但站间距离短，列车运行过程中追踪间距和行车间隔时间都比较小，行车间隔最短可能达到 90 s，甚至更短。如此短的追踪间距和行车间隔时间，既要保证行车安全，又要保证行车的效率和准确性，这对列车运行控制系统有着更高的要求。

## 3.1 国外列车运行控制系统的发展

从城市轨道交通的发展历史来看，国外列车运行控制系统的发展大体上可以划分为三个发展阶段。

### 3.1.1 第一阶段：机械装置控制阶段（20 世纪 30 年代—20 世纪 60 年代）

自 1863 年世界上第一条地铁诞生在英国伦敦以来，列车运行控制系统也随之诞生，在这个阶段列车运行控制系统以机械控制为主，是以机械锁闭器和臂板信号机为代表的阶段。

臂板式信号机是 1841 年由英国人戈里高利提出的，他用长方形臂板作为信号显示，首次使用装设在铁路伦敦桥车站。1879 年，爱迪生发明电灯，随着电灯的普及，臂板式信号机进化为色灯信号机。色灯信号一般有红、绿、黄 3 色，分别表示列车禁止通过、通行、慢行。在地铁中，司机观测色灯信号机更为方便。

20 世纪 40 年代，模拟轨道电路最早出现在伦敦地铁上，它通过将轨道上划分成适当长度的闭塞分区，其长度根据在最不利情况（最大速度、最大负荷、最不利制动率、最大列车长度等）下的安全制动距离来决定，列车间隔距离至少为一个闭塞分区，轨道电路用来检测列车位置并指导下一趟列车的运行。城市轨道交通信号系统中的车载信号，是建立在地面轨道电路基础上的，它装在机车司机室内，解决了司机瞭望条件不良，以及列车高速运行时，地面显示距离不能满足紧急刹车要求的问题，这样就避免了单纯依赖地面信号而造成的行车危险。

20 世纪 60 年代，基于模拟轨道电路的自动闭塞装置出现了，它将原来车站间的一个闭塞区间划分为若干个与列车制动距离有关的较短的闭塞分区，从而使两个车站之间的运行区间可以开行多列列车，大大提高了线路的通过能力。随着自动闭塞装置在城市轨道交通中的应用，自动停车装置也相应在城市轨道交通中得到应用。

### 3.1.2 第二阶段：电气控制阶段（20 世纪 60 年代—20 世纪 90 年代）

从 20 世纪 60 年代开始，电子器件和计算机开始应用于列车运行控制系统之中，列车运行控制系统迎来了快速发展的阶段，成为智能化的车载控制系统。在 20 世纪 60 年代后期，列车自动控制系统就已经开始被研制和试用。日本于 1964 年交付使用了世界上第一条高速铁路——东海道新干线，其采用了以机控为主、设备优先的列车控制系统，使列车在高速度、高密度运行的条件下安全运行 30 多年。

进入 20 世纪 70 年代之后，列车速度的提高对列车运行控制系统在安全性和效率方面提出了更高的要求，随着地面信息传输技术（应答器、轨道电路和轨间环线电缆等）和列车信息接收技术的不断完善，出现了点式 ATC 系统、点连式 ATC 系统，如法国的 TVM 系统、德国的 LZB 系统和日本的 ATS-P 系统等，这类系统具有速度实时监控功能。世界上一些著名的信号公司，如法国的阿尔斯通、德国的西门子、英国的西屋等相继推出了基于数字轨道电路的准移动闭塞 ATC 系统。

20 世纪 80 年代，随着信息传输量的增加、自动控制技术的完善和微电子技术的发展，列车运行控制系统的车载设备功能不断扩大，如实时计算距离—速度模式曲线、自动实施常用制动和紧急制动、自动驾驶、节能运行等。

20 世纪 90 年代的城市轨道交通 ATC 系统采用数字化 ATC 技术，以钢轨或轨间感应环线作为信息传输媒体，采用信息编码传送目标速度、目标距离和轨道电路长度等信息，实现列车与地面之间的通信。因此列车运行的安全性得到增强，效率得到提高，效益明显改善。

### 3.1.3　第三阶段：自动控制阶段（20 世纪 90 年代至今）

20 世纪 90 年代后，世界上已有许多国家开发了各自的列车运行控制系统，以移动闭塞为技术特征的 CBTC（基于通信的列车运行控制系统）系统受到了日益广泛的重视，阿尔卡特、阿尔斯通等公司近年来都致力于开发基于通信的移动闭塞的地铁信号系统。CBTC 系统按车—地传输信息方式不同可分为无线、环线、漏缆及波导管等几种，拥有带环线的 CBTC 技术的公司主要是阿尔卡特，拥有无线 CBTC 技术的公司主要是庞巴迪。

自西门子、阿尔卡特成功研发了无线 CBTC 技术后，阿尔卡特完成了美国拉斯维加斯单轨线（2004 年）、利用无线 CBTC 的中国香港地铁迪士尼乐园专线（2005 年），以及正在实施中的美国华盛顿杜勒斯机场捷运线（2009 年）和阿联酋迪拜机场轻轨线（2009 年）等。西门子是兼并了法国马特拉公司而拥有了 CBTC 技术，运用在美国纽约地铁 CBTC 系统并进行改造，在中国的广州地铁 4、5 号线、北京地铁 10 号线、南京地铁 2 号线中也有所应用。CBTC 系统是具有发展潜力的列车运行控制系统且正日趋完善。目前该技术已经在 20 多个国家的城市轨道交通中使用。

国外城市轨道交通列车运行控制系统发展过程中，形成了一些著名的技术规范。1996 年，欧洲制定了欧洲铁路列车控制系统（European Train Control System，ETC）的技术规范；在 ETCS 规范中，对列车速度自动控制系统规定了三个发展等级。

一级水平：仍以传统信号设备为主，车载设备必须装备有接收天线、数据处理单元以及与机车制动器相连的接口，地面必须设置多显示色灯信号机。

二级水平：区间仍划分为固定的闭塞分区，采用轨间电缆或音频轨道电路或全无线方式实现连续列车速度自动监控，使用欧洲应答器用于列车定位，车载设备要有完善的显示和记录设备，即实现车载信号主体化，是否保留地面信号机可作为选择项。

三级水平：即当前最高级，它主要采用连续式列车速度监控，信息通道可借助于轨间电缆或借助于有线或无线网络通信，取消固定闭塞分区及信号机、区间轨道电路，但可保留车站轨道电路为联锁提供必要的条件，实现从制动距离出发的列车间隔控制，即移动闭塞。列车使用应答器自行定位，列车的位置，由列车传至区间侧的无线闭塞中心，并由它传至后续列车。车载设备要有完善的数字式车载信号及运行记录装置，并装备"列车完整性检测"装置。

## 3.2 国内列车运行控制系统的发展

对于我国城市轨道交通线路而言,其列车运行自动控制系统应能体现中国特色。准移动闭塞已能满足我国目前对列车运行控制的要求,而移动闭塞 CBTC 是城轨控制的发展方向。对于我国城市轨道交通信号控制系统的发展,按照时间顺序来看,20 世纪 60 年代和 20 世纪 90 年代是其发展的两大重要的拐点。

### 3.2.1 第一阶段:初创阶段

我国的城市轨道交通信号控制系统是随着北京地铁兴建而起步的。1965 年 7 月 1 日,我国第一条地铁——北京地铁一期工程动工兴建,并于 1969 年 10 月通车。当时决定全部设备由国内自己研制,同时要求设备必须具有较高的技术水平。

该列车运行控制系统主要为复线自动闭塞。其采用的是"红、红、黄、绿"的双红灯带保护区段的三显示方式,按照 90 s 行车间隔设计,所采用的我国自主研发的移频轨道电路可实现 7 种信号频率的传输,能够向列车传送 7 种信息。而且在北京地铁一期工程全线及古城车辆段,使用的是我国自行开发的直流脉冲制调度集中系统。该系统经久耐用,经过 1984 年大修后一直使用到 1996 年。另外,鉴于北京地铁车站线路简单,为简化设备配置,各车站采用了非定型继电联锁,车辆段则采用 6502 继电联锁,6502 电气集中联锁为后续 20 多年的安全运营奠定了坚实的基础。

### 3.2.2 第二阶段:过渡阶段

进入 20 世纪 90 年代以后,随着我国改革开放的步伐加快与经济的快速发展,城市人口急剧膨胀,各大城市都进入了建设城市轨道交通的高潮时期,但是由于我国地铁建设起步较晚,经验积累还较欠缺,国产列控系统设备技术水平较低,只能提供低端的配套设备,而且系统研制条块分割,不能提供一体化的完整系统,所以没有合适的国产城市轨道交通列车运行控制系统可用。再加上建设地铁向国外贷款,利用外资的附加条件是必须购买该国设备,因此纷纷引进国外先进的地铁信号设备。

ATC 系统的大量引进缩小了我国地铁信号装配水平与国际上的差距,取得了较好的效果。我国地铁的整体技术水平上了一个台阶,列车运行呈现出全新的面貌,实现了 120 s 的运行间隔,大大提高了地铁列车的运行效率和运输能力。

但是随着列车运行控制系统的大量引进,如何选择成为一个重要的问题。一味地追求先进技术思路不可取,在选择时需要根据城市实际情况,选择满足运行间隔要求、成熟的系统。对应于我国特大城市、大城市和中等规模城市,相应的城市轨道交通运量大致分为高密度、中密度、低密度。根据列车运行间隔等级,可选择不同的信号系统技术方案。

高密度线路:运行间隔小于 2 min,必须选择全套的 ATS、ATP、ATO 子系统,包括高性能的联锁设备;性能先进的 ATC 系统负责行车调度、管理;站内应安装发车显示器、车辆自动识别及乘客导向装置;ATP 子系统选择基于数字轨道电路的准移动闭塞或移动闭塞。ATO 子系统是必需的,虽然成本会有一定提高,但可以明显提高运行密度,同时带来节能、舒适、安全等辅助效果。中密度线路:运行间隔 2~3 min,选择完善的 ATS、ATP 子系统,包括联锁设备;ATO 子系统备选;ATP 子系统可以选择基于轨道电路的准移动闭塞系统。低密度线路：运行间隔 4 min 以上，选用 ATS 系统、ATP 子系统、联锁设备。ATP 子系统作为安全设备是必需的，可采用基于轨道电路的准移动闭塞或点式 ATP 子系统。可以不考虑 ATO 子系统，在低密度的线路上采用 ATO 子系统，其性能价格比很低。

但引进国外设备的同时带来诸多问题，例如造价昂贵，耗资巨大返修渠道不畅，维修成本太大，备品备件得不到保证，混杂的制式给网络的扩展和管理带来极大的困难。照此发展下去，必将严重影响我国城市轨道交通的发展，所以信号系统必须走国产化的道路。信号系统的国产化可以通过"引进、消化、吸收、再创新"的方式，使其技术水平逐步与国际水平相一致。

### 3.2.3 第三阶段：发展阶段

我国从 1999 年初开始推行城市轨道交通设备的国产化政策，其目的之一在于降低建设投资，使国家及地方在财力上能够承受；另一个目的是充分吸收借鉴国外的先进技术，研究开发具有自主知识产权的城市轨道交通相关技术并进行设备产品本土化生产制造，提升中国城市轨道交通行业的技术水平并逐步减少对国外产品的依赖。

2010 年 12 月 30 日上午 10 点 45 分，北京市启动"地铁新线开通试运营首次列车发车指令"，北京五条轨道交通新线正式开通试运营，其中就包括国内首条具有完全自主知识产权 CBTC 列车控制系统示范工程——亦庄线。亦庄线是按照政府政策实施的首套信号系统核心技术示范工程，是由北京交通大学研发的具有完全自主知识产权 CBTC 核心技术及系统装备，经历实验室研制、试车线试验、运营线中试后的正式工程应用。其开通对推动我国城市轨道交通列车运行自动控制系统国产化和产业化具有重要意义。

## 3.3 列车运行控制系统的发展方向

### 3.3.1 城市轨道交通列车运行控制系统未来的发展需求

目前，最先进的 CBTC 技术是城市轨道交通列车运行控制系统的首选，全自动无人驾驶的列车控制技术也得到了越来越多的应用。那么未来列车运行控制系统的发展需求是什么样的呢？

首先，提升列控系统的效能。列控系统对列车追踪间隔和线路运能有较大影响。对于城市轨道交通，因受制于列车折返间隔，线路运行最小间隔只能达到 2 min 左右。如果列车运行控制系统能提升列车折返效率，线路运能就可同步提升，这也意味着将有巨大的经济效益潜力可提升。

其次，可灵活适用于不同制式的列车运行控制系统。目前，虽已制定出台了一系列关于城市轨道交通 CBTC 系统和城市轨道交通 CBTC 互联互通系统的规范，但仍不能覆盖所有的需求。一些改造项目涉及原有列控系统的兼容问题。此外，部分城际铁路和市域铁路有行驶高铁列车的需求。这时，如果采用适于公交化运营的 CBTC 列车运行控制系统，就必须要解决高铁的 CTCS2 及 CTCS3 制式和城市轨道交通 CBTC 制式间的兼容问题。

最后，提高城轨列控系统的智能化水平。随着全自动无人驾驶技术在上海轨道交通 10 号线等超大客流线路上的应用，我国智能化列车运行控制技术已取得了较大的进步。智能化列控技术和智能化运维技术将是今后发展的重要方向。

### 3.3.2 城市轨道交通列车运行控制系统未来的发展方向

#### 1. 可兼容各列控制式的城轨列控系统的体系架构

基于通信的列控系统是城市轨道交通和铁路共同的发展方向。目前，CBTC 系统是我国城轨领域的主流列控系统，CTCS3 系统是我国最先进的高速铁路列控系统，二者都是基于通信的列控系统。

铁路列控系统研究的主要方向是实现完全的基于通信的列控系统。如欧洲的 ETCS3 系统主要研究去除轨道电路，通过自主定位系统来实现列车运行的安全防护。中国国家铁路集团有限公司结合青藏铁路要求，正在组织研发青藏铁路上基于通信的新型列控系统。对于铁路和城轨来说，基于通信的列控系统是今后发展的重点方向，且两领域的列控系统存在着趋同的趋势。城轨的 CBTC 系统是基于 WiFi 或 LTE-M 技术的，其今后有可能采用 5G 技术。CTCS3 级是基于 GSM-R 的高铁列控系统，未来的 CTCS4 可能是基于 LTE 技术或 5G 技术的。随着通信技术的进步，列控系统的通信方式也会不断进步，将具有更快的速度、更大的通信量以及更小的时延等，越来越有利于列控系统的应用，而且所有轨道交通的列控系统通信方式都会趋同。

依靠新通信模式和新测速定位技术，城轨列控系统将摆脱原有的速度限制，可适用于更高的列车运行速度。基于通信的列控方式可在城轨和铁路专业采用相近的通信技术和测速定位技术等，从而在实现技术融合的同时，满足城轨和铁路的互联互通。

目前，铁路和城轨的通信技术都是往 LTE、5G 或更新的技术方向发展。测速定位方式都在向多种方式可选的方向发展，故一个列控系统的架构可以采用多层控制模型，即根据需要在各层选择不同的列车控制方式来构成不同的列控系统。列控系统多层控制模型的层次划分如图 1-3-1 所示。

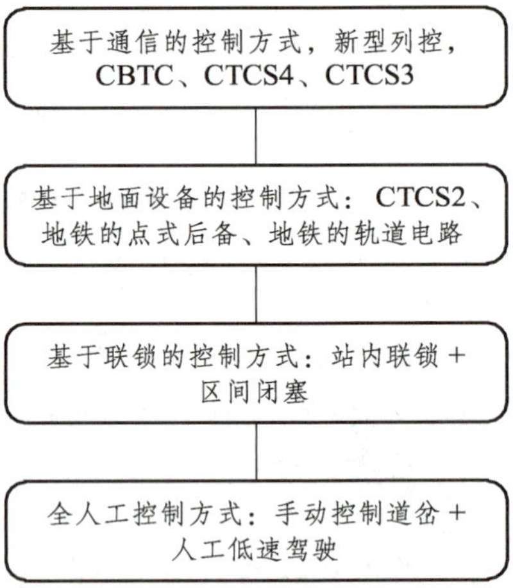

基于多层控制模型的列控系统可以在基于通信的控制方式和基于地面设备的控制方式方面选择不同的制式，其构成比较灵活，可适用于不同的列控制式。

目前正在实施的上海轨道交通 2 号线改造项目，就是在原有的 CBTC 系统基础上，增加了通过 AF-904 数字移频键控（FSK）轨道电路传递速度信息的控制方式。该改造可实现 CBTC 制式和轨道电路制式的并用，有利于改造过渡并在实际上增加了备用控制方式。

如果市域铁路将 CBTC 制式作为主要的控制方式，并将 CTCS2 制式作为后备控制方式，就可以实现城轨和铁路的互联互通。对高铁而言不管是 CTCS2 线路还是 CTCS3 线路，都支持 CTCS2 制式。因而临时进入市域铁路的高铁列车可按照 CTCS2 制式控车，同样在市域铁路上行驶的城轨列车可以按照 CBTC 制式控车。

由上述分析可见，列控系统的总体发展趋势还是比较清晰的，铁路和城轨的列控系统将融合，即列控系统架构趋同，基于多层列控模型的列控系统可适用于不同的列控制式。

图 1-3-1 列控系统多层控制模型

## 2. 城市轨道交通列控系统基于通信的控制方式改进

对于城轨列控系统基于通信的新型列控方式，在今后的发展重点是要解决效能提升的问题。现有的城轨 CBTC 系统已实现了移动闭塞，两车间的追踪间隔虽已控制在较小的范围，但列车的最小折返间隔却至少在 115 s 左右，这是对列车运行密度提升的最大制约。

基于通信的新型列控方式可以实现列车的自主定位和自主控制，能根据列车特性而精确计算安全防护距离和模式曲线，可以更为有效地实现移动闭塞。此外，通过列车的自主定位功能可以精确地知道列车的位置，进而更加有效地利用资源，特别是道岔的资源。

城轨的列车运行间隔主要受到列车折返间隔的影响，而列车折返间隔主要受制于道岔资源。目前提高道岔资源利用率的道岔精细化管理措施包括：第一，将道岔区段占用出清细分为岔前区域、可动区域、侧防区域和岔后区域的占用出清；第二，列车出清道岔可动区域后就可以动作道岔，而不用出清整个道岔轨道区段；第三，只有前序列车出清了侧防区域后，后序列车才可以占用侧防区域。道岔的定位和反位等不同岔后部分可分别被不同的车辆占用。如图 1-3-2 所示，只要 A 车过了道岔可动区域，B 车就应该可以办理进路，道岔就可以转动；待 A 车过了道岔侧防区域后，B 车才可以占用侧防区域；道岔的岔后区域可以被 A 车和 B 车分别占用。

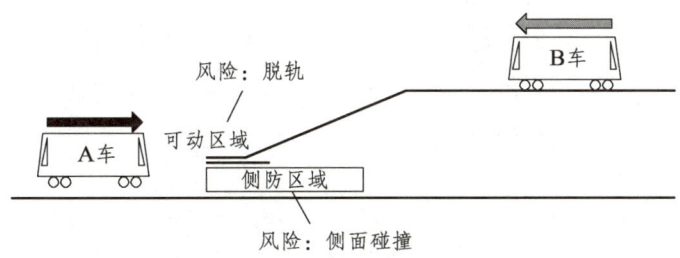

图 1-3-2　道岔资源的精细化管理

道岔等资源的精细化管理需要车载设备能实现自主控制及高度智能化。基于通信的新型列控方式可将城轨列控系统的设备进一步按控制中心设备、轨旁设备和车载设备整合。

控制中心设备包括 ATS（列车自动监控）中心控制设备、数据服务管理器及维护设备等，可以实现列车位置的实时显示及车站资源情况的显示，提供列车计划的编制和调整的功能。

轨旁设备主要实现车站资源的管理、控制和锁闭道岔，还负责车—地通信系统前后车的协调。轨旁设备实际上可以统一实现城轨列控系统原有的轨旁联锁设备及区域控制器的功能。

车载设备包含各种测速定位设备，主要实现列车的自主定位功能及轨旁资源的申请和释放功能，并按计划排列进路。车载设备带有 ATO（列车自动运行）功能，在合适条件下可以实现 FAO（全自动运行）功能。

此外，随着计算机运行能力的提升，设备的进一步整合和简化也将成为一个趋势，如轨旁设备的整合、车载 ATP（列车自动防护）和 ATO 设备的整合等，使列车运行控制系统的架构和接口更为简单和合理。

城市轨道交通列车运行控制系统可能会按照以上的不同方向进行发展。这些发展方向并不是矛盾的，而是可以通过列车运行控制系统的多层控制模型进行统一的。目前来说，以效率提升为目标的高效能列控系统可能会带来城市轨道交通列车运行控制系统的变革。

## 评价标准

《城市轨道交通列车运行控制系统的发展历程》任务评价单

| 评价方式 | 评价内容 | 比例 | 得分 |
|---|---|---|---|
| 学生自评 | 按项目评价内容及标准进行评价 | 20% | |
| 组内互评 | 按项目评价内容及标准进行评价 | 20% | |
| 组间互评 | 按项目评价内容及标准进行评价 | 20% | |
| 教师评价 | 按项目评价内容及标准进行评价 | 40% | |
| 任务得分 | | | |

《城市轨道交通列车运行控制系统的发展历程》任务评价内容及标准

| 序号 | 评价项目 | 评价内容 | 评价标准 | 分值 | 得分 |
|---|---|---|---|---|---|
| 1 | 任务完成情况 | 国外城市轨道交通列车运行控制系统发展过程 | 国外列控系统不同发展阶段的时间节点描述是否正确；国外列控系统不同发展阶段的特点描述是否全面、明确，根据实际情况酌情打分 | 20分 | |
| | | 国内城市轨道交通列车运行控制系统发展过程 | 国内列控系统不同发展阶段的时间节点描述是否正确；国内列控系统不同发展阶段的特点描述是否全面、明确；对国内列控系统的发展过程的表述是否清楚，根据实际情况酌情打分 | 20分 | |
| | | 城市轨道交通列车运行控制系统发展趋势 | 各小组资料收集、讨论是否认真；城轨列控系统的发展趋势阐述是否正确、全面，根据实际情况酌情打分 | 20分 | |
| | | 所在城市的城市轨道交通列车运行控制系统的发展历程 | 各小组资料收集、讨论是否认真；所在城轨列控系统的发展历程阐述是否正确、全面，根据实际情况酌情打分 | 20分 | |
| 2 | 职业素养情况 | 资料搜集情况 | 资料搜集非常全面5分；资料搜集比较全面1~4分；资料搜集不全面酌情扣1~5分 | 5分 | |
| | | 语言表达情况 | 表达非常准确5分；表达比较准确1~4分；表达不准确酌情扣1~5分 | 5分 | |
| | | 工作态度情况 | 态度非常认真5分；态度较为认真2~4分；态度不认真、不积极酌情扣1~5分 | 5分 | |
| | | 团队分工情况 | 分工非常合理5分；分工比较合理1~4分；分工不合理酌情扣1~5分 | 5分 | |

### 学习小结

城市轨道交通凭借其大载客量、快捷、准时、安全、环保的特点成为解决交通拥挤的最有效手段。城市公共交通的轨道化程度已成为一个城市现代化的重要标志之一。而城市轨道交通列车运行控制系统作为城市轨道交通的核心设备，它经历了一个半世纪的发展，技术成熟、安全可靠、形式多样。因此，这要求城市轨道交通列控系统相关作业人员应了解城市轨道交通的发展情况，熟知城市轨道交通列车运行控制系统的发展趋势，掌握城市轨道交通列车运行控制系统组成及各组成部分的作用和城市轨道交通列车运行控制系统的分类情况。

### 思考练习

1. 简要描述城市轨道交通的发展情况。
2. 简要描述城市轨道交通列车运行控制系统的组成及各个组成部分的作用。
3. 描述城市轨道交通列车运行控制系统的分类情况，并对不同类型的列车运行控制系统的组成、原理及特点进行简要说明。
4. 简要描述城市轨道交通列车运行控制系统的发展趋势。

# 项目 2　城市轨道交通列车运行控制系统关键设备认知

### 知识目标

（1）掌握应答器的组成、各个组成部分的作用及其在城轨列控系统中的功能。
（2）熟悉应答器的分类及不同类型应答器的特点。
（3）掌握感应环线的组成及工作原理。
（4）熟悉无线扩频电台的特点及布置方法。
（5）熟悉裂缝波导结构特点及裂缝波导通信系统的组成及网络布置方式。
（6）掌握漏泄电缆的结构及性能。
（7）掌握不同的车—地信息传输方式的优缺点。
（8）掌握 FTGS、AF-904 型数字轨道电路的组成、原理。
（9）熟悉 AzSM30 微机计轴系统、AzLM 计轴系统的组成、原理。
（10）了解站台安全门的分类及不同类型站台安全门的特点。
（11）掌握站台安全门的构成、功能及控制方式。

### 能力目标

（1）明确应答器、感应环线、漏泄电缆的设备构成。
（2）能识别不同类型车—地通信设备的特点。
（3）明确站台安全门的分类及特点。

### 重点难点

（1）应答器的组成、各个组成部分的作用及其在城轨列控系统中的功能。
（2）感应环线的组成及工作原理。
（3）漏泄电缆的结构及性能。
（4）FTGS、AF-904 型数字轨道电路的组成、原理。
（5）站台安全门的构成、功能及控制方式。

### 案例引入

**案例叙述：**
　　2022 年 3 月至 8 月间南京地铁中华门站 GD0601 段的反向进路在当行车人员排列好进路后，会偶尔出现粉红光带，此时的车站 LOW 机报警信息为：双通道输入不一致。当后续列车通过该区段后,粉红光带消失,设备恢复正常。根据记录,该故障频繁出现,不太稳定,造成了多辆列车运行延误。

**案例分析:**

造成这起事故的原因主要为线路中轨道电路的工作不稳定,经常受线路中多种因素的干扰造成粉红光带的出现,使得多列列车晚点。由此可见,轨道电路等关键技术设备在城市轨道交通列车运行控制系统中有着非常重要作用。

## 工作任务 1　车—地通信设备认知

课件　车—地通信设备认知

### 技能训练

《车—地通信设备认知》训练工单

| 学习项目 | 城市轨道交通列车运行控制系统关键设备认知 | | 姓名 | | 班级 | |
|---|---|---|---|---|---|---|
| 任务名称 | 车—地通信设备认知 | | 学号 | | 组别 | |
| 任务目标 | 1. 能够明确说明应答器的组成及各个组成部分的作用;<br>2. 能够描述不同类型的应答器的特点;<br>3. 能够明确应答器在城市轨道交通列控系统中的重要功能;<br>4. 能够准确说明感应环线的组成及工作原理;<br>5. 能够描述无线扩频电台的特点及布置方法;<br>6. 能够阐述裂缝波导结构特点、裂缝波导通信系统的组成以及网络布置方式;<br>7. 能够准确说明漏泄电缆的结构及性能;<br>8. 能够明晰不同的车—地信息传输方式的优缺点 ||||||
| 任务描述 | 学生以小组为单位,通过查阅相关资料及实地调研,完成下列任务:<br>1. 指认应答器的结构、各组成部分的作用以及不同类型应答器的特点;<br>2. 描述应答器城市轨道交通列控系统中的作用;<br>3. 分别查询感应环线、扩频电台、裂缝波导、漏泄电缆的组成、工作原理、网络布置方法等;<br>4. 分析并总结不同车—地通信方式的优、缺点 ||||||
| 任务要求 | 1. 场地要求:列车运行控制系统实训室;<br>2. 设备要求:无;<br>3. 工具要求:无 ||||||
| 课前任务 | 请根据教师下发的视频资源,探索城市轨道交通列控系统中能够实现车—地通信的设备有哪些,并在课程平台讨论区中讨论 ||||||
| 课中训练 | 1. 通过查阅相关资料并观看微课,总结应答器的结构组成及各组成部分作用,并记录在表 2-1-1 中。<br><br>表 2-1-1　应答器结构<br><br>| 名称 | 组成 | 作用 | 实现车—地通信的特点 |<br>|---|---|---|---|<br>| 应答器 | 地面设备 | | |<br>| | 车载设备 | | | ||||||

续表

| | |
|---|---|
| 课中训练 | 2. 请学生分组查阅资料，总结应答器在城市轨道交通列控系统中的作用，并进行 PPT 汇报展示。<br>3. 观看微课，总结感应环线通信系统的组成及工作原理，能够在实验室列控系统设备中指认出各个组成部分位置，并记录在表 2-1-2 中。<br><br>表 2-1-2　感应环线的认知<br><br>| 感应环线通信系统组成 | 作用 | 原理 | 特点 |<br>|---|---|---|---|<br>| 室内设备 | | | |<br>| 室外设备 | | | |<br><br>4. 请学生分组查阅资料，总结无线扩频电台的特点及曲线段和直线段轨旁天线覆盖设计方法，并进行 PPT 汇报展示。<br>5. 以小组为单位观看微课，总结裂缝波导管通信系统的组成，并能够在实验室设备上指认各部分结构的位置，画出轨旁波导信息网络布置图。<br>6. 以小组为单位查阅资料，在实验室漏泄电缆上指认其结构，说明各部分的作用，并记录在表 2-1-3 中。<br><br>表 2-1-3　漏泄电缆的认知<br><br>| 漏泄电缆结构 | 作用 | 通信特点 |<br>|---|---|---|<br>| | | |<br>| | | |<br>| | | |<br>| | | |<br><br>7. 请学生分组查阅资料，总结不同车—地通信方式的优缺点，并进行 PPT 汇报展示 |
| 任务总结 | 对项目完成情况进行归纳、总结、提升： |
| 课后任务 | 思考城市轨道交通中是否还有其他的设备能够实现车—地通信，并在课程平台讨论区中讨论 |

## 理论要点

### 1.1　应答器

应答器又称为信标，是高速率、大信息量的点式数据传输设备，其主要用途是在特定的地点实现车—地间的数据交换，向列车提供可靠的轨旁固定信息和可变信息，确保列车运行状态的安全。

### 1.1.1 应答器的组成

应答器是一种基于电磁耦合原理而构成的高速点式数据传输设备，它利用无线感应的原理在特定地点实现车—地双向通信，为列车提供 ATP 系统所需的各种点式信息，包括进路长度、岔区长度、闭塞分区长度、坡度、曲线等，确保列车在高速运行状态下的安全。为了完成上述功能，铺设在地面上的应答器必须和车载设备配合使用，车载设备主要包括车载查询天线和车载查询器。因此，应答器系统包括地面设备和车载设备，地面设备主要是地面应答器和轨旁电子单元（Lineside Electronic Unit，LEU），车载设备包括车载查询器天线和车载查询器主机。

#### 1. 地面设备

**1）地面应答器**

地面应答器布置在两根钢轨中间，其内部寄存器按协议以代码形式存放实现列车速度监控及其他行车功能所必需的数据，如图 2-1-1 所示。当列车经过地面应答器时，车载天线通过无线射频激活应答器，使其发射预置数据，从而使列车获得诸如公里标、限速、坡度等信息，保障列车运行安全。地面应答器由壳体、电路板、灌封材料组成。

图 2-1-1　地面应答器

**2）LEU**

LEU 是地面有源应答器与信号机之间的电子接口部件，是一种数据采集与处理单元，如图 2-1-2 所示。当地面信号数据变化时，LEU 依据变化后的数据形成报文并送给地面有源应答器进行发送，即具有报文透明的传输功能。一个 LEU 可以同时向 4 个地面有源应答器发送 4 种不同数据的报文。LEU 实时监测与地面有源应答器之间信息通道的状态，并及时向控制中心回送。当 LEU 与地面有源应答器通信中断时，LEU 向有源应答器发送默认报文。

图 2-1-2　LEU

#### 2. 车载设备

**1）车载查询器天线**

车载查询器天线（车载天线）置于列车底部，距轨道 180～300 mm，如图 2-1-3 所示。当天线的导体通过高频电流时，在其周围空间会产生电场和磁场，电磁场能离开导体向空间传播，形成辐射场。发射天线正是利用辐射场的这种性质，使车载主机传送的高频信号经过发射天线后能充分地向空间辐射。地面应答器接受效果的好坏除了受电波强弱的影响外，还取决于天线的方向性和与接收设备的匹配情况。

图 2-1-3　车载查询器天线

车载查询器天线是一个双工收发天线，一方面连续向地面发送高频电磁能量，以激活地面应答器，另一方面接收地面应答器发送的数据报文。车载查询器天线的外壳由硬塑料做保护，以防异物撞击。

### 2）车载查询器主机

车载查询器主机用来检查、校验、解码和传送接收到的报文，选择激活位于列车两端的任意天线，与列车运行控制系统进行单向（或双向）数据传输，并具有自检和诊断功能，如图 2-1-4 所示。车载查询器主机具有的主要功能如下：提供电子里程标，以校准列车位置；提供列车前方一定距离内的线路参数；提供地面信号状态信息；向地面有源应答器发送车次号信息。

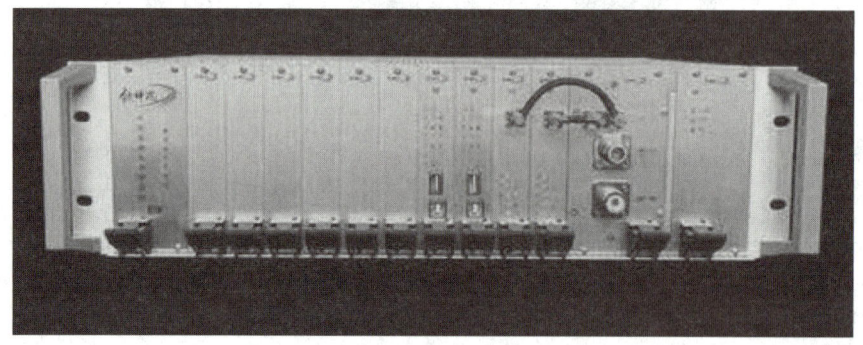

图 2-1-4　车载查询主机

### 1.1.2　应答器的分类

按供电来源的不同，应答器可以分为无源应答器和有源应答器。

#### 1. 无源应答器

如图 2-1-5 所示，安装在钢轨中心的无源应答器没有外加电源，平时处于休眠状态，仅靠瞬间接收车载天线的电磁能量而工作，将预置的数据报文（如线路的公里标、限速、坡度等信息）发送给车载设备，直至电能消失（车载天线已离去）。其预置的数据报文由应答器无线读写器写入后，固化在其存储单元中，相当于计算机存储系统中的 ROM（只读存储器）。因此，信息一旦被固定在无源应答器中，就只能原封不动地读出，不可改变。

### 2. 有源应答器

有源应答器所存储的信息是可变的，通过外接电缆获得电源，如图 2-1-6 所示。有源应答器中的信息是由其通过外接电缆的地面设备的实时状态控制的。有源应答器一般设置在信号机或道岔旁，用于向列车传送实时可变信息，如信号显示、临时限速、道岔位置等。

 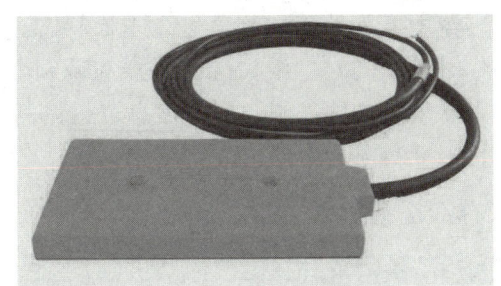

图 2-1-5　无源应答器　　　　图 2-1-6　有源应答器

一般情况下，无源应答器用于定位，有源应答器用于将地面变化的列车控制信息传送给列车。有源应答器又分为信号机应答器和进路应答器。信号机应答器安装于信号机旁与信号机联锁，进路应答器安装于道岔前，用来指示是否需要以侧向速度通过道岔。

美式信标一般分为静态信标和动态信标。

### 1.1.3　应答器工作原理

#### 1. 无源应答器的工作原理

安装于两根钢轨中心地面上的无源应答器不需要外加电源，平时处于休眠状态，仅在列车通过并获得车载查询器发送的功率载波能量时被激活，同时发送调制好的数据编码信息。其编码策略具有强检错、易解调的特点，其原理如图 2-1-7 所示。

动画　应答器工作原理

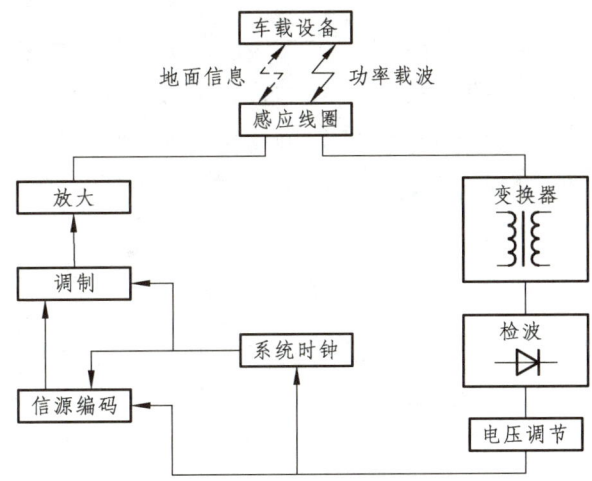

图 2-1-7　无源应答器的工作原理

当列车经过无源应答器上方时，地面应答器接收到车载天线传递的载频能量，获得电能量使地面应答器中的信号发生器工作，然后将事先存储在地面应答器中的数据发送出去。列车接收到这些数据信息后，通过车载控制系统得出最佳的运行速度，以保证行车安全。列车也可以根据接收到的信息确定列车在线路上的精确位置。

当安装在列车底部的应答器天线与地面应答器之间的磁场达到了规定的范围时（有效作用长度不小于 0.5 m），地面应答器的感应线圈感应到列车发出的功率载波（功率载频为 27.095 MHz ± 5 kHz）。应答器收到上述载频后，通过变换器、检波和电压调节，输出系统工作所需的直流电压，地面应答器进入工作状态。波形变换电路从感应线圈谐振频率信号中提取系统工作时钟，同时供给信源编码器和调制电路。编码器读取预置在系统芯片中的信息，并给出调制器编码条件。调制器对信息进行调制后得到 FSK 信号，此信号经过低通滤波器整形后放大，由线圈发送出去。

#### 2. 有源应答器的工作原理

有源应答器需要外接电源向其供电。它由可变信息应答器、LEU、车站信息编码设备和连接电缆组成，其原理如图 2-1-8 所示。有源应答器接有车站信息编码设备，因此有源应答器内的数据报文可以随外部控制条件的不同而产生变化。例如，设置于地面信号机旁的应答器将信号机显示状态的数据信息通过应答器传送给列车，对应信号机的不同显示，数据信息是可变的。

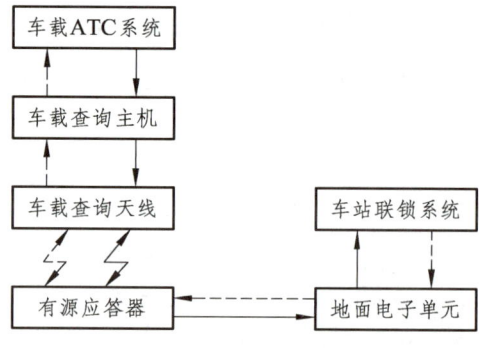

图 2-1-8  有源应答器的工作原理

当列车接近应答器一定距离时，地面应答器内的数据应该保持不变；当列车远离应答器时，地面应答器内的数据可以随时变化。车站的信息编码设备和车站联锁系统相配合，采集联锁系统的有关信息，如信号机的显示、道岔的位置、临时限速等。这些信息经过编码设备编码后，通过串行接口传送至 LEU，再通过它控制地面有源应答器的发送，为列车提供实时的信息。

### 1.1.4  城市轨道交通列控系统中应答器的功能

在城市轨道交通信号控制系统中，应答器有 4 个基本功能，即系统初始化、列车定位和轮径校准、精确停车和 CBTC 下的后备模式。

#### 1. 系统初始化

从车辆段（场）驶入正线的列车要在出段线路转换轨处"登记"进入 ATC 系统监控区。

列车出发驶入转换轨，经转换轨上的应答器进行车—地通信初始化，自动将车组号和司机号传送到中央 ATS 系统。中央 ATS 系统自动赋予列车相应的识别号，此列车便正式登录 ATC 控制区。每列列车的识别号是唯一确定的，ATS 系统以此作为识别每列列车的身份标志，监督各列车在线路上的运行状态。

### 2. 列车定位和轮径校准

#### 1）列车定位

列车车轮在启动、制动、上坡和下坡等情形下空转和打滑会造成列车的定位误差，因此必须采用应答器（或者轨道电路分界点、电缆环线等方法）传送列车绝对位置数据，辅助进行列车绝对位置的定位。车载设备接收到这些数据后，对车载里程计的测距误差进行修正，使车载设备的控制精度总是保持在合理的范围内。

定位应答器为无源设备，安装在道床上，由列车上的查询器天线的无线电信号激活。当列车通过一个应答器时，可以接收到一组数字信息用来识别应答器，并根据应答器提供的数据信息检索车载轨道数据库，为列车提供精确的绝对地理位置信息（也可以提供线路的坡度、曲线半径等其他信息）。

由于应答器提供的位置精度很高，达到厘米量级，因此常用应答器作为修正列车定位精度的手段。应答器根据信号系统的设计需要进行设置，一般情况下，列车定位的精确度与应答器的数量成正比。

#### 2）轮径校准

列车的位置和速度的测定是以车轮的转动为依据的，车轮半径是定位及测速的基础数据。

为了减小列车定位及测速的误差，在每次运营前需要完成车载控制器的轮径校准工作。校准的过程是用车载里程计测量两个应答器之间的车轮转数，并与车载数据库中预置的这两个应答器之间的实际距离进行比较，由车载控制器计算出实际轮径，实现自动轮径校准。校准的精度与校准区段的长度有关。校准区段一般在车辆段/停车场内提供。

### 3. 精确停车

列车在车站停车时，车门的开度与屏蔽门的开度要配合良好，要求车门与屏蔽门之间的停站允许误差控制在 ±（0.25～0.50）m。列车精确停车信息需要由地面应答器来提供，其原理见项目 5。

### 4. CBTC 下的后备模式

在 CBTC 系统中，正常情况下，正线区段列车以车载设备显示作为行车凭证。非 CBTC 列车、通信故障的 CBTC 列车及地面 ATP 故障情况下降级运行的列车按地面信号机的指示人工驾驶运行。

在后备运营模式下，利用 CBTC 车载控制器和地面应答器实现后备 ATP 控制功能，确保列车安全地停在信号机前方并防止列车冒进信号。

列车由司机人工驾驶，系统提供速度监控，以站间闭塞方式运行。

只有在站间计轴区段无车占用的情况下，轨旁联锁系统才允许车站的出站信号机显示绿灯。每个车站使用一个与出站信号机相关联的有源应答器（或动态信标）。

轨旁有源应答器用来把出站信号机绿灯显示信息传送给车载 ATP 设备。有源应答器由出站信号机点亮绿灯激活，动态被激活后，当列车的查询器天线越过轨旁有源应答器时，一个数字式的信息将会传送给列车上的 ATP 查询器。有源应答器只有在与之关联的出站信号机点亮绿灯时才被激活。

出站信号机绿灯显示信息被传送给列车，表示站间的计轴区段没有列车占用。若先行列车还在占用前方车站的离去区段，则前方车站的出站信号机显示红灯。

如果出站信号机没有开放，而司机错误地开始发车，车载计算机通过查询器天线检测到该信号机的禁止信息，则立即实施紧急制动，从而防止列车冒进红灯信号。

在点式 ATP 防护模式下，车载控制器根据车载测速及测距设备确定列车速度和走行距离；根据地面有源应答器和车载线路数据库确定列车在线路上的位置；根据读取的有源应答器信息并结合车载线路数据库确定列车距前方目标点的距离及限速；生成 ATP 速度—距离曲线，并将相关信息显示给司机；通过监控列车的实际运行速度，实现超速防护。

通常情况下，目标为前方车站停车点，即前方车站出站信号机的前方。后续列车通过读取有源应答器的数据，生成出站信号机到目标点的速度—距离曲线，车载 ATP 系统按此速度—距离曲线对列车运行实施安全防护。一旦列车超速，车载 ATP 系统便会对司机进行提示和报警。如果司机在规定时间内或规定速度范围内未采取有效措施，系统将自动实施紧急制动以保证列车运行安全。图 2-1-9 所示为有源应答器与出站信号机及列车正常停车位置之间的理想位置关系。

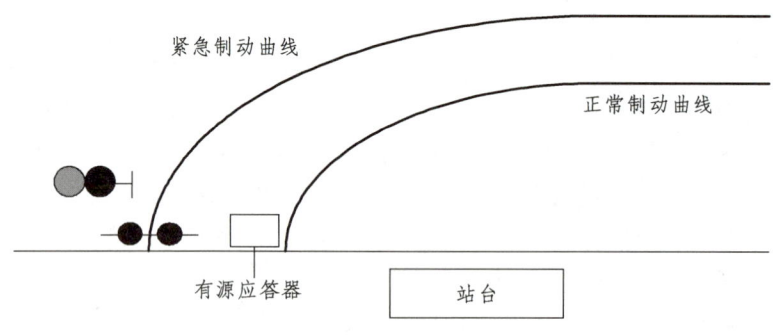

图 2-1-9　有源应答器的位置

紧急制动曲线将会在前方出站信号机处终止。有源应答器将会设置在列车正常停车位置与出站信号机之间，这种位置关系可以使列车在正常制动曲线下永远不会读到有源应答器。

一旦信号机显示变绿，则司机需要继续驾驶列车前进几米以便读取有源应答器。当出站信号机点红灯时，如果司机驾驶列车超过 15 m，则 ATP 设备会发出紧急制动实施请求。

## 1.2 感应环线

以 Alcatel 的 SelTrac 系统为代表的采用感应环线作为车—地通信方式的 CBTC 系统已有较成熟的运用经验。目前，广州地铁 3 号线和武汉轻轨 1 号线采用了此系统。

另外，在一些准移动闭塞系统中利用感应电缆在某些特定的位置实现车—地通信功能。例如，美国 USSI 公司的准移动闭塞系统中的 TWC 环线用于车—地间双向信息交换和列车定位；Siemens 公司的准移动闭塞系统中的用于精确停车的同步环线及车—地通信的 PTI 环线等。

## 1.2.1 感应环线通信设备的组成

感应环线车—地通信子系统包括室内环线控制单元、车载天线和通信单元、室外轨旁终端盒与感应环线电缆,其轨旁设备布置如图 2-1-10 所示。

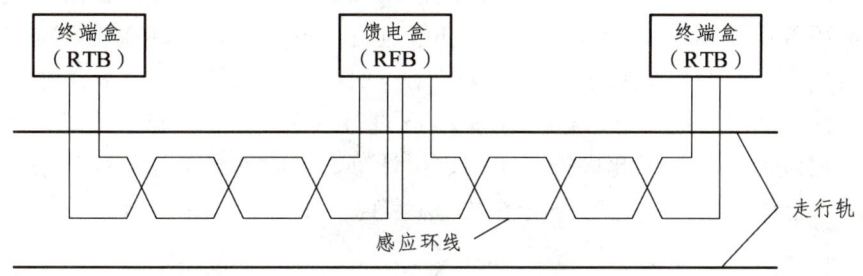

图 2-1-10　感应环线车—地通信子系统轨旁设备布置

感应环采用不对称还是对称形式安装,取决于轨道的分布。对称方式用于感应环所涵盖的轨道相对较长(大于 3 500 ft,1 ft = 0.304 8 m),在这种配置中感应环有两条腿。

如图 2-1-11 所示,不对称感应环用于相对较短的轨道区段(大约 3 500 ft 或更短,1 ft = 0.304 8 m),所以安装于轨旁的硬件较少。

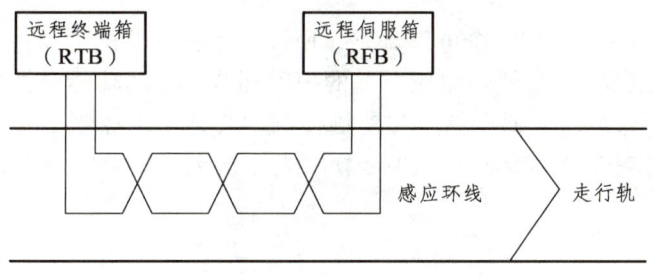

图 2-1-11　不对称感应环线

## 1.2.2 感应电缆通信方式的特点

(1)采用感应环线方式传输信息,环线安装于轨道道床上。

(2)选用 36 kHz 和 56 kHz 的频率,车载天线与地面环线之间采用电磁感应的方式传输信息,地面环线与车载天线之间有距离要求。

(3)采用 25 m 交叉一次的环线交叉点和车载定位设备进行列车定位,定位精度达到 6.25 m。

(4)感应环线方式带宽相对较窄,传输数据量较少,但能满足列车实时控制及数据双向传输的要求。

(5)每段环线最大覆盖线路为 3.2 km。

(6)感应环方式传输速率低,传输衰耗小,环线结构简单,工程投资相对较少。

(7)轨旁设备少,但感应环线敷设较多,维修工作量大,且电缆的存在给线路养护工作带来不便。

(8)感应环需保证 25 m 一交叉,敷设及安装精度要求较高。

(9)采用轨间感应电缆传输车—地信息,数据传输受外界的影响较小,避免了牵引电流的干扰,数据传输不受隧道、高山、森林和其他通信信号的干扰。

### 1.2.3 感应环线的工作原理

**1. 感应环线信息传输原理**

感应环线作为车—地双向通信的媒介，由扭绞线芯和绝缘非铠装防护外套组成。车—地之间的通信利用敷设在钢轨中间的交叉感应环线进行，电缆在感应环通信系统中作为发送天线和接收天线使用。在两根钢轨之间敷设交叉感应回线，一条线固定在轨道中央的道床上，另一条线固定在钢轨的颈部下方，它们每隔 25 m 进行一次交叉，列车经过每个环线交叉点时会检测到信号相位的变化，以此进行列车的定位计算。室内外设备间的联系采用控制中心和沿线设置的若干个中继器构成的两级控制方式来实现，如图 2-1-12 所示。

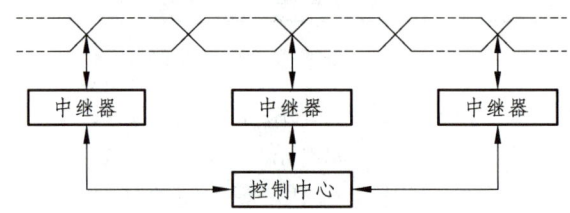

图 2-1-12 感应环线传输控制原理

一个中继器最多可控制 128 个电缆环路，所以一个中继器的最大控制距离为 128 × 25 = 3 200 m。中继器是控制中心与轨间感应电缆的中间环节，它的功能是把控制中心的命令通过轨间感应电缆传递给列车，将列车信息传输给控制中心，实现控制中心与轨间电缆之间的信息交换。中继器需要完成频率变换、电平变换、功率放大及抑制干扰等任务，其工作原理如图 2-1-13 所示。

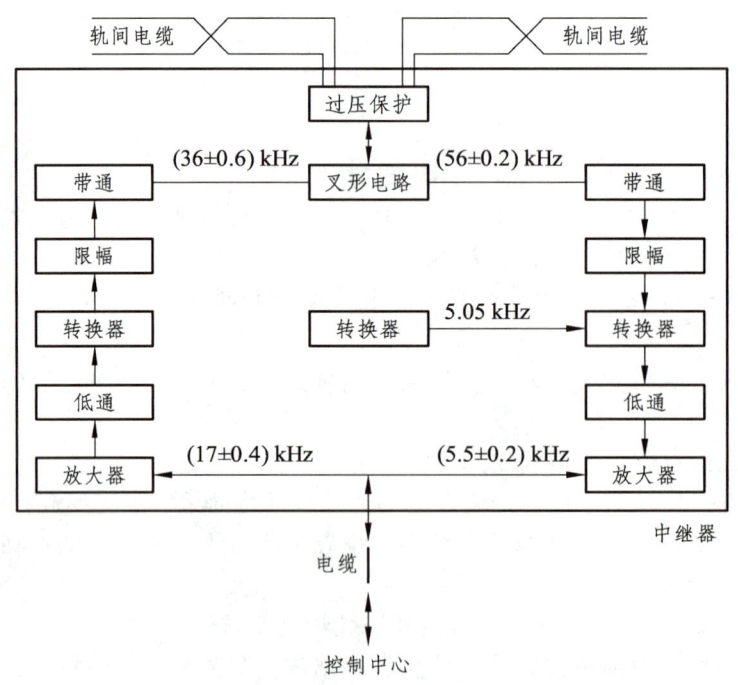

图 2-1-13 中继器的工作原理

信息的传输采用频移键控方式,从中继器向列车传输的频率为(36±0.6)kHz,从列车向中继器传输的频率为(56±0.2)kHz,两种信息在同一电缆中传输。

### 2. 列车定位原理

利用轨间感应电缆的交叉配置可实现列车定位。列车运行的具体位置是通过地址码来确定的,可用14位电码的约定结构来表示列车的位置信息,如表2-1-4所示。

表 2-1-4  列车定位地址码

| 码　位 | 14 | 11～13 | 4～10 | 1～3 |
|---|---|---|---|---|
| 内　容 | 方向码 | 中继器码 | 粗地址码 | 细地址码 |

其中,最高位为列车运行方向码;第11～13位为对应中继器的代码;第4～10位为表示列车处于具体环路的粗地址码,每当列车驶过一个交叉点时,利用信号极性的变化,粗地址码就会加1;第1～3位为细地址码,每当列车驶过25 m×1/8,细地址码就会加1。当控制中心接收到地址码后,通过解码就能确定列车的具体位置。

根据这个数值就可以确定列车在线路上的位置,在各个列车的具体位置确定下来后,ATP系统就能根据计算出的或地面控制中心传递的列车最大允许速度来控制列车的运行,以防护列车超速。

## 1.3　无线扩频电台

目前能够采用无线扩频电台进行车地双向通信的有加拿大的泰雷兹公司、法国的阿尔斯通公司、德国的西门子公司、加拿大的庞巴迪公司等。

根据IEEE802.11无线局域网的标准,无线扩频电台方式传输的最大距离约为400 m。由于轨道交通线路多穿行于城市区域,其弯道和坡道较多,增加了无线场强覆盖的难度,为了保证场强覆盖的完整性,保证通信的质量和可靠性,一般在地下线路200 m左右设置一套,在地面和高架线路300 m左右设置一套。直线段轨旁天线覆盖设计原则及曲线段轨旁天线覆盖设计原则如图2-1-14和图2-1-15所示。

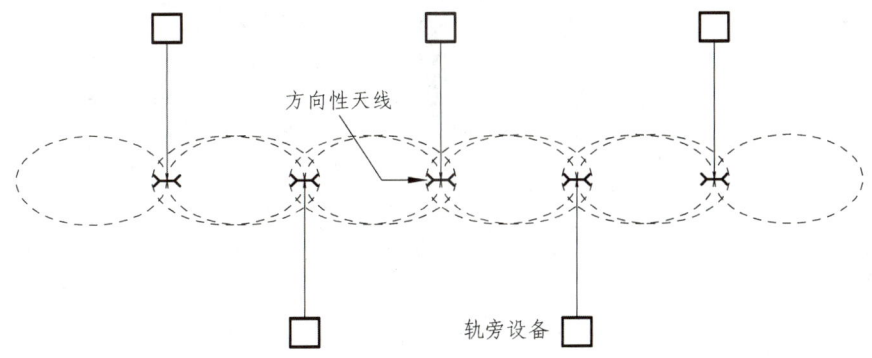

图 2-1-14　直线段轨旁天线覆盖设计原则

无线扩频电台安装比较灵活，受其他因素的影响小，可以根据现场条件和无线场强覆盖需要进行设计和安装，且安装和维护容易。无线扩频电台在隧道内传输受弯道和坡道影响较大，同时隧道内的反射比较严重，需要考虑多径干扰等问题。无线扩频电台在地面和高架线路安装比较容易，但线路周围不能有高大密集的建筑物，否则也会产生反射和衍射，从而导致传输质量下降和通信速率降低。

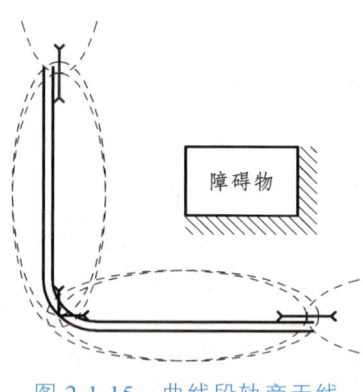

图 2-1-15　曲线段轨旁天线覆盖设计原则

无线扩频电台的传输距离较短。为了保证在一个 AP（无线接入点）故障时，通信不能中断，往往需要在同一个地点设置双网覆盖，进一步缩短了 AP 布置间距。列车在各个 AP 之间的漫游和切换特别频繁，大大降低了无线传输的连续性和可靠性，同时相应的电缆使用量很大。天线在隧道内和高架桥上的安装分别如图 2-1-16 和图 2-1-17 所示。

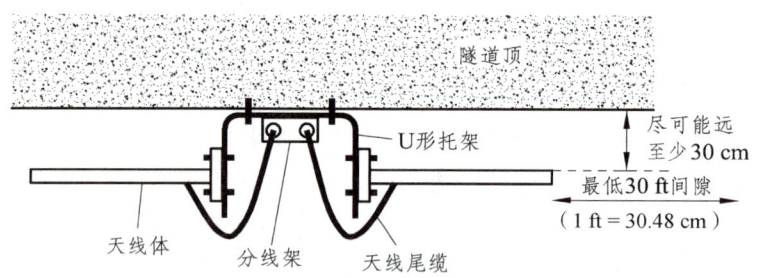

图 2-1-16　隧道内无线天线安装图

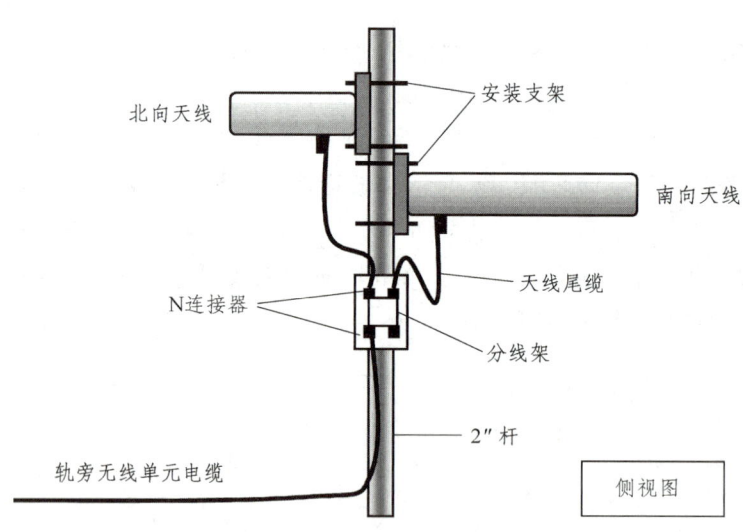

图 2-1-17　高架桥上无线天线安装图

## 1.4　裂缝波导管

裂缝波导系统是波导信息网络的关键部分，它是具有较宽的频带并可以同时传输数据、语音及视频信号的传输系统，用于车地双向连续数据传输及列车定位。

裂缝波导是一个中空的铝质矩形管，在其顶部等间隔开有窄缝，使微波可沿裂缝波导均匀辐射，在波导上方的适当位置接收器可以接收波导裂缝辐射的信号，接收器通过信号处理得到有用的数据。裂缝波导的传输方式如图 2-1-18 所示。

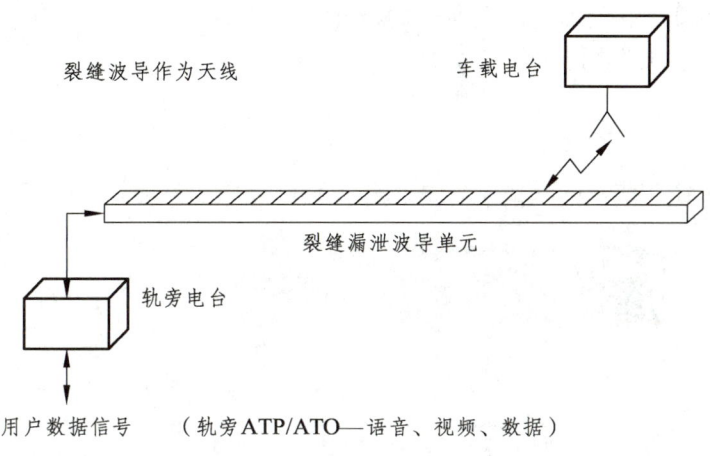

图 2-1-18　裂缝波导的传输方式

波导信息网络轨旁子系统产生一个高频的连续波，除传递列控信息外，当这一连续波沿着波导传输时，波导上方辐射的尖峰数等于波导的缝隙数，在检测尖峰的过程中，列车经过的距离等于两个波导缝隙的距离，从而实现列车位置的精确测量。由于这一测量过程独立于轨道与车轮的接触，当车轮打滑或空转时可以用它来对里程仪加以校正。

波导信息网络子系统包括固定在轨旁的漏泄波导、基站及车载天线。一个通信覆盖区段内的车—地双向连续传输由几个波导信息网络（WIN）基站提供，每个 WIN 基站通过一对频率管理一个通信单元。在通信单元的边界之间设有重叠的无线覆盖区，以保证列车在两个相邻的通信单元之间平稳地交接。轨旁波导信息网络的典型布置如图 2-1-19 所示。

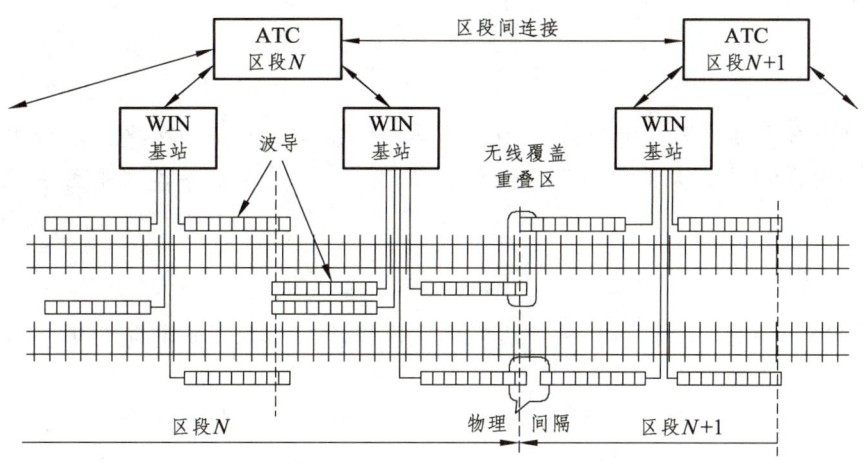

图 2-1-19　轨旁波导信息网络布置

## 1.5　漏泄电缆

漏泄电缆是漏泄同轴电缆的简称，通常又简称为泄漏电缆或漏缆，与普通同轴电缆的区别在于其外导体上开有用作辐射的周期性槽孔。普通同轴电缆的功能是将射频能量从电缆的一端传输到电缆的另一端，并且希望有最大的横向屏蔽使信号能量不能穿透电缆，以避免传输过程中的损耗。但是漏泄电缆的设计目的则是特意减小横向屏蔽，使得电磁波在漏缆中纵向传输的同时通过同轴电缆外导体上所开的槽孔向外界辐射电磁波，同时外界的电磁场也可通过槽孔感应到漏缆内部并传送到接收端。

### 1.5.1 漏泄电缆的结构

漏泄电缆的结构如图 2-1-20 所示，其主要包括内导体、外导体、绝缘介质、护套。

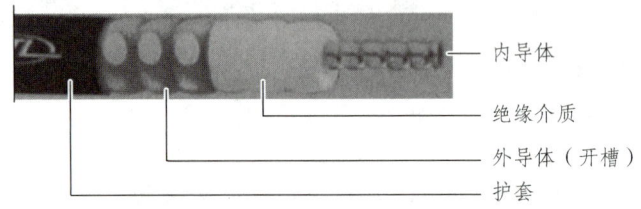

图 2-1-20　漏泄电缆结构

#### 1. 内导体

铜是内导体的主要材料，电缆内导体是铜线或铜包铝线，而外电缆用铜管，以减少电缆重量和成本。对外导体进行轧纹，这样可获得足够好的弯曲性能。内导体对信号传输影响很大，因为衰减主要是内导体电阻损耗引起的。其电导率，尤其是表面电导率，应尽可能高。

#### 2. 外导体

外导体通常由铜带纵向包覆而成。在外导体层上，开有纵向或横向的槽口或小孔。外导体有两个基本的作用：第一是回路导体的作用；第二是屏蔽作用。漏泄电缆的外导体还决定了其漏泄性能。

#### 3. 绝缘介质

射频同轴电缆介质远不只起绝缘作用，最终的传输性能主要是在绝缘之后才确定的，因此介质材料的选择和其结构非常重要。所有重要的性能，如衰减、阻抗和回波损耗，都与绝缘关系很大。

#### 4. 护套

户外电缆最常用的护套材料是黑色线性低密度聚乙烯。当强调电缆的防火安全性时，应使用低烟无卤阻燃材料。

无线电通信信号的质量通常因为电缆外界电波电平波动情况不同而相差很大，电缆敷设方式和敷设环境对电缆辐射效果也有影响。大部分隧道内还有各种各样金属导体，比如沿两侧墙面安装的电力电缆、钢轨、水管等，这些导体将彻底改变电磁场的特性。

### 1.5.2 漏缆电性能

漏缆电性能的主要指标有纵向衰减常数和耦合损耗。

### 1. 纵向衰减常数

该常数是考核电磁波在电缆内部所传输能量损失的最重要特性。普通同轴电缆内部的信号在一定频率下，随传输距离而变弱。衰减性能主要取决于绝缘层的类型及电缆的大小。而对于漏缆来说，周边环境也会影响衰减性能，因为电缆内部少部分能量在外导体附近的外界环境中传播，因此衰减性能也受制于外导体槽孔的排列方式。

### 2. 耦合损耗

其描述的是电缆外部因耦合产生且被外界天线接收能量大小的指标。它定义为：特定距离下，被外界天线接收的能量与电缆中传输的能量之比。由于影响是相互的，也可用类似的方法分析信号从外界天线向电缆的传输。耦合损耗受电缆槽孔形式及外界环境对信号的干扰或反射影响。宽频范围内，辐射越强意味着耦合损耗越低。

## 1.6 不同车—地传输方式的特点

上述不同的车—地信息传输方式的优缺点比较如表 2-1-5 所示。

表 2-1-5 不同车—地信息传输方式优缺点比表

| 传输介质 | 优点 | 缺点 |
| --- | --- | --- |
| 应答器 | 实现地到车信息的单向传输；<br>轨旁设备少，维护成本低；<br>可实现列车精确定位 | 不能实现地对车信息的连续传输；<br>信息传输量小 |
| 感应环线 | 实现车—地双向通信；<br>基本不受牵引回流、道床泄漏、防迷流网的影响；<br>列车位置检测精度较高；<br>避开了轨道电路的传输方向性，信息传输可靠、高效 | 对轨旁电磁环境要求较高；<br>对轨道维护有影响 |
| 无线电台 | 采用定型天线方式，具有波束赋形功能，可以提高无线信号的强度，减少无线信号的覆盖范围，从而提高车—地通信的抗干扰能力；<br>定型自由波天线，加工简单，不需要使用过多的贵金属，成本低；<br>安装、维修方便，施工及日常维护费用低 | 电磁波直接覆盖在空间中，信号易受监听和干扰；<br>无线空间的插损较大，信号衰减较大，不利于远距离传输；<br>在弯道、坡道处布点通信受限制 |
| 裂缝波导管 | 波导管可连续布设在线路两侧，因此电磁波信号覆盖稳定、平均，传输性能稳定；<br>波导管传输损耗小，适合信号的远距离传输；<br>波导管为独立金属导管，信号传输方向、信号范围可控，抗干扰能力强 | 波导管截面形状和传输电磁波频率相关，因此波导管在生产、运输及安装过程中的防护要求高，成本投入大；<br>波导管一般使用金属制成，自身成本较高；<br>受部分轨旁设备（转辙机、信号灯等）限制，泄漏波导管不能连续安装，需要跳轨安装，增加了安装难度；<br>需要专用安装支架，支架受现场地形影响，形式多样，工程实施难度较大；<br>波导管安装要求高（水平、距离、气密性等），安装、维护成本高 |

续表

| 传输介质 | 优点 | 缺点 |
| --- | --- | --- |
| 漏泄电缆 | 信号覆盖均匀，尤其适合隧道等狭小空间；漏泄电缆是宽频带系统，可同时用于CDMA800、GSM900、GSM1800、WCDMA、WLAN等信号的综合传输；漏缆绝缘采用高物理发泡的均匀细密封闭的微泡结构，特性阻抗、驻波系数、衰减等传输参数更加均匀稳定，而且可抵御在潮湿环境中潮气对电缆的侵入可能导致的传输性能的下降或丧失，提高了产品的使用寿命和稳定可靠性 | 采用贵金属材质，成本高；安装使用专用支架，必须采用吊装方式，不允许高架（露天）环境安装；运营维护复杂 |

## 评价标准

《车—地通信设备认知》任务评价单

| 评价方式 | 评价内容 | 比例 | 得分 |
| --- | --- | --- | --- |
| 学生自评 | 按项目评价内容及标准进行评价 | 20% | |
| 组内互评 | 按项目评价内容及标准进行评价 | 20% | |
| 组间互评 | 按项目评价内容及标准进行评价 | 20% | |
| 教师评价 | 按项目评价内容及标准进行评价 | 40% | |
| 任务得分 | | | |

《车—地通信设备认知》任务评价内容及标准

| 序号 | 评价项目 | 评价内容 | 评价标准 | 分值 | 得分 |
| --- | --- | --- | --- | --- | --- |
| 1 | 任务完成情况 | 应答器认知 | 应答器的结构指认是否正确，不同组成部分的作用说明是否准确；表格填写是否完整、准确；应答器在城轨列控系统中的作用总结是否完整，每个作用的实现过程阐述是否清晰，汇报是否完整、清晰，根据实际情况酌情打分 | 20分 | |
| | | 感应环线通信系统认知 | 感应环线通信系统的组成及工作原理总结是否清楚；表格填写是否清晰、正确、完整，根据实际情况酌情打分 | 20分 | |
| | | 无线扩频电台认知 | 无线扩频电台的特点总结是否正确、完整；无线扩频电台的覆盖设计方式表述是否清晰，根据实际情况酌情打分 | 10分 | |
| | | 裂缝波导管通信系统认知 | 裂缝波导管通信系统结构指认是否正确，各组成部分的作用表述是否清楚；轨旁波导信息网络布置图绘制是否清晰、准确，根据实际情况酌情打分 | 10分 | |

续表

| 序号 | 评价项目 | 评价内容 | 评价标准 | 分值 | 得分 |
|---|---|---|---|---|---|
| 1 | 任务完成情况 | 漏泄电缆认知 | 漏泄电缆结构指认是否正确,各部分的作用说明表述是否正确、清晰;在漏泄电缆上指认其结构,根据实际情况酌情打分 | 10分 | |
| | | 不同车—地通信方式的优缺点认知 | 能否正确地总结不同车—地通信设备的优缺点;汇报是否完整、清晰,根据实际情况酌情打分 | 10分 | |
| 2 | 职业素养情况 | 资料搜集情况 | 资料搜集非常全面5分;资料搜集比较全面1~4分;资料搜集不全面酌情扣1~5分 | 5分 | |
| | | 语言表达情况 | 表达非常准确5分;表达比较准确1~4分;表达不准确酌情扣1~5分 | 5分 | |
| | | 工作态度情况 | 态度非常认真5分;态度较为认真2~4分;态度不认真、不积极酌情扣1~5分 | 5分 | |
| | | 团队分工情况 | 分工非常合理5分;分工比较合理1~4分;分工不合理酌情扣1~5分 | 5分 | |

## 工作任务2 列车检测设备认知

### 技能训练

《列车检测设备认知》训练工单

| 学习项目 | 城市轨道交通列车运行控制系统关键设备认知 | | 姓名 | | 班级 | |
|---|---|---|---|---|---|---|
| 任务名称 | 列车检测设备认知 | | 学号 | | 组别 | |
| 任务目标 | 1. 能够说明轨道电路的组成及各个组成部分的作用;<br>2. 能够描述FTGS、AF-904型数字轨道电路的组成、原理;<br>3. 能够说明计轴设备的组成及各个组成部分的作用;<br>4. 能够描述AzSM30微机计轴系统、AzLM计轴系统的组成、原理 ||||||
| 任务描述 | 学生以小组为单位,通过查阅相关资料及实地调研,完成下列任务:<br>1. 介绍轨道电路的组成及各部分的作用;<br>2. 分别指认FTGS、AF-904型数字轨道电路的结构位置及作用,阐述不同类型轨道电路的工作原理;<br>3. 介绍计轴设备的组成及各部分的作用;<br>4. 分别指认AzSM30微机计轴系统、AzLM计轴系统的组成及各组成部分的位置及作用,阐述不同类型微机计轴系统的工作原理 ||||||
| 任务要求 | 1. 场地要求:列车运行控制系统实训室;<br>2. 设备要求:无;<br>3. 工具要求:无 ||||||

续表

| 课前任务 | 请根据教师下发的视频资源，探索城市轨道交通列车运行控制系统中能够实现列车检测的设备有哪些，并在课程平台讨论区中讨论 |
|---|---|
| 课中训练 | 1. 观看轨道电路介绍微课，总结轨道电路的组成、轨道电路的作用及各组成部分的作用，并将小组讨论结果记录在表 2-2-1 中。<br><br>表 2-2-1　轨道电路认知<br><br>| 轨道电路组成 | 各部分的作用 | 在列控系统中的作用 |<br>|---|---|---|<br>|  |  |  |<br>|  |  |  |<br>|  |  |  |<br>|  |  |  |<br>|  |  |  |<br><br>2. 通过查阅相关资料、观看 FTGS 型数字轨道电路的介绍微课，总结 FTGS 型数字轨道电路的组成并在实验室设备上指认各组成部分的位置，分析 FTGS 型数字轨道电路原理及工作过程，进行 PPT 汇报展示，并记录在表 2-2-2 中。<br><br>表 2-2-2　FTGS 型数字轨道电路认知<br><br>| FTGS 型数字轨道电路组成 | 各部分的作用 | 工作原理 | 工作过程 |<br>|---|---|---|---|<br>|  |  |  |  |<br>|  |  |  |  |<br>|  |  |  |  |<br>|  |  |  |  |<br>|  |  |  |  |<br>|  |  |  |  |<br>|  |  |  |  |<br>|  |  |  |  |<br>|  |  |  |  |<br>|  |  |  |  |<br>|  |  |  |  |<br><br>3. 通过查阅相关资料、观看 AF-904 型数字轨道电路的介绍微课，总结 AF-904 型数字轨道电路的组成并在实验室设备上指认各组成部分的位置，分析 AF-904 型数字轨道电路原理，进行 PPT 汇报展示，并记录在表 2-2-3 中。 |

表 2-2-3　AF-904 型数字轨道电路认知

| AF-904 型数字轨道电路组成 | 各部分的作用 | 工作原理 |
|---|---|---|
|  |  |  |
|  |  |  |
|  |  |  |
|  |  |  |

4. 观看计轴器介绍微课，总结计轴器的组成及各组成部分的作用，分析计轴器与轨道电路的区别，并将小组讨论结果记录在表 2-2-4 中。

表 2-2-4　计轴器认知

| 计轴器组成 | 计轴器的作用 | 二者区别 |
|---|---|---|
|  |  |  |
|  |  |  |
|  |  |  |

**课中训练**

5. 通过查阅相关资料、观看 AzSM30 微机计轴系统的介绍微课，总结 AzSM30 微机计轴系统的组成并在实验室设备上指认各组成部分的位置，分析 AzSM30 微机计轴系统原理，进行 PPT 汇报展示，并记录在表 2-2-5 中。

表 2-2-5　AzSM30 微机计轴系统认知

| AzSM30 微机计轴系统 | 各部分的作用 | 工作原理 |
|---|---|---|
|  |  |  |
|  |  |  |
|  |  |  |

6. 通过查阅相关资料、观看 AzLM 计轴系统的介绍微课，总结 AzLM 计轴系统的组成并在实验室设备上指认各组成部分的位置，分析 AzLM 计轴系统原理，进行 PPT 汇报展示，并记录在表 2-2-6 中。

表 2-2-6　AzLM 计轴系统认知

| AzLM 计轴系统组成 | 各部分的作用 | 工作原理 |
|---|---|---|
|  |  |  |
|  |  |  |
|  |  |  |

**任务总结**　对项目完成情况进行归纳、总结、提升：

**课后任务**　思考 AzLM 计轴系统与 AzSM30 微机计轴系统的区别，并在课程平台讨论区中讨论

> 理论要点

## 2.1 轨道电路

### 2.1.1 轨道电路概述

#### 1. 轨道电路的组成

轨道电路由钢轨线路、钢轨绝缘、电源、限流设备、接收设备组成。其中，钢轨线路是由钢轨和钢轨端部的导接线和两端的连接导线组成。钢轨绝缘是钢轨线路两端的绝缘装置，在轨道的轨距板、轨距保持杆、尖轨连接杆上都安装有绝缘装置。电源常用直流电源、交流电源、脉冲电源等。限流设备是由可调整的电阻器或电抗器组成，接收设备常用电磁式继电器或电子式继电器。最简轨道电路如图 2-2-1 所示。

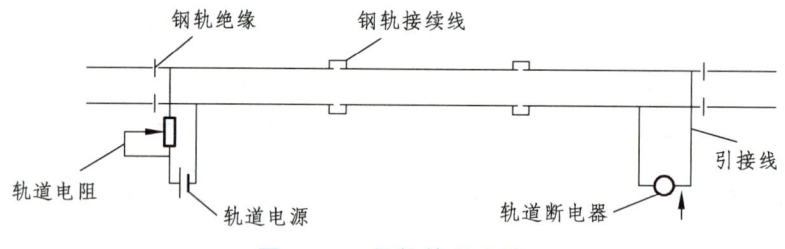

图 2-2-1 最简轨道电路

#### 2. 轨道电路的基本工作原理

（1）轨道区段完好且无车占用时，轨道电流从电源正极经钢轨、轨道继电器线圈回到电源负极构成回路，轨道继电器处于励磁吸起状态，此时称之为轨道电路的调整状态。

（2）轨道区段有车占用时，轨道电路被轮对分路，流经轨道继电器线圈的电流很小，不足以使衔铁保持吸起，继电器失磁落下，此时称之为轨道电路的分路状态。

（3）轨道区段发生断轨或断线故障时，流经轨道继电器线圈的电流中断，使之失磁落下，此时称之为轨道电路的断轨状态。

#### 3. 轨道电路的作用

1) 监督列车占用

利用轨道电路监督列车在正线或车辆段等线路上的占用状态。轨道区段空闲时，为开放信号、建立进路或构成闭塞提供依据；轨道区段被占用时，信号处于禁止状态，实现信号系统的自动控制。

2) 传输行车信息

数字编码式音频轨道电路中传送的行车信息，包含 ATC 系统直接提供控制列车运行所需要的前行列车位置、运行前方信号机状态和线路条件等有关信息，以决定列车运行的目标速度，控制列车在当前运行速度下是否停车或减速。

### 2.1.2 FTGS 型数字轨道电路（西门子列控系统）

#### 1. FTGS 型数字轨道电路的组成

FTGS 型数字轨道电路主要由室内设备和室外设备两部分组成，中间通过电缆联系。室外部分由连到钢轨内的 S 棒和轨旁盒组成，轨旁盒内含有调谐单元和方向转换电路。S 棒及部分钢轨同轨旁盒内的元件构成谐振回路。室内发送部分包括发送、放大、滤波等电路，接收部分包括接收、解调、轨道继电器等电路。室内部分的发送和接收组成一个轨道电路组合，每一个组合有一个专用电源为它提供 +12 V 和 +5 V 电压。允许室内到室外的最大传输距离为 6.5 km。FTGS 型数字轨道电路的结构如图 2-2-2 所示。

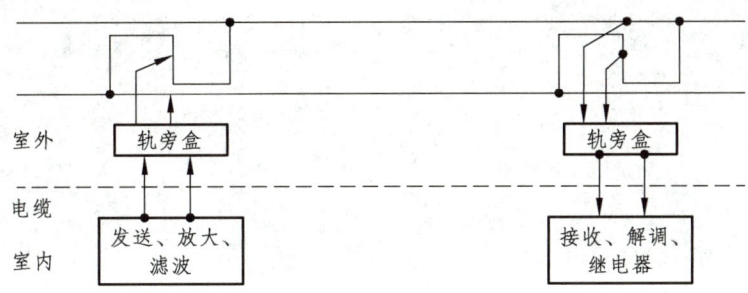

图 2-2-2　FTGS 型数字轨道电路的结构

#### 1）室内设备

FTGS 型数字轨道电路室内设备安装在信号机械室内。室内设备由 FTGS 组合框架构成。每个组合框架可分为 13 层（A、B、C、D、E、F、G、H、J、K、L、M、N），如图 2-2-3 所示。每层为一个轨道电路组匣，一个轨道电路只需一个组匣，即一个轨道电路可安装 10 套 FTGS 型数字轨道电路。在组匣上有大量的运行状态指示灯，能迅速定位故障并立即替换故障功能单元，易于维修。

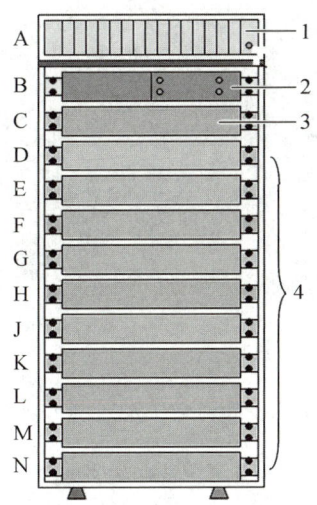

1—电源层及熔断器层；2—电缆补偿电阻设置层；
3—信息输入、输出及方向转换层；4—轨道电路标准层。

图 2-2-3　FTGS 型数字轨道电路组合框架正视图

FTGS-917 型数字轨道电路组合框架有标准型和道岔型两种结构。

（1）标准型轨道电路组合框架如图 2-2-4 所示。每个标准型轨道电路组合框架可插接 10 块标准的 PC 板，不同板件之间是不能混插的，这可从两个方面来保证：一是各个不同型号的板件的尺寸不同；二是对于尺寸基本相同的不同型号的板件可通过插接键的不同设置来识别（相当于给每种不同型号的板件安装了一种硬性的"识别码"），以防止由于把板件插错位置而损坏设备。该框架从左至右数的第 8 块和第 10 块为空置。

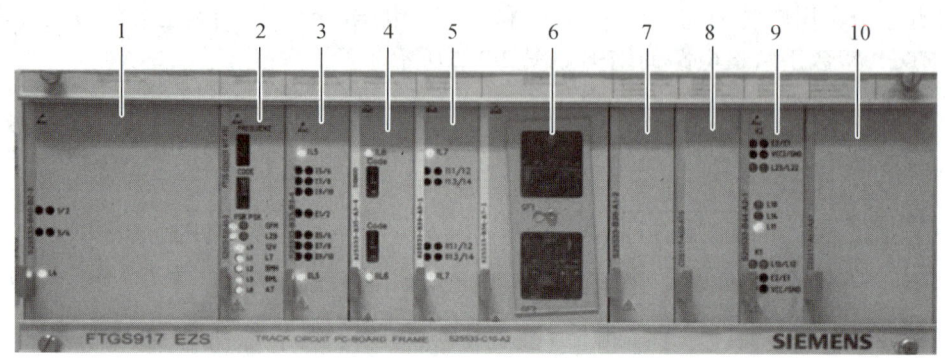

1—放大滤波板；2—发送板；3—接收 1 板；4—调解板；5—接收 2 板；
6—继电器板；7—代码板；9—报文转换板。

图 2-2-4　标准型轨道电路组合框架

（2）道岔型轨道电路组合框架如图 2-2-5 所示。每个道岔型的组合框架也可插接 10 块标准的 PC 板，不同板件之间也是不能混插的，可通过插接键的不同设置来识别，以防止插错而损坏设备。该框架从左至右数的第 10 块为空置。

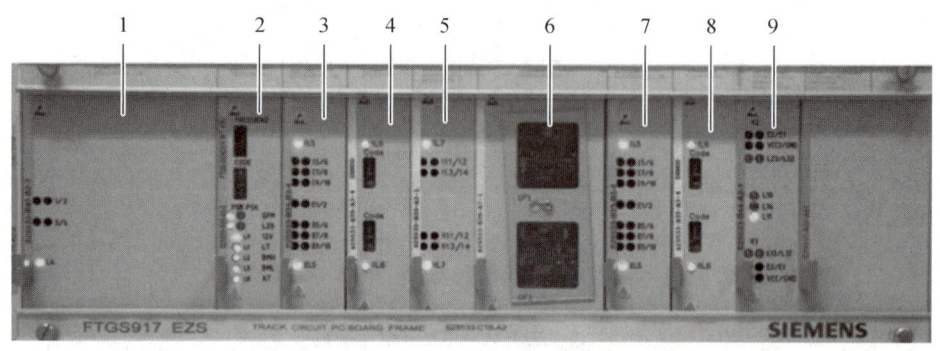

1—放大滤波板；2—发送板；3—接收 1 板；4—调解板；5—接收 2 板；
6—继电器板；7—接收 1 板；8—调解板；9—报文转换板。

图 2-2-5　道岔型轨道电路组合框架

道岔型与标准型的不同之处在于多了一块接收 1 板和一块解调板，这是因为标准型是"一送一受"型轨道电路，而道岔型是"一送二受"型轨道电路。只有少数道岔区段采用道岔型，在特殊情况下，道岔型可向标准型转换，即将道岔型中的第 7 块板和第 8 块板拔出，再将标准型中的代码板插入道岔型中的第 7 块板位置处（按从左至右的顺序数）。这体现了该设备可用性高的特点：当因某一方向的两个接收端中的一个出现故障而影响整个轨道电路的正常工作时，可以将故障的部分设备隔离掉，从而不影响整体设备的正常使用。

2）室外设备

（1）电气绝缘节。

电气绝缘节由短路棒和轨旁盒内的调谐单元共同组成。除道岔本身和终端棒必须采用机械绝缘节外，其他轨道电路都采用电气绝缘节分割。

（2）轨旁盒。

轨旁盒是连接电气绝缘节与室内设备的中间设备，是轨道电路室外的发送、接收设备。轨旁盒内一般可分为左右两部分，对称结构布置，每个部分都由一个调谐单元和一个转换单元组成，采用模块化结构。由于它安装在轨旁，从外部看就是一个密封的盒子，因此称它为轨旁盒。当轨旁盒的一部分作为一个区段的发送端时，另一部分将作为相邻区段的接收端。当轨道电路的方向改变时，这两部分的发送端/接收端也将进行切换。每个轨旁盒用一根电缆与室内设备连接，用四根电缆与电气绝缘节相连，另有一根地线连接至钢轨或接地扁钢。

## 2. FTGS 型数字轨道电路的工作原理

FTGS 型数字轨道电路工作原理框图如图 2-2-6 所示。

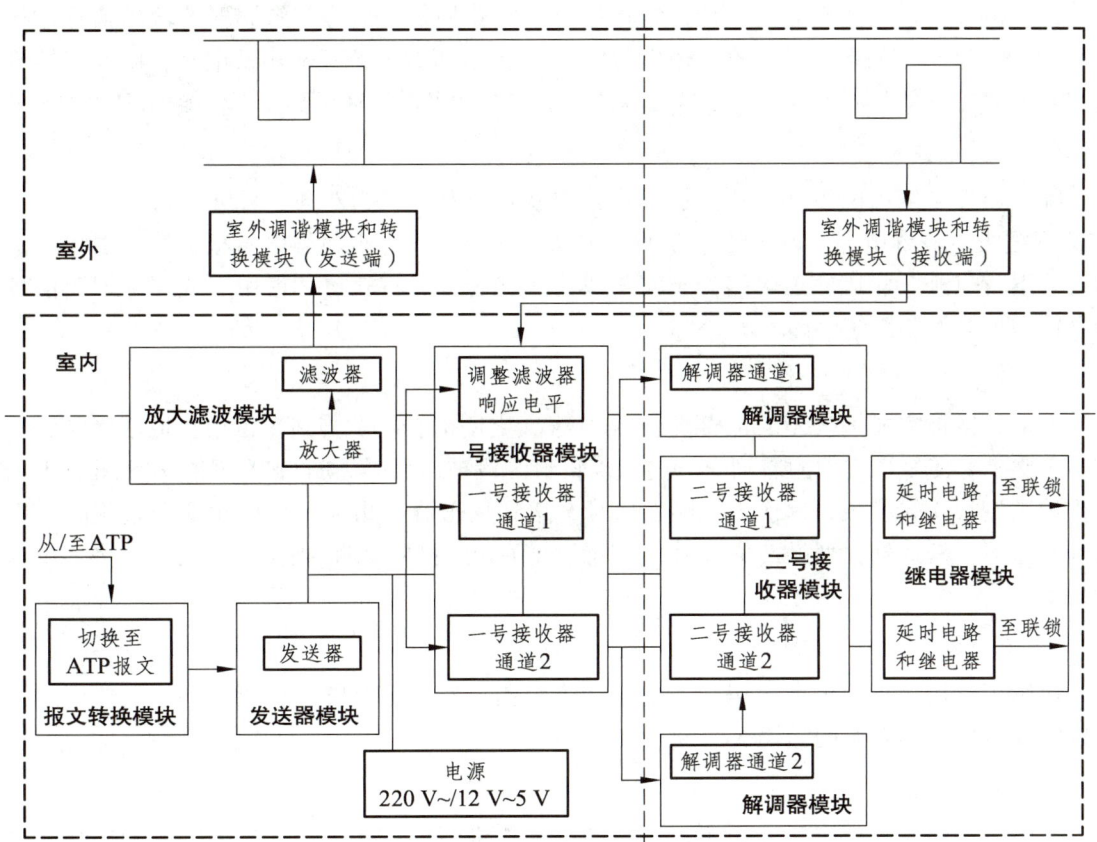

图 2-2-6　FTGS 型数字轨道电路工作原理框图

1) 放大滤波器板

放大滤波器板的主要作用是把发送器发送过来的调制音频电压放大到一定的电平,并通过带通滤波器、方向转换板及电缆匹配电阻发送到轨旁盒内,每种频率都有自己专用的放大滤波器模块。

2) 发送器板

发送器板的作用是形成发送频率,并以 FSK 的方式进行调制。

3) 一号接收器板

一号接收器板用来检测轨道信号的频率及电压幅度,将从轨道上接收来的信号分为两个通道,并分别进行频率及电压幅度的检测。当轨道空闲时,送一个 14.8 V 的控制电压给二号接收器板,同时把经放大和调频的振荡信号送给解调器;当轨道占用时,送一个"占用"信息给报文转换板。

4) 解调器板

解调器板为双通道设计,用于分析接收到的音频信号的频率及调制位模式编码。它由一号接收器板驱动,轨道占用时关闭;轨道空闲时,解调器板将对接收到的位模式与内部参考位模式(由代码插件决定)进行比较,当两者一致时输出低电平给二号接收器板。

5) 二号接收器板

二号接收器板也为双通道设计,它将一号接收器的输出信号和解调器的输出信号进行动态"AND"运算,如果一号接收器输出为 14.8 V 的电压且解调板输出低电平,则发送器输出的 16.336 kHz 驱动脉冲可以通过二号接收器上的安全触发电路放大到 16 V,输出到继电器板。

6) 继电器板

继电器板一般由两组继电器接点组成并串联在电路中,为双通道设计,每个通道有一个 K50 型缓吸缓放继电器。两组继电器的开关状态必须一致。观察继电器板上继电器接点的吸起或落下,可判断相应轨道电路处于空闲或占用状态,它将轨道"占用"或"空闲"信号传给联锁和列车控制系统电路。

7) 报文转换板

报文转换板完成 FTGS 的位模式和 ATP 报文之间的转换。当列车占用轨道区段时,发送 ATP 报文,并使发送方向迎着列车方向。当轨道区段被占用时,FTGS 的位模式无效,占用信息被传送到报文转换板,其产生一触发信号,送到发送器。此时,ATP 报文通过报文转换板送到发送器。发送器收到触发信号后,将电子开关转向接收 ATP 报文,并发送出去,供给车载设备。

8) 代码板

代码板仅用于标准型。代码板上的每一个位模式对应一个频率,根据不同的位模式插件可以制成对应不同频率的代码板。

9) 室内方向转换板

室内方向转换板根据需要设置,其功能是根据进路的方向实现发送端电缆和接收端电缆之间的转换,使轨道电路报文始终迎着列车的运行方向发送。

### 10）室内供电单元

每一个轨道区段都有其自己的供电单元。供电单元为框架内的各单元模块提供标准的 DC 12 V、DC 5 V、AC 220 V 电源供电。

### 11）室外转换单元模块

室外转换单元模块的主要功能是根据室内送端电缆和受端电缆的切换而相应改变室外轨道电路发送报文的方向。

### 12）室外调谐单元模块

室外调谐单元模块的主要功能是通过室内送端电缆和受端电缆的切换，实现室外设备的发送端和接收端之间的相互转换。

## 3. FTGS 型数字轨道电路的工作过程

FTGS 型数字轨道电路的空闲检测过程分为 3 步：幅值计算、调制检验、编码检验。

### 1）幅值计算

接收器对幅值进行计算，当接收器计算出接收到的轨道电压幅值足够高，并且调制器鉴别到发送的编码调制为正确时，接收器将发送一个"轨道空闲"信号，这时轨道继电器吸起表示"轨道区段空闲"。

### 2）调制检验

当列车进入轨道区段时，车辆轮对的分路作用造成该区段短路，使接收端的接收电压减小，轨道继电器达不到相应的响应值而落下。当电平监测模块一旦检测到电压低于门限值时，将产生一个触发信号送给报文转换控制器，该控制器的位置将发生翻转，使轨道电路传输 ATP 列车报文信息。传输 ATP 列车报文是 FTGS 型数字轨道电路很重要的一项功能，也是它的主要工作方式之一。

### 3）编码检验

当轨道电路空闲时，由室内发送器发送带有一定频率和位模式的交流音频信号至室外轨旁发送端设备，再馈送至 S 棒，经由钢轨至接收端 S 棒，再由室外接收端设备馈回室内接收器，形成一个闭合的信息回路。在这个过程中，如何避免干扰，保证信息按照正确的方向传送和接收很重要。FTGS 型数字轨道电路系统在解决这个问题时，先利用 S 棒和轨旁设备在信息回路中形成一个谐振电路，使得对回路外方（相邻区段）相当于高阻状态，迫使信号电流按照预定的方向传输；接着相邻区段采用不同的频率和位模式信号，避免串频干扰。此外，S 棒还有平衡钢轨中的牵引回流的作用，能有效避免牵引回流对轨道电路信号的干扰，这一点对电气牵引区段的轨道电路，特别是对地铁的轨道电路是很重要的。当轨道电路占用时，室内发送器通过一个信号（报文）切换开关关闭轨道电路的频率和位模式信号，接通由轨旁 ATP 设备传来的报文信号，开始发送 ATP 报文信号。

## 2.1.3 AF-904 数字轨道电路

### 1. AF-904 型数字轨道电路的组成

AF-904 型数字轨道电路主要包括信号室内设备和轨旁设备两部分。

1）信号室内设备

AF-904 型数字轨道电路的硬件结构框图如图 2-2-7 所示。图中，"TC" 指轨道电路；1、2、3、4 分别代表不同的轨道区段；"MT" 指轨道联锁，是联锁单元与轨道电路之间的信息传输通道。

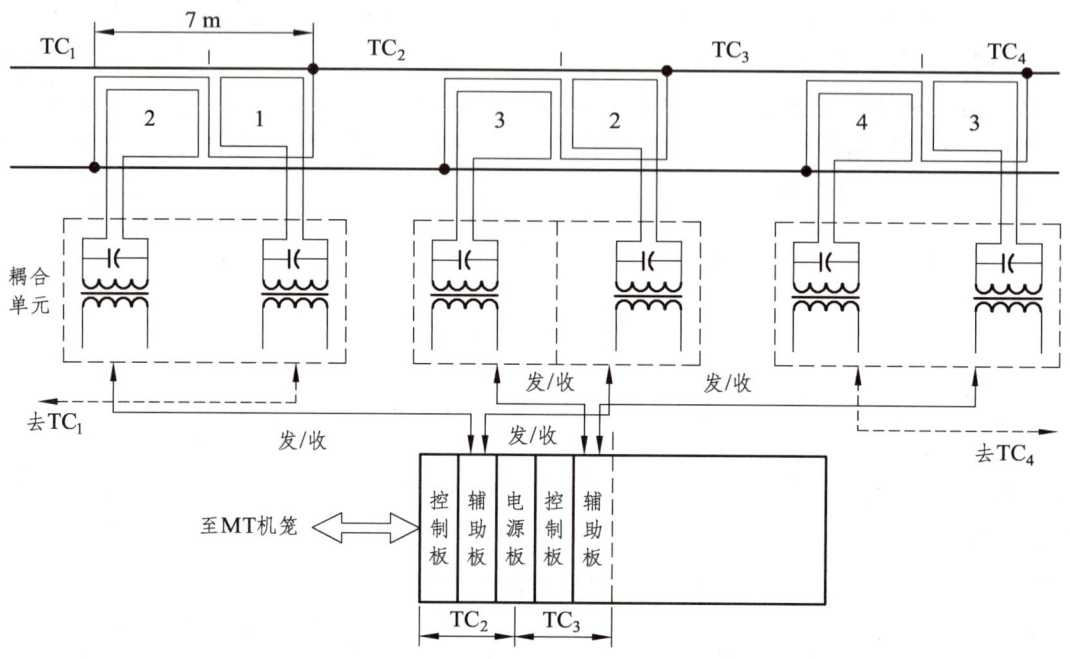

图 2-2-7　AF-904 型数字轨道电路的硬件结构框图

（1）控制机箱。

AF-904 型数字轨道电路的控制机箱安装于设备房，需 110/240 V、50/60 Hz 电源输入，由电子电路板组成，包括完整的 PCB 前端控制/显示盘、菜单驱动数字化 LED 显示和 9 脚串行插口。该设备成功借鉴了许多 USSI 的 MICROTRAX 电码轨道电路和 MICROCAB 机车信号系统的设计经验。

前面板上还有 1 个串行端口，可以使用 1 台便携机通过这个端口来获取数据，以进行诊断。

由于每一个轨道电路含 2.5 块 PCB 电路板（1 块轨道电路控制板、1 块辅助板、半块电源板），两段轨道电路共用 1 块电源板，因此，每个机箱包括 10 个 PCB 电路板，被配成 4 套独立的轨道电路系统。

（2）控制板。

控制板的核心是 MC68HC1621CMOS 微控制器，用于产生具有 ATP 功能的数字编码信息。

（3）辅助板。

辅助板的作用是对控制板产生的数字编码信息进行放大后发送至室外，并接收轨道信息。

（4）电源板。

控制板和辅助板工作所需要的电源由电源板输出。电源板中有两套独立的供电系统，可为两套独立的轨道电路供电。

至于两个独立的电源开关，上面的给右边两块 PCB 供电，下面的给左边的两块 PCB 供电。

2）轨旁设备

轨旁设备由轨道耦合单元、500 MCM 连接器和环线 3 部分组成，在轨道之间或沿轨旁安装。轨旁设备采用互耦方式进行工作。

轨旁设备包括两个独立的耦合电路。轨道耦合电路将轨道信号连接到控制机箱的接收和发送电路，并调谐到轨道电路的载频频率。每个轨道耦合电路都由变压器和可调电容器组成槽路，它们也作为轨道电路的端点，实现与 500 MCM 连接器的阻抗匹配，如图 2-2-8 所示。

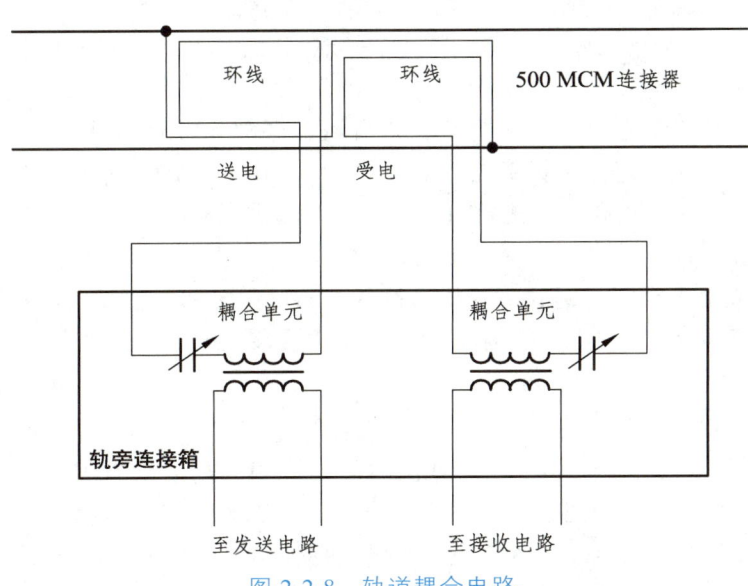

图 2-2-8　轨道耦合电路

## 2. AF-904 型数字轨道电路的工作原理

1）AF-904 型数字轨道电路对列车的检测

AF-904 型数字轨道电路不间断地向轨道发送数字编码信息，并监视其接收器感应到的信号，作为对列车占用的检测。

（1）当轨道电路空闲时，被检测到的信号幅度在门限值以上，该门限值由 AF-904 接收器电路设置。列车进入轨道电路后所接收到的信号被分路，其幅度降至门限值以下，表示轨道电路被占用。

（2）由于其他原因造成轨道短路、断路等故障时，也会使接收到的信号低于预定的阈值或生成错误的轨道 ID 号。

根据"故障—安全"原则，上述两种情况都会使 AF-904 控制板关掉其直流输出，向联锁单元传递"占用"信息，否则传递"空闲"信息，从而完成列车检测功能。

### 2）AF-904 型数字轨道电路的 ATP 信息

AF-904 型数字轨道电路与联锁系统之间通过 RS485 接口进行通信。AF-904 系统接收来自联锁系统的目标速度、目标距离等串行信息，再加上轨道电路 ID 号、线路速度等本轨道区段信息，形成复合信息；然后将该复合信息用非归零反相编码（Non Return-to-Zero Invert，NRZI）格式编码形成报文帧，结合机笼后面的方向继电器以 FSK 调制方式把报文送至相应的耦合电路，经单匝环线与 S 棒耦合；最后由车载 ATP 接收、解码并校验信息的正确性，验证完毕执行 ATP 功能，完成数字车载信号的传输功能。

## 2.2 计轴器

动画 计轴器原理

近几年，随着通信、计算机网络技术的飞速发展，城市轨道交通列车运行自动控制系统也有了质的飞跃，我国很多城市都选用了 CBTC 系统。CBTC 系统取消了传统的轨道电路，通过车—地实时、双向的无线通信进行列车位置的在线监测，指挥列车的运行。

计轴器在城市轨道交通中主要作为 CBTC 无线设备故障时的备用冗余设备存在，同时也作为 CBTC 移动授权尚未开通时的后备模式。作为城市轨道交通 CBTC 系统的后备模式，计轴器被普遍用来替代轨道电路，检测轨道区段有无列车占用。

计轴器用于完成计算车辆进出区段的轮轴数，是利用轨道传感器、电子单元和计轴核算器来分析计算区段是否有车占用的一种技术设备。通过记录和比较驶入区段及驶出区段的列车轮轴数，实现其检查区段占用与空闲的功能，而且不受轨道线路道床状况等的影响。

### 2.2.1 西门子公司的 AzSM30 微机计轴系统

微计算机计轴系统是一种基于微计算机的用于检测轨道区段空闲或占用的安全设备。AzSM 是"带有多段计数的西门子计轴系统"的缩写。在被检测轨道区段的始终端设置有车轮传感器（计数点或车轮传感器），每个车轮传感器经由通信电缆与中央计数设备相连，对车轮传感器的供电也经由此联系通道实现。在固定的方向上作为中央处理和监控的计数单元，其任务是将来自计数点的轴脉冲信息归总成一个总体结果，并给出每一个轨道区段的空闲或占用表示。

#### 1. 系统组成

西门子 AzSM30 微机计轴系统由室内设备和室外设备两部分组成。室内设备主要包括 AzSM30 运算单元、电源盒、轴数显示设备。室外设备主要包括 ZP43V 型计轴点设备（传感器和轨道箱）和宽带隔离变压器。AzSM30 微机计轴系统的核心是 AzSM30 运算单元和 ZP43V 型计轴点设备。

#### 1）AzSM30 运算单元

西门子 AzSM30 微机计轴系统的运算单元具有多段计数功能，可直接连接 5 个计轴点，同时检测 4 个区间，如图 2-2-9 所示。ZP 为室外计轴点，ZP-D 为运算单元间的连接线路，M 为区间空闲表示继电器，AzGrT 为故障复零按钮，P 为校验继电器。

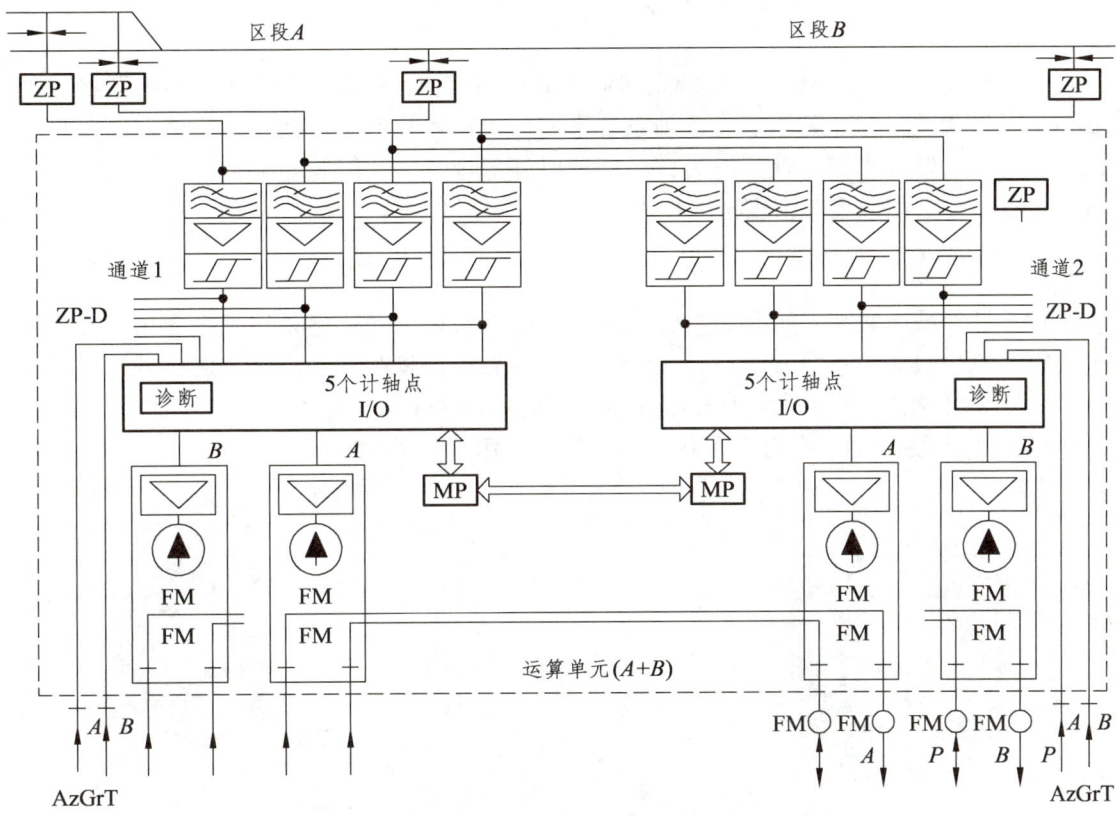

图 2-2-9　西门子 AzSM30 微机计轴系统的运算单元原理框图

从原理图上可以看出，西门子 AzSM30 运算单元在设计上完全符合故障—安全原则，并具备可同时检查两个轨道区段的状态、每个计轴点信息可最多复用 3 次等特点。

### 2) ZP43V 型计轴点设备

ZP43V 型计轴点设备安装于铁路轨边区段的各端点位置，每个端点位置安装一套。ZP43V 型计轴点设备的功能在于通过车轮传感器感应进出区段的车轮及其运行方向，并将预处理后的感应信号经连接电缆系统传输至室内运算单元。

传感器内装有两个车轮电子精测器，其每一个通道都有一个发射部件和接收部件，即发射器和接收器，通过它们连续传输交流电压。发射器装于钢轨外侧，接收器装于钢轨内侧。车轮通过双置传感器时，接收器的感应电压提高，根据其幅度变化及时间顺序就可以得到轴数和识别运行方向所必需的信息。

### 2. 工作原理

当列车的车轮进入 ZP43V 型计轴点双置车轮传感器发送—接收系统的作用范围时，增强了两者之间的电磁场强度，在其接收端产生一组感应脉冲，该组脉冲信号通过计轴点轨道箱的内部电路对其进行的预处理后，经连接电缆系统传输至信号楼内的 AzSM30 运算单元，运算单元对该信号进行处理，识别轮对，判断轮对的运行方向，对内部存储器的轴数信息进行相应的修改，并以此判断相应轨道区段的空闲/占用状态，判断的结果经继电器输出。

### 2.2.2 阿尔卡特公司的 AzLM 计轴系统

阿尔卡特公司的 AzLM 计轴系统是多区间监督的安全计轴器，监督区间的占用状态并为联锁设备提供相关信息。阿尔卡特计轴系统采用分段计轴技术实现驶入、驶出轮轴数的比较和记录。分段计轴技术是以计算机为核心，辅以外部设备，利用统计车辆轴数检测相应轨道区段是否有列车占用或列车已出清的技术。

#### 1. 系统组成

AzLM 计轴系统的组成如图 2-2-10 所示。AzLM 计轴系统由室外轨旁设备和室内设备组成。其中，室外轨旁设备由安装在轨道上的轨道磁头、安装在轨旁密闭安装盒（黄帽子）内的电子单元等组成，这两种设备都安装在轨道区间的各个末端；室内设备主要是 ACE（计轴评估单元）。轨道占用的信息有三种状态：空闲、占用、受干扰。

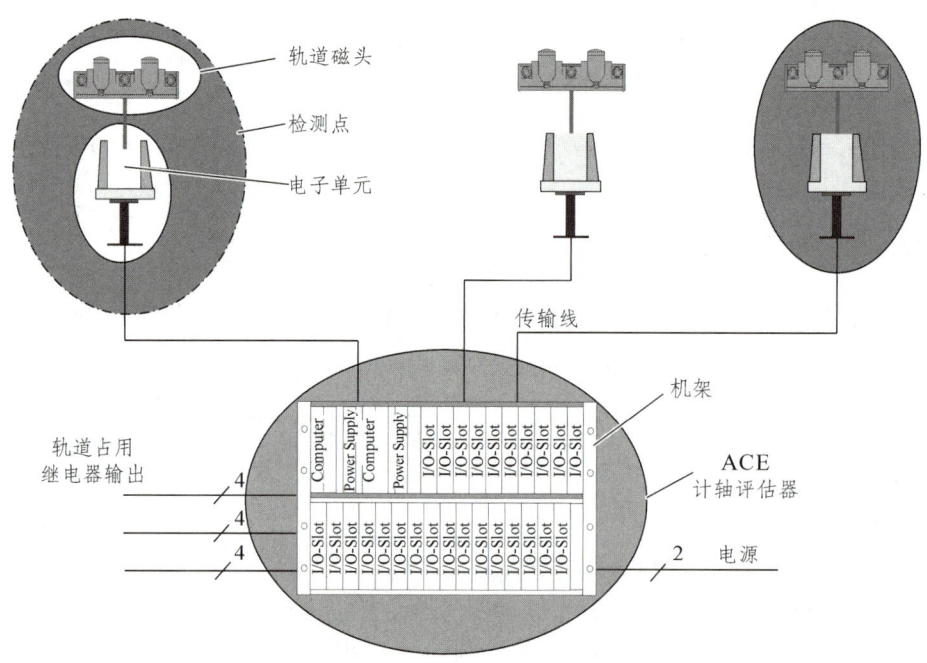

图 2-2-10 AzLM 计轴系统的组成

1）轨道磁头

轨道磁头为电磁式有源传感器，是车轮轮对探测点，也是轨道区段的分界点，用于采集车轴信息和判定列车运行方向。轨道磁头包括发送磁头和接收磁头，由 2 套物理上分离的线圈组构成，安装在同一根钢轨上。发送磁头安装在钢轨外侧，接收磁头安装在钢轨内侧。发送磁头的信号来自电子连接盒的发送接收板，在钢轨附近产生交变磁场，并通过空气、钢轨、扣件等不同介质环链到磁头上的接收线圈，感应出交流电压。

磁头工作原理如图 2-2-11 所示。图中 Tx 为发送磁头，Rx 为接收磁头。当列车车轮距中心线大于 200 mm 时，磁力线与接收线圈截面相交为 $\alpha$ 角，其感应电势最大，且相位与发送电压同相，如图 2-2-11（a）所示。当列车车轮进入距 Tx、Rx 中心线小于 200 mm 时，发送线圈的磁力线与接收线圈截面垂直，接收线圈中的感应电势为零，如图 2-2-11（b）所示。当列车车轮压在磁头的中心线上时，发送线圈的磁力线由于车轮的屏蔽作用而与接收线圈截面相交为 $-\alpha$ 角，故接收线圈中的感应电势达到负的最大值，其相位与发送电压相反，如图 2-1-11（c）所示。

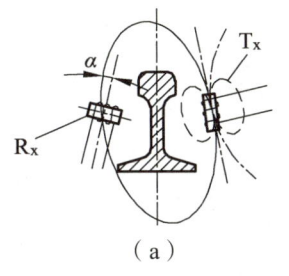 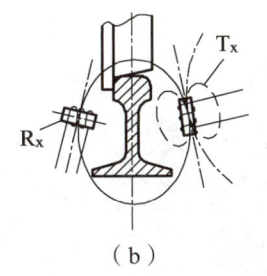 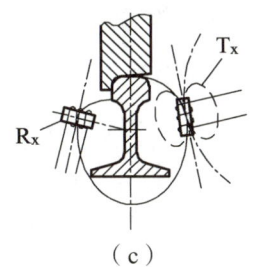

图 2-2-11　磁头工作原理

当列车车轮离开磁头，距 Tx、Rx 中心线小于 200 mm 时，发送线圈的磁力线与接收线圈截面垂直，夹角 $\alpha=0$，接收线圈中的感应电势又为零；当列车车轮远离磁头中心线并大于 200 mm 时，接收线圈的感应电势又达到最大，并且相位与发送电压同相。

由上述可知，当列车车轮经过磁头时，车轮的屏蔽作用使得接收线圈中的磁力线方向发生变化，从而产生电压幅值及相位的变化，相当于对发送线圈的信号进行了相位调制，这个载有车轴信息的信号经电缆传送给电子单元。

2）电子单元

电子单元通过 4 根电缆分别与 2 套轨道磁头相连，向发送磁头发送信号、接收及处理来自接收磁头的信息、监控磁头、进行自检并向 ACE 发送包含轴数和监控信息的报文。电子单元内装有测轴点所用的电路板（包括核算器板和模拟板），用来处理计算进出轨道区间的轮轴数，将模拟车轮信息转换成数字车轮脉冲，并将计数脉冲送到室内 ACE。电子单元实物如图 2-2-12 所示。

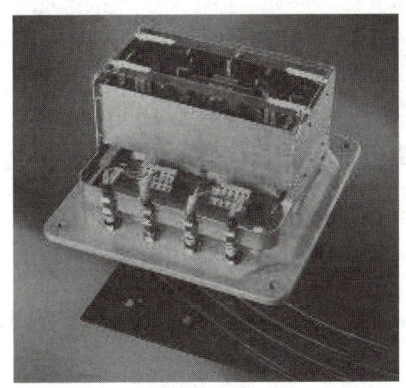

图 2-2-12　AzLM 计轴系统的电子单元

密闭安装盒又称为黄帽子，将电子单元密闭在其中，具有防尘、防潮、防电磁干扰的作用，为电子单元提供较好的工作环境。

3）ACE

ACE 的主要作用是向监测区段内的磁头进行数据轮询，处理来自电子单元的数据，判定区段占用状况，向联锁设备发送区段占用或空闲的信息，以及与诊断计算机连接并发送诊断信息。ACE 由安全计算机模块、串行 I/O 口、并行 I/O 口组成，可以安装在开放机架或封闭机柜中，联锁接口可配置为串行（以太网）、并行（继电器/光电耦合器）或两种均可。ACE 实物如图 2-2-13 所示。

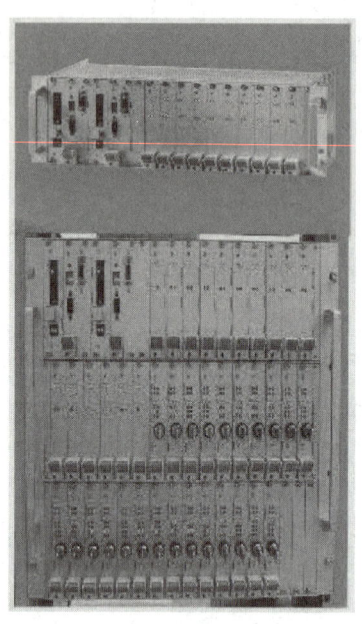

图 2-2-13　AzLM 计轴系统的 ACE

安全计算机模块是一个 2 取 2 安全计算机系统，每个主机可处理计算 32 个轨道区段的计轴数据。双 CPU 接收来自计轴点的带有计轴信息的报文，对同一区段的两个计轴点的轮轴信息进行比较处理，根据计轴数量是否一致来确定区段的占用或空闲状态。如果双 CPU 数据处理结果一致，则可作为系统的输出传送到联锁系统；如果处理结果不一致，则可执行一个安全结果—区段占用。

2. 基本原理

如图 2-2-14 所示，1 个计轴区段在入口和出口各设 1 套轨道设备 EAK2/3（包括 1 组磁头），ACE 对入口和出口的轴数进行比较。当轴数大于或等于 1 时，ACE 区段判为占用状态；当轴数等于零时，ACE 区段为空闲。

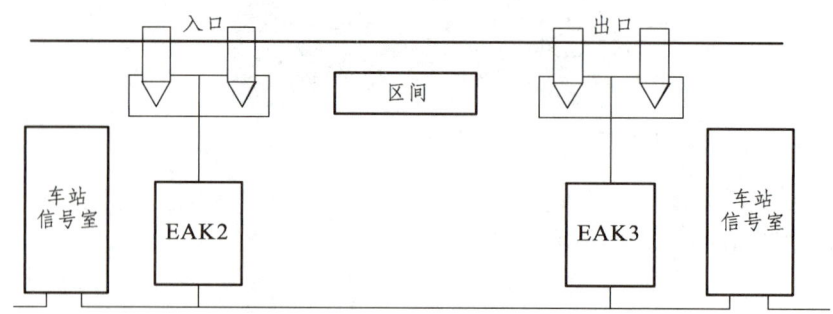

图 2-2-14　AzLM 轴系统的基本原理

例如，当有列车驶入区段时，EAK2 开始计轴，ACE 将 EAK2 和 EAK3 的轴数相比较，这时的轴数随列车进入的数量而增加；当列车完全进入区段后，轴数不变；当列车开始从出口（EAK3）驶出时，EAK3 计轴，ACE 将 EAK2 和 EAK3 的轴数相比较，这时的轴数随列车驶出的数量而减少；当列车完全出清本区段（驶出的轴数和进入的轴数相等）时，轴数等于零。

## 评价标准

《列车检测设备认知》任务评价单

| 评价方式 | 评价内容 | 比例 | 得分 |
|---|---|---|---|
| 学生自评 | 按项目评价内容及标准进行评价 | 20% | |
| 组内互评 | 按项目评价内容及标准进行评价 | 20% | |
| 组间互评 | 按项目评价内容及标准进行评价 | 20% | |
| 教师评价 | 按项目评价内容及标准进行评价 | 40% | |
| 任务得分 | | | |

《列车检测设备认知》任务评价内容及标准

| 序号 | 评价项目 | 评价内容 | 评价标准 | 分值 | 得分 |
|---|---|---|---|---|---|
| 1 | 任务完成情况 | 轨道电路认知 | 轨道电路的组成、作用总结是否正确，表格的填写是否准确、完整；FTGS 轨道电路、AF-904 型轨道电路的组成及原理阐述是否清楚，表格的填写是否正确完整，二者的区别表述是否准确，根据实际情况酌情打分 | 45 分 | |
| | | 计轴系统认知 | 计轴器的组成、作用总结是否正确，表格的填写是否准确、完整；AzLM 计轴系统、AzSM30 微机计轴系统的组成及原理阐述是否清楚，表格的填写是否正确完整，根据实际情况酌情打分 | 35 分 | |
| 2 | 职业素养情况 | 资料搜集情况 | 资料搜集非常全面 5 分；资料搜集比较全面 1～4 分；资料搜集不全面酌情扣 1～5 分 | 5 分 | |
| | | 语言表达情况 | 表达非常准确 5 分；表达比较准确 1～4 分；表达不准确酌情扣 1～5 分 | 5 分 | |
| | | 工作态度情况 | 态度非常认真 5 分；态度较为认真 2～4 分；态度不认真、不积极酌情扣 1～5 分 | 5 分 | |
| | | 团队分工情况 | 分工非常合理 5 分；分工比较合理 1～4 分；分工不合理酌情扣 1～5 分 | 5 分 | |

### 学习小结

城市轨道交通能够大容量、快捷、安全地完成运输任务，需要不断地对线路上的列车运行情况进行实时的监督、控制和调整，而这些功能需要依靠大量的技术设备来参与完成。因此，城市轨道交通列车运行控制系统相关作业人员应掌握车—地信息传输设备的结构组成、原理、布置方式、应用场所，列车检测设备的组成、原理等知识内容。

### 思考练习

1. 简要描述应答器的组成及原理。
2. 简要描述不同类型车—地通信设备的特点。
3. 描述 FTGS、AF-904 型数字轨道电路的组成及工作原理。
4. 描述城市轨道交通中常见计轴系统的组成及工作原理。

# 项目 3　城市轨道交通列车运行控制系统关键技术认知

### 知识目标

（1）熟悉测速技术在城市轨道交通列车运行控制系统中的作用。
（2）掌握城轨列控系统中常用的列车测速方法的原理及特点。
（3）熟悉列车定位技术在城市轨道交通列车运行控制系统中的作用。
（4）掌握不同列车定位技术的实现方法、特点及选用原则。
（5）掌握列车运行控制系统中实现列车速度控制方法的分类及不同类型速度控制方法的特点和应用场合。
（6）熟悉列车运行控制系统常用的车—地通信技术。
（7）掌握正线、车辆段联锁系统的进路、信号、道岔的控制方法。
（8）掌握城市轨道交通移动闭塞列车运行控制系统中实现列车安全防护的方法。

### 能力目标

（1）识别不同列车定位方法的特点及列控系统中的应用方法原则。
（2）明确列车速度控制方法及应用场合。
（3）明确移动授权生成方法。

### 重点难点

（1）列车定位方法。
（2）列车速度控制方法。
（3）城市轨道交通列车运行控制系统的联锁技术。

### 案例引入

**案例叙述：**

早期城市轨道交通列车运行控制系统大都采用固定闭塞制式，在线路上需要依据最不利条件划分闭塞分区，分区长度一旦固定后将不能够改变，而对于列车速度的控制采用分级速度控制模式，驾驶员通过观察线路中信号机的显示来驾驶列车行驶并负责列车的运行安全，在这种列控系统下列车的运行最小间隔控制在 2~3 min。近年来随着科技的进步，列车运行控制系统也由传统的固定闭塞制式的列车运行控制系统向移动闭塞制式的列车运行控制系统转变，大量的 CBTC 系统在我国的地铁中被使用，使得我国地铁的运能、安全性有了显著的提升：列车的最小运行间隔可达到 90 s，部分线路也可实现无人自动驾驶，由于列车运行控制系统故障引起的地铁事故也显著下降。

**案例分析：**

列车运行控制系统近年来的飞速发展离不开高新技术的参与，例如高精度的定位技术可使列控中心准确地获得线路中列车运行的具体位置，可以有效地缩短行车间隔，也为车站的高精度定位停车提供了可能；安全、快速、大容量的车—地双向通信技术使得车—地信息的传输更加便捷，也为列车迅速执行控车命令并反馈执行结果提供了有力的技术支持，这些新科技的引入是城市轨道交通列车运行控制系统能够发展到今天的基础。

## 工作任务 1　测速技术

**技能训练**

课件　测速技术

《测速技术》训练工单

| 学习项目 | 城市轨道交通列车运行控制系统关键技术认知 | 姓名 | | 班级 | |
|---|---|---|---|---|---|
| 任务名称 | 测速技术 | 学号 | | 组别 | |
| 任务目标 | 1. 能够明确说明测速技术在城市轨道交通列车运行控制系统中的重要意义；<br>2. 能够描述轮轴脉冲测速传感器、雷达测速法、测速发电机实现列车速度测量的原理及优缺点 ||||| 
| 任务描述 | 学生以小组为单位，通过查阅相关资料及实地调研，完成下列任务：<br>1. 介绍测速技术在城市列控系统中的重要作用；<br>2. 分别描述轮轴脉冲测速传感器、雷达测速法、测速发电机实现列车运行速度测量的原理；<br>3. 以小组为单位查询上述测速方法的特点，探讨在城轨列控系统中应如何进行选择和使用才能更好地提升列车运行速度的测量精度 |||||
| 任务要求 | 1. 场地要求：列车运行控制系统实训室；<br>2. 设备要求：无；<br>3. 工具要求：无 |||||
| 课前任务 | 请根据教师下发的视频资源，探索所在城市轨道交通中列车运行控制系统里有哪些可以实现列车运行速度测量的方法，并在课程平台讨论区中讨论 |||||
| 课中训练 | 1. 通过查阅相关资料，将列车测速方法的设备结构及原理填入表 3-1-1 中。<br>表 3-1-1　测速方法的设备结构及原理<br><table><tr><th>测速方法名称</th><th>分类</th><th>安装位置</th><th>测速原理</th></tr><tr><td>轮轴脉冲测速传感器</td><td></td><td></td><td></td></tr><tr><td>雷达测速法</td><td></td><td></td><td></td></tr><tr><td>测速发电机</td><td></td><td></td><td></td></tr></table>2. 请学生分组调研列车运行控制系统的测速方法的优缺点，并依据不同测速方法的特点探讨在列控系统中应该如何选择及应用，并进行 PPT 汇报展示 |||||

| | 续表 |
|---|---|
| 任务总结 | 对项目完成情况进行归纳、总结、提升: |
| 课后任务 | 思考：随着轨道交通列控系统的发展，目前还有没有区别于上述的测速方法，请在课程平台讨论区中讨论 |

> 理论要点

### 1.1 轮轴脉冲测速传感器

动画　测速方法

目前在城市轨道交通中，基于轮轴脉冲速度传感器的列车测速定位方法是较为常见的。轮轴脉冲速度传感器是通过测量测速轮对的转速脉冲来计算列车速度的。设测速轮对转 1 圈速度传感器输出 $n$ 个脉冲，测速轮对的直径为 $d$，这样只需测量输出脉冲的频率 $f$ 就可以计算测速轮对的轮轴线速度，如果轮对与钢轨接触面上的点与钢轨之间没有相对运动，那么这个轮周线速度 $v$ 就是列车沿轨道方向的线速度，即

$$v = \pi \times d \times f / n$$

轮轴脉冲速度传感器是通过在轴承盖上安装信号发生器对车轮旋转计数。车轮每旋转 1 周，发生器输出一定数量的脉冲或方波信号，对信号发生器输出信号计数，测出脉冲或方波的频率即可得出列车运行的速度。轮轴脉冲速度传感器如图 3-1-1 所示。

图 3-1-1　轮轴脉冲速度传感器

轮轴脉冲测速传感器通常采用基于霍尔效应的霍尔脉冲速度传感器。该传感器由铝盘和霍尔传感器探头组成。铝盘外缘有规则地粘贴了若干磁钢片，铝盘安装在机车动轮轴头的顶端，传感器探头安装在轴箱盖上。根据采用的霍尔元件不同，一个探头可以输出一路或两路速度信号。霍尔脉冲传感器是采用霍尔效应原理测量转速的，其原理如图 3-1-2 所示。

当磁钢片在霍尔元磁铁上方时，霍尔元件可以探测到霍尔电势，不在下方时就无霍尔电势。当铝盘转动时，霍尔元件就会产生与铝盘转速成正比的霍尔电势脉冲，通过对此脉冲分析计算就可测得铝盘转速。

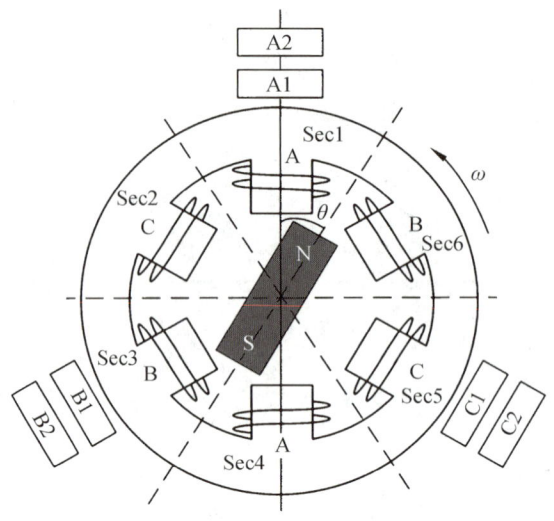

图 3-1-2 霍尔传感器

另外，还可以在车轮外部安装旋转式光栅，在光栅的两侧安装发光装置和光电传感器，列车运行时由轮轴的旋转带动光栅旋转，光电传感器可以接收发光装置的"光脉冲"信号，并将其转化为电脉冲信号送至车载计数器，由车载计数器对脉冲信号进行计数，通过检测该脉冲信号次数可以判断车轮的即时转角，继而得到列车的即时车速，如图 3-1-3 所示。

图 3-1-3 光栅测速传感器

当列车的轮对产生磨损、空转、滑行等情况时，采用脉冲传感器测速的误差较大，而且此种方法计数时，不能区别列车前进还是后退。该方法简便、易于实现，受到了较广泛的使用。

## 1.2 雷达测速法

多普勒雷达测速是在列车底部安装多普勒雷达，并始终向轨面发射电磁波，由于列车和轨面之间有相对运动，根据多普勒频移效应原理，在发射波和反射波之间产生频移，通过测量频移就可以计算出列车的运行速度，进一步计算出列车运行的距离。近年来多普勒雷达测速的技术发展日趋成熟，测速精度不断提高，雷达趋于小型化和实用化，为实际应用提供了基础，多普勒雷达测速装置如图 3-1-4 所示。

图 3-1-4　多普勒雷达测速装置

多普勒雷达的测速原理为列车在运行过程中产生多普勒效应，所以检测到信号的反射频率与发射频率必然存在一定的差异。多普勒雷达法是应用列车发射超声波至地面，按多普勒原理移动体发出的超声波，由于列车运动产生频率变化为 $\Delta f_1$，即为多普勒频移，其大小为

$$\Delta f_1 = f_1 - f_0 = \frac{v}{c} f_0$$

式中，$f_0$ 为信号发射源频率；$f_1$ 为接收频率；$v$ 为列车运行速度（m/s）；$c$ 为声波在空气中的传播速度。

装在列车上的多普勒测速雷达向地面发射超声波，该波到达地面后又反射回多普勒测速雷达，故来回两次都发生多普勒效应，这样可以推导出往返来回两次产生的频移为

$$\Delta f_2 = f_2 - f_1 = \frac{2v}{c} f_0$$

式中，$\Delta f_2$ 为二次多普勒频移；$f_2$ 为反射回来的信号频率。

由于声波是以俯角向前下方发射，故上式应改写为

$$\Delta f_2 = f_2 - f_1 = \frac{2v\cos\theta}{c} f_0$$

式中，$v$ 为列车水平运行速度；$v\cos\theta$ 为列车沿超声波传播方向的速度分量。

若已知声速 $c$、发射频率 $f_0$ 和声波放射角 $\theta$，以及测得多普勒移频 $\Delta f_2$，就可以确定列车的速度。

如果列车在前进状态，反射的信号频率会高于发射信号频率；反之，则低于发射信号频率。而且，列车运行的速度越快，两个信号之间频率差距越大。通过测量两个信号之间的频率差就可以获取列车的运行方向和即时的运行速度。

多普勒雷达测速法测速的精度和频率比较高，但是由于采用该测速法的设备通常比较复杂，容易受到地面条件的制约，如地面不够光滑会导致电波散射现象较为严重，加大测量难度，同时影响测量准确性，因此比较其他测速法，多普勒雷达测速法能成功克服脉冲速度传感器因车轮磨损、空转、打滑等造成的误差，而且可以持续测速。

### 1.3 测速发电机

测速发电机通常会安装于车轮外侧,包括一个齿轮和两组带有永久磁铁的线圈,齿轮固定在机车轮轴上,随车轮转动,线圈固定在轴箱上。轮轴转动,带动齿轮切割磁力线,在线圈上产生感应电动势,其频率与列车速度(齿轮的转速)成正比。这样列车的速度信息就包含在感应电动势的频率特征里,经过频率—电压变化后,把列车实际运行的速度变换为电压值,通过测量电压的幅度得到速度值。

发电机所产生交流电压的频率可按下列公式进行计算,即

$$f = \frac{1}{3.6\pi} \times \frac{v \times Z}{d}$$

式中,$f$ 为测速发电机产生的频率;$v$ 为列车运行的速度,单位符号为 km/h;$Z$ 为发电机的齿数;$d$ 为车轮直径,单位符号为 m。

由上述公式可得,发电机产生的交流电压的频率与列车的运行速度(主轮的转速)成正比,再经过频率—电压变换,可以将对列车实际运行速度的计算变换为对电压频率的测量。

频率—电压变换电路的原理如图 3-1-5 所示,在速度增高时,交流信号增大,这时多谐振荡器为射极耦合触发器,其输出与测速发电机同步。当列车速度低于一定值时,电路由射极耦合触发器变为自激多谐振荡器。

图 3-1-5 频率—电压变换原理

从上式可见,$f$ 与车轮的直径有关。当速度相同时,直径大的车轮的输出速度电压频率低,反之则频率高。因此需设置一个车轮直径补偿电路,以消除不同直径的车轮所产生的差异。

按照上述理论,发电机线路故障或列车运行速度为零时,发电机的电压频率均为零,所以为了确保发电机线圈断线遵守故障—安全原则,规定:在频率变换电路中,列车速度为零时也产生一定的频率值,这样当频率为零时,设备就可以报警或自动停车,就可以区分列车是停车(速度为零)还是设备故障。

> **评价标准**

《测速技术》任务评价单

| 评价方式 | 评价内容 | 比例 | 得分 |
| --- | --- | --- | --- |
| 学生自评 | 按项目评价内容及标准进行评价 | 20% | |
| 组内互评 | 按项目评价内容及标准进行评价 | 20% | |
| 组间互评 | 按项目评价内容及标准进行评价 | 20% | |
| 教师评价 | 按项目评价内容及标准进行评价 | 40% | |
| 任务得分 | | | |

### 《测速技术》任务评价内容及标准

| 序号 | 评价项目 | 评价内容 | 评价标准 | 分值 | 得分 |
|---|---|---|---|---|---|
| 1 | 任务完成情况 | 测速方法 | 对于测速方法在城市轨道交通列控系统中的重要作用描述是否全面、正确；<br>能否准确写出不同测速方法所使用设备结构及安装位置，以及方法原理总结，根据实际情况酌情打分 | 60分 | |
| | | 测速方法特点及选择方法汇报 | 所有测速方法的优缺点总结是否全面、正确；<br>能否判断列控系统中测速方法的选择是否合理，以及能否提升系统对列车速度测量的精度，根据实际情况酌情打分 | 20分 | |
| 2 | 职业素养情况 | 资料搜集情况 | 资料搜集非常全面5分；资料搜集比较全面1~4分；资料搜集不全面酌情扣1~5分 | 5分 | |
| | | 语言表达情况 | 表达非常准确5分；表达比较准确1~4分；表达不准确酌情扣1~5分 | 5分 | |
| | | 工作态度情况 | 态度非常认真5分；态度较为认真2~4分；态度不认真、不积极酌情扣1~5分 | 5分 | |
| | | 团队分工情况 | 分工非常合理5分；分工比较合理1~4分；分工不合理酌情扣1~5分 | 5分 | |

## 工作任务2 定位技术

课件 定位技术

**技能训练**

### 《定位技术》训练工单

| 学习项目 | 城市轨道交通列车运行控制系统关键设备技术认知 | 姓名 | | 班级 | |
|---|---|---|---|---|---|
| 任务名称 | 定位技术 | 学号 | | 组别 | |
| 任务目标 | 1. 能够说明列车定位技术在城轨列控系统中的作用；<br>2. 能够描述列车定位技术的分类情况，并对不同类型的列车定位技术的原理及特点进行明确说明；<br>3. 能够描述城轨列控系统中列车定位技术的选用原则 | | | | |
| 任务描述 | 学生以小组为单位，通过查阅相关资料及实地调研，完成下列任务：<br>1. 介绍列车定位技术在列控系统中的作用；<br>2. 描述列车定位技术的分类方法及不同列车定位方法的原理及特点描述；<br>3. 描述列车定位技术的选用原则 | | | | |

续表

| 任务要求 | 1. 场地要求：列车运行控制系统实训室；<br>2. 设备要求：无；<br>3. 工具要求：无 |
|---|---|
| 课前任务 | 请根据教师下发的视频资源，探索城市轨道交通列车运行控制系统中列车定位技术的作用以及列车定位精度的高低对列车运行控制的影响，并在课程平台讨论区中讨论 |
| 课中训练 | 1. 通过查阅相关资料，将列车定位方法原理填入表3-2-1中。<br><br>表3-2-1　定位方法原理<br><br>| | 分类 | 名称 | 安装位置 | 定位原理 |<br>|---|---|---|---|---|<br>| 列车定位技术 | 绝对定位方法 | | | |<br>| | | | | |<br>| | | | | |<br>| | 相对定位方法 | | | |<br>| | | | | |<br>| | | | | |<br><br>2. 请学生分组调研列车运行控制系统中的列车定位方法的优缺点，并将结果填入表3-2-2中。<br><br>表3-2-2　列车定位方法的特点<br><br>| 方法名称 | 优点 | 缺点 | 使用位置 |<br>|---|---|---|---|<br>| | | | |<br>| | | | |<br>| | | | |<br><br>3. 依据不同测速方法的特点探讨在列控系统中应该如何选择及应用，并进行PPT汇报展示 |
| 任务总结 | 对项目完成情况进行归纳、总结、提升： |
| 课后任务 | 思考是否还有适用于城市轨道交通列车定位的方法，并在课程平台讨论区中讨论 |

### 理论要点

列车位置信息在列车自动控制系统中具有重要的作用，几乎每个子功能的实现都需要将列车的位置信息作为前提参数。其在列控系统中的作用主要体现在以下两个方面：

（1）地面控制中心根据列车的位置信息进行间隔控制，保证追踪运行列车的安全间隔。

（2）车载设备获得列车的位置和速度信息，可以根据速度—距离模式曲线进行控制，与仅根据速度进行的阶梯控制相比，可避免列车的多次制动。

因此，列车定位技术在列车运行控制系统中占有非常重要的地位，列车定位方法的精度和可靠性是影响列车安全防护距离的重要因素之一，关系到列车的运行间隔，影响到轨道交通系统的效率。在轨道交通调度指挥和行车工作中，实时、准确地获得列车速度和位置信息是列车安全、高效运行的保障。目前城市轨道交通列车运行自动控制系统中使用的列车定位方式包括绝对定位技术和相对定位技术两大类。

## 2.1 绝对定位技术

### 2.1.1 查询应答器定位

基于查询应答器的定位方法也是被广泛采用的列车定位方式，它可以在设有查询应答器的相应点给出列车定位信息，如图 3-2-1 所示。

图 3-2-1 应答器

应答器一般由车载查询器、地面应答器和轨旁电子单元组成。应答器被以一定间隔距离设在轨道交通沿线上，列车每经过一个地面应答器，车载查询器就会读取存储器上的数据信息，实现列车的点式定位。作为列车定位系统，查询应答器的维修费用低、使用寿命长且能在恶劣条件下稳定工作，具有很高的定位精度，它在应答器安装点的定位精度为 1~2 m（取决于查询天线的作用范围）。它同时还具有很高的可靠度，可以在任何气候、任何地点（包括 GPS 作用不到的地区）可靠地工作，并且还具有维修简便、运行费用较低等一系列优点。其缺点是只能给出点式定位信息，存在设置间距和投资规模的矛盾。目前一般采用混合定位法，即用其他定位方法测距，以查询应答器纠正累计误差，该方法通常配合出现轮径变化、打滑或空转时，累计误差可能很大的定位方法使用。

### 2.1.2 无线扩频列车定位

无线扩频列车定位的基本原理是在地面沿线设置无线基站，如图 3-2-2 所示。无线基站不断发射带有其位置信息的扩频信号。列车接收到由无线基站发送的扩频信息后，求解列车与信息之间的时钟差,并根据该时钟差求出与无线基站之间的距离,同时接收 3 个以上无线基站的信息就可以求出列车的即时位置。无线扩频列车定位的特点是抗干扰性强、隐蔽性强、易于实现码分多址和抗多径干扰。扩频多址主要有跳频扩频和直接序列扩频两种方法。

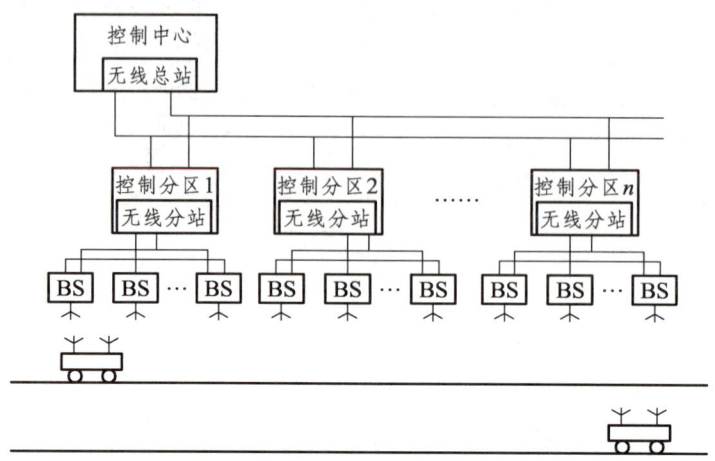

图 3-2-2　无线扩频列车定位的原理

### 2.1.3　GPS 定位与北斗卫星导航定位

全球定位系统(Global Positioning System,GPS)是美国从 20 世纪 70 年代开始研制,历时 20 年,耗资 200 亿美元,于 1994 年全面建成,具有在海、陆、空进行全方位实时三维导航与定位能力的卫星导航与定位系统,可为全球提供完善的定位服务。

GPS 由位于地球上空约 20 231 km 的 24 颗卫星和监视管理这群卫星的 5 个地面站组成。这些卫星用原子钟作为标准时间,每天绕地球 2 周,一天 24 h 向地球连续播发准确的时间及位置信息。配有 GPS 接收机的用户,可在地球上任何地方、任何时刻收到卫星播发的信息,通过测录卫星信号发射和接收的时间间隔,计算出用户至卫星的距离,然后根据 4 颗卫星的数据,即可实时地确定用户所在地理位置,即经度、纬度和高度三维地点信息。系统包括 GPS 卫星(空间部分)、地面支撑系统(地面监控部分)和 GPS 接收机(用户部分)3 个部分。

通过在列车上安装 GPS 接收机接收太空中 4 颗以上卫星信号,再根据这些信号及信号传输过程中的时间延迟或相位延迟,计算出三维空间中列车所处的绝对位置。采用 GPS 定位技术,精度可以达到 10 m。

利用 GPS 实现列车定位,优点是设备简单、接收机技术成熟、成本低、体积小、维护方便;但也存在不少缺点,目前运动定位精度远低于静止定位精度,在并行线路上易发生认错股道的现象。同时,接收器处要求有开阔的天空,视场内阻碍物的高度仰角应小于 15°,以减弱对流层对卫星信号折射的影响。因为列车不可避免地要穿过隧道、密林和城市,在这些地方存在定位盲区,影响列车的定位精度,接收不到信号;在通过高楼林立的城市时,也会因视场不开阔而接收不到信号。另外,恶劣的天气也会对 GPS 的工作产生重大的干扰,而列车的运行却不能因为天气恶劣而停止。另外,GPS 的使用也会受到美国国家卫星政策的影响。

我国自主研制的"北斗一号"卫星导航系统已正式投入运行,系统定位精度为 20 m,定位数据响应时间小于 2 s,捕获时间小于 2 s。利用"北斗一号"进行列车定位的优点是具有自主产权，不受制于国外卫星系统；缺点是定位精度较低，定位响应时间较慢，且采用交互式定位，保密性不理想。总的来说，无论是美国的 GPS 定位系统还是我国的"北斗一号"卫星导航系统，在城市轨道交通中，列车处在林立的高楼之间，卫星定位的精度受到很大程度的影响，地铁更是在地面的遮蔽下，根本无法接收到卫星信号，无疑卫星定位技术在城市轨道交通特别是在地铁的列车定位系统中无法充当主要角色。

### 2.1.4 轨道电路、计轴器定位

#### 1. 轨道电路定位

基于轨道电路的列车定位是一种粗精度检测列车定位方式。将钢轨分成不同的区段，在每个区段的始端和终端加上发送、接收设备，构成一个闭合电流/信息传输回路。当列车进入区段时，列车轮对将两根钢轨短路，电流/信息不能到达接收端，接收端继电器失磁落下，对应点亮红色信号灯，达到列车定位的目的。轨道电路定位方式的优点是经济、方便、可靠性高，既可以实现列车定位，又可以检测轨道的完好情况，且无须对当前设备做大的改动即可实现列车定位；缺点是定位精度取决于轨道电路的长度，不精确，无法构成移动闭塞。利用数字轨道电路对列车进行定位是城市轨道交通系统中应用较为普遍的技术手段。

#### 2. 计轴器定位

计轴器是一种特殊的列车定位装置，适用于某些无法采用轨道电路的场合。计轴器定位继承了轨道电路定位的诸多特点，该方法的定位安全性较高，精度较差，通常也需与测速装置结合起来使用。由于不依赖于轨道电路，其对环境的适应性更强，维护量也相对较小，但不能作为车—地信息传输的通道，也无法检测断轨故障。

## 2.2 相对定位技术

### 2.2.1 测速定位

微课　相对定位方式

测速定位就是通过不断测量列车的即时运行速度，对列车的即时速度进行积分（或求和）的方法来得到列车的运行距离。由于测速定位获取列车位置的方法是对列车运行速度进行积分或求和，故其误差是积累的，而且测得的速度值误差对最终距离值的影响也非常直接。因此，该方法关键在于速度测量的准确性和求位移算法的合理性。

测速技术是城市轨道交通中进行列车测速定位的基础，列车的定位是基于测速的定位，测速的精度直接影响定位的精度和可靠性；同时城市轨道交通的列车测速定位系统还需要为列车运行控制系统提供高精度的速度反馈。所以要利用列车的测速技术特点，提高列车测速的精度和可靠性，从而提高整个测速定位系统的性能和可靠性，保证列车运行控制系统能得到高精度、高可靠性的反馈信息，进而保证列车的行车安全和提高行车效率。

### 2.2.2 IPS 列车定位

IPS（Inertial Positioning System，惯性列车定位系统）根据牛顿力学定律，通过测量列车的加速度，将加速度进行一次积分得到列车的运行速度，再进行一次积分即可得到列车的位置（包括经度、纬度和高度），从而实现对列车的定位。

IPS 定位的显著优点是环境适应性强,它不受天气、电磁场等影响,属于一种高安全性的定位方式。它随时可以采集列车的位置信息(连续采集、连续积分),在小范围内其测量精度也较高,而且该种方法获取的信息种类较多,如列车的方向、位置、速度等。但是这种方法是一种相对定位方式,必须获得列车的初始位置信息后方可得到列车的即时位置;同时,与其他定位方式一样,其也存在误差积累的缺陷,所以通常与其他定位方式结合使用。

### 2.2.3 交叉感应环线定位

交叉感应环线定位是在两根钢轨之间敷设等距交叉感应环路,一条线固定在轨道中央的道床上,另一条线固定在钢轨的颈部下方,它们每隔一定距离(25 m 或 50 m)做交叉。当列车经过每个电缆交叉点时,车载设备检测到回线内信号的极性变化,并对极性变化的次数进行计数,从而确定列车行驶过的距离,达到列车定位的目的。

交叉感应环线定位方式成本较低,实现也比较简单,但只能实现列车的相对定位,每隔一段距离就要对列车的位置进行修正,而且定位精度受交叉区长度的限制,如果交叉区比较窄,位置脉冲漏计的可能性增大,如图 3-2-3 所示。

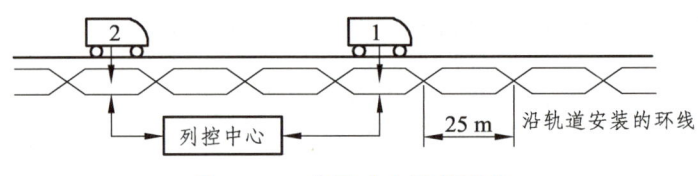

图 3-2-3 交叉感应环线定位

### 2.2.4 波导管定位

裂缝波导管是中空的铝质矩形方管,安装在轨道旁边,在其顶部每隔一定的距离开有窄缝,采用连续波频率通过裂缝耦合出不均匀的场强,对连续波的场强进行采集和处理,并通过计数器确定列车经过的裂缝数,从而计算出列车走行的距离,如图 3-2-4 所示。其计算公式如下:

列车的运行距离 = 波导裂缝间距 × 相对起始点开始检测到的裂缝数

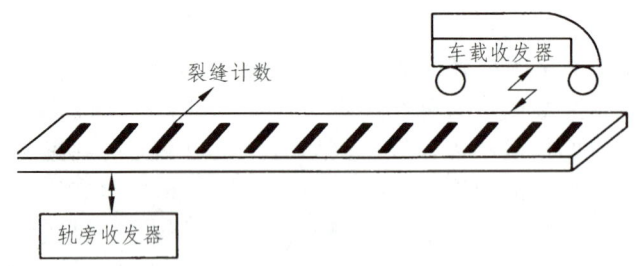

图 3-2-4 裂缝泄漏波导列车定位原理

该方法根据位置信息及相应的运行时间计算出列车当前的速度,列车再将速度信息和相对位置放入报文发给轨旁基站,再通过远程控制单元传输给 RBC(无线闭塞中心)。由于采用的裂缝波导是在其顶部等间隔开有窄缝,因此列车的位置可以通过对裂缝波导缝隙的计数和信标对比得到。

## 2.3 城市轨道交通列车定位方式的选择原则

在城市轨道交通列车运行控制系统中,由于采用单一的定位系统对列车进行定位时出现偶然的故障将导致整个系统无法正常工作,甚至会给重要的系统造成灾难性的后果,而且每一种定位的方法总有其固有的缺点,并且单一的定位方法无法在定位的精度、可靠性和代价之间做到很好的平衡,因此常采用多种定位技术集成的方法,其优势在于能通过冗余、互补和多样的信息为系统提供更为精确的定位,使整个城市轨道交通和指挥系统中的安全性、测量精度、可靠性、造价等方面做到较好的平衡。例如,基于测速的列车定位法在轮径变化、打滑或空转时存在累计误差,此时可以通过增加查询应答器纠正累计误差的方法不断校正其位置信息。在已有的轨道交通和高速铁路交通中采取的定位大多数都是多种方法的综合,或以某种方法为主,其他方法为辅。

**评价标准**

《定位技术》任务评价单

| 评价方式 | 评价内容 | 比例 | 得分 |
|---|---|---|---|
| 学生自评 | 按项目评价内容及标准进行评价 | 20% | |
| 组内互评 | 按项目评价内容及标准进行评价 | 20% | |
| 组间互评 | 按项目评价内容及标准进行评价 | 20% | |
| 教师评价 | 按项目评价内容及标准进行评价 | 40% | |
| 任务得分 | | | |

《定位技术》任务评价内容及标准

| 序号 | 评价项目 | 评价内容 | 评价标准 | 分值 | 得分 |
|---|---|---|---|---|---|
| 1 | 任务完成情况 | 列车定位技术 | 能否清楚阐述定位方法在城市轨道交通列控系统中的重要作用;能否准确写出不同定位方法的安装位置及原理总结,根据实际情况酌情打分 | 40分 | |
| | | 列车定位技术的特点 | 能否准确、全面地写出不同定位法的优点及缺点 | 20分 | |
| | | 列车定位技术的选择方法汇报 | 在列控系统中定位方法的选择是否合理,是否能够提升系统对列车速度测量的精度,根据实际情况酌情打分 | 20分 | |
| 2 | 职业素养情况 | 资料搜集情况 | 资料搜集非常全面5分;资料搜集比较全面1~4分;资料搜集不全面酌情扣1~5分 | 5分 | |
| | | 语言表达情况 | 表达非常准确5分;表达比较准确1~4分;表达不准确酌情扣1~5分 | 5分 | |
| | | 工作态度情况 | 态度非常认真5分;态度较为认真2~4分;态度不认真、不积极酌情扣1~5分 | 5分 | |
| | | 团队分工情况 | 分工非常合理5分;分工比较合理1~4分;分工不合理酌情扣1~5分 | 5分 | |

# 工作任务 3　速度控制技术

**技能训练**

课件　速度控制技术

《速度控制技术》训练工单

| 学习项目 | 城市轨道交通列车运行控制系统关键技术认知 | | 姓名 | | 班级 | |
|---|---|---|---|---|---|---|
| 任务名称 | 速度控制技术 | | 学号 | | 组别 | |
| 任务目标 | 1. 能够说明城市轨道交通列车运行控制系统中采用速度控制技术的目的及分类；<br>2. 能够描述分级速度控制技术的分类及不同类型的速度控制技术的实现方法及特点；<br>3. 能够描述目标—距离速度控制技术的实现方法及特点；<br>4. 能够说明不同速度控制技术的特点及应用场合 ||||||
| 任务描述 | 学生以小组为单位，通过查阅相关资料及实地调研，完成下列任务：<br>1. 介绍分级速度控制技术的实现方法及特点；<br>2. 介绍目标—距离速度控制技术的实现方法及特点；<br>3. 总结不同速度控制技术的特点及应用场合 ||||||
| 任务要求 | 1. 场地要求：列车运行控制系统实训室；<br>2. 设备要求：无；<br>3. 工具要求：无 ||||||
| 课前任务 | 请根据教师下发的视频资源，探索我国城市轨道交通列车运行控制系统是如何通过对列车运行的速度进行控制来保证列车运行安全的，并在课程平台讨论区中讨论 ||||||
| 课中训练 | 1. 通过查阅相关资料，将分级速度控制技术的实现方法及特点记录在表 3-3-1 中。<br><br>表 3-3-1　分级速度控制技术<br><br>| 名称 | 分类 | 实现方法 | 特点 |<br>|---|---|---|---|<br>| 分级速度控制模式 | 阶梯式分级速度控制模式 | | |<br>| | 曲线式分级速度控制模式 | | |<br><br>2. 通过查阅相关资料，将目标—距离速度控制技术的实现方法及特点记录在表 3-3-2 中。<br><br>表 3-3-2　目标—距离速度控制技术<br><br>| 名称 | 实现方法 | 特点 |<br>|---|---|---|<br>| 目标—距离速度控制模式 | | |<br><br>3. 请学生分组查找资料并总结不同速度控制技术的特点及应用场合，并进行 PPT 汇报展示 ||||||
| 任务总结 | 对项目完成情况进行归纳、总结、提升： ||||||
| 课后任务 | 思考城市轨道交通列车运行控制系统中能够应用在移动闭塞制式中的速度控制技术应该采用哪种，并在课程平台讨论区中讨论 ||||||

> 理论要点

在城市轨道交通列车运行控制系统中,列车速度控制的方式可以将速度控制模式分为两种:分级速度控制和速度—目标距离模式曲线控制两种。

## 3.1 分级速度控制模式

分级速度控制是以一个闭塞分区为单位,在每个闭塞分区设计一个目标速度,无论列车在该闭塞分区中什么位置都需要根据限定的速度判定列车是否超速。分级速度控制系统的列车追踪间隔主要与闭塞分区的划分、列车的性能和速度有关,而闭塞分区的长度是以最坏性能的列车为依据并结合线路参数来确定的。分级速度控制又可分为阶梯式和分段曲线式两种。

### 3.1.1 阶梯式分级速度控制

阶梯式分级速度控制方式不需要距离信息,只要在停车信号与最高速度间增加若干中间速度信号即可实现,因此需要传输信息量较少,设备相对比较简单,又可分为超前式和滞后式。一个闭塞分区的进入速度称为入口速度,驶离速度称为出口速度。

超前速度控制方式,又称为出口速度控制方式,事先给出各闭塞分区列车的出口速度值,控制列车行驶至在该闭塞分区出口前不得超过该出口速度值。该速度控制方式采用设备控制优先的方法,即列车驶出每个闭塞分区前均必须将超前速度降至出口限制速度控制线以下,否则设备就会自动启动制动,所以超前对出口速度进行了控制,不会冒出闭塞分区,如图3-3-1所示。

滞后速度控制方式,又称为入口速度控制方式,事先给出列车进入某闭塞分区入口的速度值,监控列车在本闭塞分区运行的速度,不得超过给定的入口速度值,采取人控优先的方法,在每个闭塞分区列车速度只要不超过给定的入口速度值,就不会触碰滞后式速度控制线。但是考虑到一旦列车失控,在本闭塞分区的出口,即下一闭塞分区入口处的速度超过了给定的入口速度值,碰撞了滞后式速度控制线,即所谓的"撞墙",此时触发设备自动引发制动,列车必然会越过第一红灯进入下一闭塞分区,因此有必要增加一个闭塞分区作为安全防护区段,俗称为"双红灯防护",如图3-3-2所示。

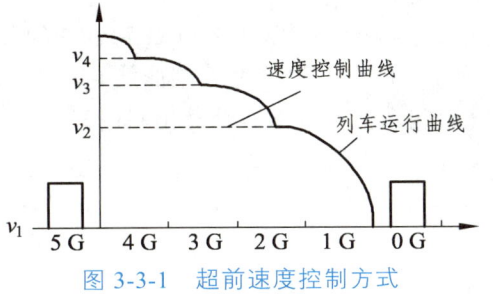

图 3-3-1  超前速度控制方式

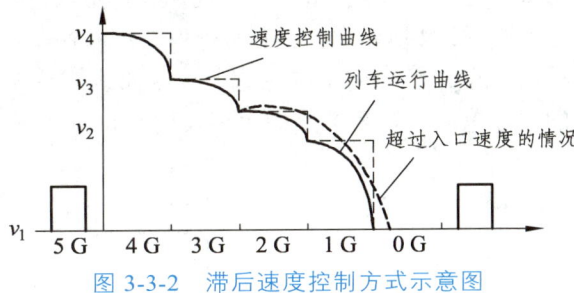

图 3-3-2  滞后速度控制方式示意图

### 3.1.2 曲线式分级速度控制

曲线式分级速度控制要求把每个闭塞分区入口速度和出口速度用曲线连接起来,形成一段连续的控制曲线,曲线控制方式和阶梯控制方式一样,每一个闭塞分区只给定一个目标速度。控制曲线把闭塞分区允许速度的变化连接起来,如图 3-3-3 所示。从最高速至零速的列车控制减速线为分段曲线组成的一条不连贯的曲线组合,列车实际减速运行线只要在控制线以下就可以了,万一超速碰撞了速度控制线,设备自动引发制动。因为速度控制是连续的,所以不会超速太多,紧急制动的停车点不会冒出闭塞分区,可以不需要增加一个闭塞分区作为安全防护区段,设计时当然要考虑留有适当的安全距离。

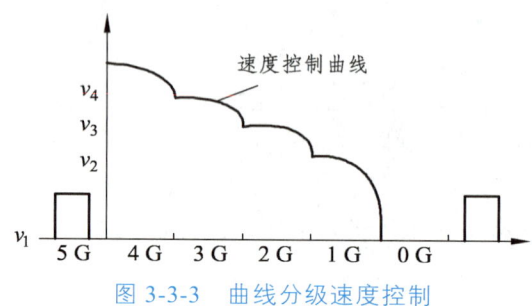

图 3-3-3　曲线分级速度控制

列车控制设备给出的分段制动速度控制曲线是根据每一个闭塞分区的线路参数和列车自身的性能计算而定的,闭塞分区的线路参数可以通过地对车信息实施传输,也可以事先在车载信号设备中存储并通过核对取得。地面设备传送给车载设备的信息是下一个闭塞分区的速度、距离和线路条件数据,没有提供至目标点的全部数据,所以系统生成的数据是分级连续制动模式曲线。因为制动速度控制曲线是分段给出的,每次只需一个闭塞分区线路参数。

分段曲线式分级速度控制的一般制动速度控制曲线是不连贯和不光滑的,实际上是各闭塞分区入口速度控制值的连接线,该制动速度控制曲线是不随列车性能和线路参数的变化而变化的,具有唯一性。

### 3.2　速度—目标距离速度控制模式

速度—目标距离模式曲线控制采取的制动模式为连续式一次制动速度控制方式,根据目标距离、目标速度及列车本身的性能确定列车制动曲线,不设定每个闭塞分区速度等级。对于连续式一次速度控制模式,如果以前行列车占用的闭塞分区入口为追踪目标点,则为准移动闭塞;若以前方列车的尾部为追踪目标点,则为移动闭塞。

如图 3-3-4 所示,0 G 为前行列车所占用的闭塞分区,为保证后续列车在 1 G 和 0 G 的分界点前停车,后续列车应在速度控制曲线容许速度下行驶、停车。该速度控制曲线是根据列车的目标速度、距目标点的距离及列车自身重量、长度、制动性能等参数计算出来的。

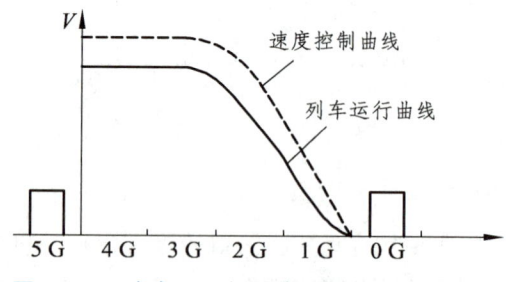

图 3-3-4　速度—目标距离模式曲线控制方式

当列车实际速度超过速度控制曲线容许速度时，其自动实施制动，列车减速；列车速度低于容许速度后，制动缓解。与分级速度控制相比，闭塞分区滞后式控制方式需增加保护区段；而闭塞分区超前式速度控制方式在每一闭塞分区必须考虑制动空走距离，分区长度要增加。

因此采用速度—目标距离模式曲线控制方式，可以提高区间通过能力，但需要从地面向列车传递更多的信息，除了目标点速度信息外，还要有分区长度、坡度等信息。线路参数可以通过地对车信息实时传输，也可以事先在车载信号设备中存储，通过核对取得。因为给出的制动速度控制曲线是一次连续的，需要一个制动距离内所有的线路参数，地对车信息传输的信息量相当大，可以通过无线通信、数字轨道电路、轨间电缆、应答器等地对车信息传输设备传输。

速度—目标距离模式曲线控制的列车制动的起始点是随线路参数和列车本身性能不同而变化的，空间间隔的长度是不固定的，比较适用于不同性能和速度列车的混合运行，其追踪运行间隔要比分级速度控制小，减速比较平稳，旅客的舒适度也要好些。

## 评价标准

《速度控制技术》任务评价单

| 评价方式 | 评价内容 | 比例 | 得分 |
|---|---|---|---|
| 学生自评 | 按项目评价内容及标准进行评价 | 20% | |
| 组内互评 | 按项目评价内容及标准进行评价 | 20% | |
| 组间互评 | 按项目评价内容及标准进行评价 | 20% | |
| 教师评价 | 按项目评价内容及标准进行评价 | 40% | |
| 任务得分 | | | |

《速度控制技术》任务评价内容及标准

| 序号 | 评价项目 | 评价内容 | 评价标准 | 分值 | 得分 |
|---|---|---|---|---|---|
| 1 | 任务完成情况 | 速度控制技术的实现方法及特点 | 能否准确描述速度控制技术的分类情况；不同速度控制技术的实现方法及特点描述是否全面、明确，根据实际情况酌情打分 | 60分 | |
| | | 不同速度控制技术应用场合 | 能否准确描述不同速度控制技术的应用场合，根据实际情况酌情打分 | 20分 | |
| 2 | 职业素养情况 | 资料搜集情况 | 资料搜集非常全面5分；资料搜集比较全面1~4分；资料搜集不全面酌情扣1~5分 | 5分 | |
| | | 语言表达情况 | 表达非常准确5分；表达比较准确1~4分；表达不准确酌情扣1~5分 | 5分 | |
| | | 工作态度情况 | 态度非常认真5分；态度较为认真2~4分；态度不认真、不积极酌情扣1~5分 | 5分 | |
| | | 团队分工情况 | 分工非常合理5分；分工比较合理1~4分；分工不合理酌情扣1~5分 | 5分 | |

# 工作任务 4　车—地通信技术

### 技能训练

课件　车—地通信技术

《车—地通信技术》训练工单

| 学习项目 | 城市轨道交通列车运行控制系统关键技术认知 | 姓名 | | 班级 | |
|---|---|---|---|---|---|
| 任务名称 | 车—地通信技术 | 学号 | | 组别 | |
| 任务目标 | 1. 能够详细阐述漏泄波导通信在城市轨道交通中的工作方式及基于漏泄波导通信的车—地通信原理；<br>2. 能够描述基于感应环线的通信原理、感应环线与 VCC 之间的数据通信流以及基于感应环线的车—地通信原理；<br>3. 能够准确表述基于扩频通信的理论依据及特点的车—地通信技术；<br>4. 能够描述 TD-LTE 技术匹配轨道交通车—地数据的传输的优点 ||||||
| 任务描述 | 学生以小组为单位，通过查阅相关资料及实地调研，完成下列任务：<br>1. 介绍基于漏泄波导通信的车—地通信原理；<br>2. 描述基于感应环线的通信原理以及基于感应环线的车—地通信原理；<br>3. 介绍基于扩频通信的理论依据及特点；<br>4. 总结 TD-LTE 技术匹配轨道交通车—地数据的传输的优点 ||||||
| 任务要求 | 1. 场地要求：列车运行控制系统实训室；<br>2. 设备要求：无；<br>3. 工具要求：无 ||||||
| 课前任务 | 请根据教师下发的视频资源，探索我国城市轨道交通列车运行控制系统中能够实现车—地通信的技术方法，并在课程平台讨论区中讨论 ||||||
| 课中训练 | 1. 通过查阅相关资料，画出列车运行控制系统中漏泄波导通信的工作方式，并分组阐述漏泄波导通信在城市轨道交通中的工作方式。<br>2. 通过查阅相关资料，画出基于漏泄波导的车—地通信的原理，并以小组为单位做相应的汇报展示。<br>3. 以小组为单位查阅已有资料，画出基于感应环线的车—地通信的原理图及感应环线至 VCC 数据通信原理，并做相应的汇报展示。<br>4. 请学生分组查找资料并总结扩频通信技术的理论依据及特点，并进行 PPT 汇报展示。<br>5. 请学生分组查找资料并总结 TD-LTE 传输技术要点及相较于传统车—地通信技术优点，并进行汇报展示 ||||||
| 任务总结 | 对项目完成情况进行归纳、总结、提升： ||||||
| 课后任务 | 查找资料思考未来车—地通信系统的发展趋势，并在课程平台讨论区中讨论 ||||||

> 理论要点

## 4.1 基于漏泄波导的车—地通信技术

微课 基于漏泄波导的
车—地通信技术

### 4.1.1 漏泄波导管的工作原理

普通同轴电缆设计目的是将射频能量从一端传输到另一端,并且希望有最大的横向屏蔽,使信号不能穿透电缆以避免传输过程中的射频能量损耗。而漏泄电缆的设计目的恰恰是特意减小横向屏蔽,使得电磁能量可以部分从电缆内穿透到电缆外,当然,电缆外的电磁能量也将感应到电缆内。这种特殊的电缆称为漏泄同轴电缆(Leaky Coaxial Cable,LCX),简称为漏缆。这种方式的通信称为漏泄通信。

### 4.1.2 漏泄波导通信在城市轨道交通中的工作方式

城市轨道交通列车控制系统中漏泄波导通信原理如图3-4-1所示。根据城市轨道交通列车控制系统的通信要求和漏泄波导通信的特点,其两条漏泄电缆分别负责上行和下行的车—地通信,车上天线和漏泄电缆之间的距离很近,约有40 cm,漏泄电缆还连接着基地台;通过漏泄同轴电缆,各种安全调度信息和语音信息可以在地面和车辆之间双向传输。

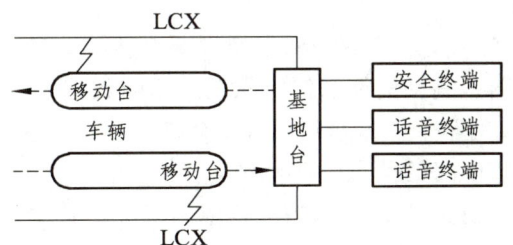

图 3-4-1 列车运行控制系统漏泄波导通信原理

在地铁隧道这种限定空间内,集成了移动、联通、电信、FM调频广播系统等多种数字移动通信系统。要解决这种多制式、多信源以及由于漏缆间的相互耦合而造成的相互干扰的问题,就要在地铁专用无线通信系统中采取相关的方法和措施,诸如合理选定工作频率、合理分配辐射功率、减少各系统天线和漏缆间的相互耦合等。其中,在通信线路中合理设置滤波器,设置不同频率范围的带通或带阻滤波器,是抑制干扰的有效措施。图3-4-2所示为漏泄波导信息传输方式示意图。

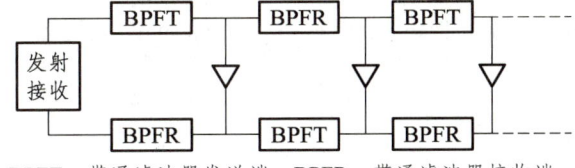

BPFT—带通滤波器发送端;BPFR—带通滤波器接收端。

图 3-4-2 漏泄波导信息传输方式示意图

### 4.1.3 基于漏泄波导的车—地通信的原理

基于漏泄波导通信列控系统(见图3-4-3)主要由3部分组成:漏泄波导通信系统、列车定位子系统和列车控制系统等。列车控制系统又包括中央控制室、无线闭塞中心（Radio Block Center，RBC）和车载子系统。

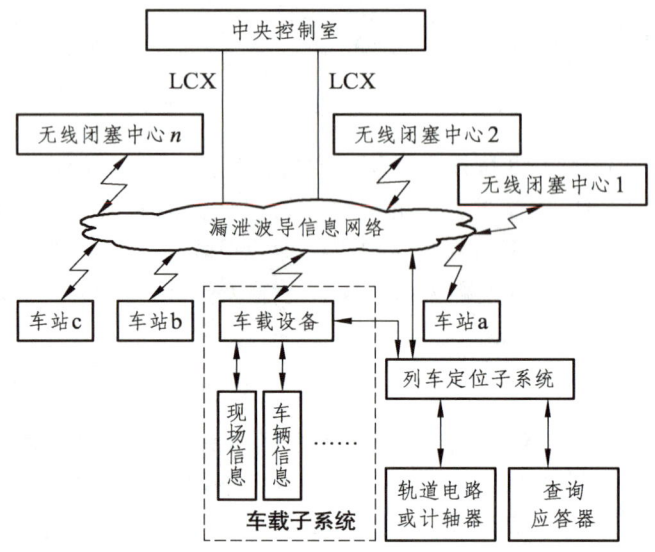

图 3-4-3 基于漏泄波导通信的列车控制系统

在基于漏泄波导通信的列控系统中，列车通过漏泄波导移动通信网络，将自身的位置、车次、列车长度、实际速度、制动潜能、运行状况（诊断数据）等信息发送给 RBC（无线闭塞中心），RBC 则开始追踪列车并发送移动权限、允许速度、限速、紧急停车等命令。因此漏泄波导通信网络取代了轨道电路的信息传输地位。

由于地铁系统位于地下隧道中，通常的无线电信号无法传播较远的距离，所以地下移动通信只能借助于漏泄电缆和中继放大器所构成的区域网络来完成。漏泄通信是一种半有线半无线式的移动通信。漏泄同轴电缆本质上是一种连续型天线，它同时具有天线和传输线的双重作用：一方面，将固定电台发射机的输出功率边传输边辐射到附近空间，以便移动台接收；另一方面，接收移动台天线的辐射功率，并传输给固定电台接收机。这样就实现了隧道中固定电台和移动台之间的无线通信。

## 4.2 基于感应环线的车—地通信技术

感应环线数据通信系统是车辆控制中心（VCC）和车载控制器（VOBC）之间交换信息的媒介，通过 VOBC 向 VCC 提供列车的位置信息，通过 SDH 网由车站控制器（STC）向 VCC 提供道岔、计轴等线路信息。

### 4.2.1 通信原理

感应环线的车—地通信系统原理如图 3-4-4 所示。VCC 接收到从感应环线传输上来的列车位置等相关信息后，进行数据转换及处理后传输给系统管理中心（SMC），SMC 根据运行图中匹配的信息向 VCC 发出进路请求，VCC 通过车站控制器控制轨旁设备，并接收由车站控制器反馈回来的轨旁设备状态信息。

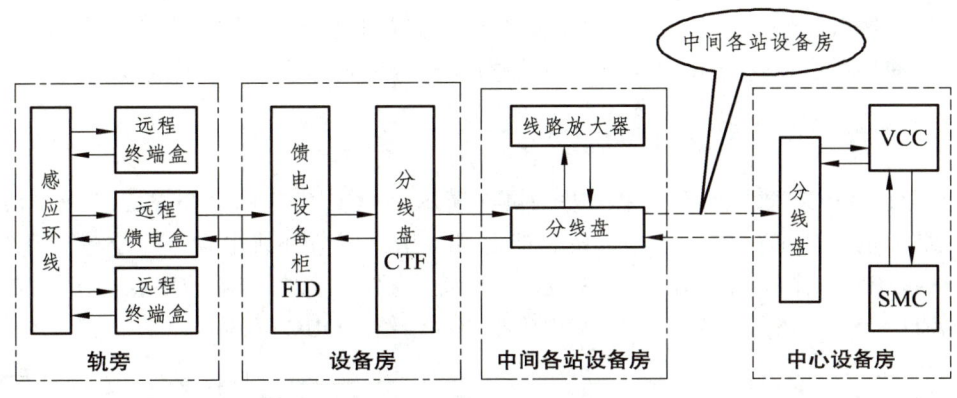

图 3-4-4 感应环线的车—地通信原理

VCC 在确认进路锁闭、道岔锁好等安全条件下,通过感应环线向 VOBC 发送移动授权、目标点、推荐速度等;同时向所有感应环线广播各列车的控制信息,当列车行驶到某一环线上时,会根据令牌信息选择接收本列车的控制信息。

### 4.2.2 感应环线至 VCC 数据通信流程

感应环线至 VCC 数据通信流程如图 3-4-5 所示。感应环线接收到 VOBC 传输的列车位置信息后,在馈电设备柜进行数据耦合、阻抗匹配及对数据信号调整进行监控。馈电设备对感应环线的监控,是根据 VCC 发送的 36 kHz FSK 移频键控信号进行四分频,输出 9 kHz 监视信号到馈电设备的监督继电器,用于检测感应环线的完整性。模块前面的指示灯可显示感应环线的状态。馈电设备进行最后的电流放大及变压器耦合,并将 36 kHz FSK 移频键控信号发送到感应环线上,通过调节馈电设备模块上的电感来平衡感应环线电流。

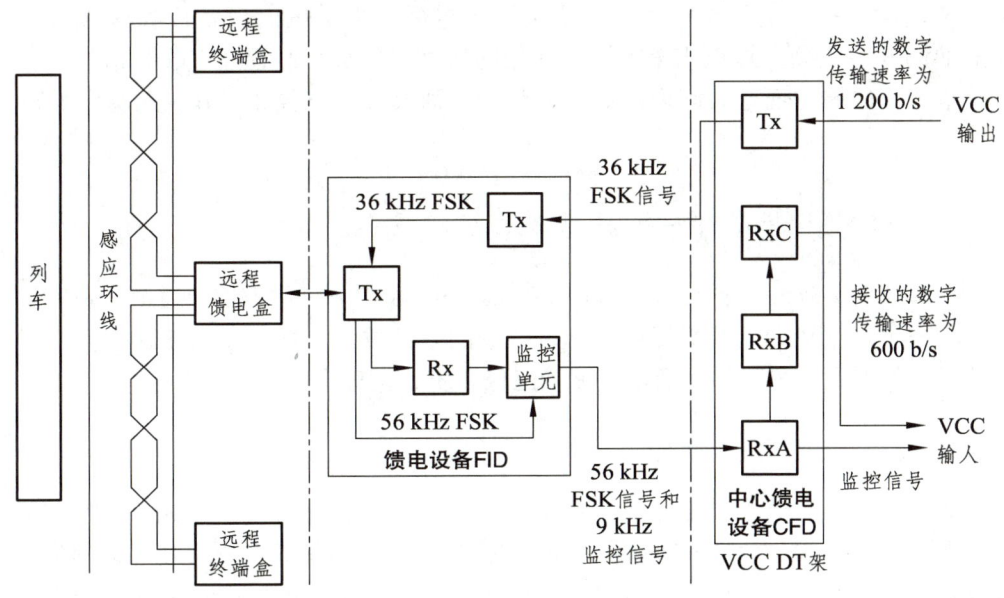

图 3-4-5 感应环线至车辆控制中心的数据通信流程

馈电设备接收到感应环线的数据信息后,进行相关处理,通过 50 芯电缆从本站分线盘传输至下一站分线盘，经线路放大器放大处理后，再逐站传输至 VCC。线路放大器只对传至本站的其他感应环线数据进行放大，而本站的感应环线数据则不经过本站的线路放大器。

### 4.2.3 感应环线至 VCC 数据通信过程

感应环线至 VCC 数据通信过程如图 3-4-6 所示，VCC 发来的命令报文以 360.4 kHz FSK 移频键控信号的形式通过中心馈电设备和馈电设备送入感应环线电缆。每个感应环线通道每隔 70 ms 的 VCC 工作周期输出一个 83 位的串行命令报文，数据传输速率相当于 1 200 b/s。感应环线电流所产生的磁场被列车上的天线接收，并传给 VOBC 天线。

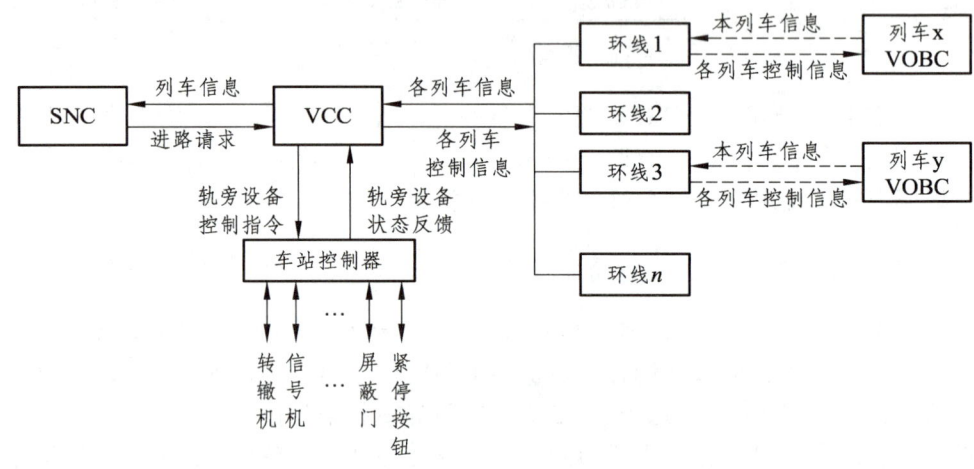

图 3-4-6　感应环线至车辆控制中心数据通信过程

同理，VOBC 通过 $f6 \pm 0.2$ kHz FSK 移频键控信号的频率，以 600 b/s 的速率发送 41 个数据位的报文。响应报文信号经车辆的发送天线耦合后，再由馈电设备接收器从感应环线驱动变压器的第 3 组线圈上提取出来。输入信号随后经多级放大，通过"收到信号"表示灯可知有信号输入。如果在规定时间内没有输入信号，则放大电路停止工作，避免将噪声信号传给 VCC。

## 4.3　基于扩频通信的车—地通信技术

扩展频率通信（Spread Spectrum Communication，SSC）简称为扩频通信，是近年来发展迅速的一种技术，已成为无线局域网中不可缺少的一种技术，并且已经逐渐被应用到了通信的各个领域，如卫星通信、移动通信、无线定位系统、全球个人通信等。

### 4.3.1　扩频通信的理论依据

扩频通信技术来源于香农定理，如下式所示，如果信息传输速率 $C$ 不变，则带宽 $B$ 和信噪比 $S/N$ 是相互制约的，就是说增加带宽就可以在较低的信噪比的情况下以相同的信息率来可靠地传输信息，甚至在信号被噪声淹没的情况下，只要相应地增加信号带宽，仍然能够保持可靠的通信，也就是可以用扩频方法以宽带传输信息来换取信噪比上的优势。这就是扩频通信的基本思想和理论依据。

$$C = B \times \log_2\left(1 + \frac{S}{N}\right)$$

式中，$C$ 是信息传输速率；$B$ 是带宽；$S$ 是平均信号功率；$N$ 是平均噪声功率，所以 $\frac{S}{N}$ 就是信噪比，通常用分贝（dB）表示。

### 4.3.2 扩频通信的特点

扩频通信的基本特征就是使用比发送的信息数据速率高许多的伪随机码把载有信息数据的基带信号的频谱进行扩展，形成宽带的低功率频谱密度的信号来发射。

扩频通信技术具有强抗干扰能力、良好的安全保密性，还可以进行多址通信。

扩频多址主要有两种方法：跳频法（Frequency Hopping）和直接顺序控制（Direct Sequency）。跳频法是信息发送者在规定时域改变传输载频率，它是依照发送者和收信者都知道的伪随机模式进行。直接顺序控制法是由发送者在各数据位按明显的随机模式送出宽频信号，而接收者懂得这类模式，所以很容易恢复原信息模样。

## 4.4 LTE 车—地通信技术

长期演进技术（Long Term Evolution，LTE）是基于正交频分多址技术（Orthogonal Frequency Division Multiple Access，OFDMA），由第三代合作伙伴计划（3rd Generation Partnership Project，3GPP）组织制定的全球通用标准，也是中国拥有核心自主知识产权的准 4G 国际通信标准技术，是一种专门为移动高宽带应用而设计的无线通信标准，包括 FDD 和 TDD 两种模式，用于成对频谱和非成对频谱。作为一种先进的无线通信技术，分时长期演进（Time Division Long Term Evolution，TD-LTE）是由 3GPP 组织涵盖的全球各大企业及运营商共同制定的。TD-LTE 技术在设计时就考虑了满足高吞吐率的需求，在 20 MHz 带宽组网情况下，峰值速率下行可达 100 Mb/s，上行可达 50 Mb/s。同时要求采用扁平化架构，降低控制和用户平面时延。TD-LTE 采用了 OFDM、MIMO、HARQ 等先进技术，有效提高了数据速率、频谱效率和抗干扰性，提供综合业务承载的优先级调度和高速移动性支持，并通过抗干扰技术和安全机制保证无线数据业务的安全可靠传输。

TD-LTE 传输技术相比于 WLAN 无线传输技术有着完善的 QoS 传输管理策略设计，同时在数据链路层也采用了区别于 WLAN 自由竞争的接入策略，专门设计了控制平面和信令来处理多用户接入中出现的各种问题，因此数据传输稳定性较 WLAN 技术有较大的提升。可以满足 CBTC 信息、列车状态监测信息、视频监控（CCTV）、PIS（含紧急文本）等信息及时、准确地传输，为城市轨道交通系统的安全、高效运营提供有力支撑。

TD-LTE 技术能更好地匹配轨道交通车地生产业务数据的传输，其优点如下：

（1）传输时延小。LTE 技术采用扁平化网络结构，降低传输时延，理论端到端时延小于 100 ms，满足数据传输实时性要求。

（2）频谱利用率高。15 MHz 频宽下可提供上行 10 Mb/s、下行 10 Mb/s 的吞吐量。

（3）移动性支持好。采用自动频率校正技术确保高速移动场景下的无线链路质量，能满足列车运行速度 350 km/h 以下的移动性要求。

(4)多业务并发,采用空口调度算法和 QoS 配置等多种方法保证业务质量,可满足轨道交通多种业务并发需求,满足不同业务的传输质量要求。

(5)抗干扰能力强,LTE 采用小区干扰协调技术进行小区间的干扰协调和 IRC 干扰抑制合并技术,提供系统的抗干扰能力。

LTE 车—地通信原理如图 3-4-7 所示。

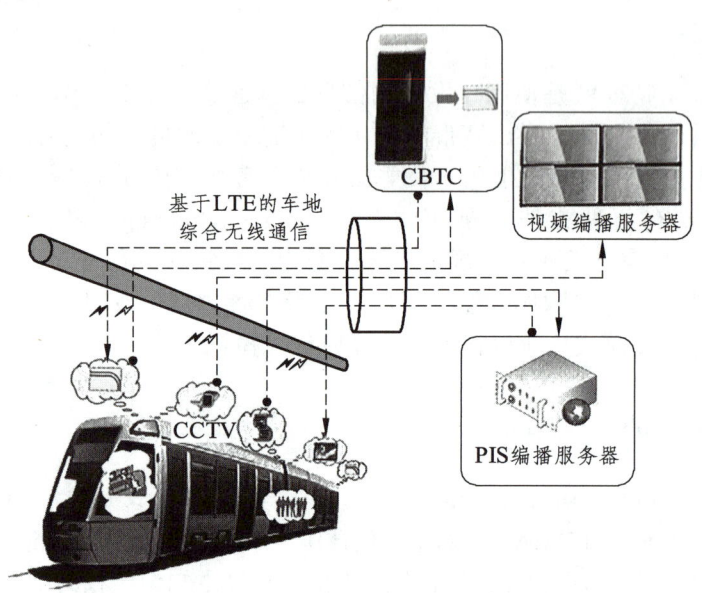

图 3-4-7　LTE 车—地通信原理

截至 2014 年 2 月,TD-LTE 在全球已签署 75 个商用合同,其中 29 个网络已正式商用发布,另有 40 多家运营商正在建设和部署之中,TD-LTE 全球累计用户数接近一千万。中国移动 TD-LTE 网络也已在 2013 年底正式商用。从当前 TD-LTE 网络商用情况来看,TD-LTE 网络的产业现状已经成熟,网络覆盖、连续覆盖与切换等性能指标都已达到预期要求。

### 评价标准

《车—地通信技术》任务评价单

| 评价方式 | 评价内容 | 比例 | 得分 |
| --- | --- | --- | --- |
| 学生自评 | 按项目评价内容及标准进行评价 | 20% | |
| 组内互评 | 按项目评价内容及标准进行评价 | 20% | |
| 组间互评 | 按项目评价内容及标准进行评价 | 20% | |
| 教师评价 | 按项目评价内容及标准进行评价 | 40% | |
| 任务得分 | | | |

### 《车—地通信技术》任务评价内容及标准

| 序号 | 评价项目 | 评价内容 | 评价标准 | 分值 | 得分 |
|---|---|---|---|---|---|
| 1 | 任务完成情况 | 基于漏泄波导的车—地通信技术 | 能否正确地画出列车运行控制系统中漏泄波导通信的工作方式；漏泄波导通信在城市轨道交通中的工作方式描述是否全面、明确；能否准确地画出基于漏泄波导的车—地通信的原理；能否正确地阐述基于漏泄波导的车—地通信的原理，根据实际情况酌情打分 | 20分 | |
| | | 基于感应环线的车—地通信技术 | 是否正确地画出基于感应环线的车—地通信的原理图及感应环线至VCC数据通信原理；对基于感应环线的车—地通信的原理及其至VCC的数据通信情况表述是否清楚，根据实际情况酌情打分 | 20分 | |
| | | 基于扩频通信的车—地通信技术 | 各小组资料收集、讨论是否认真；扩频通信技术的理论依据及特点阐述是否正确、全面，根据实际情况酌情打分 | 20分 | |
| | | LTE车—地通信技术 | 各小组资料收集、讨论是否认真；LTE车—地通信技术阐述是否正确、全面，根据实际情况酌情打分 | 20分 | |
| 2 | 职业素养情况 | 资料搜集情况 | 资料搜集非常全面5分；资料搜集比较全面1～4分；资料搜集不全面酌情扣1～5分 | 5分 | |
| | | 语言表达情况 | 表达非常准确5分；表达比较准确1～4分；表达不准确酌情扣1～5分 | 5分 | |
| | | 工作态度情况 | 态度非常认真5分；态度较为认真2～4分；态度不认真、不积极酌情扣1～5分 | 5分 | |
| | | 团队分工情况 | 分工非常合理5分；分工比较合理1～4分；分工不合理酌情扣1～5分 | 5分 | |

# 工作任务 5　联锁技术

## 技能训练

《联锁技术》训练工单

| 学习项目 | 城市轨道交通列车运行控制系统关键技术认知 | | | 姓名 | | 班级 | |
|---|---|---|---|---|---|---|---|
| 任务名称 | 联锁技术 | | | 学号 | | 组别 | |
| 任务目标 | 1. 能够阐述正线联锁系统的进路、道岔、信号的控制功能；<br>2. 能够阐述车辆段联锁系统的进路、道岔、信号的控制功能；<br>3. 能够准确总结出车辆段与正线接口控制方式 | | | | | | |
| 任务描述 | 学生以小组为单位，通过查阅相关资料及实地调研，完成下列任务：<br>1. 介绍正线联锁系统的进路、道岔、信号的控制功能；<br>2. 阐述车辆段联锁系统的进路、道岔、信号的控制功能；<br>3. 总结车辆段与正线联锁技术的差别；<br>4. 总结车辆段与正线接口控制方式 | | | | | | |
| 任务要求 | 1. 场地要求：列车运行控制系统实训室；<br>2. 设备要求：无；<br>3. 工具要求：无 | | | | | | |
| 课前任务 | 请根据教师下发的视频资源，探索联锁的内容，并在课程平台讨论区中讨论 | | | | | | |
| 课中训练 | 1. 通过查阅相关资料，总结正线联锁系统进路控制功能的主要内容并画出正线联锁系统自动排列进路的流程。<br>2. 以小组为单位，通过查阅相关资料总结车辆段联锁系统的进路、道岔、信号的控制功能，并对比分析正线及车辆段联锁系统的功能实现的相同之处和不相同之处，将结果填入表 3-5-1 中，并做相应的汇报展示。<br><br> 表 3-5-1　正线及车辆段联锁系统对比分析

| 名称 | 进路控制 | | 信号控制 | | 道岔控制 | |
|---|---|---|---|---|---|---|
| | 相同点 | 不同点 | 相同点 | 不同点 | 相同点 | 不同点 |
| 正线联锁系统 | | | | | | |
| 车辆段联锁系统 | | | | | | |

3. 请学生分组查找资料并总结列车从车辆段进入正线或从正线进入车辆段的控制方法，并进行 PPT 汇报展示 | | | | | | |
| 任务总结 | 对项目完成情况进行归纳、总结、提升： | | | | | | |
| 课后任务 | 思考在列车运行控制系统中联锁设备有哪些，并在课程平台讨论区中讨论 | | | | | | |

> 理论要点

城市轨道交通指挥列车正线运行的 ATP 子系统，是不需要设置地面信号机的，但是为了确保有岔中间站和折返站的进路安全，在道岔的两端还是设置了地面信号机。信号机、道岔、进路三者之间，存在一定的相互制约关系，这种关系称之为联锁关系。

城市轨道交通可分为两大控制区，一个是车辆段，一个是正线。在车辆段，由计算机联锁系统控制全段所有信号设备，保证列车的安全运行。在正线，由列车自动控制系统来完成列车运行的安全保护，在有道岔的车站，仍需要联锁系统配合列车自动控制系统，共同完成保证行车安全的职责。由于列车在车辆段和正线的行车组织方式有所差别，控制方式也不尽相同。因此，车辆段联锁系统与正线联锁系统在实现联锁功能上也有差别。

城市轨道交通的车站联锁系统，原则上也是以信号机、转辙机、轨道电路作为室外三大基础设备，基本上都采用计算机联锁系统。不同的线路色灯信号机的显示方式不尽相同；正线转辙机有直流电动转辙机，电液转辙机、交流转辙机；停车场和正线 ATC 系统基本上都用轨道电路检测列车占用，正线 CBTC 系统的后备模式采用计轴器检测。

## 5.1 正线联锁系统

城市轨道交通有道岔的线路中必须设置信号机加以防护。因此，列车在道岔区段运行时，由正线联锁系统保证其行车安全。正线联锁系统同样也能完成进路控制功能、信号控制功能以及道岔控制功能。只是在正线道岔区段运行的列车，不但在联锁系统的控制之下，还要受列车自动控制系统（ATC）的控制，因此正线与车辆段的联锁功能有所差别。

### 5.1.1 进路控制功能

进路控制功能负责进路的建立、锁闭和解锁，这些动作都是对来自 ATS 子系统命令的响应。因为进路控制功能将影响列车的行车安全，因此，当命令不符合安全条件时，联锁系统将拒绝执行命令。

传统的联锁关系要求一条进路，只允许一列列车占用；在城市轨道交通中，列车完全在 ATP 子系统的轨旁设备控制下运行，ATP 子系统实现列车的安全间隔控制，因此，在正线尤其是 CBTC 条件下，允许一条进路由两列或多列列车同时占用，甚至允许多列列车同时占用同一轨道区段，但这都取决于 ATP 子系统的限定。

由于列车在正线运行时，行车组织方式单一且有很强的规律性，因此，正线联锁系统具有自动排列进路功能。当一架信号机具有自动信号功能时，列车接近该信号机时，联锁系统通过列车的目的地号将自动产生预定进路的进路命令，该进路命令会保持到信号开放。若预定进路建立的联锁条件不满足，该进路命令在其设定时间内会循环发送，如果在设定时间内信号机仍无法开放，则该进路命令被取消，并发送一个故障消息。如果该自动进路通过人工解锁方式而解锁，该信号机的自动功能也将被关闭。

正线中的部分信号机还能具有连续通过功能，或称之为快速模式。如果启动了该信号机的快速模式，当有列车一旦越过该进路的防护信号机，信号机会立即关闭，但进路在列车通过后不解锁，整条进路仍保持锁闭状态，列车完全通过进路后，信号机会自动重复开放。进路通过快速模式建立，在任何时候都可以关闭信号机的快速模式，在关闭了信号机的快速模式后，进路可以随着下一趟列车的通过自动解锁。

在正线运行的列车，可以在终端折返站折返，也可以在中间折返站折返。不论列车在哪里折返，正线联锁系统都能实现折返进路的自动办理。一般来说可以通过预定折返轨来自动排列折返进路，也可人工排列。操作员可以通过设置具备折返功能车站的折返模式来预定折返轨。

### 5.1.2 信号控制功能

信号控制功能负责监督轨旁信号机状态，根据进路、道岔、敌对信号机的状态来控制信号机。正线联锁系统可以根据来自 ATS 子系统的命令，使信号机处于关闭状态，也可以产生命令输出，使信号机开放，ATC 系统以此来授权列车从一条进路行驶至另一条进路。

正线信号机的开放条件与关闭时机与车辆段的列车信号控制相同，在此就不赘述。

当列车在 CBTC 系统控制下，作为 CBTC 系统后备模式使用的信号机，可以处于灭灯状态。正线联锁系统会收到一个"通信列车接近"的信息，从而控制移动授权极限（LMA）范围内的轨旁信号机处于灭灯状态。当列车与地面通信已建立时，通信列车的司机看见信号机灭灯，仍能越过该信号机。

### 5.1.3 道岔控制功能

道岔控制功能负责道岔的解锁、转换和锁闭。这些动作是对联锁系统通过接口模块输出道岔单独操作和进路排列命令的响应，这些命令可以来自 ATS 子系统。因为道岔控制将影响行车安全，联锁系统收到命令后会判断命令的安全性，如不符合联锁条件，将拒绝执行。正线道岔控制的联锁条件与车辆段一致。

## 5.2 车辆段联锁系统

车辆段的行车作业主要有出入段作业以及段内的调车作业。出入段作业属于列车作业，需要办理列车进路；出段和入段进路，由出段和入段信号机防护。段内的调车作业需要办理调车进路，由调车信号机防护进路内的安全。

为了保证列车或车列在车辆段的行车安全，车辆段联锁系统应该能够完成进路控制功能、信号控制功能和道岔控制功能。

### 5.2.1 进路控制功能

进路控制功能能够完成进路建立、进路锁闭、进路解锁。

#### 1. 进路建立

车辆段进路的建立，需要运转值班员，通过计算机联锁系统的人机会话界面，下发进路操作命令，给出进路的始端和终端。同一目的的列车进路可以有一条基本进路和多条变更进路。联锁系统可以根据给出的进路始端和终端，自动地选出一条基本进路；当依次确定进路的始端、变更点和终端后也能选出相应的变更进路。

当需要建立调车进路时，同样需要运转值班员下发操作命令，联锁系统根据运转值班员操作的先后顺序，确定进路的始端和终端后，只能自动地选出一条基本调车进路，或含有几条基本进路的长调车进路；若依次确定进路的始端、变更点和终端后，也能选出相应的变更进路。

## 2. 进路锁闭

车辆段联锁系统能够根据列车是否接近进路，对进路实现预先锁闭和接近锁闭。

当进路的有关联锁条件满足后（例如，进路空闲敌对进路未建立道岔位置符合进路要求），联锁系统可对该进路实现预先锁闭。

接近锁闭在信号开放，进路的接近区段占用时，对于列车进路，接近锁闭须持续到进路第一区段自动解锁或人工解锁，若接近区段未设轨道电路时，接近锁闭应于信号开放后立即构成。

进路的接近区段有如下规定：

（1）入段进路的接近区段一般为入段信号机前方大于制动距离的轨道区段。

（2）出段进路的接近区段一般为发车股道（停车线）。

（3）调车进路的接近区段为调车信号机前方邻接的轨道区段，当信号机前方不设轨道电路时，则信号开放即构成进路的接近锁闭。

通过操作能办理引导进路锁闭和引导总锁闭，引导进路锁闭前须检查进路中道岔位置正确，并锁闭进路中的道岔，敌对信号不得开放引导总锁闭须锁闭咽喉区的全部道岔。

车辆段联锁系统还能够对股道（停车线）实行封锁功能，股道封锁后禁止排列经过本股道（停车线）的进路。

## 3. 进路解锁

进路解锁就是解除已建立进路、道岔和敌对进路的锁闭。根据不同情况，进路的解锁方式有多种。但无论在何种情况下，对于解锁过程必须进行缜密分析并提出明确的安全解锁条件，以便用技术措施予以保证，进而确保列车的行车安全，因此任何操作不能使占用的区段解锁；任何操作不能使列车或车列运行前方的区段解锁；已锁闭的进路不因轨道电路瞬时分路不良，或轨道电路停电恢复后错误解锁。

车辆段联锁系统提供了 5 种进路解锁方式，分别是正常解锁、取消解锁、人工延时解锁、中途折返解锁和区段故障解锁。取消解锁、人工延时解锁和区段故障解锁，都需要运转值班员下发操作命令，触发进路的解锁。因此需要运转值班员根据进路的不同情况，选取正确的解锁方式。

### 1）正常解锁

进路的正常解锁必须在信号关闭后进行，并能随着列车或车列的正常运行，使各轨道区段分段地自动解锁。解锁时，区段均须满足"三点检查"的要求才能自动解锁，必要时入段进路的接近区段也可作为三点检查的条件之一。

### 2）取消解锁

进路处在预先锁闭而未处于接近锁闭状态时，办理取消进路后，经检查信号机关闭、进路空闲，进路立即解锁。

### 3）人工延时解锁

进路处于接近锁闭需要解锁时，须办理人工解锁手续，入段进路的人工解锁自信号机关闭时起延时 3 min，其他进路的人工解锁，自信号机关闭时起延时 30 s。人工解锁必须进行密码授权管理和对操作进行记录。

### 4）中途折返解锁

中途折返解锁是针对车辆段内调车车列的转线作业而设的一种自动解锁方式，这种解锁方式的触发仍是车列的运行。

当列车驶入调车进路后，因中途折返而使该进路的部分区段不能解锁时，在检查车列确已根据开放的折返信号机显示驶入该信号机的内方，且出清全部未解锁的区段后，该部分区段自动解锁。

当车列驶入调车进路后，因中途折返作业而使该进路全部区段均不能解锁时，在检查车列顺序退出该进路和其接近区段后解锁。

当车列驶入并置信号机内方后，因中途折返作业而使该进路全部区段均不能解锁时，在检查车列确已根据开放的反向信号机显示驶入该信号机的内方且出清全部未解锁的区段后，该条进路自动解锁。

5）区段故障解锁

车辆段内除了列车或车列占用区段和处于列车或车列运行前方的区段，其他区段均可采用区段故障解锁方式解锁。区段故障解锁是由于某种故障或其他原因，导致轨道电路出现异常动作，而无法使用上述解锁方式解锁的一种方式，在这种情况下，解锁条件需要操作人员参与判断，所以在区段故障解锁时，必须进行密码授权管理和对操作进行记录，以避免发生行车事故。

### 5.2.2 信号控制功能

在车辆段内，一般列车或车列无法收到车载信号，因此不能实现列车的自动控制。列车是否能够进入进路内方，需要由司机看轨旁信号机的显示，人工驾驶列车或车列。因此，信号机的正确显示以及开放时机至关重要。车辆段联锁系统的信号控制主要完成信号关闭和开放的控制。

信号机的开放可以通过正常办理进路或办理重复开放手续进行控制，除引导信号外防护该进路的信号机，必须检查其进路及超限界绝缘相邻区段空闲、有关道岔位置正确、进路已锁闭、未施行人工解锁、敌对进路未建立等内容，检查正确后方可开放。入段信号机检查红灯灯丝完好，且相应股道空闲，出段信号机还应检查与正线的联系接口关系是否正确，正确方可开放。

当建立由几条基本进路组成的长调车进路或其变更进路时，防护各基本进路的调车信号机会按运行方向，由远而近地依次开放。

已开放的信号机会在下列情况下及时关闭：

（1）列车信号：当列车第一轮对进入该信号机内方第一轨道区段时。

（2）调车信号：当车列全部越过信号机时或当信号机外方轨道区段留有车辆（含未设轨道电路），出清内方第一区段时。

（3）发生故障时。

（4）办理取消或解锁进路时。

在车辆段内信号机关闭后，未经再次办理，不得重复开放。

车辆段的入段信号机可点亮引导信号。引导信号开放时必须办理引导进路、检查引导进路中的道岔位置是否正确、未建立敌对进路以及确保引导进路在锁闭状态。开放引导信号，必须检查其主体信号机为红灯显示，进而点亮引导"白"灯显示。通常需要办理引导进路是由于某个或部分信号设备故障，此时信号机的开放条件需要值班员参与判断，因此使用引导信号必须进行密码授权管理和对操作进行记录。

引导信号可在下列情况下及时关闭：

（1）列车未驶入引导进路之前，信号保持开放的条件不能满足时。
（2）信号机内方第一轨道区段无故障的情况下列车第一轮对进入该区段时。
（3）信号机内方第一轨道区段故障，未能在 15 s 内进行维持开放信号的操作时。
（4）办理引导进路解锁时。
（5）解锁道岔总锁闭时。
（6）人工关闭信号时。

### 5.2.3　道岔控制功能

车辆段联锁系统能够对联锁道岔实现单独操纵和进路操作。当进路中包含多组道岔时，道岔的动作应采用顺序启动的方式。道岔的单独操纵应优先于进路操作。

车辆段内的联锁道岔接受进路锁闭、区段锁闭、人工单独锁闭。为了保证行车安全，道岔一经锁闭不能启动；联锁道岔一经启动应能转换到规定的位置；当因故被阻，在 15 s 内不能转换到规定位置时，有声音和图像报警，道岔经操纵后能转换到原来位置；道岔转换完毕，自动切断道岔启动电路；道岔的室内表示应与室外状态一致；人工单独锁闭时不影响道岔的位置表示。

目前，我国城市轨道交通车辆段，多采用国产计算机联锁系统，因此联锁功能和实现方式都与铁路计算机联锁系统相似。

## 5.3　车辆段与正线接口控制

城市轨道交通列车需要往来行驶于正线和车辆段之间。但车辆段由联锁系统控制，正线由列车自动控制系统控制，因此在车辆段与正线设计接口电路，实现两个控制区的联锁功能。一般在车辆段与正线的分界点处设置转换区段，这种转换区段对于 CBTC 系统尤为重要。在此转换区段，可以使出段列车转换为"受控列车"，使入段列车转换为"非受控列车"。列车进入或离开车辆段时，可以在转换区段进行驾驶模式的转换。

列车由车辆段进入正线运行，是穿过分界点的列车作业，需要为列车设置两条进路。第一条进路是由停车线始端信号机至出段信号机，该进路由车辆段联锁系统控制，第二条进路是由出段信号机至正线入口信号机，该进路由正线信号系统控制。列车根据第一条进路，从停车线出来，停在出段信号机外方，车载控制器接收初始化信标的信息，为进入正线进行列车定位做准备，并通过轨旁通信设备，使列车变为通信列车。当第二条进路建立成功，出段信号机开放，列车运行至转换区段，将其驾驶模式由人工驾驶，转化为 ATO 自动驾驶模式或轨旁信号保护驾驶模式。列车由正线进入车辆段，也需要为列车办理两条进路，第一条进路从正线始端信号机到入段信号机，该进路由正线信号系统控制；第二条进路从入段信号机到车辆段联锁区域，该进路由车辆段联锁系统控制列车退出正线运营，经由第一条进路进入转换区段，在转换区段上将列车驾驶模式由 ATO 自动驾驶模式或轨旁信号保护驾驶模式转化为限制人工前行模式，再经由第二条进路进入车辆段。

不论是正线还是车辆段的联锁系统，都是实现联锁功能的信号系统，它以进路、信号、道岔控制为主要内容，随着城市轨道交通发展的需要以及科学技术的进步，联锁系统在功能和操作方式等方面都在不断演变完善。

## 评价标准

**《联锁技术》任务评价单**

| 评价方式 | 评价内容 | 比例 | 得分 |
|---|---|---|---|
| 学生自评 | 按项目评价内容及标准进行评价 | 20% | |
| 组内互评 | 按项目评价内容及标准进行评价 | 20% | |
| 组间互评 | 按项目评价内容及标准进行评价 | 20% | |
| 教师评价 | 按项目评价内容及标准进行评价 | 40% | |
| 任务得分 | | | |

**《联锁技术》任务评价内容及标准**

| 序号 | 评价项目 | 评价内容 | 评价标准 | 分值 | 得分 |
|---|---|---|---|---|---|
| 1 | 任务完成情况 | 正线联锁系统控制功能 | 正线联锁系统进路控制功能的主要内容总结是否全面、正确；能否正确地画出正线联锁系统自动排列进路的流程，根据实际情况酌情打分 | 30分 | |
| | | 车辆段联锁系统控制功能 | 车辆段联锁系统的进路、道岔、信号的控制功能的实现过程阐述是否正确；能够正确地总结出车辆段、正线联锁系统的区别；对车辆段、正线联锁系统的区别表述是否清楚，根据实际情况酌情打分 | 30分 | |
| | | 车辆段与正线接口控制 | 各小组资料收集、讨论是否认真；城轨列控系统的发展趋势阐述是否正确、全面，根据实际情况酌情打分 | 20分 | |
| 2 | 职业素养情况 | 资料搜集情况 | 资料搜集非常全面5分；资料搜集比较全面1～4分；资料搜集不全面酌情扣1～5分 | 5分 | |
| | | 语言表达情况 | 表达非常准确5分；表达比较准确1～4分；表达不准确酌情扣1～5分 | 5分 | |
| | | 工作态度情况 | 态度非常认真5分；态度较为认真2～4分；态度不认真、不积极酌情扣1～5分 | 5分 | |
| | | 团队分工情况 | 分工非常合理5分；分工比较合理1～4分；分工不合理酌情扣1～5分 | 5分 | |

## 学习小结

城市轨道交通列车运行控制系统可不断根据列车运行情况以及线路的实时状态对列车的运行速度和控制方式等状态进行监督、控制和调整，而监督、控制和调整的过程需要借助多种技术手段和方法来实现。因此，这要求城市轨道交通相关从业人员掌握列车测速技术、列车定位技术、车—地通信技术、速度控制方法、联锁技术。

## 思考练习

1. 简要描述轮轴脉冲测速传感器的原理。
2. 介绍城市轨道交通列车运行控制系统中常见的绝对定位方法并阐述其原理。
3. 描述基于漏泄波导车—地通信的原理及特点。
4. 描述扩频通信的理论依据及特点。
5. 简要描述 TD-LTE 技术进行车—地通信的优点。

模块 2

城市轨道交通列车运行
自动控制系统认知

# 项目 4 城市轨道交通列车运行自动控制系统工作原理认知

### 知识目标

（1）掌握 ATP 子系统的组成及各部分的作用。
（1）掌握 ATP 子系统的工作原理。
（3）熟悉 ATP 子系统的功能及各个组成部分之间的关系。
（4）掌握 ATO 子系统的组成及各部分的作用。
（5）掌握 ATO 子系统的工作原理。
（6）熟悉 ATO 子系统的功能。
（7）掌握 ATS 子系统的组成及各部分的作用。
（8）掌握 ATS 子系统的工作原理。
（9）熟悉 ATS 子系统的功能。

### 能力目标

（1）识别不同类型的 ATP 子系统的特点及组成机构的差异。
（2）能够画出车门、站台屏蔽门控制的原理图。
（3）能够画出 ATO 子系统实现列车运行自动控制的原理框图。
（4）能够明确列车运行自动控制系统的 3A 子系统之间的关系。

### 重点难点

（1）ATP 子系统的工作原理。
（2）ATO 子系统的工作原理。
（3）ATS 子系统的工作原理。

### 案例引入

**案例叙述：**

2019 年 3 月 4 日上午 7 时许，米兰一列绿线地铁列车行至洛雷托地铁站附近，由于驾驶员的疏忽造成列车严重超过列车运行的允许速度限制，列车运行自动控制系统启动了安全机制，使得列车紧急制动停在地铁线路中，但造成了部分乘客的轻伤，事故发生后医护人员对现场轻伤人员做了简单的处置并送往医院，此次事故造成了线路的短暂停运。

**案例分析:**

此次事故的原因是列车司机和调度员并未对线路中运行的列车情况进行严密的监督,并未注意到列车的运行速度已经超过线路的最大允许速度,但是由于列车运行控制系统的存在,使其 ATP 子系统安全机制被触发,对线路中超速列车实施了紧急制动,避免了出轨、列车追尾等重大交通事故的发生。虽由于紧急制动的触发造成部分乘客的轻伤以及线路的短暂停运,但并未引发其他的重大灾难,可见列车运行自动控制系统在城市轨道交通安全防护中的重要作用。

## 工作任务 1　ATP 子系统工作原理

### 技能训练

《ATP 子系统工作原理》训练工单

| 学习项目 | 城市轨道交通列车运行自动控制系统工作原理认知 | | 姓名 | | 班级 | |
|---|---|---|---|---|---|---|
| 任务名称 | ATP 子系统工作原理 | | 学号 | | 组别 | |
| 任务目标 | 1. 能够明确说明 ATP 子系统的含义及在列车运行控制系统中的地位;<br>2. 能够描述不同类型的 ATP 子系统的组成及各部分的作用;<br>3. 能够描述 ATP 子系统实现列车定位、列车速度限制等的原理;<br>4. 通过微课自主学习,能够说明 ATP 子系统在列车运行控制系统中的功能;<br>5. 自主查询资料,找出 ATP 子系统中各组成部分间的关系 ||||||
| 任务描述 | 学生以小组为单位,通过查阅相关资料及实地调研,完成下列任务:<br>1. 结合实验室列控系统设备指认 ATP 子系统的组成及各部分的作用;<br>2. 分别描述 ATP 子系统核心作用的实现原理;<br>3. 通过微课总结 ATP 子系统的功能;<br>4. 以小组为单位查询资料,探讨 ATP 子系统中各组成部分间的关系 ||||||
| 任务要求 | 1. 场地要求:列车运行控制系统实训室;<br>2. 设备要求:无;<br>3. 工具要求:无 ||||||
| 课前任务 | 请根据教师下发的视频资源,探索 ATP 子系统的定义及在列控系统中的作用,并在课程平台讨论区中讨论 ||||||
| 课中训练 | 1. 通过查阅相关资料,总结 ATP 子系统的组成并能够在实验室列控系统设备中指认出各个组成部分位置,将各个组成部分在列控系统中的作用填入表 4-1-1 中。<br><br>表 4-1-1　ATP 子系统组成<br><br>| 系统 | 分类 | 组成 | 作用 |<br>|---|---|---|---|<br>| ATP 子系统 | | | |<br>| | | | |<br>| | | | |<br>| | | | | ||||||

续表

| | | | |
|---|---|---|---|
| ATP 子系统 | | | |
| | | | |
| | | | |
| | | | |
| | | | |
| | | | |

2. 请学生以小组为单位观看 ATP 子系统原理微课，总结 ATP 子系统核心作用的实现原理，并进行 PPT 汇报展示成果。

3. 请学生仔细观看 ATP 子系统功能微课，总结 ATP 子系统的功能，并将详细内容填入表 4-1-2 中。

表 4-1-2　ATP 子系统功能

| 功能 | 包含内容 | 详细描述 |
|---|---|---|
| | | |
| | | |
| | | |
| | | |
| | | |
| | | |
| | | |
| | | |
| | | |
| | | |
| | | |
| | | |
| | | |

4. 以小组为单位探讨 ATP 子系统中各组成部分间的关系，并进行 PPT 汇报展示

| 任务总结 | 对项目完成情况进行归纳、总结、提升： |
|---|---|
| 课后任务 | 思考列车运行控制系统中 ATP 与联锁系统间的关系，并在课程平台讨论区中讨论 |

### 理论要点

列车运行控制系统（ATC）是城市轨道交通列车运行自动控制系统中最重要的组成部分，由列车自动防护（Automatic Train Protection，ATP）、列车自动驾驶（Automatic Train

Operation，ATO）和列车自动监控（Automatic Train Supervision，ATS）三个子系统组成，简称为"3A"子系统。各子系统之间相互支持，实现对列车的控制，保障列车行驶的安全和运输效率的提高。

## 1.1　ATP 子系统的基本概念

ATP 子系统是对列车运行进行超速防护，对与安全有关的设备实行监控，实现列车位置检测，保证列车间的安全间隔，保证列车在安全速度下运行，完成信号显示、故障报警、降级提示、列车参数和线路参数的输入，与 ATS、ATO 及车辆系统接口进行信息交换。

ATP 子系统不断将来自联锁设备和操作层面上的信息线路信息、前方目标点的距离和允许速度信息等从地面通过轨道电路或无线传输通道传至车上，从而由车载设备计算得到当前所允许的速度或由行车指挥中心计算出目标速度并传至车上，由车载设备测得实际运行速度，依此来对列车速度实行监督，使之始终在安全速度下运行。ATP 是 ATC 的安全系统，必须符合故障—安全的原则。

## 1.2　ATP 子系统组成

ATC 子系统中若采用轨道电路进行 ATP 信息传送时，ATP 子系统由设于控制站的轨旁单元、设于线路上各轨道电路分界点的调谐单元和车载 ATP 设备及其与 ATS、ATO、联锁设备的接口设备组成。

连续式 ATP 系统利用数字音频轨道电路，向列车连续地发送数据，允许连续监督和控制列车运行。对于这样的 ATP 系统而言，它通过轨道电路的状态来反映列车的占用情况及信息传输，在轨旁无须其他传输设备。当轨道电路区段空闲时，发送轨道电路检测电码；列车占用时，向轨道电路发送 ATP 信息。轨道旁的轨道电路连接箱内（发送、接收端各一个）仅有电路调谐用的无源元件，包括轨道耦合单元及长环线。

车载 ATP 设备完成命令解码、速度探测、超速下的强制执行、特征显示、车门操作等任务。车载 ATP 设备由两套 ATP 模块（信号处理器和速度处理器）、两个速度传感器和两个接收天线、车辆接口、驾驶室内的操作和控制单元等组成。车载 ATP 设备根据地面传来的数据（由 ATP 天线接收）与预先储存的列车数据计算出列车实时最大允许速度，将此速度与来自速度传感器测得的列车实际运行速度相比较，超过允许速度时，报警后启动制动器。

借助于司机控制单元，司机可以按照 ATP 子系统的指示运行。司机控制单元包括司机显示、司机外部接口两个子功能。司机显示功能向司机显示实际速度、最大允许速度、目标距离、目标速度。ATP 设备的运行状态，以及列车运行时产生的重要故障信息，在某些情况伴有音响警报；司机外部接口包括释放驾驶室的设备允许按钮、车门释放按钮及确认按钮。

采用轨间电缆传送 ATP 信息时，系统主要由控制中心设备、轨间传输电缆及车载设备组成。控制中心通过中继器与轨间电缆环路相连。控制中心存储的各种地面信息和联锁装置的有关信息不断地经由轨间电缆传至列车，实现速度控制。

采用无线通信传送 ATP 信息时，系统主要包括：区域控制器、车载控制器和数据通信系统等。由车载计算机计算出目标速度，对列车进行监控。

## 1.3 ATP 子系统原理

ATP 子系统和联锁系统一起负责列车的运行安全。ATP 子系统主要用于对列车驾驶进行防护，对与安全有关的设备或系统进行监控，车载速度显示成为列车运行的凭证，实现列车间隔保护、超速防护等功能。

### 1.3.1 列车定位

定位的任务就是确定列车在路网中的地理位置。通常 ATP 子系统都是利用查询应答器及测速发电机和雷达完成列车定位的。安装在线路上某些位置的应答器用于列车物理位置的检测，每个应答器发送一个包括识别编号（ID）的应答器报文，由列车接收。在 ATP 车载计算机单元的线路数据库里存有应答器的位置，这样列车就知道它在线路上的确切位置。由测速发电机和雷达执行列车位移的测量。列车定位的误差来自应答器检测精度、应答器安装精度和位移测量精度。

列车定位的流程如下：

（1）车载 ATP 启动时，列车未定位，但是车载计算机单元的线路数据库记录有应答器的位置。

（2）一旦列车连续地经过两个应答器，就初始化它的位置参数，这样列车"已定位"。第一个应答器初始化应答器和查询器天线的位置，但是列车不知道自己在轨道上的运行方向；根据线路数据库里应答器的顺序，第二个应答器确定列车的运行方向。通过第二个应答器后，列车位置可由测速发电机和雷达测量。

（3）在两个应答器之间，已定位的列车位置参数得到更新，这都得益于测速发电机和雷达的连续位移测量。当经过另外一个应答器时，一列已定位的列车将调整它的位置参数以便得到更加精确的位置。

### 1.3.2 速度和距离测量

确定列车的速度和位置（距前方目标点的距离）是 ATP 车载设备的重要功能。列车的实际运行速度是实行速度控制的依据，速度测量的准确性直接影响到速度控制的效果。列车的位置直接关系到列车运行的安全，通过确定列车的实际位置，才能保证列车之间的运行间隔，以及能够在抵达障碍物或限制区之前停下或减速。列车速度和距离的精确测量是所有与速度有关的安全功能及列车定位的先决条件。不论列车的定位状态如何，利用传感器数据的安全组合，速度和距离都被连续地测量。这样一来，即使列车没有定位，列车的实际速度仍然可以被预先定义的速度级别检查和比较。

通常，测速发电机和测速雷达一起用于列车速度和距离的精确检测。测速发电机是一个经过广泛验证的单元，通过计算经车轮旋转在测速发电机里产生的脉冲来测量列车的速度和距离。雷达评估反射雷达波的多普勒效应并计算速度和距离值，不受列车的空转和滑行的影响。

为确保轮直径在规定的限值之内，每次维护服务后，必须输入轮直径。为补偿轮磨损和由于轮磨损而造成的维护服务间隔期内的轮直径的改变，使用一种雷达和应答器重新同步的复杂的方法。当列车经过应答器时，其正确的位置被识别。在这些应答器之间，雷达和轮轴脉冲传感器一起确定准确的列车速度和距离。两种测量传感器的连续结合得到了更加安全、可靠、精确的速度和距离值。

影响距离测量精度的主要因素有空转和打滑两个。空转是指在列车加速期间车轮失去与走行轨的黏着接触，导致测量的准确性受到不利影响。打滑在制动期间发生，车轮失去了与钢轨的接触使列车不能定位。使用不受车轮旋转影响的雷达系统可以保证 ATP 子系统得到准确的列车位置。

### 1.3.3 列车自动限速

连续式 ATP 系统利用数字音频轨道电路，向列车连续地发送数据，允许连续监督和控制列车运行。ATP 在轨旁无须其他传输设备。

ATP 轨旁单元从联锁和轨道空闲检测系统获得驾驶指令，形成计划数据后传输至 ATP 车载设备。驾驶指令主要包括目标坐标（目标速度和目标距离）、最大允许线路速度和线路坡度。ATP 车载设备通过此数据计算现有位置的列车允许速度。驾驶列车所需的数据经由司机室显示器指示给司机。

实际的列车速度和驶过的距离由测速装置连续进行测量。

ATP 车载设备将列车实际速度与列车允许速度进行比较，当列车速度超过列车允许速度时，ATP 的车载设备就发出制动命令，发出报警后控制列车进行常用全制动或实施紧急制动，使列车自动地制动；当列车速度降至 ATP 所指示的速度以下时，便自动缓解。运行操作仍由司机完成。

ATP 不仅可用来保证列车之间的运行安全，还用于受曲线等线路条件、通过道岔、慢行区间等限制而需要限速的区段。因此限速等级是根据后续列车和先行列车之间的距离、线路条件等决定的。ATP 可对列车运行速度进行分级或连续监督。

### 1.3.4 目标速度和目标距离

ATP 轨旁设备向在其控制范围内的列车分配一个"目标距离"，再由轨道电路生成代码，通知列车前方有多少个未占用的区段，接着 ATP 车载设备调用存储器里的信息，决定在任何时刻列车的运行速度和可以运行的最远距离，确保在抵达障碍物或限制区之前安全停车。目标距离原理如图 4-1-1 所示。

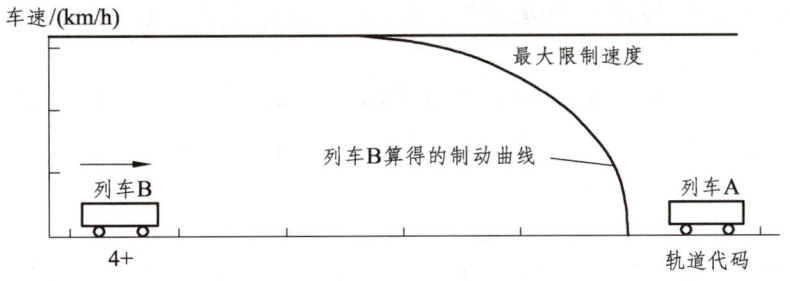

图 4-1-1 目标距离原理

图 4-1-1 中编码仅表示列车 B 前方未被占用的轨道电路的数目。列车 B 所在的区段标记为 4+，这代表在到达阻碍或限制区之前，前方 4 个空闲的轨道区段。列车 B 可获得其精确

的位置，这一信息与保存在 ATP 和 ATO 设备存储器中的线路图数据相结合起来，可推算出列车的最大安全距离或目标距离。这样，列车就能安全进入列车 A 所占用的轨道区段之后方的空闲轨道区段。

列车的实际行驶速度不断与计算出来的最高速度进行比较，如果实际车速超过最高速度，则自动启用紧急制动。

列车除了必须遵循通过轨道传来的指示目标距离的编码外，在线路的某些区域，由于某种特殊情况或临时性的原因，如轨道临时性作业等，还有一些速度限制要求。ATP 将充分考虑到各种限速条件，选择最严格的来执行。

### 1.3.5 常用制动和紧急制动

ATP 车载设备具有常用制动和紧急制动两级防护控制的能力。在常用制动失效后，可实行紧急制动。

常用制动是直接控制列车主管压力使机车制动与缓解，不影响原有列车制动系统的功能。它缩短了制动空走时间，大大减小了制动时的纵向冲击加速度，使列车运行更安全、舒适。

紧急制动是将压缩空气全部排入大气，使副风缸内压缩空气很快推动活塞，施行制动，使列车很快停下来。紧急制动时，列车冲击大，中途不能缓解，充风时间长，不能使列车安全平稳地运行。ATP 车载设备收到紧急停车命令后，将发送给影响区域内列车的数据信息中的"线路速度""目标速度"设置为零。一旦发出紧急制动指令时，中途不得缓解，直到停车。

紧急制动的实施可通过下列三种基本方式的任何一种来实现：

（1）在列车超速、后退、移动时车门打开等的情况下，直接由 ATP 功能提供防护。

（2）在故障情况下（例如在需要报文时，不能接收到报文），直接由 ATP 功能作为安全防护。

（3）由司机或牵引控制设备执行，不依靠 ATP 功能。

在危急情况下，控制中心按下紧急停车按钮或轨旁按下安装在站台两侧的紧急停车按钮即可启动紧急停车。

因为紧急制动可能会导致不能接受的距离误差，实施紧急制动后，ATP 车载设备不允许保持在 SM、ATO 或 AR 模式。随着紧急制动的取消，列车可以行驶，但其运行受到 RM 模式强制的限制，列车速度限制为 RM 速度。RM 模式继续到报文接收和距离同步再次得到满足时，一旦满足，即向 SM 模式转换。如果列车在车辆段运行并选择了 RM 模式，发生紧急制动时，ATP 功能不能监督运行的方向。

如果有 ATP 功能直接启动，但不能被缓解的紧急制动，这说明 ATP 车载设备出现了完全的故障。在这种情况下，必须通过使用故障开关来隔离故障设备。

### 1.3.6 车门控制

城市轨道交通车辆的车门可以自动开闭，也可由司机手动操纵，关键是要对安全条件进行严格的监督。对于反向运行的列车，由司机负责开、关车门，防止列车在站外打开车门，列车在站内时打开非站台侧的车门，车门打开时列车启动等情况发生。只有在 ATP 子系统检查所有安全条件均已满足时，给出一个信号，车门才能被打开。

运行中的列车在车门因故开启时，应立即紧急制动。通常在车辆没有停稳靠站时，ATP 不允许车门开启。当列车在车站的预定停车区域内停稳且停车点的误差在允许范围以内时，地面定位天线会收到车载定位天线发送的停稳信号，列车从 ATP 轨旁设备收到车门开启命令，ATP 才会允许车门操作，车载对位天线和地面对位天线才能很好地感应耦合并进行车门开关操作。这需要地面和车载 ATP 设备及车辆门控电路共同配合。

在列车停靠站台的精度已经偏离了 ±0.5 m（对于地下车站）或 ±1 m（对于高架车站或地面车站）的情况下，可以允许列车以小于 5 km/h 的速度移动，以满足精确停车点的要求。左右车门选择由车门开启命令来执行，此命令通过轨旁 ATP 系统获得。

列车停站时间结束（或人工终止），地面停站控制单元启动 ATP 轨旁设备，停发开门信号，关闭车门。车门关闭后，车载 ATP 才具备安全发车条件。

车站在检查了车门已关闭好以后才允许 ATP 子系统向列车发送运行速度命令信息，列车收到速度命令同时检查车门已关闭后，可按车载 ATP 收到的速度命令出发。

### 1.3.7 站台屏蔽门控制

在点式通信的情况下不能实现对屏蔽门的控制功能，因为这种情况下不存在车—地通信、ATP 轨旁设备与屏蔽门采用安全接点的物理接口。ATP 轨旁设备发送"屏蔽门开"命令或"屏蔽门关"命令到屏蔽门，同时 ATP 轨旁设备得到来自屏蔽门"关闭且锁闭"状态。ATP 轨旁设备连续监测屏蔽门的状态。只有在屏蔽门"关闭且锁闭"的情况下列车才允许进入站台区域。如果屏蔽门的状态不再为"关闭且锁闭"，则 ATP 轨旁设备将站台区域作为封锁区域来处理，在封锁区域的边界处设置防护点。因此，接近列车将从 ATP 轨旁设备得到仅至该防护点的移动许可。

如果此时列车已经进入了站台区域，屏蔽门的状态从"关闭且锁闭"发生了变化，ATP 车载设备将触发紧急制动。只有列车停在 ATP 停车窗规定的停车点，列车车门和屏蔽门才能打开。如果列车在需要的 ATP 停车窗停车，车载 ATP 将通过列车的一个安全输出切除列车牵引，并通过到列车的一个安全输出释放列车车门后，车载 ATP 通过报文给 ATP 轨旁设备一个安全的"屏蔽门释放"的信息。

ATO 或列车司机的操作（在驾驶室按压相关的按钮）产生一个"屏蔽门开"命令并由 ATO 车载设备发送到 ATP 轨旁设备。ATP 轨旁设备触发一个用于打开屏蔽门的安全输出。同时，列车车门将会由 ATO 自动打开或通过列车司机的操作打开。

如果列车要离开车站，ATO 车载计算机单元将会发送一个"屏蔽门关"命令到 ATP 轨旁设备，该命令由 ATO 自动产生或由列车司机的操作（在驾驶室按压相关的按钮）产生。使用该信息，ATP 轨旁设备触发一个用于关闭屏蔽门的安全输出。同时，列车车门将会被 ATO 自动关闭或被列车司机的操作关闭。

如果列车车门关闭，ATP 车载设备将通过报文给 ATP 轨旁设备一个"禁止屏蔽门释放"的安全信息，并通过到列车的一个安全输出关闭列车车门后，ATP 车载设备通过到列车的一个安全输出启动列车牵引。

如果 ATP 轨旁设备给 ATP 车载计算机单元的报文中屏蔽门状态为"关闭且锁闭"，列车就可以离开车站。

## 1.4 ATP 子系统各组成部分间的关系

### 1.4.1 轨旁 ATP 和车载 ATP 的关系

轨旁 ATP 与车载 ATP 之间的双向信息交换是列车移动闭塞运行原则构成的基础。

（1）如果列车已经被定位，并且列车和轨旁之间的通信通道已经建立，列车发送一个位置报告给轨旁 ATP。位置报告消息还包括附加的状态信息，如列车速度、列车构成和列车的驾驶模式。

（2）如果来自轨旁单元的移动授权距离缩短，并且车载 ATP 通过计算得出列车不需要紧急制动就可以停在新的防护点之前，列车就会发送停车保证信息。

（3）车载计算机单元的故障信息也是通过这个通信通道发送给轨旁 ATP 的。

（4）从轨旁到车载发送移动授权消息。轨旁 ATP 通过从联锁系统中得到的信号设备状态信息，以及从轨旁 ATP 列车追踪功能得到的状态信息，计算出列车的安全移动授权。

（5）附加的一般数据消息，包括道岔的位置状态、其他的防护点状态（如与屏蔽门或紧急停车按钮相关的紧急停车区域）。

（6）操作员或维护人员强制施加的速度限制信息包含在临时速度限制数据中。

（7）轨旁 ATP 和车载 ATP 之间的信息交换通过轨旁的 ATS 总线来实现。轨旁 ATP 和无线子系统都连接到此总线，然后该信息经无线传输通过空气间隙由相应的车载天线接收。

### 1.4.2 轨旁 ATP 与联锁系统的关系

（1）联锁系统与轨旁 ATP 之间交换的状态指示包括进路设定状态、道岔位置状态、车道空闲区段状态、屏蔽门状态及紧急按钮状态，所有这些信息都来自联锁系统并发送给车旁 ATP。

（2）停车保证信息用于在进路取消的情况下缩短进路的接近锁闭延迟。如果信号装备列车保证停止在目标信号机之前，则从该目标信号机开始的进路可以立即被解锁。

（3）通过 ATC 总线，轨旁 ATP 和联锁之间进行信息交换。

### 1.4.3 轨旁 ATP 与控制中心 ATS 的关系

（1）轨旁 ATP 从 ATS 接收操作命令并给 ATS 提供状态信息和故障信息。ATS 子系统和列车之间的逻辑关系是通过轨旁 ATP 子系统控制列车来实现的。

（2）轨旁 ATP 向 ATS 提供如下信息：临时速度限制的状态指示、来自列车的状态指示及来自轨旁 ATP 和车载计算机单元的故障信息。

（3）ATS 向轨旁 ATP 发送如下控制信息：临时速度限制的设置和取消、发送给列车的立即停车命令及发送给车载 ATO 的列车调整命令。

（4）通过 ATS 总线，轨旁 ATP 和 ATS 之间进行信息交换。

### 1.4.4 轨旁 ATP 与相邻 ATP 的关系

相邻轨旁 ATP 单元之间交换信息，这样移动授权信息就可以越过轨旁 ATP 的边界。

（1）如果轨旁 ATP 检测到列车的实际移动授权已经到达边界，那么将会发送一个移动授权请求消息到相邻的轨旁 ATP。

（2）相邻的轨旁 ATP 发送移动授权确认消息作为应答，这样就会在相邻的 ATP 区域传递另外的移动授权。

（3）轨旁 ATP 之间交换列车追踪信息，以确保在相邻轨旁 ATP 边界处列车追踪的安全。

（4）通过 ATC 总线，相邻轨旁 ATP 之间进行信息交换。

### 1.4.5 车载 ATP 与车载 ATO 的关系

车载 ATP 和车载 ATO 之间存在一个双向的接口用于在运行期间连续的数据交换。

（1）车载 ATP 从轨旁 ATP 获得移动授权并对限制最严的速度曲线进行监督。这些信息也会传送到 ATO，因为列车需要由 ATO 在 ATP 的监督下驾驶。

（2）车载 ATP 包括了应答器通道，并且传送应答器信息到 ATO。

（3）车载 ATP 同时传送一些状态信息（如 ATP 运行模式、车门释放）来协调 ATO 与车载 ATP 之间的操作。

（4）ATO 传送一些状态信息（如 ATO 生命指示）来协调车载 ATP 与 ATO 之间的操作。

（5）通过内部总线，车载 ATP 与 ATO 之间进行信息交换。

## 评价标准

《ATP 子系统工作原理》任务评价单

| 评价方式 | 评价内容 | 比例 | 得分 |
|---|---|---|---|
| 学生自评 | 按项目评价内容及标准进行评价 | 20% | |
| 组内互评 | 按项目评价内容及标准进行评价 | 20% | |
| 组间互评 | 按项目评价内容及标准进行评价 | 20% | |
| 教师评价 | 按项目评价内容及标准进行评价 | 40% | |
| 任务得分 | | | |

《ATP 子系统工作原理》任务评价内容及标准

| 序号 | 评价项目 | 评价内容 | 评价标准 | 分值 | 得分 |
|---|---|---|---|---|---|
| 1 | 任务完成情况 | ATP 子系统组成 | 能否准确写出 ATP 子系统的类型；能否准确在列控设备上指认出 ATP 子系统不同组成部分的位置；能否准确写出不同 ATP 子系统组成及各个组成部分的作用，根据实际情况酌情打分 | 20 分 | |
| | | ATP 子系统原理 | 查询资料是否认真，能否依据自主查阅的资料及微课内容完整地写出 ATP 子系统的原理；ATP 子系统不同的原理实现过程是否正确；分组汇报时对主要内容的表述是否完整、准确，根据实际情况酌情打分 | 20 分 | |

续表

| | | | | 20分 | |
|---|---|---|---|---|---|
| 1 | 任务完成情况 | ATP子系统功能 | 能否准确写出ATP子系统的所有功能；能否准确描述不同ATP子系统功能的实现过程，根据实际情况酌情打分 | 20分 | |
| | | ATP子系统中各组成部分间的关系 | 查询资料是否认真；能否依据自主查阅的资料完整、正确地写出ATP子系统中不同组成部分间的关系 | 20分 | |
| 2 | 职业素养情况 | 资料搜集情况 | 资料搜集非常全面5分；资料搜集比较全面1~4分；资料搜集不全面酌情扣1~5分 | 5分 | |
| | | 语言表达情况 | 表达非常准确5分；表达比较准确1~4分；表达不准确酌情扣1~5分 | 5分 | |
| | | 工作态度情况 | 态度非常认真5分；态度较为认真2~4分；态度不认真、不积极酌情扣1~5分 | 5分 | |
| | | 团队分工情况 | 分工非常合理5分；分工比较合理1~4分；分工不合理酌情扣1~5分 | 5分 | |

# 工作任务2　ATO子系统工作原理

## 技能训练

《ATO子系统工作原理》训练工单

| 学习项目 | 城市轨道交通列车运行自动控制系统工作原理认知 | | 姓名 | | 班级 | |
|---|---|---|---|---|---|---|
| 任务名称 | ATO子系统工作原理 | | 学号 | | 组别 | |
| 任务目标 | 1. 能够明确说明ATO子系统的含义；<br>2. 能够描述的ATO子系统的组成及各部分的作用；<br>3. 能够描述ATO子系统在列车运行控制系统中核心作用的实现原理；<br>4. 通过微课自主学习并阐述ATO子系统在列车运行控制系统中的功能 | | | | | |
| 任务描述 | 学生以小组为单位，通过查阅相关资料及实地调研，完成下列任务：<br>1. 结合实验室列控系统设备指认ATO子系统的组成及各部分的作用；<br>2. 分别描述ATO子系统核心作用的实现原理；<br>3. 通过微课总结ATO子系统的功能 | | | | | |
| 任务要求 | 1. 场地要求：列车运行控制系统实训室；<br>2. 设备要求：无；<br>3. 工具要求：无 | | | | | |
| 课前任务 | 请根据教师下发的视频资源，探索ATO子系统的定义及在列控系统中的作用，并在课程平台讨论区中讨论 | | | | | |

续表

| | | | |
|---|---|---|---|
| 课中训练 | 1. 通过查阅相关资料，总结 ATO 子系统的组成并在实验室的列控系统设备中指认相应位置，将各个组成部分在列控系统中的作用填入表 4-2-1 中。<br>表 4-2-1　ATO 子系统组成<br><br>| 系统 | 组成 | | 作用 |<br>|---|---|---|---|<br>| ATO 子系统 | 车载设备 | | |<br>| | | | |<br>| | | | |<br>| | 轨旁设备 | | |<br>| | | | |<br><br>2. 请学生以小组为单位观看 ATO 子系统原理微课，总结 ATO 子系统核心作用的实现原理，并进行 PPT 汇报展示成果。<br>3. 请学生仔细观看 ATO 子系统功能微课并结合已有的资料，总结 ATO 子系统的功能，并将详细内容填入表 4-2-2 中。<br>表 4-2-2　ATO 子系统功能<br><br>| 功能 | 包含内容 | 详细描述 |<br>|---|---|---|<br>| 基本控制功能 | | |<br>| | | |<br>| | | |<br>| 服务功能包括 | | |<br>| | | |<br>| | | | | | |
| 任务总结 | 对项目完成情况进行归纳、总结、提升： | | |
| 课后任务 | 思考列车运行控制系统中 ATO 与 ATP 的关系，并在课程平台讨论区中讨论 | | |

> 理论要点

## 2.1　ATO 子系统的基本概念

ATO 为非故障安全系统，其控制列车自动运行，主要目的是模拟司机的最佳驾驶，实现正常情况下高质量的自动驾驶，提高列车运行效率，提高列车运行的舒适度，节省能源。

ATP 子系统是城市轨道交通列车运行时必不可少的安全保障，是提高城市轨道交通列车运行水平（准点、平稳、节能）的技术措施。

ATO 子系统采用的基本功能模块与 ATP 子系统相同，也载有有关轨道布置和坡度的所有资料，以便能优化列车控制指令。ATO 还装有一个双向的通信系统，使列车能够直接与车站内的 ATS 系统接口，保证实现最佳的运行图控制。

当列车处在自动驾驶模式下，ATO 车载运用牵引和制动控制，实现列车自动运行。

### 2.2 ATO 子系统组成

虽然各公司的 ATO 子系统结构不尽相同，但 ATO 子系统的基本组成是共同的，即都由轨旁设备和车载设备组成。

ATO 轨旁设备通常兼用 ATP 轨旁设备，接收与列车自动运行有关的信息。ATO 车载设备由设在列车每一端司机室内的 ATO 控制器（包括司机控制台）及安装在列车每一端司机室车体下的两个 ATO 接收天线和两个 ATO 发送天线组成，还包括 ATO 附件，这些附件用于速度测量、定位和司机接口。ATO 车载设备通常和 ATP 车载设备安装在一个机架内。

ATO 具有一个双向通信系统，通过车载 ATO 天线和地面 ATO 环线允许列车直接与车站内的 ATS 连接，实现最佳的运营控制，完成 ATO 下列功能：程序停车、运行图和时刻表调整、轨旁/列车数据交换、目的地和进路控制等。

ATO 还具有定位停车系统，为列车提供精确的位置信息，包括车底部的标志线圈和对位天线，以及每个车站 ATC 设备室内的车站停车模块和沿每个站台设置的一组地面标志线圈。

ATO 不考虑故障—安全功能，因此，ATO 车载单元是非故障安全的一—配置。ATC 显示单元不要求是故障—安全的，因而 ATC 显示单元采用基于商用的计算机硬件。ATO 向列车广播设备及车内信息显示牌提供报站信息（即目的地号、下一车站号）。ATO 车载通信系统在所有模式中处于活动状态，向轨旁设备传输信息。ATO 车辆报告系统在自动模式中处于活动状态，提供车站标识和车站停车状态信息。

### 2.3 ATO 子系统原理

#### 2.3.1 自动驾驶控制原理

通常轨旁 ATO 没有其本身的物理设备，通过连续式通信，其功能由 ATS、ATP、联锁和车载 ATO 设备共同完成。自动驾驶模式是装备有 ATO 车载设备的列车的常用驾驶模式。

车载 ATO 根据从车载 ATP 传来的数据，包括从 ATP 轨旁单元传来的 ATP 运行命令（移动授权、防护点）、测速发电机和速度误差补偿（多普勒雷达或加速度计等）装置的数据（以决定实际速度）、位置识别和定位系统的信息（应答器或接近传感器信息）及列车长度等运行参数，自动输出控制命令，控制车辆的牵引和制动系统。

同时，列车自动驾驶还受到 ATS 系统根据运行时刻表和行车人员发往轨旁 ATP/ATO 设备的运行命令（如发车命令、下一车站的计划到达时间）做出的列车自动调整（ATR）命令的控制。

由 ATO 子系统执行的自动驾驶过程是一个闭环反馈控制过程，其控制原理如图 4-2-1 所示，测速系统通过 ATP 将列车实际位置传输给 ATO，参考位置的输入来自定位系统（如应答器）提供的位置信息。因此，ATO 提供设定值的数据输出至牵引和制动系统。

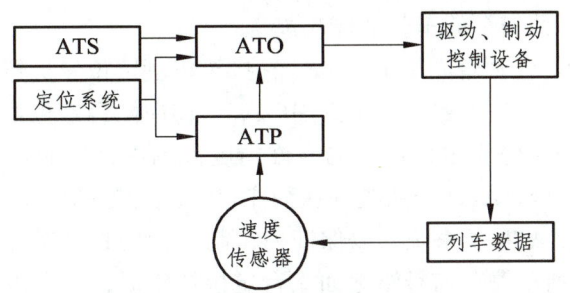

图 4-2-1  ATO 自动驾驶控制原理框图

通常在 ATO 自检成功通过并且 ATP 设备释放自动驾驶后，就可以采用 ATO 驾驶。

ATO 模式一般在下列条件下激活：ATP 选择在 SM 模式；停站时间已过（运行停车点已被释放）；从轨旁接收到移动授权；门已关闭；驾驶手柄在零位。

在自动启动 ATO 模式或由司机通过启动按钮启动 ATO 模式时，如果任何一个前提条件都不满足，启动将被取消。在 ATO 由启动按钮激活后，ATP 将 ATO 控制信号传输到牵引系统，列车加速直到计算出的速度曲线。

当列车达到期望的速度后，系统控制列车按照速度曲线运行。当达到制动触发点时，ATO 设备将自动控制常用制动使列车跟随制动曲线。当列车停在车站预定的停车区域后，ATO 自动打开车门。类似的过程也应用于驾驶通过限速区或线路上的其他停车点，在列车通过限速区或在停车点停车后，列车自动加速到计算出的速度曲线。

采用连续通信方式情况下，ATO 车载设备还将下列信息传输到轨旁设备，包括到 ATS 的列车数据（如驾驶模式、车次号、目的地码等），以及到 ATP 轨旁的站台屏蔽门的开关信息等。

### 2.3.2　车站精确停车的控制原理

车站停车点由 ATO 根据线路数据库进行控制。ATO 设备通过 ATP 与测速系统连接，直接获得位置信息；ATO 列车定位功能也在列车经过任一固定安装的定位设备（同步应答器）时，接收明确的位置信息以提高测量精度。ATO 制动列车使停车精度指标可以达到 ±0.3 m 或更小。精确停车将依靠车站区域安装的定位设备来实现。

### 2.3.3　车站程序停车

线路上的车站都有预先确定的停站时间间隔。控制中心 ATS 监督列车时刻表，计算需要的停车时间以保证列车正点到达下一个车站。由集中站 ATS 通过 ATO 环线传送给 ATO 车载设备。

控制中心能通过集中站 ATS 缩短或延长车站停站时间。如果控制中心离线，集中站 ATS 预设一个缺省的停站时间，该时间是可编辑的。

在控制中心要求下，列车可跳过某车站。这一跳停命令由控制中心通过集中站 ATS 传给列车。

### 2.3.4 车门控制

ATO 只有在自动模式下才执行车门开启。在手动模式，由司机进行车门操作（ATP 仍会提供一种安全的车门使能功能）。

动画 车门控制

当列车驶抵定位停车点，列车的定位天线（它接至车辆定位发送器和接收器）位于站台定位环线上方，环线置于线路中央，它连向站台定位发送器和接收器；也即只有当列车停于定位停车的允许精度范围内，车辆定位接收器收到站台定位发送器送来的列车停站信号，ATO 子系统确认列车已到达确定的定位区域，这时 ATO 子系统发出"列车停站"信号给 ATP 子系统，以保证列车制动。ATP 子系统检测到零速度，通过列车定位发送器发送 ATP 列车停车信号给地面站台定位接收器，站台接收器检测到此信号，将其译码，使地面"列车停站"继电器工作，此时车站轨道电路 ATP 发送器发送允许打开左车门（或右车门）的调制频率信号，车辆收到允许开车门信号，使相应的门控继电器工作，并提供相应的广播和允许开门的信号显示，这时司机按压与此信号显示相一致的门控按钮，才可以打开规定的车门。

有了车门打开信号以后，使车辆定位发送器改发打开屏蔽门信号，当站台定位接收器收到此信号，使打开屏蔽门继电器吸起，以使与列车车门相对的屏蔽门打开（包括屏蔽门的数量及位置）。

列车停站时间结束（或人工终止），地面停站控制单元启动车站 ATP 模块，轨道电路停发开门信号，车辆收不到开门信号，使门控继电器落下。司机按压关门按钮，关闭车门，与此同时，车辆停发打开屏蔽门信号，车站打开屏蔽门继电器落下。车站在检查了屏蔽门已关闭及锁闭好以后，才允许 ATP 子系统向轨道电路发送运行速度命令信息，车辆收到速度命令同时，检查了车门已关闭和锁闭、ATO 发车表示灯点亮，列车可按 ATP 车载收到的速度命令进行出发控制。

如果车门控制系统遇到在发出车门关闭请求后车门关闭被阻碍时，车门将会循环关闭。如果车辆在一定时间后还探测不到车门的关闭，告知车辆报告系统（VAS），同时产生一条关于关闭车门被阻止的报告。然后，车门在一定的时间延迟后被请求关闭。如果车门还是被检出没关闭，车门将会打开，一条关门受阻的报警送到轨旁设备。

### 评价标准

《ATO 子系统工作原理》任务评价单

| 评价方式 | 评价内容 | 比例 | 得分 |
| --- | --- | --- | --- |
| 学生自评 | 按项目评价内容及标准进行评价 | 20% | |
| 组内互评 | 按项目评价内容及标准进行评价 | 20% | |
| 组间互评 | 按项目评价内容及标准进行评价 | 20% | |
| 教师评价 | 按项目评价内容及标准进行评价 | 40% | |
| 任务得分 | | | |

《ATO 子系统工作原理》任务评价内容及标准

| 序号 | 评价项目 | 评价内容 | 评价标准 | 分值 | 得分 |
|---|---|---|---|---|---|
| 1 | 任务完成情况 | ATO 子系统组成 | 能否明确 ATO 与 ATP 子系统间安全性要求的区别；能否正确指认出 ATO 子系统各组成部分在列控系统中的位置；能否准确写出不同 ATO 子系统组成及各个组成部分的作用，根据实际情况酌情打分 | 20 分 | |
| | | ATO 子系统原理 | 查询资料是否认真，能否依据自主查阅的资料及微课内容完整地写出 ATO 子系统的原理；ATO 子系统不同的原理实现过程是否正确；分组汇报时对主要内容的表述是否完整、准确，根据实际情况酌情打分 | 30 分 | |
| | | ATO 子系统功能 | 能否准确写出 ATO 子系统的所有功能；能否准确描述不同 ATO 子系统功能的实现过程，根据实际情况酌情打分 | 30 分 | |
| 2 | 职业素养情况 | 资料搜集情况 | 资料搜集非常全面 5 分；资料搜集比较全面 1~4 分；资料搜集不全面酌情扣 1~5 分 | 5 分 | |
| | | 语言表达情况 | 表达非常准确 5 分；表达比较准确 1~4 分；表达不准确酌情扣 1~5 分 | 5 分 | |
| | | 工作态度情况 | 态度非常认真 5 分；态度较为认真 2~4 分；态度不认真、不积极酌情扣 1~5 分 | 5 分 | |
| | | 团队分工情况 | 分工非常合理 5 分；分工比较合理 1~4 分；分工不合理酌情扣 1~5 分 | 5 分 | |

# 工作任务 3　ATS 子系统工作原理

## 技能训练

《ATS 子系统工作原理》训练工单

| 学习项目 | 城市轨道交通列车运行自动控制系统工作原理认知 | 姓名 | | 班级 | |
|---|---|---|---|---|---|
| 任务名称 | ATS 子系统工作原理 | 学号 | | 组别 | |
| 任务目标 | 1. 能够明确说明 ATS 子系统的含义及列控系统对其安全性的要求；<br>2. 能够描述不同类型的 ATS 子系统的组成及各部分的作用；<br>3. 能够描述 ATS 子系统的原理；<br>4. 通过微课及自主查询的资料，能够说明 ATS 子系统在列车运行控制系统中的功能 | | | | |

续表

| | |
|---|---|
| 任务描述 | 学生以小组为单位,通过查阅相关资料及实地调研,完成下列任务:<br>1. 结合实验室列控系统设备指认 ATS 子系统的组成及各部分的作用;<br>2. 分别描述 ATS 子系统核心作用的实现原理;<br>3. 通过微课总结 ATS 子系统的功能 |
| 任务要求 | 1. 场地要求:列车运行控制系统实训室;<br>2. 设备要求:无;<br>3. 工具要求:无 |
| 课前任务 | 请根据教师下发的视频资源,探索 ATS 子系统的定义及在列控系统中的作用,并在课程平台讨论区中讨论 |
| 课中训练 | 1. 通过查阅相关资料,总结 ATS 子系统的组成并能够在实验室列控系统设备中指认出各个组成部分位置,以及各个组成部分在列控系统中的作用,填入表 4-3-1 中。<br><br>表 4-3-1　ATS 子系统组成<br><br>2. 请学生以小组为单位观看 ATS 子系统原理微课,总结 ATS 子系统核心作用的实现原理,并进行 PPT 汇报展示成果。<br>3. 请学生仔细观看 ATS 子系统功能微课,总结 ATS 子系统的功能,并将详细内容填入表 4-3-2 中,并进行 PPT 汇报展示。<br><br>表 4-3-2　ATS 子系统功能 |

表 4-3-1　ATS 子系统组成

| ATS 子系统 | 组成 | 作用 |
|---|---|---|
| | 控制中心设备 | |
| | | |
| | | |
| | | |
| | | |
| | 车站设备 | |
| | | |
| | 车辆段设备 | |

表 4-3-2　ATS 子系统功能

| 序号 | 功能 | 详细描述 |
|---|---|---|
| 1 | | |
| 2 | | |
| 3 | | |
| 4 | | |
| 5 | | |
| 6 | | |
| 7 | | |
| 8 | | |
| 9 | | |
| 10 | | |
| 11 | | |
| 12 | | |

续表

| 任务总结 | 对项目完成情况进行归纳、总结、提升： |
|---|---|
| 课后任务 | 思考列车运行控制系统中 ATS、ATP、ATO 三者之间的关系，并在课程平台讨论区中讨论 |

## 理论要点

### 3.1 ATS 子系统的基本概念

列车自动监控 ATS 子系统是列车运行的控制、监督设备。ATS 主要完成列车的调度和跟踪，运行时刻表调整、控制和监督，列车进路的控制和表示，系统状况、报警信息的显示和记录，统计汇编、系统仿真和诊断。基于计算机网络的 ATS 子系统，由控制中心的 ATS 设备（CATS），联锁集中站 ATS 设备（LATS）和车载 ATS 组成。

### 3.2 ATS 子系统组成

ATS 子系统由控制中心设备、车站设备、车辆段设备三大部分组成。

#### 3.2.1 控制中心设备

控制中心设备是 ATS 子系统的控制主机，是 ATC 的核心。其作用主要是进行数据的处理，用于状态表示、运行控制、运行调整、车次追踪、时刻表编制及运行图绘制、运行报告、调度员培训、与其他系统的接口。其设备组成如图 4-3-1 所示。

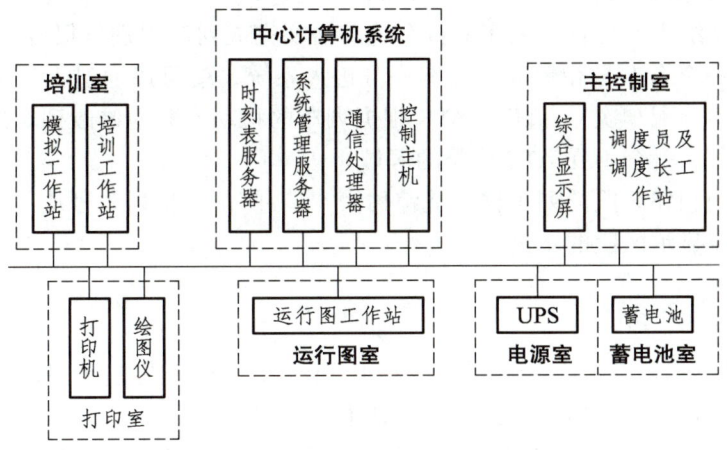

图 4-3-1 ATS 控制中心设备

（1）控制主机。其作用主要是进行数据的处理。
（2）综合显示屏。其作用是监视正线列车的运行情况和监视系统设备的状态。

（3）调度员及调度长工作站。其负责行车调度指挥，是实际操作的平台，调度员在控制中心监视和控制联锁设备及行车状态，工作站显示计划运行图和实际运行图。

（4）运行图工作站。其负责运行计划的编制和修改，通过人机对话可以实现对运行时刻表的编辑、修改及管理。

（5）培训与模拟工作站。其是列车运行的仿真软件。该工作站与调度员工作站显示相同，有相同的控制功能，可仿真列车运行和异常，但不参与实际列车的控制，它用来进行实习调度员的模拟操作培训，以培养其系统控制能力。

### 3.2.2 车站设备

车站有集中联锁站和非集中联锁站的区别。集中联锁站设有 1 台 ATS 分机，连接 ATS 与 ATP 地面设备和 ATO 地面设备，采集车站设备信息传送控制命令，与 ATS 系统联系。非集中联锁站不设 ATS 分机，它的 PTI、PIS 和 TDT 均通过集中联锁站的 ATS 分机和 ATS 子系统联系，道岔和信号机由集中联锁站计算机控制。

### 3.2.3 车辆段设备

车辆段的 ATS 分机，用于采集车辆段内存车库线的列车占用及进/出车辆段的列车信号机的状态，在控制中心显示屏上给出以上信息的显示，以便控制中心及车辆段值班员及车辆管理人员了解段内停车库线列车的车次及车组运用情况，正确控制列车出段。

车辆段派班室和信号楼控制台室各设 1 台终端，与车辆段 ATS 分机相连，根据来自控制中心的实际时刻表建立车辆段作业计划。

## 3.3 ATS 子系统原理

### 3.3.1 列车监视和追踪

列车监视和追踪是控制中心 ATS 子系统的功能，其任务是监视受控区域内移动的列车，确定每列列车在系统中的位置。列车监视和追踪需要完成列车识别号报告、跟踪。

每列列车与一个车次号相关联。列车一旦进入系统，就可以通过人工分配车次号或通过车次号读取器自动分配车次号；随后 ATS 根据列车的移动不断地修改列车的位置数据，直到列车离开系统或进入一个不受 ATS 监督的区域。

从一个区段到相邻区段的列车移动追踪称为"步进"，它是列车号从一个显示区段到下一个与列车移动相应显示区段的步进。

### 3.3.2 自动排列进路

通过列车进路系统实现了进路的自动排列，这可以节约调度员大量的操作工作量。其功能就是将进路排列指令及时地输出到联锁设备中去。

调度员可在任何时候绕过列车进路系统，用手动方式办理进路。列车进路系统则在可用性检查中检测这一行动。列车进路系统可由调度员关闭，这一点是必要的，因在当调度员人工办理进路时，要避免列车进路系统发出命令的危险。列车进路系统可以为某些信号机、列车或联锁关闭。

只有正常方向才考虑自动选路，反方向要受到控制中心调度员的人为干预。

进路的自动排列原理如下：

### 1. 运行触发点

动画　自动排列进路

列车进路系统只是在列车到达某一特定地点时才被启动，该特定地点称为运行触发点。运行触发点的位置必须进行配置。运行触发点的选择应能使列车以最高线路允许速度运行，但其又不能发生得太早，否则其他列车可能会遇到不必要的阻碍。为此，可以确定一个延时时间来决定输出列车进路指令的时间，该时间称为接通时间，由最长指令输出时间、联锁最长设定时间、列车到达接近信号机之前司机看到和做出反应的时间、预留的时间等来决定。

在驶近列车进路始端时，可以确定多个运行触发点，这样就可以保证列车进路系统的可靠工作，即使在出现问题而未发送出列车位置的情况下也能保证其可靠性。对于每一条进路，应在其他始端的前方配置一个附加的、称为重新建立的运行触发点。

对每个运行触发点，要对启动列车进路系统的目的地编码予以配置。列车进路由列车初始位置和列车的终到（目的）编码来确定。终到编码必须含在列车识别号中。列车位置、列车号是通过列车追踪系统报告给列车进路系统的，它决定了所要求的目的地。

### 2. 确定进路

当到达触发点的列车请求进路时，已配置的数据就确定了进路。为此，为每个带有效目的地码的触发点配置一条进路。

对于每一条进路，还可以配置出替代进路。替代进路是必要的，如果该进路已被其他列车占用，那么就可以把替代进路按优先顺序存储到运行触发点处。进路可由两种方法予以确定，第一种为进路由时刻表来确定，前提条件是必须有一个时刻表系统，能提供当天适应于每一列列车的时刻表，列车进路系统利用这些信息确定列车的进路命令，相关的替代进路也被确定；第二种为从地点相关的控制数据中来确定进路，为此必须要在车次号中包含目的地码，然后相应的进路就可以通过目的地码的方式指派到每一个运行触发点。

### 3. 进路的可行性检查

在进路设定指令输出到联锁设备之前，需进行若干可行性检查，该检查将决定执行或拒绝命令。首先要进行进路始端检查，以检查没有排列敌对进路；然后进行触发区段检查，检查没有其他列车处于该列车和进路入口之间，确认该列车是否到达进路的始端；最后要进行进路可用性检查，目的是防止将不能执行的命令发送到联锁设备。这种检查要经过若干步骤来实施：第一步，检查自始端开始的进路是否已排好；第二步，检查进路的自动办理是否可能；第三步，检查是否有短期障碍（如轨道被占用等）。如果所有检查都成功完成，则给联锁设备输出一个进路命令。

在规定的时间间隔之后进行办理进路检查，以查明联锁设备是否允许执行选择进路的命令，确定已办理好进路与输出命令相符。列车自动排路功能不取消进路。

### 3.3.3 时刻表系统

时刻表系统要完成：时刻表数据管理、向其他 ATS 功能模块提供时刻表数据、向外部系统提供时刻表数据、为停站时间时刻表在线装载设置界面、为时刻表的离线修改设置界面、为使用中的时刻表增加或删除一个列车行程设置界面、按自动列车追踪请求安排列车识别号。

ATS 设备包括时刻表数据库，该时刻表数据库里存储有 ATS 功能要求的所有时刻表信息。时刻表数据库里的信息是由时刻表计算机提供的。

### 1. 时刻表编辑

时刻表的编制和修改是指在离线模式下用给定的数据在时刻表编辑器中编辑。基本数据代表一列列车在某段线路上的运行，包括站间旅行时间、车站与折返线之间的旅行时间、在折返线上的停留时间。

时刻表包括到站和离站时间。为了编制时刻表，调度员必须通过时刻表编辑界面输入以下数据：运行始发时间、运行始发地点、运行终到站、每一运行间隔阶段的开始时间和终止时间、每一运行间隔阶段（是一个时间段，在当日对所有列车有效）的运行间隔。

调度员通过时刻表编辑界面输入必要的信息后，时刻表编译器/模拟器从该信息中计算出所需时刻表。如果新的时刻表存在冲突就会被显示，调度员可以调整时刻表的结果。如果调度员存储时刻表，时刻表就被确定。不同类型的运行阶段可存储不同的时刻表。

系统时刻表中列车运行图或列车运行档案通过列车运行图表示器显示出来。

### 2. 时刻表系统处理程序

手动选择当天运行的时刻表，这样的时刻表只在当天运行有效。

时刻表查询功能是指通过向时刻表系统查询，得到列车的计划到达或出发时间及到达下一站的时间。列车自动调整从时刻表系统得到用于列车调整的时刻表数据。

如果列车识别号在列车自动追踪时丢失，则向时刻表系统询问列车识别号，时刻表系统能给一个列车识别号建议。

### 3. 时刻表比较器

时刻表比较器比较时刻表上预定的到达或出发时间和当前列车的到达和出发时间，为列车运行图表示器和自动列车跟踪提供列车与当前时刻表的偏差，启动列车自动调整列车。若时刻表偏差超过一规定值，时刻表偏差通过 MMI（人机接口）给以显示，时刻表比较器进而给列车自动调整指令以调整列车的运行，其目标是补偿列车的实际偏差。此时，更新在乘客信息显示屏上的列车到达时间。

### 3.3.4 列车自动调整

由于许多随机因素的干扰，列车运行难免偏离基本运行图，尤其是在列车运行密度高的城市。一辆列车晚点往往会波及许多其他列车。当出现车辆故障或其他情况时，列车运行紊乱程度更加严重，就需要从整体上大范围地调整已紊乱的运行秩序，尽快恢复运行。人工调整很难尽善尽美，采用自动调整方法，可以充分发挥计算机的优势，能比较及时并全面地选出优化的调整方案，使列车运行调整措施更智能化，避免人工调整的随意性。同时，调度员也可以积极发挥主观能动性，尽一切可能主动干预列车运行调整。

#### 1. 列车运行调整所需采集的数据

调整列车运行，首先必须实现对列车运行情况及轨道、道岔、信号等设备状况的集中监督。基本数据包括车站的顺序和种类、站间旅行时间、各站的停站时间、车站与折返线之间的旅行时间、在折返线上的停留时间和计划时刻表数据等。

实时数据包括调度员下达的控制指令、在线运行列车的实时位置和速度、在线运行列车的限制速度和安全距离。

### 2. 列车运行调整的目标

（1）减少列车实际运行图与计划运行图的偏差。
（2）所有列车的总延迟最短。
（3）减少旅客平均等待时间。
（4）列车运行调整的时间尽量短。
（5）实施运行调整的范围尽量小。
（6）使整个系统尽快恢复正常运营。

### 3. 列车运行调整的系统模式

列车运行调整的系统模式是指系统调整列车运行的自动化程度，可分为人工调整和自动调整两种类型。

人工调整方式下，除具有自动排列进路、自动的时刻表和车次号管理功能外，还具有自动调度功能，即能根据时刻表和调度模式，按时自动调度列车从端站出发，但运行调整仍需要人工进行。

自动调整除具有人工调整模式的全部功能外，还具有自动调整功能，能根据计划时刻表自动调整列车停站时间和运行等级，使列车尽量恢复正点运行。

调度员应具有通过策略选择程序引用正确策略的能力。对于计算机显示的可应用方案和实施选择方案，什么样的修正动作是最适宜的，调度员应能做出最佳判断，选择最适宜的方案。

### 4. 列车运行调整的基本方法

对列车运行进行调整，实质上是对列车运行图的重新规划，它是在 ATS 对列车运行和道岔、信号设备能实时控制的基础上实现的。当列车偏离计划运行图的程度不大时，可以利用运行图自身的冗余时间，对个别列车进行调整即可恢复按图运行；当列车运行紊乱程度较严重时，则需要大幅度调整列车运行。

#### 1）改变车站停车时间

通过车站 ATS 实时发送命令，控制站内列车的停站时间。若列车晚点，可使列车提前出发（但也必须受车站最小停站时间的约束）；若列车早点，则可延长列车停站时间。这种方法可以在一定范围内调整列车正点运行。

#### 2）改变站间运行时间

根据列车的速度和位置，可以预测列车到达下一站的到站时间。如果预测的到站时间晚于计划到站时间，可以向列车的 ATO 设备发送命令，提高 ATO 运行等级，缩短站间运行时间，从而及时消除可能出现的晚点。

3）越站行驶（跳停）

如果列车晚点太多，需要快速赶点，可要求列车直接通过下一个车站或多个车站，以尽快恢复到计划时刻表的安排。

4）改变进路设置

在有道岔的车站，可通过改变进路的设置来改变列车运行的先后顺序，从而达到调整的目的。

5）修改计划时刻表

当列车晚点时间比较多或涉及晚点的列车比较多时，可以考虑直接修改计划时刻表，尽可能地减小对整个系统的影响，保证系统的有序运行。修改计划时刻表通常包括加车、减车和刻表整体偏移等。

6）等间隔调整

当列车运行较多偏移时，可以按相等的运行间隔进行调整。

### 3.3.5 控制和显示

当调度员通过键盘等输入命令时，列车控制和显示功能将驱动显示和报警监视器，提供运行状态和历史信息，还检查从现场返回的所有状态数据并按要求动态地更新显示和报警信息；允许调度员在授权的情况下，人工向系统输入命令，调用各种显示；处理所有调度员的输入及协调这些输入的执行。控制和显示功能不允许不能执行的自动控制请求。

ATS 主机服务器将处理所有送到调度员工作站的输入和来自该工作站的输出，接收从工作站发来的命令，包括登记、退出、显示、硬复制、跟踪、列车控制、自动运行调整、数据输入、诊断信息请求等。

对于重要的命令采用命令释放程序，如调度员的命令和确认，进路、保护区段、轨道区段、道岔和信号机的状态，列车位置，时刻表数据库中的每日时刻表，时刻表偏差，所有 ATS 功能的错误信息，记录功能中的运营信息和错误信息。

调度员可通过控制中心 ATS 控制联锁设备。借助于设备显示器上的对话框和鼠标来输入联锁指令，然后送到联锁设备中，可实现打开/关闭列车进路模式、打开/关闭联锁区域、指定联锁区域、对单一道岔操纵等操作。

车辆段内信号机由车辆段信号楼控制，出段信号机由 ATS 子系统自动控制。段内调车作业应能自动追踪，并能与 ATS 控制中心交换信息。

操作授权决定调度员可以使用哪些命令和可以访问哪些信息。调度员操作授权由系统管理员决定，并且通过登录过程完成。

线路的现状通过 MMI 以图形方式实时地向调度员显示。全线概况显示由 ATS 子系统控制，显示的信息包括列车的位置和进路状况、车站名和站台结构、保护区段、轨道区段、道岔和信号机的状态，以及所有 ATC 系统状态和工作的动态表示、ATC 报警信息。信息的类型与显示的详细程度可以由调度员的显示控制命令而控制。缩放功能允许从全景显示缩放到单个要素的显示。

MMI 可显示调度员对话框和基本视窗。所有的功能、线路的总体情况和详细情况都可以在基本视窗上进行选择。

以下功能可通过基本视窗进行选择：设备和系统的总体概况；对话，如用于系统登录/退出或调度员控制；信息功能，如操作日志或用户的登记。

系统概况显示出各种硬件设备及它们的状况，通过这种办法能很快查找出损坏的设备。

### 3.3.6 记　录

按顺序和类别存档从其他 ATS 功能得到的信息，例如操作信息和错误信息。能够通过 MMI 功能检查记录。记录序列存放在 MMI 工作站上，必要时能够回放。

收到的操作和错误信息时按事件和起因（联锁功能、ATS 功能、操作系统或联锁命令）分类。每个信息的文本和类别按时间顺序储存在操作记录上。

ATS 子系统的记录和回放功能允许 MMI 工作站记录显示在监视器上的事件。其只在控制中心的 3 个调度员工作站上有效，并在这些工作站记录 MMI 监视器显示的画面。

## 评价标准

《ATS 子系统工作原理》任务评价单

| 评价方式 | 评价内容 | 比例 | 得分 |
| --- | --- | --- | --- |
| 学生自评 | 按项目评价内容及标准进行评价 | 20% | |
| 组内互评 | 按项目评价内容及标准进行评价 | 20% | |
| 组间互评 | 按项目评价内容及标准进行评价 | 20% | |
| 教师评价 | 按项目评价内容及标准进行评价 | 40% | |
| 任务得分 | | | |

《ATS 子系统工作原理》任务评价内容及标准

| 序号 | 评价项目 | 评价内容 | 评价标准 | 分值 | 得分 |
| --- | --- | --- | --- | --- | --- |
| 1 | 任务完成情况 | ATS 子系统组成 | 能否准确在列控设备上指认出 ATS 不同组成部分的位置；能否准确写出不同 ATS 子系统组成及各个组成部分的作用，根据实际情况酌情打分 | 30 分 | |
| | | ATS 子系统原理 | 查询资料是否认真，能否依据自主查阅的资料及微课内容完整地写出 ATS 子系统的原理；ATS 子系统不同的原理实现过程是否正确；分组汇报时对主要内容的表述是否完整、准确，根据实际情况酌情打分 | 30 分 | |
| | | ATS 子系统功能 | 能否准确地写出 ATS 子系统的所有功能；能否准确描述不同 ATS 子系统功能的实现过程；分组汇报时对主要内容的表述是否完整、准确，根据实际情况酌情打分 | 20 分 | |

| | | | 续表 |
|---|---|---|---|---|
| 2 | 职业素养情况 | 资料搜集情况 | 资料搜集非常全面 5 分；资料搜集比较全面 1~4 分；资料搜集不全面酌情扣 1~5 分 | 5 分 | |
| | | 语言表达情况 | 表达非常准确 5 分；表达比较准确 1~4 分；表达不准确酌情扣 1~5 分 | 5 分 | |
| | | 工作态度情况 | 态度非常认真 5 分；态度较为认真 2~4 分；态度不认真、不积极酌情扣 1~5 分 | 5 分 | |
| | | 团队分工情况 | 分工非常合理 5 分；分工比较合理 1~4 分；分工不合理酌情扣 1~5 分 | 5 分 | |

## 学习小结

城市轨道交通列车运行控制系统是为实现列车监控、列车安全防护和列车运行性控制技术的功能所需的系统和设备构成的整体，它包括 ATP、ATO、ATS 3 个子系统，这 3 个子系统相互配合，完成对列车运行全过程或一部分作业实现自动控。可见这 3 个子系统在列控系统中的重要意义，因此要求城市轨道交通相关从业人员掌握 3A 子系统组成、原理及其之间的关系。

## 思考练习

1. 简要说明基于音频轨道电路的 ATP 子系统的组成及各组成部分的作用。
2. 介绍 ATP 子系统实现列车自动限速原理。
3. 描述 ATP 子系统实现列车车门开关控制的原理。
4. 简述 ATO 子系统的组成及各个组成部分的作用。
5. ATO 子系统实现列车到站精确定位停车的原理。
6. 简述控制中心 ATS 子系统的设备组成及各个组成部分的作用。
7. 详细描述 ATS 子系统实现列车自动排列进路的原理。

# 项目 5　基于轨道电路的列车运行控制系统维护

### 知识目标

（1）掌握基于轨道电路的列车运行控制系统组成。
（2）掌握基于轨道电路的列车运行控制系统控制方式。
（3）了解基于轨道电路的列车运行控制系统分类。
（4）掌握西门子 ATC 系统组成及原理。
（5）掌握 US&S 列车运行控制系统组成及原理。

### 能力目标

（1）能够描述不同类型的基于轨道电路的列车运行控制系统的区别。
（2）能够区分不同类型的基于轨道电路的列车运行控制系统框图。

### 重点难点

（1）基于轨道电路的列车运行控制系统认知。
（2）西门子 ATC 系统组成及原理。
（3）US&S 列车运行控制系统组成及原理。
（4）基于轨道电路的列车运行控制系统的维修方法。

### 案例引入

**案例叙述：**

当地时间 2009 年 6 月 22 日 17 点，华盛顿东北部两列地铁列车发生了相撞事故。南行的 214 次列车停在华盛顿东北部与马里兰州交界的地铁红线托腾堡地铁站附近，等候进站命令，同向的 112 次列车从其尾部撞向 214 次列车，112 次列车头部和 214 次列车尾部均遭到严重损毁。后行的 112 次列车的头部冲入了前行的 214 次列车尾部，214 次列车尾部车厢被严重挤压变形。此次事故是华盛顿地铁系统自运营以来非常严重的一起列车相撞事故。事故发生后，托腾堡站及塔科马站之间的红线运营服务暂停，新罕布夏大道关闭。此次相撞事故共造成 9 人死亡、52 人受伤，经济损失达 1 200 万美元。

**案例分析：**

此次事故主要原因是轨道电路模块及自动控制装置等信号系统设备存在故障，从而使 112 次列车自动控制装置未能检测到停驶的 214 次列车并继续高速运行，最终导致列车追尾相撞。由此可见，在城市轨道交通中基于轨道电路的列车运行控制系统具有十分重要的作用。

# 工作任务 1　TBTC 系统基础知识认知

**技能训练**

课件　TBTC 系统基础知识认知——概述

《TBTC 系统基础知识认知》训练工单

| 学习项目 | 基于轨道电路的列车运行控制系统的维护 | | 姓名 | | 班级 | |
|---|---|---|---|---|---|---|
| 任务名称 | TBTC 系统基础知识认知 | | 学号 | | 组别 | |
| 任务目标 | 1. 能够说明基于轨道电路的列车运行控制系统的组成；<br>2. 能够描述基于轨道电路的列车运行控制系统 ATS 子系统组成及功能。<br>2. 能够描述基于轨道电路的列车运行控制系统 ATP 子系统组成及功能 ||||||
| 任务描述 | 学生以小组为单位，通过查阅相关资料及实地调研，完成下列任务：<br>1. 介绍基于轨道电路的列车运行控制系统的组成；<br>2. 描述基于轨道电路的列车运行控制系统控制方式；<br>3. 以小组为单位总结列车自动监控子系统、列车自动防护子系统、列车自动驾驶子系统的组成及功能 ||||||
| 任务要求 | 1. 场地要求：列车运行控制系统实训室；<br>2. 设备要求：无；<br>3. 工具要求：无 ||||||
| 课前任务 | 请根据教师下发的视频资源，探索基于轨道电路的列车运行控制系统的组成，并在课程平台讨论区中讨论 ||||||
| 课中训练 | 1. 通过查阅相关资料，将基于轨道电路的列车运行控制系统认知情况记录在表 5-1-1 中。<br><br>表 5-1-1　基于轨道电路的列车运行控制系统认知记录表<br><br>| 知识点 | 内容 |<br>|---|---|<br>| 列控系统组成 | |<br>| 列控系统控制方式 | |<br>| 列控系统分类 | |<br><br>2. 通过查阅相关资料，将基于轨道电路的列车运行控制系统各子系统组成特点记录在表 5-1-2 中。<br><br>表 5-1-2　基于轨道电路的列车运行控制系统各子系统组成特点记录表<br><br>| 知识点 | | 内容 |<br>|---|---|---|<br>| 列车自动监控子系统 | ATS 子系统组成 | |<br>| | ATS 子系统功能 | |<br>| 列车自动防护子系统 | ATP 子系统组成 | |<br>| | ATP 子系统轨旁设备 | |<br>| | ATP 子系统的车载设备 | |<br>| 列车自动驾驶子系统 | ATO 功能模块 | |<br>| | ATO 子系统原理 | |<br><br>3. 请学生分组研究基于轨道电路的列车运行控制系统各子系统组成特点，并进行 PPT 汇报展示 ||||||

续表

| 任务总结 | 对项目完成情况进行归纳、总结、提升： |
|---|---|
| 课后任务 | 思考 TBTC 各子系统组成的异同，并在课程平台讨论区中讨论 |

> **理论要点**

基于轨道电路的列车运行控制系统中的轨道电路不仅可以用来实现线路占用情况的检测，也可作为车—地之间的信息传递通道。当轨道电路检测到有列车占用该区段后，即可通过轨道电路向列车发送控车信息，从而实现对列车运行的控制。

微课 TBTC 系统组成及分类

### 1.1 基于轨道电路的列车运行控制系统组成

基于轨道电路的列车运行自动控制系统，主要包括列车自动监控 ATS、列车自动防护 ATP、列车自动驾驶 ATO 3 个子系统，它是一套完整的管理、监督、控制系统。

基于轨道电路的列车运行自动控制系统的设备分布于控制中心、车站信号设备室、轨旁及车上，ATC 系统结构如图 5-1-1 所示。

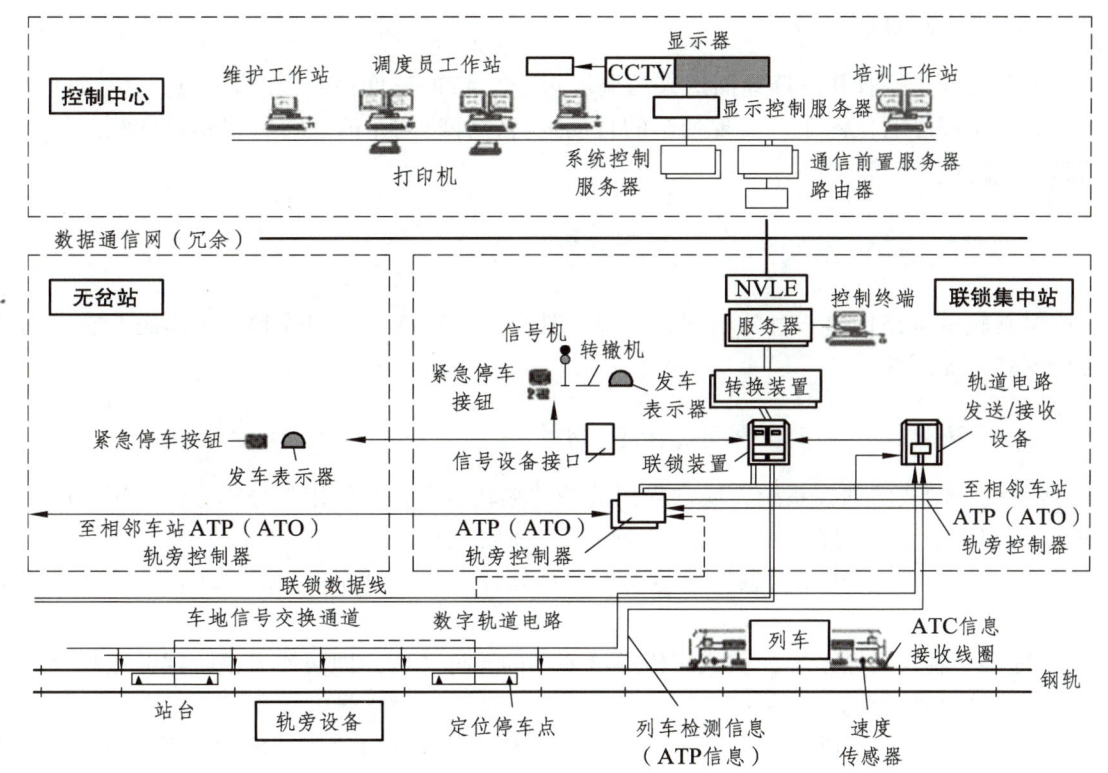

图 5-1-1 ATC 系统结构

### 1.1.1 控制中心

其主要功能是实现列车运行指挥。它包括作为 ATC 系统中枢的系统控制服务器及其用于调度控制的工作站。

### 1.1.2 数据传输系统

其主要功能是实现控制中心与全线车站信号设备室之间的实时数据信息交换。它包括通信前置服务器、路由器以及数据通信网等。

### 1.1.3 调度员工作站

其主要功能是提供接口保证调度员通过调度员工作站下达行车控制命令。另外，现场的列车在线信息、车次号信息以及道岔、信号机的状态信息等，由大屏幕显示屏、调度员工作站进行集中显示。

### 1.1.4 服务器（设置于联锁室的）

其主要功能是接收调度员的控制指令，通过联锁装置实现进路的排列、开放信号，并将列车在线信息、信号设备的状态信息等传送给控制中心。另外，其可通过 ATP 子系统的轨旁设备发送列车检测信息，以检查轨道区段内有、无列车占用，并向列车发送限速命令或允许运行的目标距离信息、门控命令、对位停车指令等。

### 1.1.5 车载 ATC 设备

其主要功能是接收并解读地面送来的调度指令、ATP 速度命令或距离信息，完成速度自动调整和车站程序对位停车，实现列车的自动运行，并将列车的运行状态和设备状态信息经车站服务器传送给控制中心。

## 1.2 基于轨道电路的列车运行控制系统分类

依据其轨道电路传递信息的不同，可以将其分为"速度码"制式和"距离码"制式的列车运行控制系统两种。

### 1.2.1 "速度码"制式的列车运行控制系统

"速度码"制式的列控系统，通常采用的是移频轨道电路，使用频分制方法，用不同的频率来代表不同的允许速度，由控制中心通过车—地信息通信将列车运行等级（速度等级）直接传至车上。这种制式在信息传递与车上信息处理方面相对而言比较简单，是阶梯式速度分级。

"速度码"制式列控系统，从地面传递给列车的允许速度，即限速值是阶梯分级的，在轨道电路区段分界处的限速值是跳跃式的，这对于平稳驾驶、节能运行及提高行车效率都是非常不利的。因此，"速度码"制式的 ATC 系统，逐渐被能实时计算限速值的"距离码"制式列控系统所取代。

### 1.2.2 "距离码"制式的列车运行控制系统

"距离码"制式列控系统，采用数字编码音频轨道电路，利用数字编码方式，按协议来组成各种信息。

"距离码"制式列控系统利用轨道电路将前方目标点的距离等一系列基本数据从地面传至车上，车载计算机根据地面传至车上的各种信息，以及存储在车载单元内的列车自身的固有数据，实时地计算出运行速度曲线，并按此曲线对列车的实际运行速度进行监控。

当列车占用轨道区段时，通过轨道电路向联锁装置给出列车占用表示，同时通过轨道电路的发送端，将有关列车控制的地面信息送给列车，这些数据信息由列车最前部的车载天线接收，信息包括：停车点、列车运行方向、开门信息、下一段轨道电路的入口允许速度、区间最大速度、区段的坡度、至限速点的距离、限速区段允许速度、目标距离、目标速度，以及列车所在轨道电路的编号、轨道电路的长度、下一段轨道电路的编号及其载频频率等。

## 1.3 列车自动监控子系统（ATS）

ATS 是对列车运行控制、监督的系统，主要完成列车的调度和跟踪、运行时刻表的调整、控制和监督，列车进路的控制和表示，系统状况、报警信息的显示和记录，统计汇编、系统仿真和诊断。

课件　TBTC 系统基础知识认知——ATS

### 1.3.1 ATS 子系统的组成

ATS 子系统由控制中心设备、车站设备、车辆段设备、列车识别系统及列车发车计时器等组成。因用户要求不同，不同系统的 ATS 的硬件、软件配置差别很大。

**1. 控制中心设备**

控制中心设备是 ATC 的核心，用于状态表示、运行控制、运行调整、车次追踪、时刻表编制及运行图绘制、运行报告、调度员培训、与其他系统的接口。其设备组成如图 5-1-2 所示。

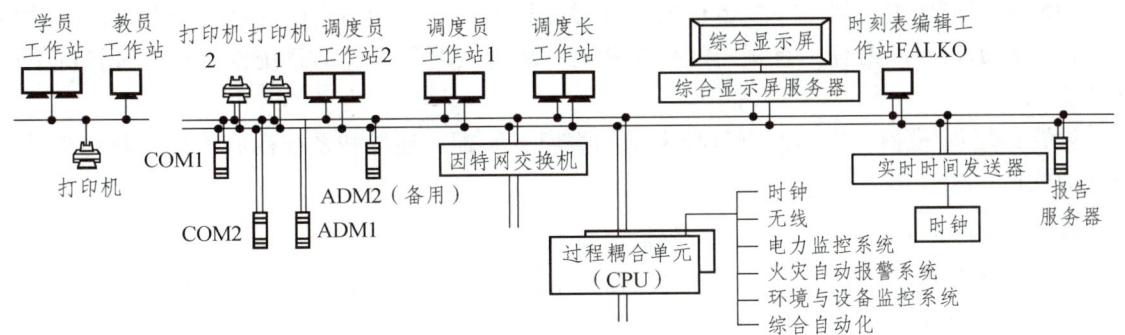

图 5-1-2　控制中心设备组成

**1）中心计算机系统**

中心计算机系统包括：控制主机、COM 通信服务器、ADM 服务器、TTE 服务器、局域网及各自的外部设备。为保证系统的可靠性，主要硬件设备均为主/备双套热备方式，可自动或人工切换。系统能满足自动控制、调度员人工控制及车站控制的要求。

（1）COM 服务器（通信服务器）。

COM 服务器是自动调整功能的核心部分。

功能：存储实际的进程映像，所有从联锁和外围设备发送来的数据都由 COM 服务器最先得到和处理；一些应用功能也由 COM 服务器激活，并在此服务器上运行，如列车自动调整、自动列车跟踪、自动进路设置等功能。

（2）ADM 服务器（系统管理器）。

通常在系统启动时或收到一个询问指令时或对某一设备的参数进行设置时才需要。

功能：用于系统存储、处理所有不受运行事件影响的数据，如系统配置、计划时刻表、计划运行图等。

（3）TTE 服务器（时刻表编辑器）。

功能：列车自动调整功能所需要的计划时刻表在建立时的离线操作者平台，时刻表的编辑也是 TTE 服务器的任务，ADM 服务器存储的计划时刻表由 TTE 服务器提供。

2）综合显示屏

功能：用来监视正线列车运行情况及系统设备状态，由显示设备和相应的驱动设备组成。

3）调度员工作站及调度长工作站

功能：用于行车调度指挥，是与 ATC 计算机系统的接口，也是实际操作平台，方便调度员能在控制中心监视和控制联锁设备及列车的运行；调度员能将系统投入列车自动调整，必要时可人工干预。

设置：设有两个调度员工作站，它们与正线运转有关。调度长工作站是备用控制台，它能替代或扩大其他两个工作站中任意一个的工作。

4）运行图工作站

功能：用于运行计划的编制和修改，通过人机对话可以实现对运行时刻表的编辑、修改及管理。

5）培训/模拟工作站

功能：可实现仿真列车在线运行及各种异常情况，而不参与实际的列车控制；其与调度员工作站显示相同的内容，有相同的控制功能；培养实习调度员的系统控制和各种情况下的处理能力。

设置：培训/模拟工作站配有各种系统的编辑、装配、连接和系统构成工具以及列车运行仿真的软件。

6）打印机服务器、绘图仪和打印机

打印机服务器的功能：缓冲、协调所有操作员和实时事件激活的打印任务。

绘图仪和打印机功能：用于输出运行图及各种报表。

7）维修工作站

功能：用于 ATS 子系统的维护、ATC 系统故障报警处理和车站信号设备的监测。

8）局域网

功能：把本地和远程工作站、服务器的 PLC（可编程控制器）连接在一起，以太网允许各成员间进行高速数据交换（10 Mb/s）。

#### 9）UPS 及电池

控制中心配备在线式 UPS 及可提供 30 min 后备电源的蓄电池。

### 2. 车站设备

车站分集中联锁站和非集中联锁站，其设备设置也稍有不同。

#### 1）集中联锁站设备

（1）ATS 分机。

功能：用于连接联锁设备和其他外围系统，采集车站设备的信息，传送控制命令，使车站联锁设备能接收 ATS 子系统的控制部分，以实现车站进路的自动控制。采用模块化设计，扩展十分容易；它还控制站台上 PIS（乘客信息系统）的列车目的显示器、列车到发时间显示器和发车计时器 DTI。

（2）车站现地控制工作站。

车站现地控制工作站是车站行车值班员的操作终端。车站值班员可通过其显示界面监视被控车站的线路及运行状态，在控制中线的授权下，车站值班员可实现控制被控车站的信号设备，指挥行车（站控）。

#### 2）非集中联锁站设备

（1）ATS 分机。

非集中联锁站 ATS 分机只是一个经过功能裁剪的轻量级的分机。它不需要与联锁和 ATP 设备接口，只需要完成发车指示器（TDT）信息内容的计算驱动，另外负责车站现地控制工作站与中心以及其他系统数据的转发。

由于非集中联锁站设备功能简单，根据不同的应用要求，可以考虑省略该分机系统，将现地控制工作站与设备集中站分机相连，而 TDT 则由现地控制工作站驱动。

（2）车站现地控制工作站。

非集中联锁站的车站现地控制工作站主要是提供站场以及列车车次号监视功能，另外提供基本的扣车、跳停办理等功能。

### 3. 车辆段设备

#### 1）ATS 分机

功能：用于采集车辆段内存车库线的列车占用及进/出车辆段的列车信号机的状态；在控制中心显示屏上给出以上信息的显示，以便控制中心车辆段值班员及车辆管理人员了解段内停车库线列车的车次及车组运用情况，以正确控制列车出段。

#### 2）车辆段终端

车辆段派班室和信号楼控制台室各设置 1 台终端，与车辆段 ATS 分机相连。

功能：根据来自控制中心的实际时刻表建立车辆段作业计划。

车辆段联锁设备通过 ATS 分机与控制中心交换信息，实现段内运行列车的追踪监视。

### 4. 列车识别系统（PTI）

PTI 设备是 ATS 车次识别及车辆管理的辅助设备，其由地面查询器环路和车载应答器组成。

功能：PTI 设备用于校核列车车次号。当列车经过地面查询器时，地面查询器可采集到车载应答器中设定的列车车次号，并经车站 ATS 设备送至控制中心，校核是否与中心计算机列车计划中的车次号一致，若不相符则报警并进行修正。

### 5. 列车发车指示器（TDT）

功能：TDT 设备设于各站，为列车运行提供车站发车时机、列车到站晚点情况的时间指示，提示列车按计划时刻表运行。

不同情况的显示：正常情况下，在列车整列进入站台后，按系统给定站停站时间倒计时显示计划时刻表的发车时间，为临时指示列车发车；若列车晚点发车，则 TDT 增加停站时间的计时。在特殊情况下，若实施了站台扣车控制，TDT 给出显示；如有提前发车命令，TDT 立即显示零；列车通过车站时 TDT 显示" = "。

### 6. 车—地信息交换系统

列车与地面的信息交换系统，简称为 TWC 系统，是列车与地面之间的半双工 ATS 信息交换系统。车—地信息交换系统交换的信息，是"非安全"调度信息和列车状态信息，它也是 ATS 子系统的重要组成部分。不同的 ATC 制式，采用不同的车—地信息交换系统，其传输方式和内容都不相同。在基于轨道电路的列控系统中，常见的有以"站内轨道电路"和"站内感应环线"为载体的两种车—地信息交换系统。

#### 1）以"站内轨道电路"为载体的 TWC 系统

以"站内轨道电路"为载体的 TWC 系统的设备布置如图 5-1-3 所示。

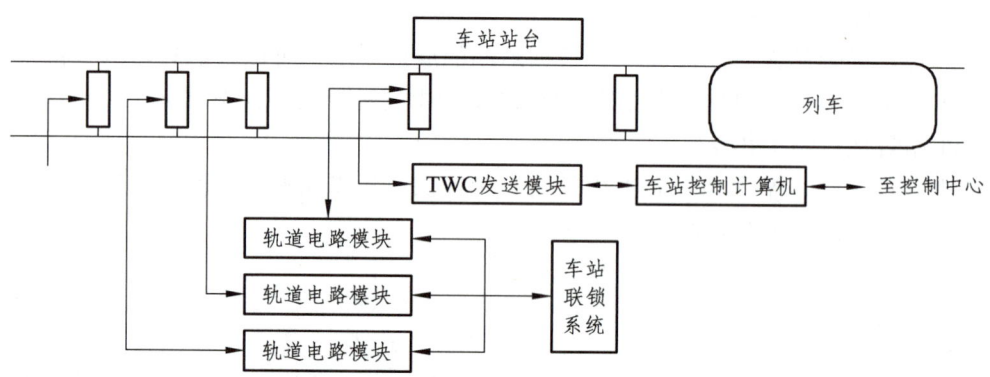

图 5-1-3 以"站内轨道电路"为载体的 TWC 系统设备布置示意图

（1）车站 TWC 模块。

联锁集中站的信号设备室内，对应所管辖车站的每个站台，分别设置与其相对应的 TWC 模块，以对车—地交换的数据信息进行处理。其设备布置如图 5-1-3 所示。

（2）阻抗连接器。

每个站台轨道电路的两端设置有能发送 TWC 信息的阻抗连接器，另外在停车场的出库线及折返站的折返线、存车线都应设置此类阻抗连接器。阻抗连接器与室内 TWC 模块通过电缆相连，阻抗连接器的输出连接至钢轨中。钢轨中的 TWC 信息通过感应，由运行于站台区域的列车 TWC 接收线圈接收，从而将控制中心的调度信息传送给列车。

（3）TWC 车载设备。

TWC 接收线圈：在列车第一节车辆导轮的前方，正对钢轨的上方，设置两个 TWC 接收线圈，用于接收由地面发送的 TWC 信息。

TWC 车载发送天线：在头部和尾部车辆的底部，设有车载 TWC 信息发送天线，用于列车向地面发送 TWC 信息。

TWC 接收/发送模块：在车载 ATC 系统机柜内，设有相应的 TWC 接收/发送模块，用于调制解调 TWC 数据信息。

车载 TWC 信息，即列车状态信息，经 TWC 发送天线传至地面设于站台区域的阻抗连接器，然后传至信号设备室内相应的 TWC 模块，经处理后传送至控制中心。

2) 以"站内感应环线"为载体的 TWC 系统

在利用敷设于钢轨之间的感应环线作为 TWC 信息传输通道的制式中，该环线不仅是车—地信息交换媒介，也作为车站程序对位停车的定位校正设备。

每个车站的站台区域、折返线以及出库线等处，需要与列车交换信息的区域，其钢轨之间都铺设用于信息交换的交叉感应环线。其设备布置如图 5-1-4 所示。

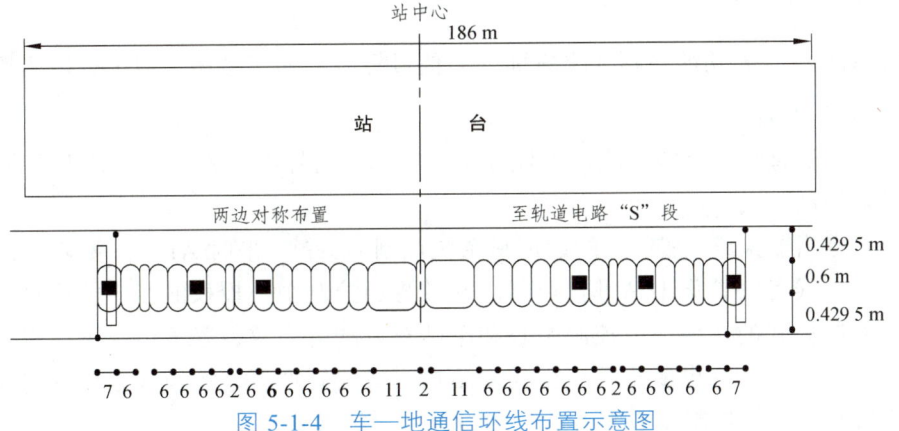

图 5-1-4　车—地通信环线布置示意图

（1）耦合单元。

如图 5-1-5 所示，在环线的接入口设有耦合单元，耦合单元和联锁集中站信号设备室之间用电缆相连。它可使传输线与环线之间的阻抗得以匹配，传输线的另一端连至联锁集中站信号设备室的车—地通信控制器，每个车—地通信控制器都有唯一的地址，对应于某个站台。

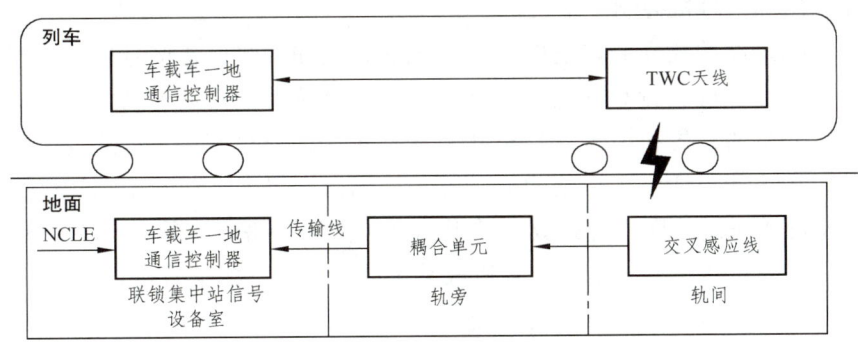

图 5-1-5　TWC 系统接口示意图

（2）车—地通信控制器。

为了与地面进行数据通信，列车在车载 ATC 机柜内都配置有车载车—地通信控制器。

（3）TWC 接收/发送天线。

在列车头尾车辆的车底设有 TWC 接收/发送天线。

联锁集中站的车—地通信控制器，在接收控制中心发来的有效信息中，提取相关数据，把它压入缓冲，并置于下一次给车载车—地通信控制器的响应中。同样，在收到车载车—地通信控制器发来的信息中，取出相关数据，再加上该站车—地通信控制器的数据，压入缓冲后，向控制中心发送包括上述数据信息的响应。

当有列车经过时，将由环线接收到的列车数据信号，经轨旁耦合单元，先传送至输入/输出单元，经过带通滤波器，使解调范围内的频率通过，再由压控振荡、移频键控解调器解调成数字调制信息，以＋5 V 和 0 V 数字电平输出，从而形成二进制代码的数字信号，送至车站车—地通信控制器，再送至轨旁的车站设备。

### 1.3.2 ATS 子系统的功能

#### 1. 中心级 ATS 的功能

中心级 ATS 的主要功能包括 3 个方面，即信号控制、列车描述、列车运行调整。

##### 1）信号控制功能

信号控制功能是指对全线（除停车场外）所有车站信号设备的控制，其主要内容如下：

（1）设置控制模式。

控制模式是指遥控或站控。它的设定是系统控制的关键，平时 ATS 子系统处于遥控状态，由控制中心对全线各联锁集中站进行控制。站控是由控制中心授权的相应的联锁集中站才具有控制权。控制模式的转换，由控制中心和车站双方配合完成，紧急情况下，可由联锁集中站直接执行紧急站控，它也属于站控模式。站控模式要转换至遥控模式，必须将该联锁集中站的信号系统复原，经控制中心同意后，才可返回遥控模式。

（2）设置终端模式。

线路两端的折返站以及具有折返功能的中间站，都可以设置终端折返模式。

当该模式设定以后，车站信号设备根据列车运行的目的地号自动地排列进路，并开放相应的信号。

（3）进路控制和信号机控制。

进路控制包括进路的建立和取消以及信号机的开放和关闭，是信号控制功能中涉及行车安全的重要内容。为了确保行车安全，控制中心不能直接单独操纵现场的某个道岔，也不能直接操纵某个信号机的开放和关闭。ATS 子系统在控制中心设有人工进路控制功能，调度员可以采用进路操纵方式，通过工作站的显示屏，操纵鼠标单击进路的始端和终端，建立或取消进路。信号机随着进路的建立而开放，并根据列车占用进路的情况而自动关闭。

控制中心可以对全线所有车站的信号机或某个联锁集中站的信号机，设置成"连续通过"信号或"自动"信号的信号机工作模式。"连续通过"信号和"自动"信号，其进路的排列以及相应信号机的开放，都由车站联锁设备完成。"连续通过"信号是指以该信号机为始端的进路，是连续的通过进路，列车通过该进路以后，进路将再次自动排列，该信号机会自动开放。"自动"信号是指该信号机为始端的进路，为自动进路，车站信号设备将根据列车的目的地号，自动地排列列车进路，并当列车到达该信号机的接近区段时，自动地开放信号；列车进入信号机内方，信号自动关闭，列车出清进路，被锁闭的进路自动解锁；待下一次列车到达该信号机的接近区段，又一次自动排列进路，信号自动开放。

（4）呼叫车站。

当控制中心调度员要与车站行车值班员电话联系不上，可使用呼叫车站功能，使该车站控制台上的铃声响，提醒车站行车值班员与调度员取得联系。

#### 2）列车描述功能

列车描述包括 3 部分内容：车次号、司机号和列车号。它们各由 5 位数组成，其中车次号的前 3 位为运行号，后 2 位为目的地号。运行号是运行列车的标识，是系统将列车和时刻表相联系的基础，也是系统控制和表示列车的基础。目的地号指明列车运行的终点站，它是系统触发车站信号控制的重要参数，据此可以为列车自动排列进路。

#### 3）列车运行调整功能

不同的线路其系统调度模式不尽相同，一般有 4 种模式：全人工模式、人工调度模式、人工调整模式和自动调整模式。不同的调度模式反映了系统自动控制的程度。

全人工模式：系统的自动控制功能不起作用，所有的控制、调度、调整均依赖于调度员指挥。

人工调度模式：列车的调度和运行的调整依赖于调度员指挥，但系统具有自动进路功能，也具有时刻表和车号自动管理功能。

人工调整模式：运行调整要依赖于调度员，系统除具备人工调度模式的自动控制功能，还具有自动调度功能，即根据时刻表和调度模式，按时自动地调度列车从折返站或停车场出发。

自动调整模式：调度自动控制最高级别，系统除具有人工调整模式的全部功能外，还具有自动调整功能，能根据时刻表自动地调整列车停站时间及运行等级，以保证列车的安全、正点运行。

### 2. 站级 ATS 的功能

（1）接收、存储其管辖范围内当日的列车计划时刻表。

（2）根据计划时刻表及列车运行情况，自动控制及办理管辖范围内的列车进路，包括进、出正线，终端站折返进路等。

（3）按控制中心设定的运行间隔控制列车运行。

（4）根据计划时刻表自动控制列车到站及出发时刻。

（5）采集管辖范围内的所有各车站的列车运行信息、设备工作状态，并将这些信息传送至中心级 ATS。

（6）实现管辖范围内的列车车次追踪。

（7）控制无岔站的信号设备，并向相邻的 ATS 设备传送有关信息。

（8）控制 ATO 地面设备，向列车传送运行控制信息。

## 1.4 列车自动防护子系统（ATP）

ATP 子系统的功能是对列车运行进行超速防护，对与安全有关的设备实行监控，实现列车位置检测，保证列车间的安全间隔，保证列车在安全速度下运行，实现速度信号显示、故障报警、降级提示、列车参数和线路参数的输入、与 ATS、ATO 子系统及车辆系统接口并进行信息交换。

课件　TBTC 系统基础知识认知——ATP

### 1.4.1　ATP 子系统的组成

基于轨道电路的 ATP 子系统是由设于信号设备室的轨道电路发送、接收单元，设于轨旁的调谐单元以及车载 ATP 设备组成，当然还有与 ATS 子系统、ATO 子系统及联锁系统的接口设备。设于线路上各轨道电路分界点的轨道电路连接箱内仅有用于频率调谐用的无源元件。有的 ATP 子系统在轨旁还设有长环线，用于发送 ATP 信息。

### 1.4.2　ATP 子系统的轨旁设备

依据轨道电路传输信号制式的不同，可将 ATP 子系统分成基于音频无绝缘模拟轨道电路的 ATP 子系统和基于数字编码轨道电路的 ATP 子系统。其中依据数字轨道电路传输的信息不同，还可将其分成"目标速度"制式的数字编码轨道电路 ATP 子系统和"目标距离"制式的数字编码轨道电路 ATP 子系统。不同类型的 ATP 子系统其轨旁设备也稍有不同。

#### 1. 音频无绝缘模拟轨道电路的 ATP 子系统（速度码型）轨旁设备

该系统采用模拟式无绝缘轨道电路，根据闭塞设计，将线路划分成不同长度的轨道区段（闭塞分区），轨道区段之间不设绝缘节，而设置阻抗连接器加以区分，阻抗连接器作为轨道区段的分割设备，也是轨道电路发送和接收设备。

通过阻抗连接器在轨道电路中传送用于检测列车的模拟检测信号，以检测列车是否占用该轨道区段。当检测到列车占用该轨道区段时，通过阻抗连接器在轨道电路中向列车发送速度命令等模拟信号，所以阻抗连接器不仅是轨道电路的分割设备，也是轨道电路的发送、接收（相邻轨道区段）设备，同时又是向列车传送"速度命令"的重要设备。由于这种制式的 ATC 系统，只向列车传送"速度命令"，在城市轨道交通闭塞系统的分类中，将其归类为"速度码"制式的 ATC 系统。

##### 1）轨道电路

轨道电路配置如图 5-1-6 所示。其中，列车检测载频频率：$f_1 = 2\,625$ Hz，$f_2 = 2\,925$ Hz，$f_3 = 3\,375$ Hz，$f_4 = 4\,275$ Hz；列车检测调制频率：2 Hz、3 Hz；速度命令载频频率：2 250 Hz。

相邻轨道电路使用不同的列车检测载频频率和调制频率，4 种不同的载频频率交替配置，而且相邻轨道区段的调制频率也不相同，其载频频率分别为 2 625 Hz、2 925 Hz、3 375 Hz 和 4 275 Hz，调制频率为 2 Hz 和 3 Hz，这样可以组成 8 种不同的组合，以防止相邻轨道电路的干扰，也防止邻线的信号干扰。

在钢轨上传送的列车检测信息是经调制的幅度键控 ASK 信号。

当列车占用轨道电路时，如图 5-1-6（b）所示的闭塞分区 4，由于列车检测信息被列车车轮分路，导致该轨道区段接收端收不到列车检测信息，接收端的轨道继电器失磁落下，在证实列车已经到达的前提下,该轨道电路发送模块通过阻抗连接器开始增发"速度命令"信息,其载频频率为 2 250 Hz。

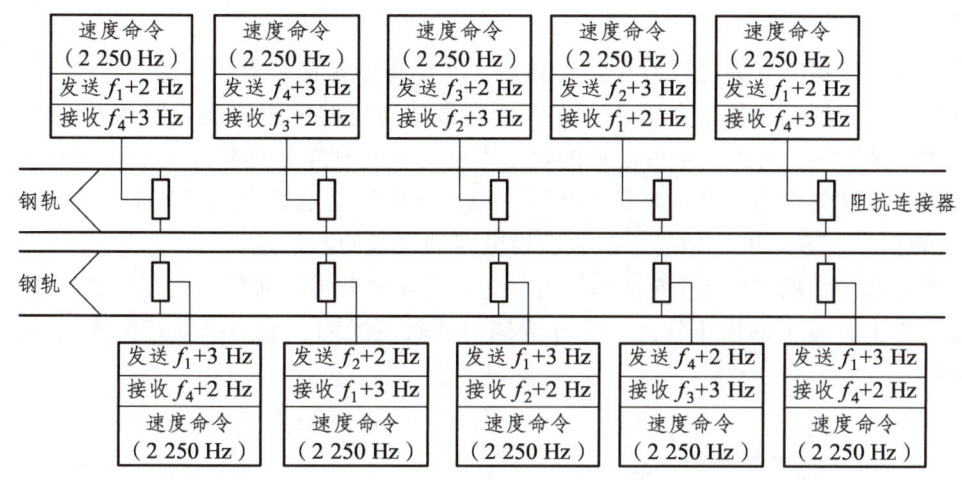

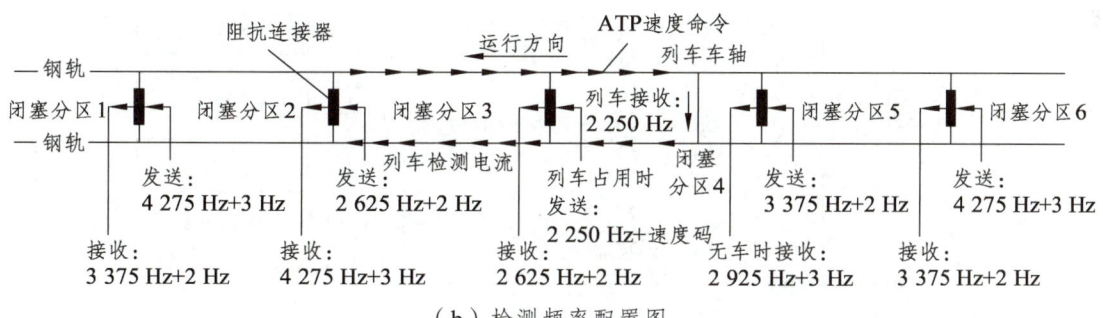

图 5-1-6 音频无绝缘轨道电路示意图和检测频率配置图

为了保证列车不间断、可靠地接收 ATP 速度命令,可以采取"预分路"方法,也就是在列车到达本轨道区段前提前发送速度命令,确保列车连续、不间断地接收到速度信息。

"速度命令"信息是指列车运行至该轨道区段出口端的目标速度,每个轨道区段的速度命令,根据与先行列车相隔闭塞分区数(列车间的间隔距离)和线路条件等设定。全线各个轨道区段 ATP 速度命令信息的载频为 2 250 Hz,调制频率根据该线路运行速度的等级而定。速度命令调制频率与限制速度的对应关系如表 5-1-3 所示。

表 5-1-3 速度命令调制频率与限制速度对应关系

| 调制频率/Hz | 限制速度/(km/h) | 超速点/(km/h) | 调制频率/Hz | 限制速度/(km/h) | 超速点/(km/h) |
|---|---|---|---|---|---|
| 0 | 20 | 20 | 10.10 | 45 | 48 |
| 3.0 | 10 | 11 | 12.43 | 55 | 58 |
| 6.83 | 20 | 23 | 15.30 | 65 | 68 |
| 8.31 | 30 | 33 | 18.14 | 77 | 80 |

注:载频频率为 2 250 Hz。

另外，调制频率 4.5 Hz 和 5.54 Hz 是用于列车在车站停稳以后，轨旁 ATP 子系统通过站台区段轨道电路向列车发送打开左门或右门的开门信息，其载频频率也是 2 250 Hz。

2）阻抗连接器

在每个轨道电路的分界点设有阻抗连接器，联锁集中站信号设备室的 ATP 轨道电路发送模块和接收模块，通过电缆和耦合单元与设于每段轨道电路的阻抗连接器相连，阻抗连接器的输出直接连至钢轨。另外，站台区域的轨道电路为了实现车—地信息交换，地面 TWC 信息也是通过阻抗连接器送出，所以阻抗连接器可以用于向轨道电路发送"列车检测"信息、"目标速度"信息、"ATS 调度"信息、接收轨道电路的列车检测信息。

阻抗连接器的结构如图 5-1-7 所示，由一个带有 4 个调谐二次线圈的变压器构成，它们装在一块金属板上，置于两根钢轨之间，作为输出的轨道线圈，通过电缆直接连至钢轨，构成电气回路。

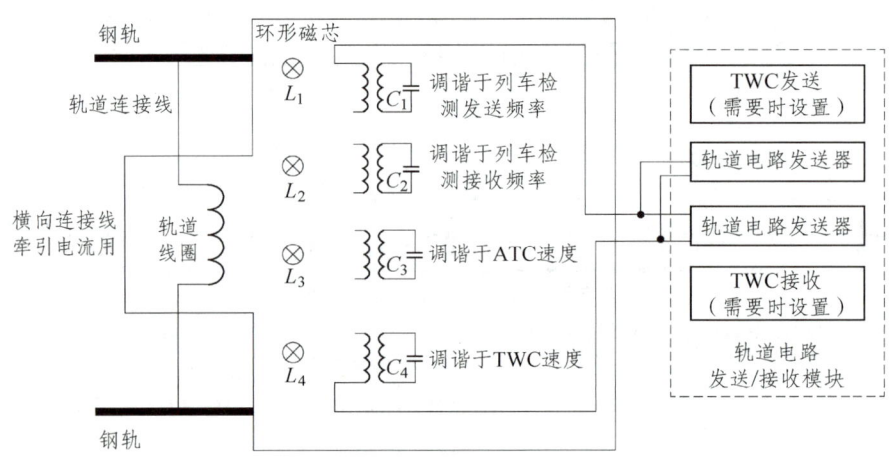

图 5-1-7 阻抗连接器结构

阻抗连接器对于牵引电流呈现低阻抗的通路，而对于信号电流呈现高阻抗。其阻抗是通过调谐电容的二次线圈而得到提高，每个二次线圈被调谐在一个特殊的频率，对其他频率有相对低的阻抗，4 个调谐电路串接而成。

其中，$L_1C_1$ 调谐在列车检测的发送载频频率；$L_2C_2$ 调谐在接收列车检测载频频率；$L_3C_3$ 调谐在 2 250 Hz（车载 ATP 速度信息的载频频率）；$L_4C_4$ 调谐在 TWC 的中心频率 9 650 Hz。

同一个阻抗连接器所对应的列车检测信息的发送频率和列车检测信息的接收频率是不相同的，所以在维护、更换阻抗连接器时，必须注意其频率配置，因为轨道区段的阻抗连接器是不能通用的。

3）ATP 速度信息发送和接收模块

轨道电路的发送、接收模块都设于联锁集中站信号设备室内，每个模块可供两段轨道电路使用，对应每一段轨道电路的发送、接收电路，它由 4 块电路板组成。

（1）轨道电路发送器。

轨道电路发送器由 3 块独立的电路板，即振荡板、码率板和功放板构成，ATP 发送器的组成如图 5-1-8 所示。

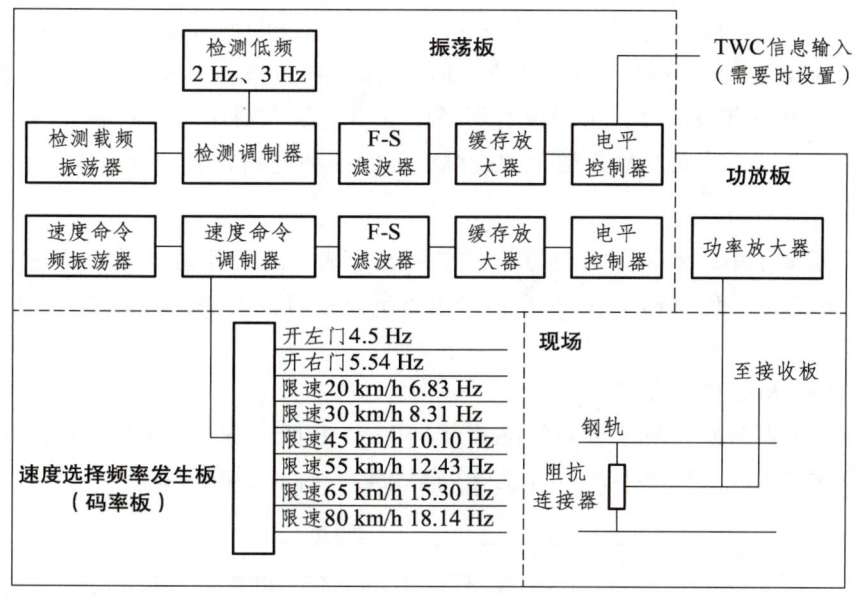

图 5-1-8　轨道电路发送器模块

振荡板：用于产生列车检测载频（4 种不同的检测载频之一）和车载信号载频（2 250 Hz），对于列车检测载频，经本板产生 2 Hz 或 3 Hz 的调制频率调制以后，形成幅度键控 ASK 信号，输出至功放板。

码率板：提供速度命令的低频载波，以对车载信号载频 2 250 Hz 进行调制，调制的车载信号信息经功放输出，经阻抗连接器连至钢轨。码率板也就是速度选择频率发生板，它根据速度选择逻辑的输入，产生不同的低频，速度选择逻辑的依据是 ATP 速度命令控制线。

码率板中 4.5 Hz 和 5.54 Hz 信号用于向列车发送打开左门（或右门）的开门信息，打开列车门信息也是通过站台区域轨道电路向车载 ATC 系统传送载频为 2 250 Hz 的 ATP 信息。

功放板：将列车检测信号的发送功率和车载信号的发送功率进行放大，经传输电缆接至相应的轨道电路阻抗连接器，以确保接收设备可靠工作。

（2）轨道电路接收器。

轨道电路接收器也就是列车检测信息的接收器，它设置于轨道电路的接收端，以接收轨道电路的列车检测信息，当闭塞分区内无车占用时，由轨道电路发送器发送的列车检测信号，通过发送端的阻抗连接器，经钢轨传送至接收端的阻抗连接器，再连至信号设备室的轨道电路接收器，解调出列车检测信号，使该轨道电路的轨道继电器励磁吸起，以证实该闭塞分区空闲。轨道电路接收器框图如图 5-1-9 所示。

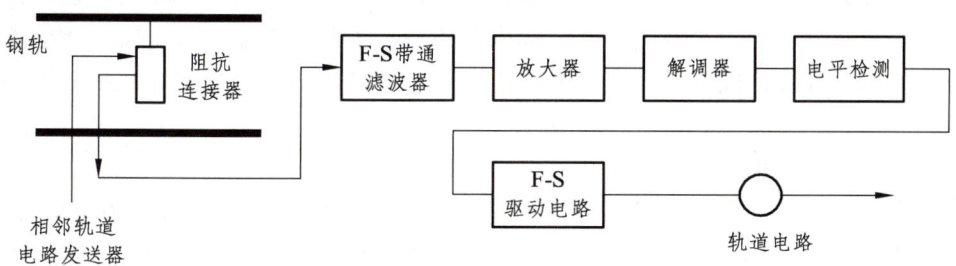

图 5-1-9　轨道电路接收器框图

轨道电路接收端接收到的列车检测信号是 2 Hz 或 3 Hz 的低频信号，是对列车检测载频进行调制以后的 ASK 信号，该接收信号被馈入具有故障导向安全（F-S）特性的带通滤波器，以提取在频带范围内的有用信号，再经设有灵敏度的增益放大器送至解调器，将正确的低频信号解出，经最小电平幅度检测后，送至动态继电器的驱动电路，驱动末级轨道继电器工作。

4）车站对位停车设备

为了实现列车在车站的程序对位停车，在接近车站的区间及站台区域，设置反映离对位停车点距离的标志器（传感器），同时在信号设备室设置对位模块，以实现列车在车站的对位停车控制。

（1）对位停车标志器的设置。

对位停车标志器分别设置于离对位停车点 350 m、150 m、25 m 和 8 m 处；另外在对位停车点，还设有对位天线。图 5-1-10 所示为车站对位停车标志器的布置。

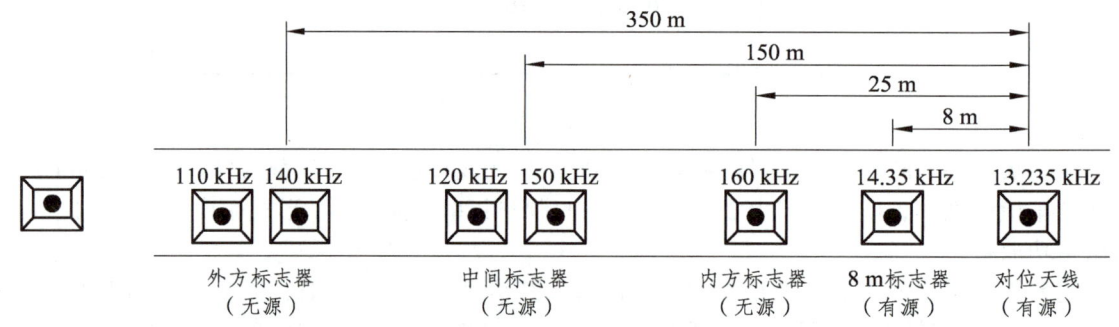

图 5-1-10 梯级式对位停车标志器布置

外方标志器：在离对位停车点 350 m 处的车站接近区段线路中间设置，它们是无源标志器，其传输频率分别为 110 kHz 和 140 kHz，为冗余配置方式，车载 ATC 系统只要接收任意一个标志器的频率信息，就可以启动对位停车控制。

中间标志器：离对位停车点 150 m 处设置的两个中间标志器，也是无源标志器，它们分别传输 120 kHz 和 150 kHz 的频率。

内方标志器：设于离对位停车点 25 m 处，它也是无源标志器，其作用频率为 160 kHz。

8 m 标志器：离对位停车点 8 m 处设置，是有源标志器，它由对位模块供电，送出 14.35 kHz 的频率。

对位天线：在对位停车点设置的有源对位线圈（实际上也是标志器），它由对位模块直接供电，送出 13.235 kHz 的频率，车载信号设备接收到此信息，证实列车已经到达对位停车点。

惰行无源标志器：设置于区间 350 m 标志器的外方（图中未标出），它们的传输频率分别为 100 kHz 和 130 kHz，以提示列车快要到达车站，列车自动控制系统可以停止"牵引"，进入"惰行"。

（2）对位模块的功能。

对位模块完成列车在站台的对位停车控制。每个车站的上下行站台共用 1 块对位模块，模块内有 2 套完全相同的工作电路，分别对应于不同的站台。对位模块的功能如图 5-1-11 所示。

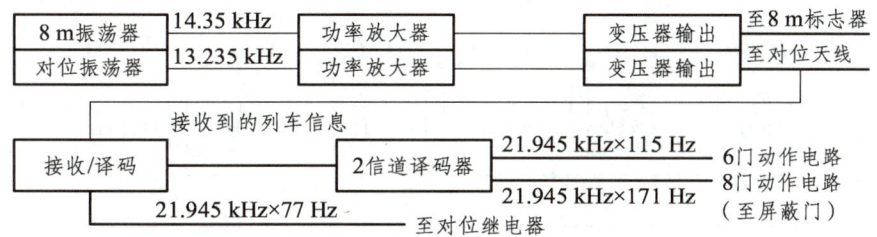

图 5-1-11　对位停车点对位模块功能

用于程序对位停车的 8 m 有源标志器和对位天线，其发送的频率都由对位模块提供；对位模块也接收来自车载对位线圈送来的信息。当列车进入站台区域，站台区段轨道电路的 ATP 接收器检测到列车到达车站，这时通过站台区段轨道继电器的接点和方向继电器的接点使该运行方向的对位模块工作，其振荡器分别产生 14.35 kHz 和 13.235 kHz 的频率，经放大后，送至 8 m 标志器线圈和对位线圈。列车收到 14.35 kHz 信息，进一步修正停车曲线，列车到达停车点，车上对位天线置于站台对位线圈上方时，车辆与地面的天线间感应耦合才发生，这时列车收到地面发送的 13.235 kHz 的对位振荡频率证实列车已到达对位停车点，经车载 ATO 子系统确认，向列车自动控制系统发出列车停站信号，保证列车制动。

当检测到列车的速度为零时，证实列车已在站台停稳后，车载 ATP 子系统通过设置于车底的车载对位天线向地面送出列车停站信号，其载频频率为 21.945 kHz，调制频率为 77 Hz，该信号被车站对位模块接收和解读，使站台对位继电器工作，证实列车已在对位停车点停稳，这时站台区段轨道电路的发送端将打开列车左门（右门）的调制频率（4.5 Hz 或 5.54 Hz）载波，对车载 ATP 信息载频 2 250 Hz 进行调制，经调制的 ASK 开门信号，通过阻抗连接器送至钢轨，再感应到列车，列车 ATP 子系统接收到此信息后，使相应侧的门控继电器动作，司机按压与门控继电器相对应的门控按钮后，可打开相应站台侧的列车车门。

在设有站台屏蔽门时，列车收到打开车门信号后，通过车载对位天线送出打开屏蔽门信号，该信号的载频频率为 21.945 kHz，而调制频率取决于列车长度，地面对位模块的译码器译出相应信息，驱动屏蔽门控制单元（DCU），使与列车车门相对应的屏蔽门打开。

当停站时间结束，站台区段轨道电路停止发送开门信息，使车载门控继电器失磁，司机便可关闭列车门；同时列车停发打开屏蔽门的信号，屏蔽门控制单元启动关闭屏蔽门。当列车收到 ATP 速度命令以后，司机按压操纵台上的列车"出发"按钮，列车自动启动并加速运行。

### 2. 数字编码轨道电路的 ATP 子系统轨旁设备

#### 1)"目标速度"制式数字编码轨道电路的 ATP 子系统

在这种制式的数字编码轨道电路中，用于列车检测的数据信息与发送给列车的 ATP 数据信息是相同的。

图 5-1-12 所示为"目标速度"制式数字编码轨道电路载频频率配置示意图。其数据信息的载频频率为 9.5 kHz 至 16.5 kHz，间隔为 1 kHz，编号为 $F_0 \sim F_7$，其中奇数频率 $F_1$、$F_3$、$F_5$ 分配给下行线，偶数频率 $F_2$、$F_4$、$F_6$ 分配给上行线，$F_7$ 用于道岔区段渡线的环线。正线轨道电路遵循 3 个频率交替配置的原则。

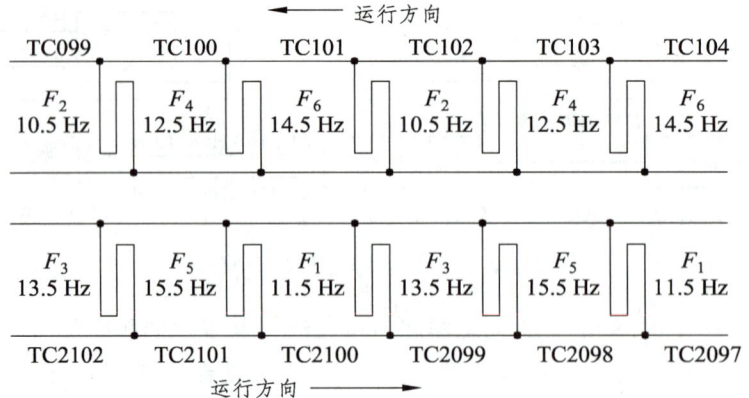

图 5-1-12 "目标速度"制式数字编码轨道电路载频频率配置示意图

"目标速度"制式数字编码轨道电路的频编为 ±200 Hz，两个不同频率的间隔为 400 Hz。数据中，连续上位时间的频率代表逻辑"1"，而每位时间的频率都改变，代表逻辑"0"，也即每隔 5 ms，高、低端频率交替变化，代表逻辑"0"。那么，为了发 6 个"0"，则在 30 ms 之内，高端频和低端频频率变化 6 次，第 1 位数据频率取决于上一个周期最后一位的数据频率。波形变化如图 5-1-13 所示。

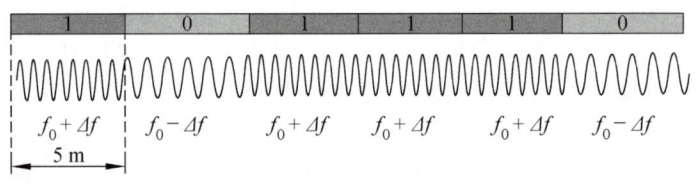

图 5-1-13 "目标速度"制式数字轨道电路波形变化

"目标速度"制式数字编码轨道电路的 ATP 子系统重要组成部分包括轨道电路系统及轨旁设备两部分。

（1）"目标速度"制式数字轨道电路系统结构。

数字轨道电路是 ATP 子系统的关键设备，它的可靠工作是确保行车安全的前提。它的系统结构如图 5-1-14 所示。

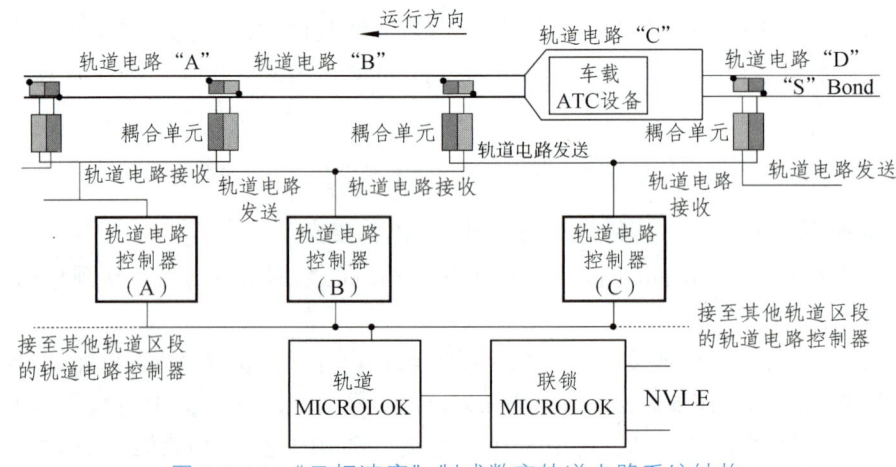

图 5-1-14 "目标速度"制式数字轨道电路系统结构

轨道电路控制器：为了保证轨道电路工作可靠，数字编码轨道电路可以设有 2 套完全相同的轨道电路控制器，即主/备控制器，它们设于信号设备室。轨道电路控制器直接与轨道微机系统（MICROLOK）相连。

轨道微机系统：是安全软件控制的计算机系统，轨道微机系统与联锁微机系统具有安全接口，执行与联锁控制相关的安全功能，包括停车逻辑、进路联锁控制逻辑、道岔控制和位置检测、轨道电路占用表示检测、速度码逻辑的接口等，控制中心的控制或"站控"，都能实现这些功能。

联锁微机系统：具有主、备冗余和自动切换特性，包括微机系统的安全输入、安全输出、非安全输入、非安全输出、串行转换器以及电源等单元组件。

CPU：作为其核心处理器，完成相关的联锁功能。

（2）轨旁设备。

轨旁设备室由耦合单元、"S"形铜线连接器及调谐环线等组成。

耦合单元：作为轨道电路接收/发送的接口，将轨道信号调谐到该轨道电路的载频。耦合单元装在 1 个防潮密封箱内，由 2 个完全独立的耦合电路组成，如图 5-1-15 所示。每个电路由 1 个变压器和 1 个用跳线调节的电容器组成，调谐到轨道调谐环线所需要的频率。

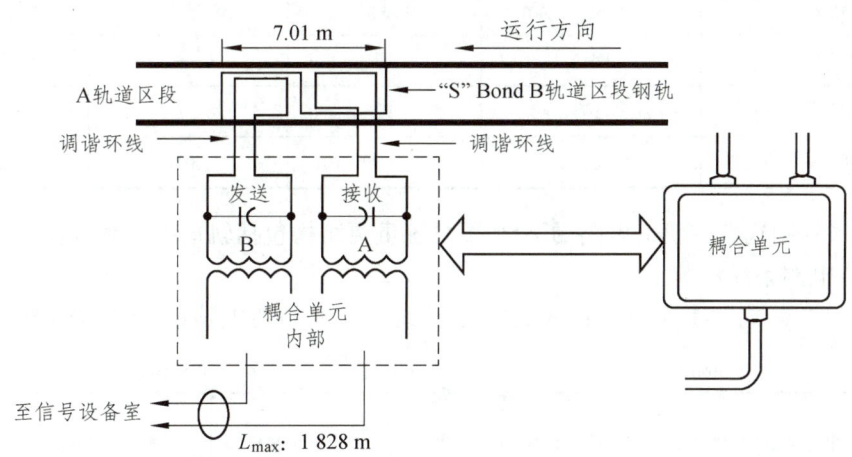

图 5-1-15 "目标速度"制式数字轨道电路轨旁耦合单元示意图

"S"形连接器（"S" Bond）：轨道电路的"分割"，采用"S"形铜线连接器来区分，由 350 MCM 或 500 MCM（千圆密尔，1 MCM≈0.506 7 mm$^2$）电缆弯成"S"形状态，其两端直接连接到两根钢轨上。

调谐单元输出的一圈调谐环线：分别安装在"S"型连接器的上部和下部，以将数据信号通过"S" Bond 耦合至钢轨，每个"S" Bond 两端的谐调环线既可以作接收环线也可作发送环线，这取决于运行方向。发送时将数据信号通过"S" Bond 耦合至钢轨；接收时将在"S" Bond 中循环轨道电流，感应到接收调谐环线中。耦合单元至信号设备室为双绞线对电缆。

这种制式的 ATP 子系统，仍然以传送 ATP 速度信息为主，在其数据位中还包括了"目标距离"的内容，但由于车载信号系统本身不能精确地检测列车的定位，所以其目标距离也只是参考数据，不能作为距离定位控制的依据。

## 2)"目标距离"制式数字编码轨道电路的 ATP 子系统

基于"目标距离"制式的 ATP 子系统,其列车运行的追踪间隔,不再依赖于闭塞分区的划分,这是由于后续列车的追踪运行并不是取决与先行列车之间间隔几个闭塞分区,而是取决与先行列车之间应大于制动距离。由于它还不是移动闭塞,线路也划分成不同长度的闭塞分区,但是列车之间的间隔不是以闭塞分区(轨道电路)的分割为依据,向列车传送的信息是列车前行的"进路地图",这个数据在同一个线路区段是相同的,所以列车在每一个轨道电路分割点,若瞬时收不到 ATP 信息也不会导致紧急停车。对其先行列车和后续列车之间可以不必设置用于防护的闭塞分区,也不会产生追尾现象,后续列车可以驶抵先行列车所在的闭塞分区的分割点。这种制式可以理解为介于固定闭塞和移动闭塞之间,定义为准移动闭塞是合适的。

不同制式的 ATP 子系统其轨道电路的数量如表 5-1-4 所示。由表可见,相比"目标速度"制式的数字轨道电路,要得到同样的追踪间隔时间性能,其"目标距离"制式的数字轨道电路数量会减少 30%~50%。所以"目标距离"制式的 ATP 系统不仅提高了设备可靠性,降低生命周期成本,而且今后列车编组发生变化时,也不必对轨道电路的数量进行调整。

表 5-1-4 不同制式轨道电路数量的比较

| ATP 制式 | 线路长度/km | 车站/座 | 道岔/组 | 轨道电路数量 |
|---|---|---|---|---|
| 模拟"速度码"制式 | 14.6 | 13 | — | 258 个区段 |
| 数字"目标速度"制式 | 17 | 12 | 27 | 220 个区段 |
| 数字"目标距离"制式 | 25 | 19 | 30 | 160 个区段 |

"目标距离"制式数字轨道电路的 ATP 子系统重要结构包括轨道电路系统及列车定位设备。

(1)轨道电路系统结构。

"目标距离"制式数字轨道电路的 ATP 子系统中,其轨道电路系统结构如图 5-1-16 所示。

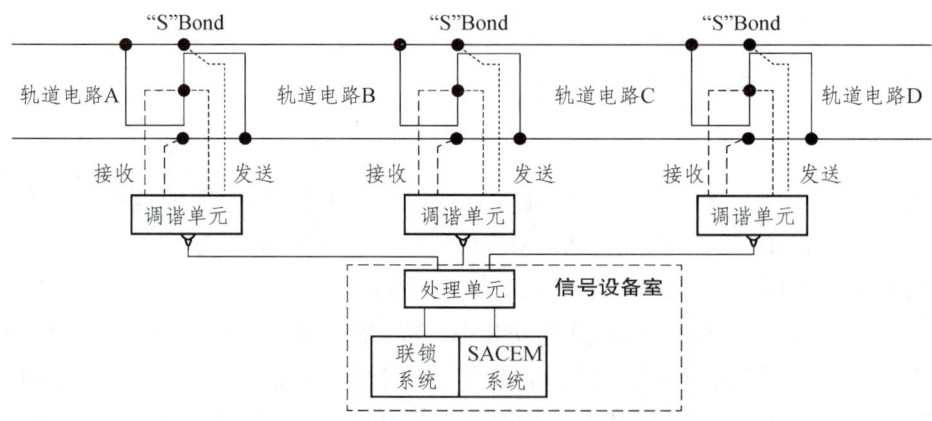

图 5-1-16 "目标距离"制式数字轨道电路系统结构

轨道电路处理单元设在信号设备室,它通过电缆与室外调谐单元相连,调谐单元的连接线与钢轨直接相连(不另设调谐环线)。另外,"S"Bond 的中间点上不接回流线,可以减少牵引电流对轨道电路的影响。

① 数字报文式轨道电路的基本特性。

数字轨道电路的载频频率为 9.5 kHz、11.1 kHz、12.7 kHz、14.3 kHz、15.9 kHz、17.5 kHz、19.1 kHz、20.7 kHz；轨道电路的长度为 20～400 m（根据设计而定）；最大分路灵敏度为 0.5 Ω；信号设备室的轨道电路处理单元至轨旁调谐单元的最大距离可达 4.5 km；列车检测码的传输速率为 400 b/s；车载 ATP 信息数据码（也称为 SACEM 报文）的传输速率为 500 b/s；电气绝缘节长度（"S" Bond 两端）为 7.2 m。

② 轨道电路数据信息的切换。

列车跨越两个轨道区段时，轨道电路分路情况如图 5-1-17 所示。列车从 DT-1 轨道区段驶向 DT-2 轨道区段，在 DT-1 区段，轨道电路 DT-1 被分路，轨道电路 DT-2 没有分路；驶入 A 区段，轨道电路 DT-1 分路，DT-2 可能被分路；列车进入 C 区段，轨道电路 DT-1、DT-2 均分路；列车驶入 B 区段，轨道电路 DT-2 被分路，DT-1 可能分路，列车驶出 B 区段，轨道电路 DT-2 分路，DT-1 没有分路。

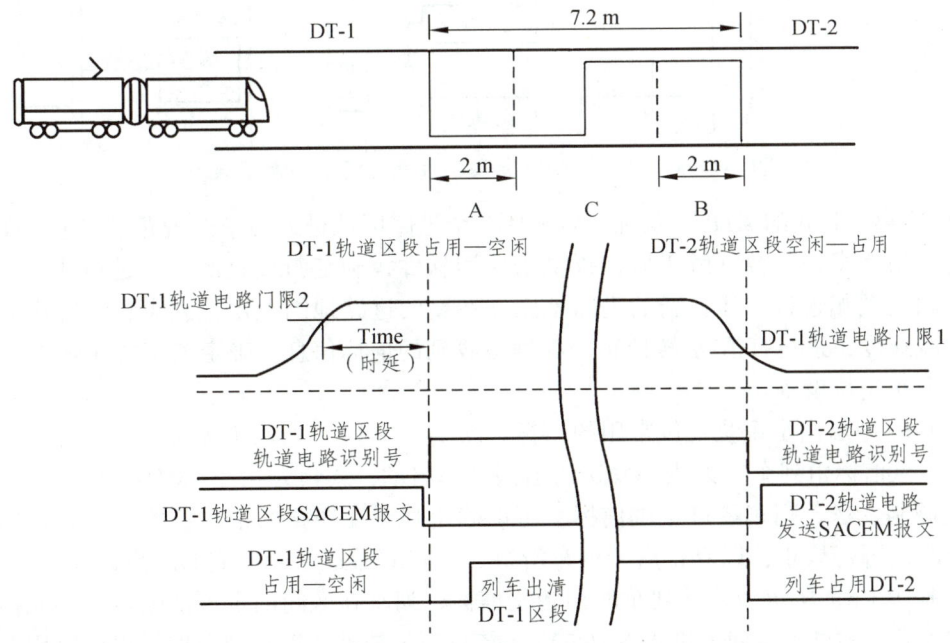

图 5-1-17　列车分路及轨道电路发送信息切换示意图

当轨道电路接收门限 2 高于门限 1，也即当 DT-2 接收端的接收电平小于门限 1 时，判定列车已进入 DT-2 轨道区段，DT-2 轨道电路发送端开始发送 SACEM 信息（车载信号数据信息）给列车；当轨道电路 DT-1 接收端的接收电平高于门限 2 并经一定的延时（大约 2 s），才判定列车已出清 DT-1 轨道区段，这时 DT-1 轨道电路的发送端停止发送 SACEM 信息，所以当 DT-1 轨道电路接收端接收电平高于门限 2，不是马上停止 SACEM 信息的发送，这对于列车不间断接收 SACEM 信息是有利的。这里提到的 SACEM 信息就是通过轨道电路向列车传送的 ATP "进路地图"信息，也就是我们以前所讲的 ATP 车载信息。

数字轨道电路不仅作为列车检测的主要设备，也是向列车传输"进路地图"数据信息的通道。如图 5-1-18 所示，平时在轨道电路中发送的是以轨道电路标识号为主的数据信号。轨道电路的地面接收端在判断接收信息时，不仅检出接收电平，而且要进行数据比较，只有在数据比较一致和电平检测符合时,才能打开与门,以示该轨道区段空闲。当检测电平低于门限电平要求,与门关闭(相当于图中 R-S 触发翻转),说明列车已经进入该轨道区段,这时,轨道电路发送端开始发送 SACEM 车载报文信息。而当列车出清轨道区段,轨道电路接收端的接收电平高于门限 2,以证实列车已经出清了该轨道区段,经一定的时延(2 s),轨道电路发送端恢复发送列车检测信息。

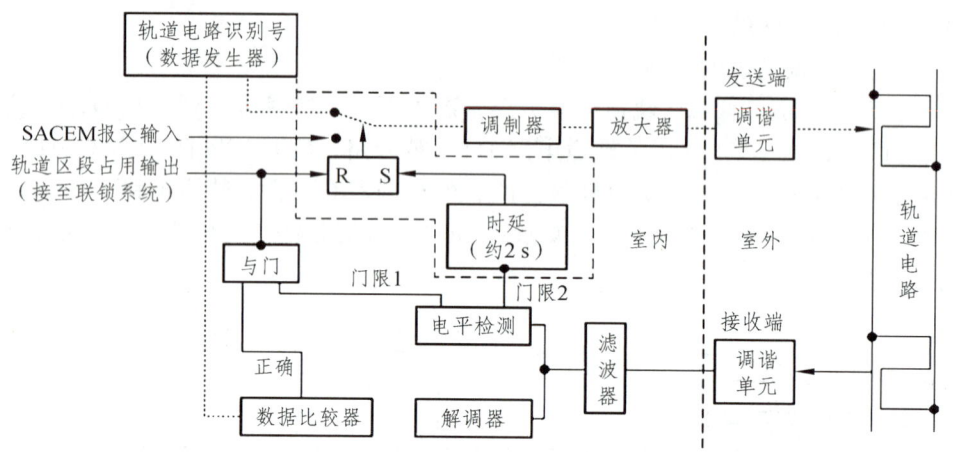

图 5-1-18　列车检测信息和车载信号信息的切换原理

"目标距离"制式的 ATP 子系统,列车从一个进路区域进入另一个进路区域时,车载设备接收信息并对信息进行数据解码后,提供给应用软件,确定新接收部分的进路地图,与以前收到的进路地图相连接,建立新的进路地图并在新的进路地图上定位列车;计算出列车的位移及加、减速度,进行打滑/空转校正,根据接收到的信标信息,确定列车的实际位置。

（2）列车定位设备。

图 5-1-19 中给出了系统定位常用的信标。图 5-1-19（a）所示为无源定位信标,当列车经过信标时,该信标由列车"天线"发送的谐振频率启动,载频为 4.237 MHz,以 FSK（移频键控）方式调制发送,列车经过定位信标,可以确定列车在线路的绝对位置,对列车运行所估算的运行距离进行修正,以修正由于列车滑行、空转或后退等所造成的距离误差。

图 5-1-19（b）所示为移动列车的初始化信标,列车在区间的定位消失后,用此信标对列车重新初始化。另外,当列车进入 SACEM 系统,为了校准速度传感器时,也可以用此信标来初始化系统,由于这两个信标之间的距离是固定的,其中第一个信标给出网络上的定位信息后,开始"启动"列车的位移测量系统来校准速度传感器;第二个信标给出的信息,为网络上的定位及关闭列车位移测量系统,来校准测速定位方法的定位误差。

图 5-1-19（c）所示为精确定位有源信标,这种信标安装于站台的停车点,它需要外部 220 V的交流电源供电,此信标允许将所需信息传递给运行中的列车或已停站的列车。也就是说,当列车以 45 km/h 的速度跳停站台时也能保证信息的可靠接收,而当列车停于站台后,用它来进行列车与地面间的信息传递,列车状态信息也通过此信标向地面传输。另外,还进行屏蔽门管理及授权屏蔽门的门控。

图 5-1-19（d）所示为静止列车初始化信标,它也是有源信标,一般安装于线路两端的折返线、停车场出口,进入正线的出站信号机前,它能在列车经过或停靠时向列车传递所需的信息,也能执行列车向轨道的信息传递。

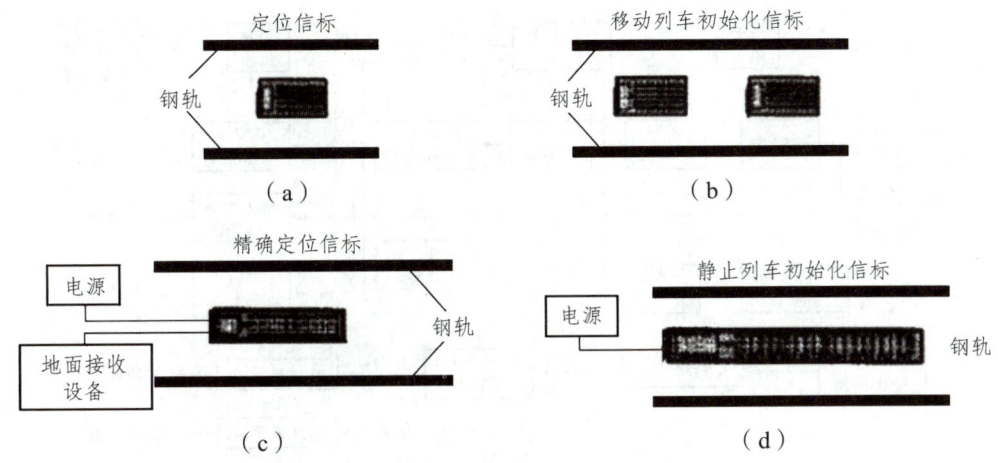

图 5-1-19 系统常用的定位信标

### 1.4.3 ATP 子系统的车载设备

**1. ATP 子系统车载设备的组成**

1) ATP 车载单元

ATP 车载单元使列车遵照列车移动许可运行，以保证行车安全。违反移动许可可引起 ATP 车载单元执行紧急制动，并使列车停稳。这些操作是与安全密切相关的，同时 ATP 车载单元必须要求故障导向安全，为 2 取 2 配置，它和 ATO 车载单元一起安装在机柜内。

2) ATP 天线（每个驾驶舱两个）

ATP 天线安装在列车下部行车轨道上方，每组天线位于第一轮对的前方，它们能感应到轨道电路电流的信号。列车的两端驾驶室各装备 1 对天线，只有司机驾驶室在使用时 ATP 天线才会被选用。

3) 测速传感器

测速传感器为 ATP 功能提供输入，使 ATP 完成同列车安全运行相关的速度、距离和方向信息的计算。两种不同类型的测速传感器固定安装在列车两侧两个不同的车轴轴承上，它能降低共模故障的风险性。

4) 服务/自诊断接口

在 ATP 车载设备的运行阶段，服务/自诊断接口提供了信息处理记录功能；它还允许安全数据输入 ATP 车载单元。例如，车轮轮径和制动曲线数据可通过自诊断接口传送至诊断 PC 里，或从诊断 PC 输入自诊断接口。服务/自诊断接口由安装在 ATP 车载设备的信号分配器的连接器组成，为双向 RS-232 串行接口。

**2. ATP 子系统车载设备的功能**

车载 ATP 子系统是确保列车运行安全的关键设备，它与地面 ATP 设备相配合，完成速度或距离信号的接收和解译，实现超速防护、制动保证、零速检测、车门控制、后退防护等，车载 ATP 子系统功能如图 5-1-20 所示。

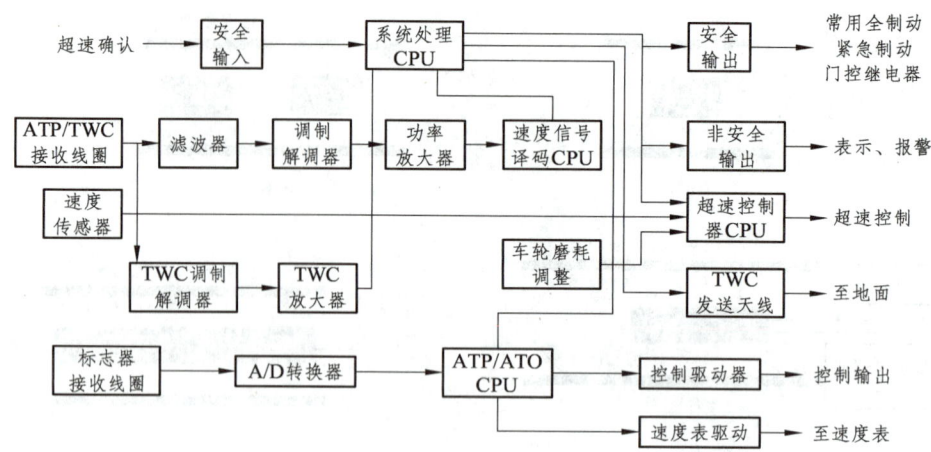

图 5-1-20　车载 ATP 子系统功能框图

### 1）ATP 速度信息的接收和解译

地面 ATP 子系统通过钢轨向列车发送速度命令和门控命令，其载频为 2 250 Hz，车载 ATP 接收线圈以耦合方式从钢轨接收经低频调制的 ASK 车载信号，通过滤波器、解调器提供一个固定的电平方波，送至速度信号译码 CPU，该 CPU 译出的速度或门控命令，再送至系统处理 CPU。

### 2）超速防护

ATP 子系统的主要功能是实现列车的超速防护，保证列车不会超出"速度命令"所规定的速度，该功能由超速控制器 CPU 来完成。超速控制器 CPU 接收来自系统处理 CPU 的限制速度信息和来自速度传感器的列车实际信息，如果列车的实际速度超出 ATP 限速出现超速状态，在自动模式下列车将自动调整速度，在人工模式时由司机采取措施减速。ATP 超速的"触发"点，一般设定在比限速高 3 km/h 时。

"零速"检测在所有的操作模式都生效，当列车速度小于 3 km/h 时，ATP 子系统便确认为"零"速度，并由超速 CPU 进行零速检测；当列车实际速度小于零速度设定值，则"零速"检测信息被返送至系统处理器。

### 3）列车车门的开、闭控制

当列车到达对位停车点时，列车对位天线检测到由站台对位线圈送出的 13.235 kHz 的频率信号，证明列车已精确地抵达站台停车点，列车 ATO 子系统发出"列车进行全常用制动"的指令，并生成一个"列车停稳"信号给 ATP 子系统。ATP 子系统接收到该指令后，施加全常用制动并检测到速度为零。这时，ATP 子系统生成一个列车"对位"信号给车载 ATO 子系统，并通过车载对位天线送出载频为 21.945 kHz、调制低频为 77 Hz 的列车已"对位停车"的信号。地面对位线圈接收并译出上述"对位停车"信号，使车站 ATP 模块通过站台区域的轨道电路，送出打开列车门信号，其载频为 2 250 Hz，调制频率为 4.5 Hz（左门）或 5.54 Hz（右门）。其中，开门信号是安全信息，所以是通过轨道电路送出的。

车载 ATP 接收线圈自钢轨接收到打开车门信号以后，应使相应的"门控继电器"励磁，并点亮相应侧的门控表示灯，这时司机才可以按压与表示灯相一致的门控按钮，即当门控继电器的前接点与车辆门控电路的安全接点相一致时，才能开启站台侧的所有车门；与此同时，车载 ATP 子系统指示列车对位天线停发列车对位信号，改发打开站台屏蔽门信号。

当停站计时结束,车站 ATP 模块停止发送打开车门信号,使列车相应的门控继电器失磁,司机可按压车门关闭按钮,门控电路启动列车门关闭程序。在列车启动列车车门关闭程序的同时,列车 ATP 子系统中止发送开启屏蔽门信号,使站台屏蔽门控制继电器失磁,启动站台屏蔽门关闭程序。

停站计时结束后,站台侧发车指示灯点亮。在启动列车门和屏蔽门关闭程序后,地面 ATP 子系统通过站台区域轨道电路向列车发送速度命令,车辆 ATP 子系统译出速度命令,并将列车门关闭信号一起送给车载 ATO 子系统,ATO 子系统收到上述信号后,使司机控制台的 ATO 表示灯以 1 Hz 的频率闪光,提示司机按压 ATO 启动按钮,司机按压此按钮后,列车按 ATO 自动运行模式启动加速并自动运行。

在人工模式的情况下,司机必须以人工控制方式将车停于对位停车点,当列车对位表示灯点亮时,证明列车正确对位,在确认对位停车后,司机按压站台侧门控按钮才能打开车门。关闭车门也由司机控制。

### 4)列车后退防护和无意识运行的防护

司机手柄所处的位置决定了列车的运行方向,如果检测到并确认列车的实际运行方向与司机手柄位置不一致,则应施加紧急制动予以防护。不论在自动模式还是人工模式都由超速防护系统提供后退防护。另外,当列车制动停车以后施加全常用制动,在尚未收到速度命令的情况下,列车无意识运行只要检测出车速超过 3 km/h,那么车载 ATP 子系统会实施紧急制动予以防护。

## 1.5 列车自动驾驶子系统(ATO)

基于轨道电路的列车运行控制系统的 ATO 子系统的设备由轨旁设备和车载设备构成,通常 ATP 子系统的轨旁设备也用作 ATO 子系统的轨旁设备。其系统的主要原理如下:

课件 TBTC 系统基础
知识认知——ATO

### 1.5.1 速度控制

车载 ATO 模块的调速器以渐进和恒定的速率加速,使列车到达由限速设定的运行速度,当列车到达限定速度后,通过连续比较实际速度和限速,控制列车的牵引和制动系统,它应用闭环控制技术达到速度调节的目的。根据 ATP 速度命令、ATS 运行等级及车站停车曲线所决定的最低参考度来控制调节列车的速度,使列车速度保持在不大于上述参考速度 5 km/h 的范围内,速度调节器将列车的实际速度和上述参考速度进行比较,计算其牵引力或制动力。新的牵引力计算出来后被送至 ATO 接口,将该命令送给车辆牵引系统以确定向列车提供的是正牵引动力,还是负制动动力,或是零牵引惰行。

### 1.5.2 停车点的对位停车控制

对位停车控制方式有台阶式制动和曲线式制动两种。

动画 对位停车控制

#### 1. 台阶式程序对位停车控制原理

为了实现列车在车站的程序对位停车控制,根据列车运行方向在离对位停车点 350 m、150 m、25 m 和 8 m 处分别设有对位停车用标志器,在对位停车点设有对位线圈;其中 8 m 标志器和对位线圈是有源的设备,其余的标志器都是无源的设备。

台阶式程序对位停车控制原理如图 5-1-21 所示，当列车经过上述各点的标志器时收到不同频率的信息，这些信息用来告知运行的列车离对位停车点还有多少距离。离对位停车点 350 m 的标志器，是对位停车控制的起始点，当列车收到应答器发送的频率之一时，车载 ATO 子系统便启动车站程序对位停车控制，列车生成第一制动模式曲线，并点亮司机操作台上的程序对位停车表示灯；列车运行至站台区域后，会收到距离对位停车点 150 m 处两个中间标志器的信息，当列车收到上述中间标志器频率之一，车载 ATO 子系统便生成第二制动模式曲线。实际上，第二制动模式曲线是对第一制动模式曲线进行修正，也是对上一次制动的缓解。同样道理，随着列车继续前进，在对位停车点 25 m 处，会收到由内方标志器发送的信息，车载 ATO 子系统便生成第三制动模式曲线；当列车距离对位停车点 8 m 时，车载 ATO 子系统进行第三次制动修正，再一次制动缓解，使列车准确地停于对位停车点；当列车收到由地面对位线圈送出的信号时，证实列车已在对位停车点停车，车载系统检出此信号后，实施全常用制动。

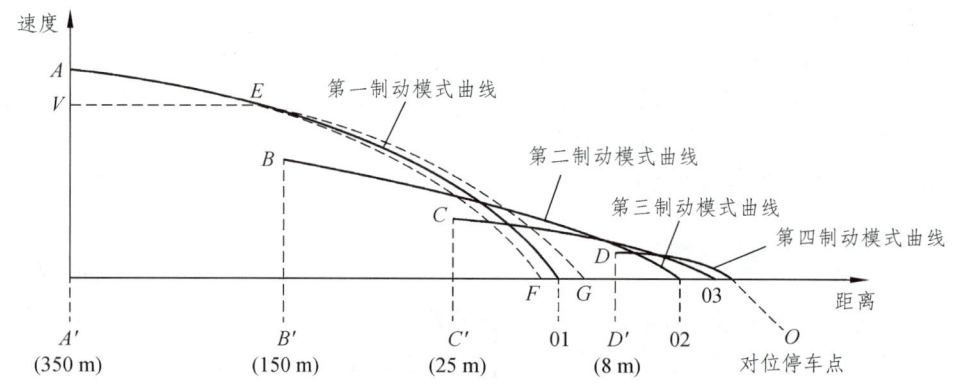

图 5-1-21　台阶式车站程序对位停车控制原理

## 2. 曲线式程序对位停车控制原理

曲线式制动模式是基于数字编码轨道电路的发展而产生的，相比台阶式制动，其对位停车的启动点离对位停车点更近，而且由于距离定位信息不断校准，所以在不断地修正制动曲线，可以近似地看作只有一条制动曲线。

为了实现车—地间的信息交换和对位停车控制，在站台区域的两根钢轨间设置了车—地信息通信环线。

通过轨道电路可以检测到列车由区间进入站台区域前方的接近区段，这时地面的"车—地通信控制器"通过站台区域的环线送出控制中心 ATS 的调度控制信息；列车本身也检测到已经进入站台前方的轨道区段，所以列车的车载"车—地通信控制器"开始向地面发送列车状态信息，但是由于列车还在站台轨道区段的接近区段，车地之间没有进入信息交换的阶段，双方都处于信息交换的准备阶段。

当列车进入站台轨道区段，车载 ATP 子系统收到列车已经进入站台区段的 ATP 控制信息，同时车载"车—地通信控制器"开始接收到地面环线送来的调度信息，车载 ATO 子系统启动程序停车，控制列车"连续地"接收由地面送来的调度控制信息，但列车还没有向地面发送信息，与此同时，列车还接收到地面环线各个交叉点的信息，可以精确地测算出到达停车点的距离，连续地修正制动曲线。

车载计算机自动地计算出到对位停车的距离，列车运行距离的计算通过环线交叉点来校正，校正交叉点的设定可根据需要而调整，车载计算机也已将交叉点的距离信息参数存储，这样可以进行多次校正。地面的车—地通信控制器通过 TWC 环线连续地向列车传送包括车站停车制动率、"跳停"当前站等各种数据信息和环线边界数据。

上述数字编码轨道电路采用站台区域设置环线的方式，根据环线"交叉点"来进行列车定位的校正，在以"距离定位"为原则的数字报文式轨道电路为基础的 ATC 系统中，采用在站台区域设置"定位信标"的方法，对执行车站程序对位停车控制的列车进行定位校准。

## 评价标准

### 《TBTC 系统基础知识认知》任务评价单

| 评价方式 | 评价内容 | 比例 | 得分 |
| --- | --- | --- | --- |
| 学生自评 | 按项目评价内容及标准进行评价 | 20% | |
| 组内互评 | 按项目评价内容及标准进行评价 | 20% | |
| 组间互评 | 按项目评价内容及标准进行评价 | 20% | |
| 教师评价 | 按项目评价内容及标准进行评价 | 40% | |
| 任务得分 | | | |

### 《TBTC 系统基础知识认知》任务评价内容及标准

| 序号 | 评价项目 | 评价内容 | 评价标准 | 分值 | 得分 |
| --- | --- | --- | --- | --- | --- |
| 1 | 任务完成情况 | 基于轨道电路的列车运行控制系统认知 | 列控系统组成描述是否正确；列控系统控制方式描述是否清楚；列控系统分类描述是否明确，根据实际情况酌情打分 | 20 分 | |
| | | 列车自动监控子系统 | ATS 子系统组成描述是否清楚；ATS 子系统功能描述是否明确，根据实际情况酌情打分 | 20 分 | |
| | | 列车自动防护子系统 | ATP 子系统组成描述是否清楚；ATP 子系统轨旁设备描述是否清楚；ATP 子系统的车载设备描述是否明确，根据实际情况酌情打分 | 20 分 | |
| | | 列车自动驾驶子系统 | ATO 功能模块描述是否清楚；ATO 子系统原理描述是否明确，根据实际情况酌情打分 | 20 分 | |
| 2 | 职业素养情况 | 资料搜集情况 | 资料搜集非常全面 5 分；资料搜集比较全面 1~4 分；资料搜集不全面酌情扣 1~5 分 | 5 分 | |
| | | 语言表达情况 | 表达非常准确 5 分；表达比较准确 1~4 分；表达不准确酌情扣 1~5 分 | 5 分 | |
| | | 工作态度情况 | 态度非常认真 5 分；态度较为认真 2~4 分；态度不认真、不积极酌情扣 1~5 分 | 5 分 | |
| | | 团队分工情况 | 分工非常合理 5 分；分工比较合理 1~4 分；分工不合理酌情扣 1~5 分 | 5 分 | |

# 工作任务 2　西门子 TBTC 系统认知

课件　西门子 TBTC
系统认知

### 技能训练

《西门子 TBTC 系统认知》训练工单

| 学习项目 | 基于轨道电路的列车运行控制系统的维护 | | 姓名 | | 班级 | |
|---|---|---|---|---|---|---|
| 任务名称 | 西门子 TBTC 系统认知 | | 学号 | | 组别 | |
| 任务目标 | 1. 能够说明西门子 ATC 系统组成；<br>2. 能够掌握西门子 ATC 系统原理 | | | | | |
| 任务描述 | 学生以小组为单位，通过查阅相关资料及实地调研，完成下列任务：<br>1. 简述西门子 ATC 系统特点；<br>2. 描述西门子 ATC 系统组成；<br>3. 以小组为单位查询西门子 ATC 系统原理并进行汇报展示 | | | | | |
| 任务要求 | 1. 场地要求：列车运行控制系统实训室；<br>2. 设备要求：西门子 TBTC 系统；<br>3. 工具要求：无 | | | | | |
| 课前任务 | 请根据教师下发的视频资源，探索西门子 ATC 系统特点，并在课程平台讨论区中讨论 | | | | | |
| 课中训练 | 1. 通过查阅相关资料，将西门子 TBTC 系统认知概况记录在表 5-2-1 中，并在实验室的西门子 TBTC 系统上指认系统各个组成设备的位置及在系统中的功能。<br><br>表 5-2-1　西门子 TBTC 系统认知概况记录表<br><br>| 知识点 | | 内容 |<br>|---|---|---|<br>| 西门子 ATC 系统概述 | 系统构成 | |<br>| | 系统特点 | |<br>| 西门子 ATC 系统组成 | 操作层设备——ATS | |<br>| | 轨旁层设备 | |<br>| | 轨道层设备 | |<br><br>2. 观看微课并请学生以小组为单位总结西门子 TBTC 系统工作原理，在实验设备上完成一次模拟列车运行的相关操作，并对操作步骤进行 PPT 汇报展示 | | | | | |
| 任务总结 | 对项目完成情况进行归纳、总结、提升： | | | | | |
| 课后任务 | 思考西门子 TBTC 系统组成的特点，并在课程平台讨论区中讨论 | | | | | |

### 理论要点

## 2.1　西门子 ATC 系统概述

西门子城市轨道交通综合信号系统是安全、可靠和先进的列车运行自动控制系统（ATC）。

基于轨道电路的西门子 ATC 主要由 3 个子系统组成，包括计算机联锁（系统故障—安全）系统、ATP/ATO 系统、列车自动监督系统（ATS）。

西门子 ATC 系统构成如图 5-2-1 所示。

微课　西门子 ATC
系统概述

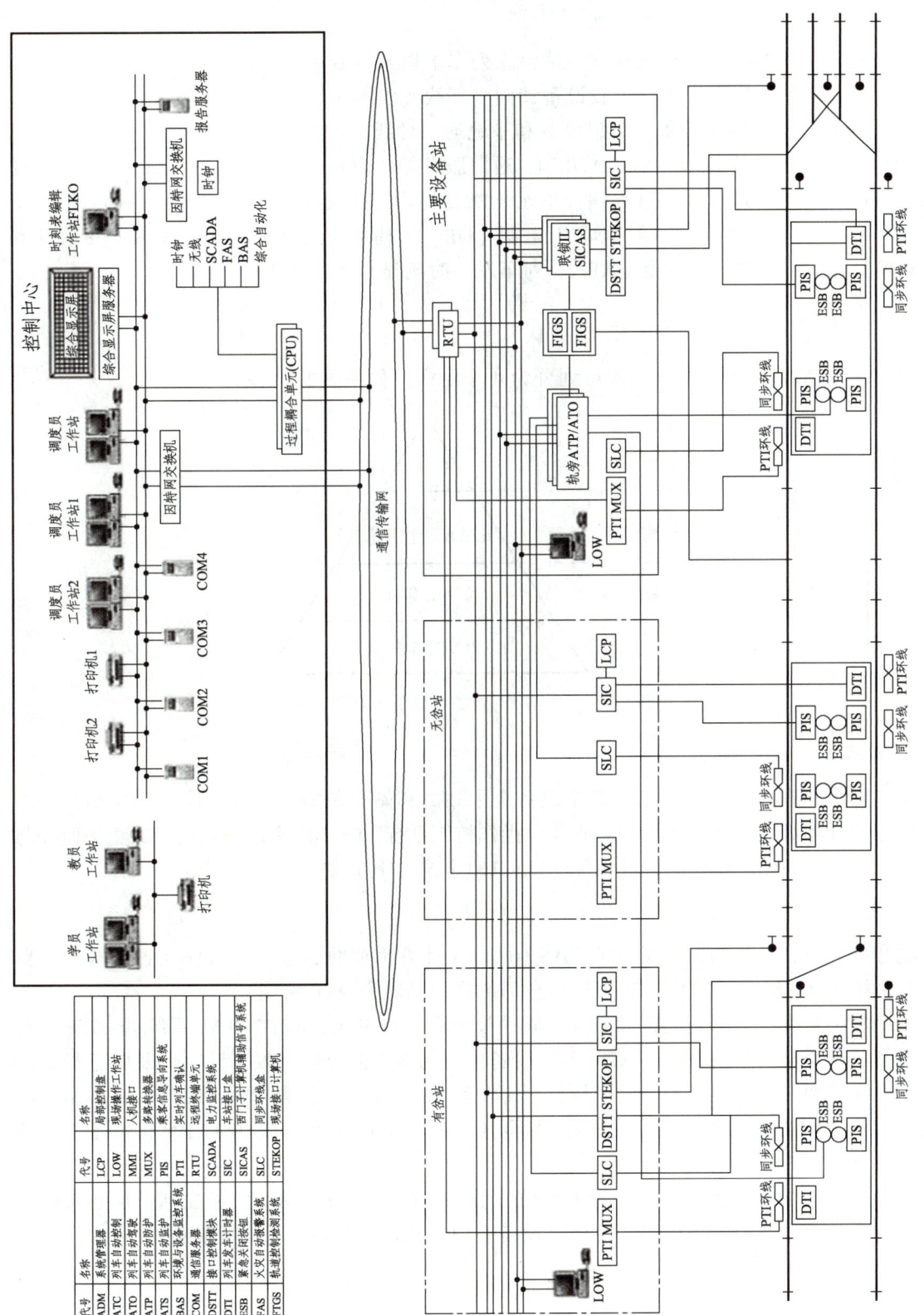

图 5-2-1 西门子 ATC 系统框图

### 2.1.1 按设备安装位置划分系统构成

设备安装在现场线路上和机械室、站台、列车上以及控制中心（OCC）内。

ATP 设备包括：轨旁设备、车载设备和同步环线（SYN）

ATO 设备包括：轨旁设备、车载设备和车地通信环线（PTI）。

ATS 设备包括：系统管理器（ADM）、通信服务器（COM）、人机接口（MMI）、打印服务器、打印机、维护操作台、过程耦合单元（PCU）、模拟表示盘、演示系统（DS）、时刻表编辑器（TTE）、局域网（LAN）、不间断电源（UPS）、局部控制盘（LCP）、乘客向导信息系统（PIIS）列车到达时刻显示器（ATI）、列车发车时刻显示器（DTI）等。

### 2.1.2 按功能划分系统构成

西门子的 ATC 系统按系统功能可划分为 4 个层次，如图 5-2-2 所示。

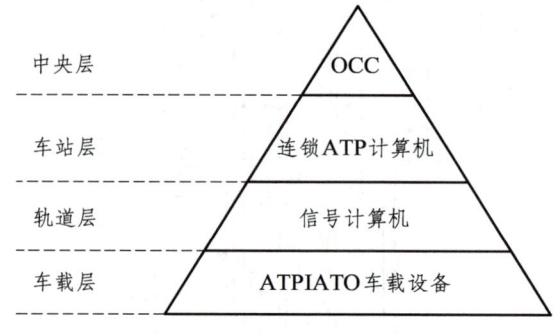

图 5-2-2　西门子 ATC 系统结构层次

**1. 操作层（中央层）**

操作层分布在控制中心及正线各个设备集中站的车站控制室、车辆段信号楼控制室，由控制中心的计算机 VICOS（车辆和基础集中操作控制系统）OC501 实现全线运营的集中监控与管理，由设备集中站车站控制室的 VICOS OC101 执行本地控制功能。

**2. 轨旁层（车站层）**

轨旁层分布在沿线的轨旁层由 SICAS（西门子计算机辅助信号）和 LZB（连续式列车自动控制系统）700 M 系统组成，它们执行全部的联锁和轨旁 ATP 功能。

联锁集中站设备包括正线区段室内的联锁设备和接口单元、LZB700 M 系统的 ATP/ATO 室内设备、轨道电路室内设备、ATS 车站设备（含与乘客向导牌、发车计时器及应急盘的接口）室内终端架、电源设备等，它们执行全部联锁和 ATP/ATO 轨旁功能。另外，在车站控制室放置操作工作站（LOW）。为保证系统安全性，ATP/ATO 轨旁（室内）计算机设备、计算机联锁设备采用 3 取 2 结构。

非设备集中站的现场设备由设于本站信号设备室内的接口及驱动设备控制，这些接口及驱动设备由相应设备集中站监控。此外，设备室内还将设置终端架、电源设备。

**3. 轨道层**

轨道层包括转辙机和信号机、FTGS 轨道电路，PTI 环线及站台精确停车环线，实现进路的防护与控制、列车检测、车地信息传输、列车位置识别。列车运行监督由在控制区间起始处和全线各个车站的列车位置识别系统（PTI）来实现。

### 4. 车载层

车载层包括 LZB700 M 的车载 ATP/ATO 设备，实现列车自动防护和自动运行功能。ATP/ATO 车载设备采用 2 取 2 结构，符合故障—安全原则，并提高了系统的安全性、可靠性和可用性。

## 2.2 西门子 ATC 系统组成

### 2.2.1 操作层（中央层）设备——ATS

在正常运营条件下，全线列车的控制和监视由控制中心的 VICOS OC501 系统实现。

VICOS 是一个用于实现 ATS 功能的计算机设备网络，主要包括控制中心的 VICOS OC501 和车站控制室的 VICOS OC101。

#### 1. 系统配置

VICOS OC501 系统可以确保安全性和可靠性要求，并能够实现未来的改建。通过使用冗余的以太局域网可以与所有系统部件实现可靠的通信连接。

##### 1）控制中心设备

VICOS OC501 系统硬件主要由以下部件组成：人机接口（MMI 服务器）和时刻表编辑器（TTE 服务器）、通信服务器（COM 服务器）、系统管理服务器（ADM 服务器）、过程耦合单元（PCU）等。

（1）COM 服务器。

VICOS OC501 的核心是通信服务器（COM 服务器），它是实时过程控制计算机。

功能：控制中心的主要控制功能、列车自动监控（ATS）功能、列车进路设定（ARS）功能、列车自动调整（ATR）功能；所有从联锁和外围系统发送来的数据都是先送到该服务器并进行处理；自动运行控制功能如自动列车进路、自动列车跟踪和自动列车调整也在此服务器上完成。这些功能是由调度员通过人机接口（MMI 服务器）进行控制的；通信服务器（COM 服务器）也同时刻表编辑器（TTE 服务器）进行通信，以载入时刻表时间。

配置：采用了带有无延时转换的热备冗余。如果主服务器出现故障，那么热备服务器就在检查到故障之后立即接管过程管理。一旦损坏的服务器被修复之后，它上电后进入热备模式。

（2）系统管理服务器（ADM 服务器）。

功能：用于中央数据存储，储存系统所有的统计数据和应用软件包括主数据，提供通用数据管理和向 ATS 提供档案设施。

特点：该服务器中存储属于该系统的所有系统数据并且一般不能改变，如线路示意图和配置数据。当系统启动或当数据被改变时，将当前的有效数据提供给所有其他计算机。

（3）人机接口（MMI 服务器）。

人机接口（MMI 服务器）即操作员台，是操作员与运营控制计算机系统间的人机界面。

功能：通过 MMI 服务器可进行过程数据预处理、自动列车跟踪、自动进路设置、列车自动调整、命令输出，通过过程耦合单元（PCU）向联锁输出命令、存储操作日志和报警清单。

配置：在控制中心装备 3 个调度员工作站，1 个配备给调度主任，另 2 个配备给行车调度员。

（4）时刻表编辑器（TTE 服务器）。

功能：应用时刻表编辑服务器实现时间表编辑，应用时刻表数据库实现时刻表的生成、编辑、修改及存储。

（5）模拟培训工作站。

功能：模拟培训工作站为调度员提供离线培训设备和在线调试、开通工具。

（6）维护员工作站。

功能：维护工作站也放置在控制中心，维护员 MMI 用于监督，可得到所有的报警列表、报告和概览。维护人员可利用系统概览功能进行系统维护。

显示：计算机和连接电缆以框图的形式表示，当相应的信息对 VICOS OC501 有效时，设备的实际状态可以显示。

（7）打印机。

功能：设有两个激光打印机和一个喷墨打印机，用来执行打印任务。

喷墨打印机用于输出连续的记录（操作日志），彩色激光打印机用于输出所谓特殊清单（如报警信息清单），屏幕显示内容和列车运行图。

（8）控制中心模拟盘。

功能：控制中心设大显示屏，显示屏应采用计算机控制技术，能在固定的区域显示需要的报警、行车信息（信息窗）、提示信息（含文字）。

2）过程耦合单元（PCU）

过程耦合单元在车站远程终端单元（RTU）和 VICOS OC501 的 COM 工作站之间传输数据。

3）车站远程终端单元（RTU）

远程终端单元是连接 VICOS OC501 系统（通过 PCU）和外围子系统的过程耦合单元。其他子系统（PTI、PIS、DTI、LCP）也都通过 RTU 操作。

4）车站控制室设备

（1）VICOS OC101 设备用作本地控制和显示，对本地联锁区域进行监控。在一台 VICOS OC101 出现故障的情况下，相邻联锁区域内的 VICOS OC101 可以接管它的监控工作。

（2）本地操作员工作站（LOW）由 PC 和显示器构成。其功能是所有要求联锁操作的功能都能在本地操作员工作站（LOW）上执行，即不仅正常的联锁操作如排列进路、转换道岔等能执行，其他与安全相关的功能也能在本地操作员台上执行。

**2. ATS 软件**

VICOS OC501 系统的软件基于 UNIX 操作系统。服务和帮助程序（如编辑器或输入/输出系统）都在操作系统上直接运行。软件的最上层提供操作控制功能，例如操作员控制和显示的功能、自动办理进路以及列车自动追踪等。

### 3. 培训和演示系统

培训和演示系统包括有一个模拟 MMI（DS）和一个模拟 PC（S—PC）。

DS 在培训和演示系统中模拟 ATS 部分，包括了 VICOS OC501 系统的 ADM、COM 和 MMI 功能。

S—PC 在培训和演示系统中模拟外部设备和处理过程。

### 4. 接　　口

#### 1）车站设备接口

车站设备（本地控制盘、停站时间表示器和乘客信息盘）通过数据总线连接。

#### 2）时钟系统的接口

主时钟系统向 VICOS 提供接口，VICOS OC501 系统内部时钟将与主时钟系统同步，并向它的子系统（S1CAS 联锁、LZB700M）中的与时间相关的控制功能传递时间信息。

#### 3）无线通信的接口

在信号系统同无线电通信系统之间传送有关列车构成和位置信息。此信息允许无线通信系统的用户根据列车车次号联系列车。不需要使用控制电路，通过使用 4 线 RS-422，以半双工方式，数据接口可以完成两者之间的数据传输。

#### 4）数据传输的接口

通信系统提供的单模式、双界面，通过 6 芯光缆实现各个车站信号设备室与 VICOS OC501 的信息传输。

#### 5）SCADA（电力监控系统）接口

它是 ATS 与 SCADA 系统的牵引动力的状态之间的数据交换接口。这些信息可以使 ATS 显示牵引动力的状态。

#### 6）乘客向导系统

控制中心的 COM 服务器通过过程耦合单元（PCU）与车站远程终端单元（RTU）连接。RTU 的服务器放置在联锁所在的车站，RTU 中插入具有数据总线的功能接口板，1 个接口板可以控制 4 个站。接口板通过光纤把数据发送给乘客向导系统，接收到的信息必须由乘客向导系统分配，用以在站台上指定的乘客信息向导系统（PIS）在到站显示器上显示列车到站时间，在目的显示器上显示列车的目的地。列车发车计时器（DTI）应为在车站的单列车的司机显示发车时间。

## 2.2.2　轨旁层（车站层）设备

### 1. 正线联锁系统（SICAS）

#### 1）系统组成

SICAS 系统基本部件包括：工作站；联锁计算机（3 取 2）；联锁执行计算机（2 取 2）；电子接口模块和相关的现场元件，如转辙机、信号机、数字轨道电路设备等。联锁计算机执行常规的联锁功能，通过 STEKOP 和 DSTT 电子接口模块直接控制和监督室外设备，完成轨道空闲检测、进路控制、道岔控制和信号机控制功能。SICAS 联锁系统包括以下 3 个逻辑系统层：操作和显示层；联锁逻辑层；控制和监视层。

2）系统结构

从设备构成角度一般将设备分成 5 层，分别为表示层、逻辑层、执行表示层、设备驱动层以及现场设备层，如图 5-2-3 所示。对应的 SIEMENS 的联锁设备分为现场操作工作站（LW）、联锁计算机（SICAS）、现场接口计算机（STEKOP）、接口控制模块（DSTT）以及现场的道岔信号机和轨道电路。各层的主要功能如下：

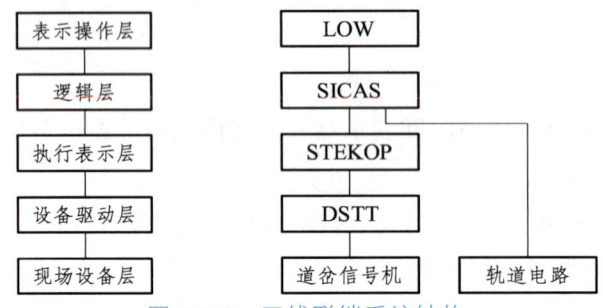

图 5-2-3　正线联锁系统结构

（1）操作层表示的是人机操作界面，将设备和列车的运行情况以图形化显示，接受操作员的操作指令并传给逻辑层进行处理。

（2）逻辑层是系统的核心层，主要进行联锁逻辑的处理。

（3）执行表示层是逻辑层与设备驱动层之间的接口，根据联锁层给出的命令和设备驱动层的结构，分解联锁层的命令输出，控制设备驱动层驱动现场设备，采集设备驱动层的表示信号并传给逻辑层。

（4）设备驱动层是现场设备的驱动设备，与 6502 继电联锁中的定位表示继电器、反位表示继电器、定位操作继电器、反位操作继电器、一启动继电器、二启动继电器如出一辙。

（5）现场设备层主要指道岔转辙机、信号机和轨道电路等。

2. LZB700M（轨旁设备）

LZB700M 系统是西门子 TBTC 系统的一个功能强大的子系统，它用在 ATP 和 ATO 中。LZB700M 中的两个子系统结合在一起，用于增加系统的安全性和有效性，其组成如图 5-2-4 所示。

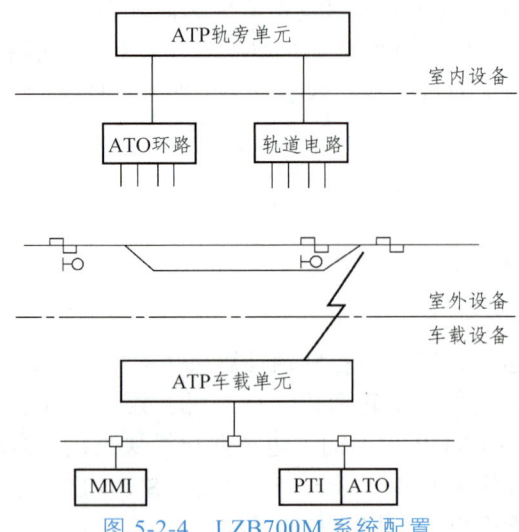

图 5-2-4　LZB700M 系统配置

LZB700M 设备由车载设备和轨旁设备组成，其中设置轨旁层的设备由 ATP/ATO 轨旁单元构成。

全线正线区段（包括折返线、存车线）、出入车辆段线（转换轨）及段内试车线均装备 LZB700M ATP/ATO 地面设备（3 取 2 配置）。ATP 轨旁单元是 LZB700M 系统同整个列车防护系统其他要素的主要接口。

1）ATP 轨旁单元的主要功能

（1）摘录司机指令。
（2）存储线路参数（线路坡度、轨道区段的长度、区间速度限制、区间临时速度限制）。
（3）与计算机联锁接口。
（4）同相邻设备集中站轨旁单元的通信（故障—安全总线系统）。
（5）与 FTGS 轨道电路的接口。
（6）与外部设备的接口（自诊断、接点输入、紧急停车输入）。

2）ATP 的输入数据

ATP 轨旁单元为形成运行命令，需要来自联锁、相邻的 ATP 轨旁单元和紧急停车单元的一些数据，以及恒定的线路参数，具体有：

（1）线路的设计。
（2）设计的速度限制——最大安全速度。
（3）临时限速区段。
（4）设计的安全区段。
（5）道岔设定。
（6）道岔区段的侧向限速。
（7）进路的入口。
（8）轨道空闲检测。
（9）紧急停车。

### 2.2.3 轨道层设备

西门子 TBTC 系统的轨道设备层是由 FTGS 型数字轨道电路、乘客导向牌、发车计时器、车—地通信设备、精确定位停车设备构成。

#### 1. FTGS 型数字轨道电路

FTGS 型数字轨道电路用于 LZB700M 的发送设备，从钢轨向列车发送信息，还作为列车占用轨道的检测设备。一个 LZB 轨旁单元最多能带 40 个轨道电路。

#### 2. 乘客向导牌

采用超级双基色点阵式 LED 显示屏，双面显示；能显示各种字型、字体的数字、汉字、字母，即显示与乘客乘车有关的信息，如列车到达时间、目的地、列车跳停等信息；具有信息编辑功能，可对各种信息进行编辑显示。

#### 3. 发车计时器

发车计时器采用超级双基色点阵式 LED 显示屏，单面显示，为二位显示 00～99 s；超过

99 s 时，以 99 s 闪动表示；根据控制中心 ATS 传送数据，在列车停稳后倒计时，表示距开车时间的秒数；当倒计时到 0 s 后，改为正计时，表示延迟发车的时间；如停车期间控制中心 ATS 发来扣车命令，则计数暂停，取消扣车则计数器显示器显示为零；发车后显示关闭。

4. 车—地通信设备

车—地通信设备构成如图 5-2-5 所示。

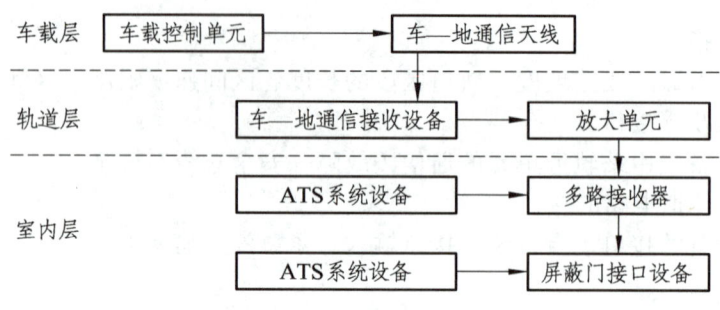

图 5-2-5　车—地通信设备结构

（1）在列车两端驾驶室各装一套车载控制单元。它一般和车载 ATO 单元共用一个机柜。其产生 850±2 kHz 信号向车下连续发送信息，传输速率为 50 kb/s。

（2）车—地通信天线安装在列车驾驶室底部距轨面约 20 cm 处，由它向车下连续发送信息。

（3）轨旁接收设备一般采用环线或信标，在站台区段的车—地通信设备要考虑列车的停车精度，并要实现车门与屏蔽门（PSD）联动的要求，这时要采用信标作为轨旁接收设备。

（4）轨旁信号放大单元安装在轨旁接收设备旁，将环线感应到的毫伏级电压放大至 3～7 V，可通过设置开关选择放大倍数。

（5）不论采用环线还是信标都要采用同轴电缆。同轴电缆将轨旁信号放大单元和室内接收单元多路接收器连接起来，此电缆一方面将 DC 24 V 电源送给信号放大单元，另一方面它将放大了的信号送回多路接收器。

（6）每个多路接收器可接 8 路 PTI 环线，通过 RS-232 接口与 ATS 远程终端 RTI 相连；同时又通过继电器与屏蔽门（PSD）接口相连，给出屏蔽门开门或关门指令。

（7）屏蔽门接口实现车门与屏蔽门的联动。多路接收器和屏蔽门控制器之间采用继电器进行隔离，防止电气干扰影响信号系统。这些继电器安装在车—地通信设备多路接收器 PTI-MUX 内。

5. 精确定位停车设备

1）精确定位设备的构成

LZB700M 型同步环线主要由发送控制单元、调谐单元、同步环线组成，如图 5-2-6 所示。

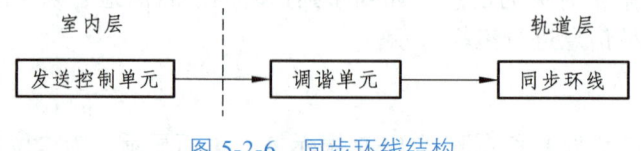

图 5-2-6　同步环线结构

在列车进站时，同步环线设备辅助列车能准确判断当前所在位置，直至停稳在准确位置上。一般的技术要求如下：

（1）ATP 站台停车窗为 40.5 m。

（2）ATO 站台设计停车精度在 ±0.5 m 范围内时，正确率为 99.999 8%；停车精度在 ±0.3 m 范围内时，正确率为 99.99%。

（3）同步环线设备不能与其他设备互相干扰。

**2）各组成的作用**

（1）发送控制单元：发送控制单元安装在设备室内，每个发送控制单元可控制 2 个同步环线，向环线发送一定频率（如 4.75 ~ 6.25 kHz）的信号。

（2）调谐单元：由电容、电感构成，可通过调谐使环线中电流达到 1.5 ~ 2 A。

（3）同步环线：同步环线有一定数量的交叉点，这些交叉点按照一定规律设置。同时每列车都设置接收器，以便读取站台同步环线的准确停车位置信息，实现车站精确停车。

### 2.2.4 车载层设备

LZB700M 的车载设备是由 ATP 车载单元、ATO 车载单元、ATP/ATO 天线（每个驾驶室两个）、人机接口 MMI（与车辆共用）、测速电机（每列车安装两个）和服务/自诊断等设备组成。两个司机室中的 LZB700M 设备之间用数据通道连接。列车每端需要两套天线和一套人机接口（MMI）。

#### 1. ATP 车载单元

ATP 车载单元安装在司机室的后边，它和 ATO 车载单元安装在同一个机柜内，ATP 车载单元用来保证列车安全，检查列车运行与限制条件的一致性。列车超速运行将引起 ATP 车载单元执行紧急制动，并使列车停稳。这些与安全密切相关的控制，要求 ATP 车载单元必须是故障—安全的。因此，ATP 车载单元硬件为 2 取 2 配置。

#### 2. ATO 车载单元

ATO 子系统是在 ATP 监督下运行的非安全系统，完成列车自动运行、列车速度调整、列车目标制动、车门控制。

#### 3. ATP/ATO 天线

ATP 天线安装在列车下部走行轨上方最前端转向架的车轮前面，应以适当的角度与车辆运行方向一致水平地或同心地（一个高度）安装。ATC 天线中心应位于轨道中心，天线与列车第一轮轴间的距离在 0.8 ~ 1 m；钢轨与天线底缘间的距离应保持在 100 ~ 150 mm。

#### 4. 人机接口 MMI

司机室内的 MMI 显示器控制台上，靠近控制面板，司机应无障碍地观察到 MMI，同时 MMI 显示器不应暴露于太阳辐射中。安装 MMI 显示器的开口不应挡住触摸屏的表面，MMI 显示器后面的接口应便于整备和维修。

### 5. 测速传感器

测速传感器用以完成所需的速度、距离和方向信息的计算。其安装接在列车前部车辆后转向架的两个轴上，如果一个速度传感器装在前轴的左轮上，另一个应接到后轴的右轮上，反之亦然。

### 6. 服务/自诊断

ATP 和 ATO 功能均与服务/自诊断 PC 有接口。自诊断接口包括安装在 ATP 车载设备信号分配器上的连接器。

对 ATP 车载设备的运行，服务/自诊断接口提供信息处理记录。它还允许安全数据（如车轮轮径和制动曲线）输入至 ATP 车载单元。

## 2.3 西门子 TBTC 系统原理

西门子 TBTC 系统是连续式列车运行控制系统，它以 LZB700M 系统为核心，利用 FTGS 型数字式无绝缘轨道电路连续地向列车传输数据，连续地监督、控制列车的运行。ATP 在轨旁不需要添加另外的传输设备。

ATP 轨旁单元连续地从联锁、轨道空闲监测系统和计划数据中得到驾驶命令，并传输到 ATP 车载单元。驾驶命令包括目标参数（目标速度和目标距离）、最大允许线路速度和线路坡度。ATP 车载设备根据这个数据和列车制动率计算出在当前位置的允许速度。驾驶列车所需的数据通过司机驾驶室内的显示屏显示给司机，由司机按照要求驾驶列车运行。列车运行过程中，通过测速电机连续测量列车实际运行速度和距离。如果列车在当前位置超过允许速度，ATP 车载设备在发出警报后触发紧急制动。

LZB700M 遵照安全规则能使在同一方向运行的两列车之间的间隔极短，并能连续地计算制动曲线，以保证最小安全距离。

**评价标准**

《西门子 TBTC 系统认知》任务评价单

| 评价方式 | 评价内容 | 比例 | 得分 |
| --- | --- | --- | --- |
| 学生自评 | 按项目评价内容及标准进行评价 | 20% | |
| 组内互评 | 按项目评价内容及标准进行评价 | 20% | |
| 组间互评 | 按项目评价内容及标准进行评价 | 20% | |
| 教师评价 | 按项目评价内容及标准进行评价 | 40% | |
| 任务得分 | | | |

《西门子 TBTC 系统认知》任务评价内容及标准

| 序号 | 评价项目 | 评价内容 | 评价标准 | 分值 | 得分 |
|---|---|---|---|---|---|
| 1 | 任务完成情况 | 西门子 TBTC 系统概述 | 西门子 ATC 系统构成描述是否正确；西门子 ATC 系统特点描述是否明确，根据实际情况酌情打分 | 20 分 | |
| | | 西门子 TBTC 系统组成 | 操作层设备——ATS 特点描述是否正确；轨旁层设备特点描述是否正确；轨道层设备特点描述是否明确，根据实际情况酌情打分 | 20 分 | |
| | | 西门子 TBTC 系统指认 | 西门子 TBTC 系统设备组成及功能的描述是否明确；设备位置指认是否准确，根据实际情况酌情打分 | 10 分 | |
| | | 西门子 TBTC 系统原理认知 | 西门子 TBTC 系统的原理阐述是否准确、清晰；是否能够按照步骤完成系统操作并在调度台上得到正确的显示；操作阐述是否正确，根据实际情况酌情打分 | 30 分 | |
| 2 | 职业素养情况 | 资料搜集情况 | 资料搜集非常全面 5 分；资料搜集比较全面 1~4 分；资料搜集不全面酌情扣 1~5 分 | 5 分 | |
| | | 语言表达情况 | 表达非常准确 5 分；表达比较准确 1~4 分；表达不准确酌情扣 1~5 分 | 5 分 | |
| | | 工作态度情况 | 态度非常认真 5 分；态度较为认真 2~4 分；态度不认真、不积极酌情扣 1~5 分 | 5 分 | |
| | | 团队分工情况 | 分工非常合理 5 分；分工比较合理 1~4 分；分工不合理酌情扣 1~5 分 | 5 分 | |

# 工作任务 3　US&S 列车运行控制系统认知

## 技能训练

《US&S 列车运行控制系统认知》训练工单

| 学习项目 | 基于轨道电路的列车运行控制系统的维护 | 姓名 | | 班级 | |
|---|---|---|---|---|---|
| 任务名称 | US&S 列车运行控制系统认知 | 学号 | | 组别 | |
| 任务目标 | 1. 能够辨别 US&S 列车运行控制系统各组成部分；<br>2. 能够掌握 US&S 列车运行控制各子系统的工作原理 | | | | |
| 任务描述 | 学生以小组为单位，通过查阅相关资料及实地调研，完成下列任务：<br>1. 介绍列车运行控制系统的组成及各部分的作用；<br>2. 描述 US&S 列车运行控制系统各组成部分；<br>3. 描述 US&S 列车运行控制各子系统的工作原理 | | | | |

续表

| 任务要求 | 1. 场地要求：列车运行控制系统实训室；<br>2. 设备要求：US&S 列车运行控制系统；<br>3. 工具要求：无 | | |
|---|---|---|---|
| 课前任务 | 请根据教师下发的视频资源，探索城市轨道交通 US&S 列车运行控制系统各组成部分及工作原理，并在课程平台讨论区中讨论 | | |
| 课中训练 | 1. 通过查阅相关资料，将 US&S 列车运行控制系统的组成及各个组成部分的作用记录在表 5-3-1 中，并能够在系统中指认不同设备设置的位置及其在控制系统中的功能。<br><br>表 5-3-1　US&S 列车运行控制系统认知记录 | | |
| | 知识点 | | 内容 |
| | 系统概述 | 系统综述 | |
| | | 系统设备的结构 | |
| | 系统组成 | ATC 轨旁子系统 | |
| | | 车载子系统 | |
| | | 控制中心子系统 | |
| | | 系统接口 | |
| | 2. 请学生分组讨论在城市轨道交通建设中应该如何合理地使用 US&S 列车运行控制系统，并针对讨论结果进行汇报 | | |
| 任务总结 | 对项目完成情况进行归纳、总结、提升： | | |
| 课后任务 | 比较西门子列车运行控制系统与 US&S 列车运行控制系统的特点，并在课程平台讨论区中讨论 | | |

> 理论要点

## 3.1　US&S 列车运行控制系统概述

### 3.1.1　系统综述

ATC 系统基于无绝缘的音频数字轨道电路系统（AF-904），以实现列车检测和机车信号控制。安全轨旁逻辑使用 MicroLokII 系统，由安全微处理器来实现。非安全逻辑使用非安全逻辑模拟器（NVLE）来实现。车载列车自动控制用 MicroCab 车辆软件包来实现。

轨旁信号系统包括一个广域网系统。广域网在轨旁设备室和控制中心之间传输命令和表示。

### 3.1.2　系统设备的结构

系统由轨旁设备、车站设备、控制中心设备和车载设备构成，如图 5-3-1 所示。轨旁信号系统控制设备被安装在轨旁和指定区域的正线集中站信号设备室（SER）中。

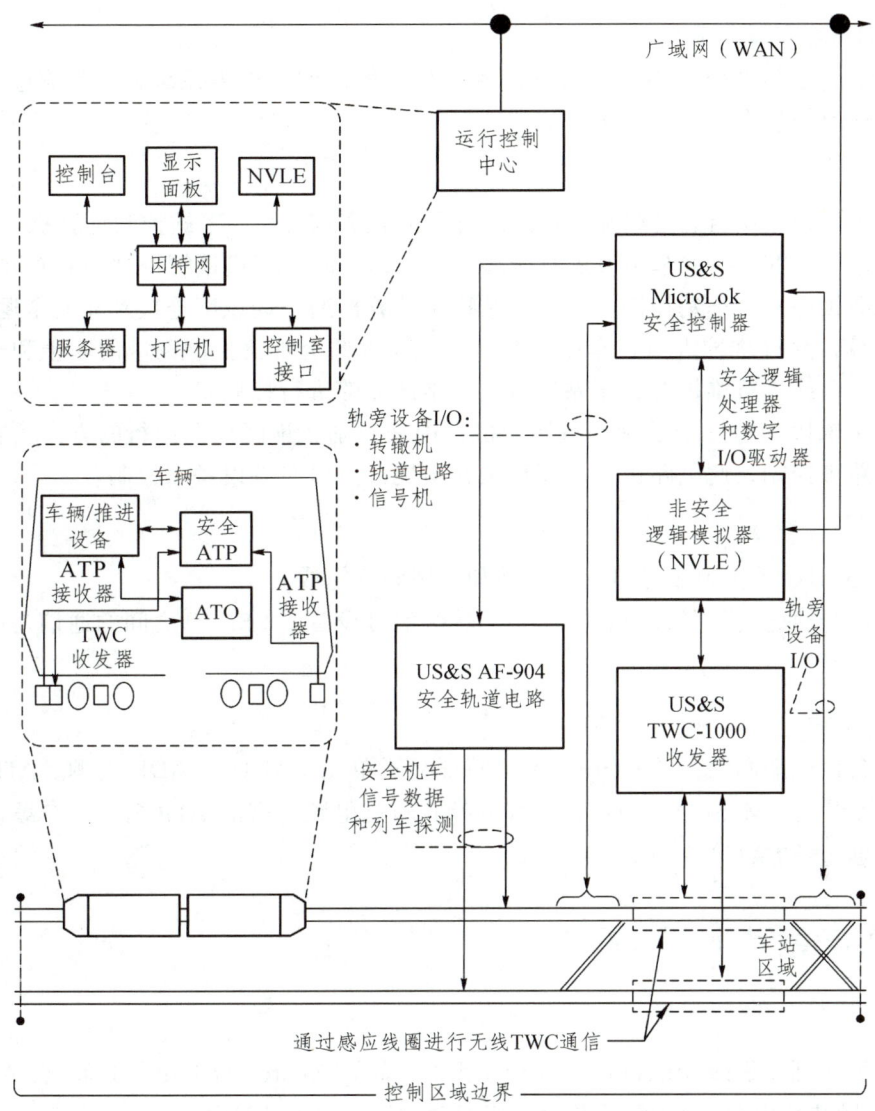

图 5-3-1 ATC 系统的示意图

1. 轨旁设备

轨旁设备包括：AF-904 轨道电路和工频（PF）轨道电路、MicroLokII 安全联锁控制器和轨道通信控制器、非安全逻辑模拟器（NVLE）、列车到轨旁通信系统（TWC）。下面介绍几个重点设备。

1）工频（PF）轨道电路

工频轨道电路在道岔区段使用，主要是进行列车检测。在渡线和折返线，采用 PF 轨道电路来检测列车；采用 AF-904 机车环线来向车载 ATC 系统传送 ATP 速度数据。

2）非安全逻辑模拟器（NVLE）

作为本地控制面板和非安全控制器，NVLE 与 ATS 系统之间进行中央 ATS 命令与轨旁表示的收发。列车车载设备和轨旁之间的通信通过 TWC 来实现。

### 3）列车到轨旁通信系统（TWC）

列车到轨旁通信系统（TWC）在车站和车场区域向列车提供控制和排路信息，同时允许列车将车辆车况信息发送至 NVLE。

### 2. 车站设备

联锁集中站包括站台、渡线和折返线所必需的轨旁信号机。车站控制计算机（SCC）安装在车站控制室（SCR）中，车站值班员能够通过车站控制计算机接管控制中心对联锁的控制，由本地完成联锁操作。车站控制室里的车站控制计算机通过局域网连接到非安全逻辑模拟器。车站控制计算机允许维护人员在车站控制计算机监视器上观察控制区域的联锁和轨道状态，允许紧急状态时或进行维护时，车站值班员在本地能够进行控制。

正线和车辆段的每一个道岔都有转辙机，用来控制联锁区列车运行的方向。联锁道岔由进路联锁电路来控制，此电路由车站值班员在本地计算机终端设备来控制。

### 3. 控制中心设备

控制中心 ATC 系统由服务器、工作站和局域网等组成。

控制中心与轨旁的设备以及位于车站的轨旁信号设备室（SER）之间的通信是通过广域网来实现的。

### 4. 车载设备

车载设备由微型断路器（MicroCab）、特征显示单元（ADU）、ADU 电源、ATP 接收线圈和 TWC 天线组成。MicroCab 通过接收线圈接收轨道电路送来的 ATP 命令。车载设备和轨旁之间的通信通过（TWC）来实现。

## 3.2 列车运行控制系统组成

### 3.2.1 ATC 轨旁子系统

轨旁系统包括：联锁 MicroLokII 安全子系统、轨道 MicroLokII 安全子系统、AF-904 轨道电路、PF 工频轨道电路、TWC 子系统、非安全逻辑模拟器（NVLE）。

#### 1. MicroLokII 安全联锁控制系统

MicroLokII 是基于安全微处理器的计算机系统和接口/通信系统，它被用作安全联锁控制器和 AF-904 系统的串行通信中介。联锁 MicroLokII 专门用来为轨旁联锁逻辑（转撤机、信号机等）执行安全功能，软件多样且带有诊断功能，其主要功能如下：

（1）轨道 MicroLokII 主要用来提供 AF-904 系统的速度数据逻辑控制。MicroLokII 可设置区域限速，一旦设置了限速，集中站的轨道 MicroLokII 就将产生到速度限制区的新的"目标"距离和实际的目标限制速度，并通过 AF-904 轨道电路传送给接近限速区域的列车。限制区域内的限速列车通过 TWC 天线和环线以预定的载频向轨旁发送零速（速度为零）信息。来自轨道电路的安全信息和来自 TWC 的非安全信息促使 AF-904 向列车和站台屏蔽门发送"开门"命令。

（2）联锁 MicroLokII 检测相关设备的常闭接点，一旦断开即激活紧急停车系统。轨道 MicroLokII 收到紧急停车命令后，将使得列车数据信息中的"线路速度""目标速度"设置为零。

## 2. AF-904 音频数字轨道电路

AF-904 音频数字轨道电路是一个故障—安全设备，它在正线上用于确定轨道占用，并将此信息传送到联锁 MicroLokII 系统（通过轨道 MicroLokII 系统）。AF-904 还用来对车载信号数据进行编码，并传送到轨道上，以便车载 MicroCab 设备接收。每个 AF-904 系统都通过相邻轨道电路的末端进行通信。

## 3. 车—地通信收发器（TWC）

TWC 是一个基于微处理器的系统调制解调器，它通过一个专门的车载天线和轨旁感应线圈提供同轨旁之间的双向通信。

TWC 子系统用于实现与站台上列车的双向通信，其实现车—地通信交换的数据包括：

（1）列车到轨旁：分配列车号、目的地、车门状态、车轮磨损表示（从 ATP 到控制中心）、在接近车站时制动所产生的过量车轮滑动、紧急情况或异常情况（比如不正确地开门）。

（2）轨旁到列车：车辆车门开启命令、列车号的确认、列车长度、性能修改数据、出发测试指令、车门循环测试、主时钟参考信号、跳停指令、搁置命令、申请车载系统和报警状态。

## 4. 非安全逻辑模拟器（NVLE）

NVLE 安装在每个站的信号设备室，它允许维护人员在监视器上观察区域和轨道状态，并且当出现紧急状况或需要维护时在本地采取控制。

车站信号设备室 NVLE 在控制中心和联锁设备之间提供一个接口。

### 3.2.2 车载子系统

#### 1. 设备组成

车载 ATC 系统包括两个独立的功能性系统：ATP 子系统和 ATO 子系统，它们共享安装空间、供电和串行接口。在车辆运行过程中，ATP 和 ATO 子系统同时执行各自的功能，必要时进行数据交换；车载 ATC 是由一个 TWC 天线、司机界面、车载设备与其他子系统的数据通信组成。车载 ATC 设备组成如图 5-3-2 所示。

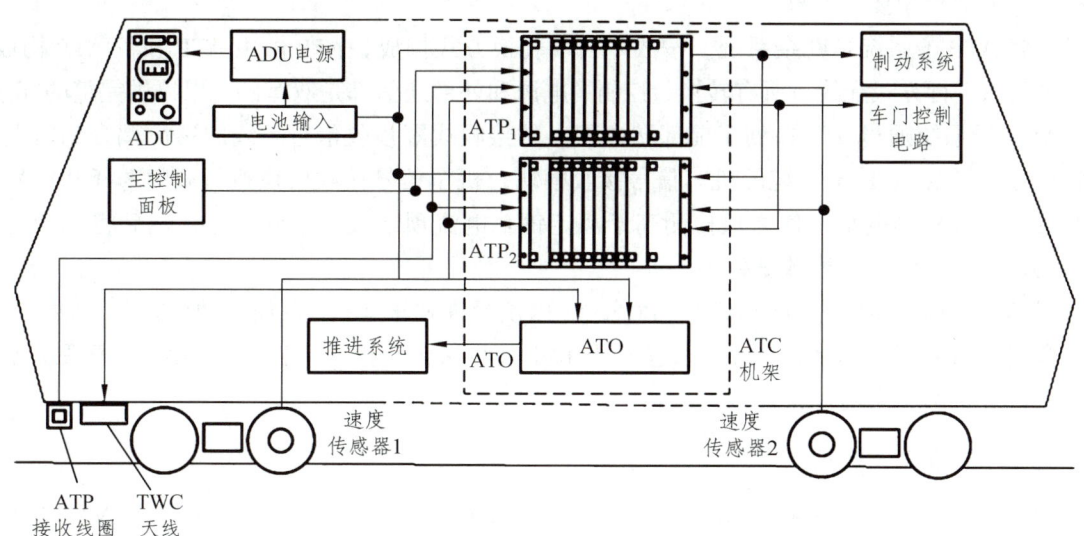

图 5-3-2 车载 ATC 系统

## 2. 车载 ATP 子系统

车载 ATP 子系统是基于 US&S 的带有微处理器的 MicroCab 机车信号系统,是一种可编程的、基于微处理器的控制器。图 5-3-3 所示为 ATP 子系统的示意图。

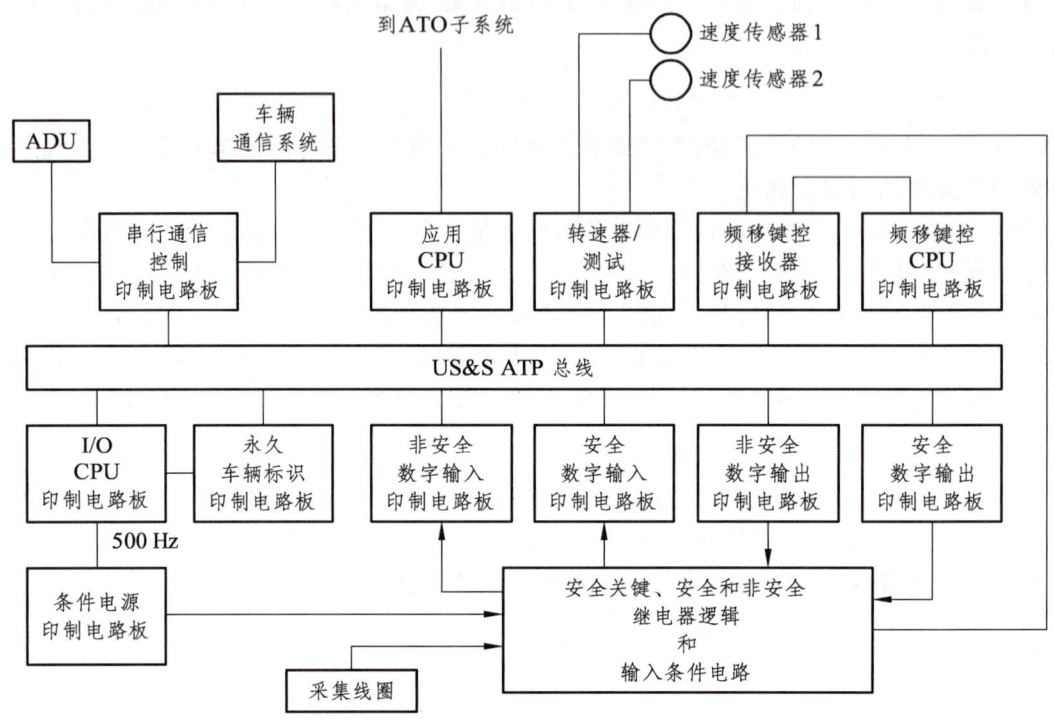

图 5-3-3　ATP 子系统

车载 ATP 子系统的主要功能包括:机车信号的数据接收和译码;安全超速检测;安全制动和非安全的牵引操纵;安全的车门控制;ATC 模式和主/辅 ATP 单元的选择;ADU 接口要求;车辆方向控制要求。

车载 ATP 子系统是冗余系统,按故障自动转换方式构成,ATP 由主 ATP 和备 ATP 构成。两个单元以平行方式配线。所有转换、控制、电源和外部通信都是双套的,以提供完整的冗余。

ATP 子系统通过安装在列车前部转向架上的接收线圈接收信号。线圈感应耦合钢轨电流并将信号提供给 ATP 子系统的机车信号接收模块,机车信号接收模块执行载频选择和信号解调并校正信号检测电平,使之只检测高于额定钢轨电流预定义电平的信号,然后将解调的数据送到数据处理模块进行数据处理。

列车必须继续接收有效的 ATP 速度命令,以便允许列车运行,在任一种模式下,如果 ATC 不被旁路,只有当列车到达车站、安全停车和正确与站台对位(停稳)时,ATP 子系统才允许司机打开正确的车门。

## 3. 车载 ATO 子系统

ATO 子系统如图 5-3-4 所示。ATO 与 ATP、TWC、VCS(车辆通信系统)和 VAS(车辆报告系统)都有接口。所有的数据通过串行连接并进行传输。

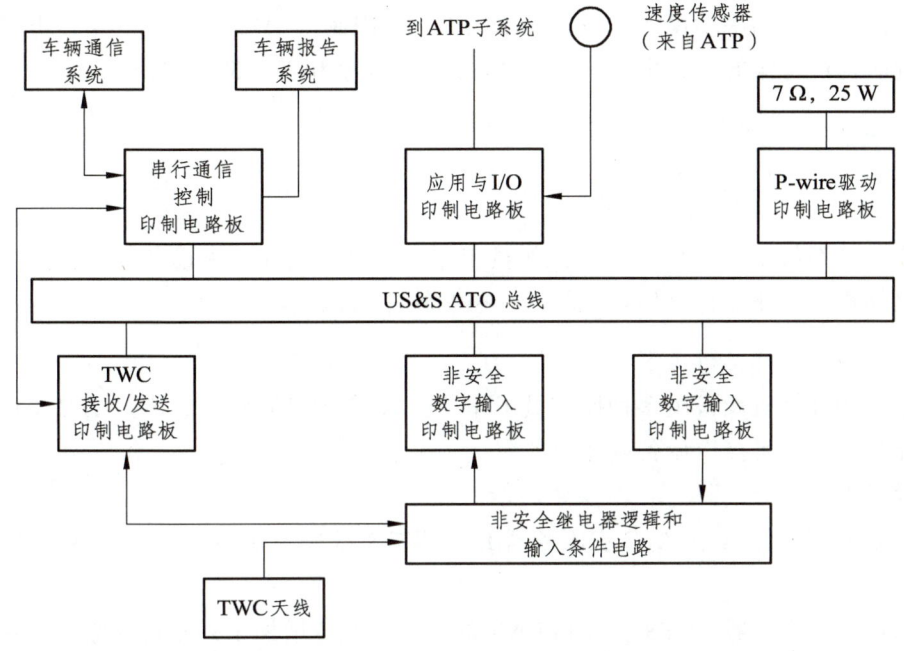

图 5-3-4　ATO 子系统

ATO 子系统的主要功能：速度调节、程序停车、列车识别和跳停、ADU 辅助盘接口要求、运行监督、事件记录、列车/轨旁通信要求。

一旦 ATO 子系统已准备好在 ATO 模式下工作，并且 ATP 允许列车出发（司机必须关闭车门），司机通过按压出发按钮启动列车到下一车站的运行。在每一车站停车后，司机必须先关闭车门，然后按压和松开出发按钮，以便继续运行到下一车站。当出发按钮被按压，ATP 子系统给 ATO 子系统一个控制速度。

### 4. 车载 TWC 子系统

车载 TWC 子系统安装于车辆车载天线与车辆底盘之间。车载 TWC 子系统印制电路板有：

#### 1）串行通信控制器板（SCC）

串行通信控制器板包含一个微处理器，由它实现用于控制 TWC 收发印制电路板的调制解调器功能。

#### 2）发送/接收板

发送/接收板为 SCC 板提供了必要的电路，用以与车载天线提供接口连接，并进行信号的收发。TWC 包含将数据从轨旁发送到合适车载子系统的功能。

### 5. 司机界面

ATC 系统的司机界面由司机控制台和特征显示单元（ADU）来实现。

不管当前的运行模式如何，ADU 总是同时显示车辆真实速度的示意图和数字表示。其是一个双色发光二极管构成的示意性的圆环，每个发光二极管代表 2 km/h 的增量，表示的范围为 0～90 km/h。绿色发光二极管表示当前速度，红色发光二极管表示当前速度限制。当 ATP

处于控制状态（自动和手动模式）时，显示当前速度限制。ADU 内部的一个压电报警器在处于超速情况时提供持续的声音报警。所有 ADU 上的控制和表示都是非安全的。

### 3.2.3 控制中心子系统

#### 1. 控制中心子系统组成

控制中心子系统由中心服务器、操作员工作站、以太网和外围设备组成，是一种分布天线式的网络结构。它还包括操作系统软件、控制软件和其他软件。

1）中央 ATS 的计算机系统

ATS 系统的计算机设备由多种操作员工作站和 ATC 主机服务器组成。ATC 主机服务器、终端服务器设备、现场接口设备放在设备室。

配置及特点：

（1）ATC 主服务器 A 和 ATC 主服务器 B 计算机系统按主/备结构工作，执行所有 ATC 控制功能。

（2）ATC 主机服务器、DTS 模块和 LAN 的冗余性服务增加了列车自动监控系统的整体工作性能，消除出现故障时丢失功能的可能性。

（3）系统采用用户友好界面和现代化图形用户界面，用 Windows 系统开发，接口遵循国际化标准，提供报警信息（带语音），为系统的维修人员/系统管理员提供标准的启动和关闭程序。

2）通信子系统

中央通信子系统包括局域网（LAN）、光纤网（DTS）和光数据传输系统（CTS）。

控制中心和轨旁之间以及相邻 MicroLok Ⅱ 联锁设备之间的数据通信通过 DTS 完成。DTS 将控制数据通过 LAN 和 CTS 从中心 ATC 计算机传递到信号设备室，并且通过 CTS 和 LAN 将指令数据从信号设备室传递到控制中心计算机。

3）控制和显示子系统

控制和显示子系统是人机界面，并且在必要时取代 ATS 系统或在正常运行期间辅助 ATS 系统。

4）打印机

打印机包括由两台冗余配置高速激光打印机组成的网络打印机、两台工作站打印机和两台冗余配置的列车图表打印机。

5）中央控制中心培训设备

中央控制中心培训设备用于调度员训练模拟和再现系统工作，包括 1 台 ATC 培训/演示工作站和 1 个相应的培训桌面。培训/演示工作站具有与运行工作站相同的设备。

6）维护工作站

维护工作站由维护人员使用，用来查找故障。

2. 控制中心软件

中央计算机系统和 ATG 培训/演示工作站的软件分为系统软件和应用软件。

系统软件包括了 1 个实时操作系统和相关的 I/O 软件,还包括支持程序来处理程序调度和时间控制。

应用软件用于控制、监视、报警和显示。应用软件包括:列车控制和显示软件、车辆调整软件、列车跟踪软件、报告生成软件、I/O 应用软件、通信软件、模拟和测试软件。

**评价标准**

《US&S 列车运行控制系统认知》任务评价单

| 评价方式 | 评价内容 | 比例 | 得分 |
|---|---|---|---|
| 学生自评 | 按项目评价内容及标准进行评价 | 20% | |
| 组内互评 | 按项目评价内容及标准进行评价 | 20% | |
| 组间互评 | 按项目评价内容及标准进行评价 | 20% | |
| 教师评价 | 按项目评价内容及标准进行评价 | 40% | |
| 任务得分 | | | |

《US&S 列车运行控制系统认知》任务评价内容及标准

| 序号 | 评价项目 | 评价内容 | 评价标准 | 分值 | 得分 |
|---|---|---|---|---|---|
| 1 | 任务完成情况 | 系统概述 | 系统设备的结构阐述是否清楚 | 20 分 | |
| | | 系统组成 | ATC 轨旁子系统表述是否清楚;车载子系统特点表述是否详尽、明确;控制中心子系统特点表述是否清楚,能够正确地指认系统设备的位置,对不同设备功能的阐述是否准确,根据实际情况酌情打分 | 60 分 | |
| 2 | 职业素养情况 | 资料搜集情况 | 资料搜集非常全面 5 分;资料搜集比较全面 1~4 分;资料搜集不全面酌情扣 1~5 分 | 5 分 | |
| | | 语言表达情况 | 表达非常准确 5 分;表达比较准确 1~4 分;表达不准确酌情扣 1~5 分 | 5 分 | |
| | | 工作态度情况 | 态度非常认真 5 分;态度较为认真 2~4 分;态度不认真、不积极酌情扣 1~5 分 | 5 分 | |
| | | 团队分工情况 | 分工非常合理 5 分;分工比较合理 1~4 分;分工不合理酌情扣 1~5 分 | 5 分 | |

# 工作任务 4　TBTC 系统设备维护训练

> 技能训练

《TBTC 系统设备维护训练》训练工单

| 学习项目 | 基于轨道电路的列车运行控制系统的维护 | | 姓名 | | 班级 | |
|---|---|---|---|---|---|---|
| 任务名称 | TBTC 系统设备维护训练 | | 学号 | | 组别 | |
| 任务目标 | 1. 能够熟悉 TBTC 控制中心设备维修方法；<br>2. 能够掌握 TBTC 车站轨旁设备维修方法；<br>3. 能够掌握 TBTC 系统车载设备维修方法 ||||||
| 任务描述 | 学生以小组为单位，通过查阅相关资料及实地调研，完成下列任务：<br>1. 介绍列车运行控制系统的组成及各部分的作用；<br>2. 按照闭塞制式的不同，描述 TBTC 系统的分类方法及不同类型的 TBTC 系统的特点；<br>3. 按照车—地通信方式的不同，对 TBTC 系统的分类方法及不同类型的 TBTC 系统的组成、原理及特点进行描述 ||||||
| 任务要求 | 1. 场地要求：列车运行控制系统实训室；<br>2. 设备要求：TBTC 系统设备；<br>3. 工具要求：TBTC 系统设备维护工具套装若干 ||||||
| 课前任务 | 请根据教师下发的视频资源，探索城市轨道交通列车运行控制系统特点及其在城市轨道交通中的作用，并在课程平台讨论区中讨论 ||||||
| 课中训练 | 1. 通过查阅相关资料，将 TBTC 系统设备维护内容记录在表 5-4-1 中。<br> 表 5-4-1　TBTC 系统设备维护内容记录表 <table><tr><th colspan="2">知识点</th><th>内容</th></tr><tr><td rowspan="3">TBTC 控制中心设备维修</td><td>维修通用技术规范</td><td></td></tr><tr><td>维修通用操作规程</td><td></td></tr><tr><td>控制中心系统设备维修</td><td></td></tr><tr><td rowspan="3">TBTC 车站轨旁设备维修</td><td>计轴系统设备维修</td><td></td></tr><tr><td>对位环线设备维修</td><td></td></tr><tr><td>轨旁无线设备维修</td><td></td></tr><tr><td rowspan="2">TBTC 系统车载设备维修</td><td>车载 ATP 设备维修</td><td></td></tr><tr><td>车载信号显示屏</td><td></td></tr></table>2. 请学生分组讨论在城市轨道交通中建设 TBTC 系统设备维护的流程，并能够按照微课中现场工作人员完成 TBTC 系统维护的流程，分小组完成系统维护工作，并对工作内容及流程进行总结汇报 ||||||
| 任务总结 | 对项目完成情况进行归纳、总结、提升： ||||||
| 课后任务 | 思考 TBTC 系统设备维护作业中有哪些注意事项，并在课程平台讨论区中讨论 ||||||

> 理论要点

## 4.1 TBTC 系统控制中心设备维修

TBTC 系统控制中心设备由控制中心计算机系统、工作站、计算机局域网、大屏幕投影仪和其他附属设备构成。控制中心设备主要完成控制和监督整个地铁线路中列车的运行状态，实现列车的调度和跟踪、运行时刻表的编辑、列车进路的控制和表示、报警信息的显示和记录、汇编及诊断等功能。

VICOS OC 系统是西门子轨道交通技术集团研制的，适用于实现 ATS 子系统功能的计算机设备网络，是车辆、基础设施控制和运行、地铁运行管理系统的简称。系统由位于控制中心的 VICOS OC501 和车站控制室的 VICOS OC101 构成。

VICOS OC501 是一个多计算机系统，负责协调计算机和显示器的运行，以提高软、硬件的可用性。必要时，程序可在那些并非用于此目的的计算机上运行。各工作站及服务器均通过 LAN 连接。

工作站和服务器都是由 SUN 公司制造。

网络通信通过 LAN 实现，LAN 建立在以太网 IEEE802.3 协议的基础上。因此，如果需要，外部元件也可以用于该系统，其他网络和控制站也可以通过集线器或者交换机连接。

### 4.1.1 控制中心系统设备维修通用技术规范

（1）中央 ATS 子系统设备应保证行车调度员能随时监督、控制全线车站的接、发车进路，并可根据需要局部或全部下放或收回对车站的控制权。

（2）ATS 子系统设备应能实时地向行车调度员和其他有关人员提供全线车站、道岔、信号机、UPS 电源设备、ATP 轨旁设备等信号系统的设备状态、列车运行情况的表示信息。

（3）中央 HMI（MMI）、背投所显示的图形符号应与车站联锁设备所表示的含义相符。

（4）ATS 子系统中央设备故障导致与车站连接中断时，系统应自动激活 ATS 次一级降级模式（如 RTU 降级模式、VCC 降级模式或点式运行等）。

（5）ATS 子系统故障时，不导致车站联锁设备错误动作。当联锁站/设备站 ATS 子系统设备工作或故障时，不得影响其他子系统工作的可靠性。

（6）ATS 关键设备（如 COM 通信机、SRS 等）需主备机热备，主机故障时应实现无干扰自动切换。

（7）人机界面设备实现功能备用，多台工作站可以实现相同的控制操作功能。

（8）联锁站/设备站 ATS 子系统设备必须连续稳定工作，及时反映被监测设备的故障及运用状态。当信号设备故障时，应及时发出报警，且实现故障诊断。

（9）联锁站/设备站 ATS 子系统设备监测信息的传输应具有实时性和可靠性，应采用独立的传输通道，传输通道需冗余。

（10）用于非集中联锁站/集中联锁站 ATS 子系统设备的计算机操作软件必须具有使用许可证。计算机的使用和维护必须严格遵守随机技术资料的要求。

（11）在同一监测网络中，各监测设备应有统一的时钟。

（12）ATS设备环境要求：

① ATS子系统OCC设备在下列环境中应能可靠工作：

空气温度：室内10～30 ℃。

相对湿度：室内10%～95%。

大气压力：70～106 kPa（相当于海拔3 000 m）。

② ATS子系统车站设备在下列环境中应能可靠工作：

空气温度：室内0～40 ℃，室外-20～70 ℃。

相对湿度：室内10%～95%，室外10%～100%。

大气压力：70～106 kPa（相当于海拔3 000 m）。

### 4.1.2 控制中心系统设备维修通用操作规程

（1）当要对带电压的仪器进行测量和测试工作时，必须遵守现行事故防止措施中的有关行为规定，必须使用合适的电子工具。

（2）由于不同设备的重要性不一样，对不同设备的故障处理原则的确定也不一样，对行车重要的设备，一旦有故障要尽快处理并尽快恢复运营，对行车不太重要的设备，可以在晚上收车后进行处理或在不影响行车的条件下即时处理。

（3）几乎所有的设备组件和所有的工作站组件都是用高度融合的组件接插而成的。这些电子组件对过电压及静电非常敏感，原则上不要去触摸电子组件。组件板上的组件针或连线绝对不能触摸，在同组件接触时，应注意人、工作位置和包装的接地。

（4）在接触组件时，接触人员的手臂上应一直带着防静电的臂带以达到接地的目的。

（5）保存或运送组件和构件必须使用可导电的包装（如涂有金属表层的塑料箱、金属）。如果包装是不能导电的，那么在这之前必须用可导电的材料将组件和构件先包裹起来，如泡沫塑料、家用铝膜（绝对不能使用塑料袋或塑料薄膜）等。如组件装有内部电池，那么必须注意不要使可导电的包装同电池的接头相接触。

### 4.1.3 控制中心系统设备维修

#### 1. 服务器（SUN工作站设备）维修

##### 1）通用技术规范

（1）设备表面、台面干净、清洁、无灰尘，各类线整洁，设备放置稳固。

（2）插接板插接牢固且密贴性良好。各接口的螺丝应紧固，连接线应连接牢固、无断线、无接触不良、表皮无破损，工作站各指示灯显示正常。

（3）鼠标的移动平顺、按键的功能正常。显示图像清晰、色彩鲜艳、明暗度对比度适中；显示窗口大小合适、方正；调整功能正常；工作站系统时间与中央时间同步。

（4）工作站设备内部干净、清洁、无灰尘。

（5）所有工作站必须每年做一次备份，当软件升级过后必须再尽快进行数据备份。每一台工作站的备份必须保留前两次备份的数据。

（6）设备中应有一份最新的保护备份。以前的安装软件或硬盘备份与设备分开保存，存放地点必须存放在适合存储介质存放的房间内（在保存保护拷贝时必须注意环境条件温度、湿度、磁场，还有对磁光盘片和其他敏感数据载体的遮光保护）。

（7）当要对带电压的仪器进行测量和测试工作时，必须遵守现行事故防止措施中的有关行为规定，必须使用合适的电子工具。电子组件对过电压及静电非常敏感，原则上不要去触摸电子组件。组件板上的组件针或连线绝对不能触摸，在同受到威胁的组件接触时，应注意人、工作位置和包装的接地。

（8）保护拷贝必须贴有明确的标签（日期、简短说明和格式）。

（9）完全保护拷贝只能在特定的时间才能进行（在接收新的 Release 和/或进行大的改动后）。

（10）增量式的保护（部分保护）拷贝可根据需要或以很短的时间间隔周期性地进行（如每天进行）。

### 2）服务器的检修周期与工作内容

（1）日常保养（周期：每日）：设备运行状态检查；用户访问。

（2）一级保养（周期：每月）：设备外部整洁；检查显示器显示是否正常；音箱是否正常工作；键盘、鼠标是否正常；散热风扇是否正常；电源检查；整理硬盘和运行参数检查（如遇软件升级后应在检修时进行备份）。

（3）小修（周期：每年）：紧固各部件螺丝；系统级备份（指 OCC 和车厂的 HMI 等工作站）；设备部件及主机内部清洁。

（4）中修（周期：每 5 年）：更换硬盘。

（5）大修：更换系统（根据采购合同系统生命周期而定）。

### 3）服务器维修工艺标准

（1）日常保养（每日）：了解设备状态，以便及时排除硬件故障或更换软件；详细记录异常现象。

（2）二级保养（每月）：设备表面干净、清洁、无灰尘；显示图像清晰、色彩鲜艳、明暗度对比度适中；音箱发音清晰、无噪声、音量适中；键盘上的 LED 指示灯显示正常、所有按键的功能正常，鼠标的移动及按键的功能正常；风扇转动时没有噪声，保持一定风量以起到散热作用插座紧固；保证硬盘有足够空间运行程序；保证时刻表数据安全。

（3）小修（每年）：插接板插接牢固且密贴性良好。各接口的螺丝应紧固，连接线应连接牢固、无断线、无接触不良、表皮无破损；保护拷贝必须有明确的日期、简短说明和格式，方便日后数据恢复；设备内部干净、清洁、无灰尘。

（4）中修（每 5 年）：启动正常。

（5）大修（按采购合同系统生命周期）：性能不低于原设计标准。

## 2. 机柜设备养护维修

### 1）通用技术规范

（1）机柜外表干净、清洁、无灰尘。

（2）机柜的防尘过滤组件应无积尘，保持通气良好。

（3）定期检查机柜外表是否有裂纹、刮花或破损等现象，如果有，应根据损坏程度做出适当的处理。

（4）各接口连接牢固且密贴性良好。

（5）各接口的螺丝应紧固，连接线应连接牢固、无断线、无接触不良、表皮无破损。

（6）地线连接牢固，并且接触良好。

（7）电源电压输出应稳定并在允许范围内。

（8）机柜内设备连接正常、通信正常。

### 2）机柜设备检修周期与工作内容

（1）网络通信机柜。

日常保养（周期：每日）：设备运行状态检查；检查设备外表；机柜外部清洁（一般周期：每周）。

二级保养（周期：每季）：风扇清洁；防尘网清洁；交换机外部清洁；机柜外观检查；接插件及机柜内部连接检查；检查通信接口（含网络端口、D240 接口等）；接口及外设连接件检查；接地检查；光纤外部清洁。

小修（周期：每年）：主、备计算机的热切换操作；机柜内部板件清洁；功能测试；更换不良部件。

（2）车站接口柜（SIC）。

二级保养（周期：每月）：清洁除尘；设备运行状态检查；安装装置检查，螺丝、连接件的紧固；地线检查；UPS 的检查；电源检查。

小修（SIC）（周期：每年）：扣车功能测试；电池放电测试。

## 4.2 TBTC 车站轨旁设备维修

### 4.2.1 计轴系统设备维修

#### 1. 通用技术规范

（1）计轴设备应有可靠电源供电。

（2）计轴设备的设计应符合"故障—安全"原则，无论发生任何故障，都要持续显示占用状态。

（3）故障排除后未经人工办理，不得自动复位。

（4）计轴室外磁头应不受温度和水的影响。

#### 2. 通用检修周期与工作内容

（1）日常保养（周期：每天）：室内设备状态检查；室内设备卫生清扫；室内电气测试（一般每周）。

（2）二级保养（周期：地面季检，地下站半年检）：安装装置的检查；导线、引接线、防护管、接地线及轨端接续线检查；检修轨旁设备箱盒内、外部；室外设备清洁；电气测试、分析。

（3）小修（周期：每年）：同二级保养内容；电气特性测试；设备除锈、油漆；机柜板件卫生清扫。

（4）中修（周期：每 5 年）：信号地线整治及测试（车辆段）。

### 3. 计轴维修

#### 1）技术规范

（1）当车轮直径大于 300 mm，列车速度为 0～220 km/h 时，计轴设备应可靠计轴。

（2）车轮传感器安装要求：

① 在所防护区段的每个检测点设置一对车轮传感器。

② 列车速度低于 120 km/h 时，距钢轨接头不小于 1 m；列车速度高于 120 km/h 时，距钢轨接头不小于 2 m。

③ 相邻车轮传感器间的距离不小于 1.2 m。

④ 车轮传感器安装于两轨枕间钢轨的轨腰处，发送器装于钢轨外侧，接收器安装于钢轨内侧。

⑤ 车辆传感器周围 0.5 m 范围内除钢轨和感应板外不能有其他金属异物。

（3）室外车轴检测器主要电气参数。

工作频率：42.8～43.2 kHz；工作电压：DC 21.3～22.4 V。

供给计轴点的电压（外部供电）：DC 30～72 V，AC 2～50 V。

信号频率 $f_1$：3.55～3.65 kHz（无车轮通过）；信号频率 $f_2$：6.42～6.62 kHz（无车轮通过）。

标准电压 1：DC 5.3～6 V；标准电压 2：DC 5.2～5.9 V。

接收电压 1：AC 60～150 mV；接收电压 2：AC 60～150 mV。

WDE 输出电压（外部供电）：AC 0.48～1.8 V，AC 0.7～2.7 V。

（4）室内计轴主机主要电气参数。

通道 1：

$f_1$：3.55～3.65 kHz；$U_1$：DC 2.9～3.1 V。

通道 2：

$f_2$：6.42～6.62 kHz；$U_2$：DC 2.9～3.1 V。

#### 2）计轴维修操作规程

（1）运算单元的启动。

重新启动运算单元意味着这是第一次或是再次开启所有的计算机通道。在系统重新运行前，先检查运算单元是否已经超过了所允许的操作间断时间。检查正常后，可以同时按压两个计算机通道上的红色按钮（系统复位按钮）并持续约 1 s，则系统复位（电源板上开关必须置于"1"位，即打开）。

按压红色按钮（系统复位按钮）后，面板上的"ANL"灯会持续点亮约 3 s，待其熄灭后将"VGL"指示灯点亮。计算机启动期间，STEU 板上所有的 LED（LED0～LED11）都会点亮并持续约 10 s。只要 LED 变为正常显示，运算单元就开始运行了（LED0 不能是闪光，即系统不能处于紧急关闭状态）。

当运算单元返回到正常运行状态时，出于"故障—安全"的原因，首先要确保所有的 TVDS 给出"占用"表示并显示出来，然后操作人员按照设计的复位方式和所制定的操作规程执行计轴系统的复位操作（车辆段信号设备房内直接按压运算单元上的 AzGrT 按钮复位，正线在 LOW 上操作 VAzGrT 按钮执行预复位）。注意在计算机启动的过程中不能有车通过。

（2）计算单元的关闭。

只有在操作人员或被授权人员的同意下才能关闭运算单元。通常情况下是出于维修或长期停止使用的目的而关闭运算单元，关闭时将电源板上的开关置于"0"位，就可以关闭运算单元。

注意：当系统处于长期关闭状态时应该切断供电电源以便不超过系统所允许的运行间断时间。

### 4.2.2 对位环线设备维修

**1. 二级保养（周期：每半年）**

**1）安装装置的检查**

方法：采用手动检查设备外观。

标准：安装装置不超限（对位环线与钢轨中心距离为 1 490 ± 0.5 mm）、牢固、不晃动。

**2）导线、引接线、防护管、接地线检查**

方法：采用眼看、手动检查设备外观。

标准：导线、引接线、防护管、接地线连接牢固且无绝缘破损，防护管无裂纹及老化现象。

**3）检查各种紧固件（绑带）**

方法：采用眼看、手动检查设备外观。

标准：各种紧固件无破损、脱落现象。

**4）盒内、盒外各种螺丝紧固**

方法：采用眼看、手动检查设备外观。

标准：各种螺丝紧固，无生锈、滑丝、松动现象。

**5）箱盒外观及内部防潮、防湿检查**

方法：采用眼看、手动检查设备外观。

标准：箱盒外观良好，无生锈、脱漆、变形及内部干燥、清洁，有防潮、防湿措施。

**2. 小修（周期：每年）**

（1）电缆芯线对地绝缘及线间绝缘测试。

方法：用数字兆欧表测试。

标准：不小于 5 MΩ。

（2）环线电缆高阻测试。

方法：用数字兆欧表测试。

标准：按厂家技术说明数据。

**3. 中修（周期：每 5 年）**

内容：对整机部件性能老化度评估，根据评估结果更换老化部件。

方法：可返厂或按厂家技术说明操作。

标准：按厂家技术说明数据。

**4. 大修（周期：每 15 年）**

内容：更换系统（根据采购合同系统生命周期而定）。
方法：按技术发展及新系统设计更换系统。
标准：性能不能低于原设备标准。

### 4.2.3 轨旁无线设备维修

轨旁无线通信系统由无线轨旁控制器、轨旁无线交换机、轨旁无线 AP（含天线）三部分组成，实现列车和轨旁之间的连续通信。

**1. 技术规范**

（1）轨旁无线通信系统工作频段：1.4 ~ 2.483 GHz。
（2）传输速率为 2 Mb/s。
（3）采用定向无线天线。
（4）用直接序列展频技术。

**2. 检修周期与工作内容**

**1）轨旁无线交换机**

（1）日常保养（周期：每日）：设备运行状态检查；外观检查；清洁交换机机柜内、外积尘（一般周期：每周）。
（2）二级保养（周期：每季）：同日常保养；安装装置的检查，螺丝紧固；地线检查；检查接线端子、连接件的紧固情况；登录检查。
（3）小修（周期：每年）：同二级保养内容；检查交换机光缆、线缆的状态及整治。
（4）中修（周期：每 5 年）：对整机部件性能老化度评估，根据评估结果更换老化部件。
（5）大修（周期：每 15 年）：更换系统（根据采购合同系统生命周期而定）。

**2）轨旁无线 AP**

（1）二级保养（周期：每半年）：清洁 AP 箱的卫生；检查 AP 箱是否紧固；检查尾纤插头是否紧固；AP 箱线缆及防雷端子检查；天线功能测试。
（2）小修（周期：每 5 年）：对整机部件性能老化度评估，根据评估结果更换老化部件。
（3）中修（周期：每 15 年）：更换系统（根据采购合同系统生命周期而定）。

**3）轨旁列车和轨道数据服务器（TTS）**

（1）日常保养（周期：每日）：设备外观检查；设备运行状态检查；设备表面卫生清洁（一般周期：每周）。
（2）二级保养（周期：每季）：同日常保养内容；检查防尘、过滤组件；检查各插卡扳插接是否松动，各接口接头是否松动；各接口接头是否松动；系统的"2 乘 2 取 2"切换检查。
（3）小修（周期：每年）：同二级保养内容；地线、屏蔽线检查；设备内部整治。
（4）中修：部件更换（周期：每 2 年）、部件更换及测试（周期：每五年）。
（5）大修：（周期：每 15 年）更换系统。

**4）轨旁无线控制器**

（1）日常保养（周期：每日）：外观检查；设备清洁维护（一般周期：每周）。

（2）二级保养（周期：每季）：同日常保养内容；紧固部件螺丝；安装装置的检查，螺丝紧固；地线检查；连接件的紧固；控制器、PC 等设备运行状态检查。

（3）小修（周期：每年）：同二级保养内容；设备表面清洁；设备内部板级清洁；清洁过滤棉；功能测试。

（4）中修：部件更换（周期：每 2 年）、部件更换及测试（周期：每 5 年）。

（5）大修（周期：每 15 年）：更换系统（根据采购合同系统生命周期而定）。

## 4.3　TBTC 系统车载设备维修

ATP 车载设备一般由 ATP 车载单元、测速装置和接收（发送）装置组成。有的系统是列车安装有两套车载 ATP 设备，互为备用；有的系统是列车两头各一套，但不互为备用，只控制各自方向的行驶。

ATP 车载设备为安全设备，ATP 车载计算机采用热备"2 取 2"工作方式，ATO 列车自动运行系统属于非安全系统，主要完成列车的运行的自动控制功能。

### 4.3.1　车载 ATP 设备维修

#### 1. 技术规范

（1）计算机：SIMIS-3216 为"2 取 2"的配置。

（2）32 位处理器：80486。

（3）时钟频率：25 MHz。

（4）列车电压：（DC 77 ~ DC 143 V）。

（5）耗电量：170 W。

（6）计算机机柜：670 mm × 1 750 mm × 450 mm。

（7）级别：依据 DIN/VDE0470 的 IP54。

（8）机柜有放 ATO 车载单元的位置。

（9）温度：依据 IEC571-1（根据 LESDB 扩展）为 − 35 ℃ ~ + 55 ℃，在 − 70 ℃ ~ + 85 ℃ 时安全关断。

（10）列车应设置防雷地线，其接地电阻应不大于 1 Ω。

#### 2. 车载设备的基本功能

##### 1）车载 ATP 系统功能

（1）保护区段和停车点的保护。

（2）列车追踪间隔。

（3）安全限被侵犯情况下的紧急制动。

（4）监督列车运行速度，实现列车超速防护控制。

（5）实际速度及距离的测量。

（6）防止列车误退行等非预期的移动。

（7）为列车车门、站台屏蔽门等的开闭提供安全监控信息。

（8）停车精度的监控。

（9）无人驾驶的列车自动折返监控。
（10）实现车载信号设备的诊断。

### 2）车载 ATO 设备功能

（1）站间自动运行。
（2）车站定点停车。
（3）ATO 或无人驾驶自动折返。
（4）实现自动车门功能。
（5）列车运行自动调整。
（6）列车节能控制。

## 3. 检修周期与工作内容

### 1）车载信号显示屏

（1）日常保养（周期：每日）：询问调度，了解设备使用情况；检查设备运转状态显示是否清晰，外观有无机械损伤，有无其他异常显示；做好日检测并记录，读取信号屏上的故障信息。

（2）二级保养（周期：每季）：同日常保养内容；显示器屏幕清洁；检查接插件是否牢固，接口是否良好；静态测试。

（3）小修（周期：每年）：同二级保养内容；主机和显示屏内部卫生清洁（部件）；动态测试。

（4）中修（周期：每 5 年）：对整机部件性能老化度进行评估，根据评估结果更换老化部件。

（5）大修（周期：每 15 年）：更换系统（也可根据采购合同系统生命周期而定，性能不低于原设计标准）。

### 2）车载 ATP/ATO 柜及 VOBC 柜

（1）日常保养（周期：每日）：询问调度，了解设备使用情况；检查设备运转状态，有无异状；做好日检测并记录。

（2）二级保养（周期：每季）：询问日常保养内容；检查列车所有的插接件是否牢固；检查所有的螺丝是否紧固；进行静态测试；检查地线；机柜清洁；检查橡胶密封条；检查风扇；检查标识及设备铭牌。

（3）小修（周期：每年）：同二级保养内容；主机和显示屏内部卫生清洁（部件）；动态测试。

（4）中修（周期：每五年）：对整机部件性能老化度进行评估，根据评估结果更换老化部件。

（5）大修（周期：每 15 年）：更换系统（根据采购合同系统生命周期而定，性能不低于原设计标准）。

## 4. 维护操作

### 1）模块操作

处理模块时，必须避免通电开关造成的电荷泄漏，并且在接触模块前必须一直保持电荷平衡。以下规定必须遵守：

（1）从包装中或设备中取出的模块只允许放置在导体上。
（2）在拿起或放下模块前，必须接触模块放置处，以保持电荷平衡。
（3）在将模块从设备框、柜或架中抽出或插入前，必须接触模块框架以保持电荷平衡。
（4）只可接触模块的边缘或前嵌板。
（5）只可使用模块本身的把手将其抽出；如果无此可能，则须使用配套的抽取工具。
（6）不安装于设备中的模块必须装入其包装中运走。
（7）如果必须将无包装的模块交给其他人，在两人的手相互接触之前必须保证电荷平衡。

2）抽取模块

（1）只有不带电的情况下才允许抽取或插入模块，因此在抽取模块前必须将有关模块的供电电压关闭。
（2）由锁定杆固定的模块必须通过松开螺丝取出。
（3）对于有把手紧紧连接在前嵌板上的模块，可通过拉把手将其从单元架中拉出；如果模块与单元架连得太紧，必须使用抽取工具，将此工具固定于模块把手之后，以抽出模块。
（4）如果模块带有插头，松开在顶部和底部的螺丝，取下插头，将抽取工具钩进底部或顶部块，以取出模块。
（5）对于供电模块，则先要松开螺丝，然后通过底部的拉取把手取出。

3）插入模块

（1）如果模块是由锁定杆固定的，先松开锁定杆螺丝，拉出锁定杆，按照安装图插入模块。
（2）必须按照安装图插入前插头，并用螺丝固定。
（3）将模块装入单元架之后，锁定杆的螺丝必须重新拧紧。
（4）供电模块插入后必须用螺丝固定。
（5）在插入模块时，注意顺着引导轨插入。

4）对故障模块的处理

被确定的故障模块必须装入包装并附上问题报告送返制造商。被维修的模块必须进行和新模块交货前同样的鉴定。

5）模块内存储部件的更换

更换模块上的存储部件时应遵守以下原则：
（1）在开始工作前必须接触模块放置位置以保持电荷平衡。
（2）从模块内取出的部件只允许放置在导体上。
（3）只可使用相关工具将部件从底座中取出。
（4）不能损坏或扭曲部件的针脚。
（5）插入部件时要注意插入方向应正确，方向插错可导致无法修复的故障。
（6）插入时要注意把针脚正确无误地插入底座。
（7）用手小心地将部件推入底座。
（8）在插入和推入期间不要扭曲针脚。
（9）在对模块进行测试前再次检查型号、插入方向及部件底座是否正确。
（10）交付程序部件前，如果因为程序修改而改变了版本，应贴上新的标签。

5. 定期维护

1) 日检查

每天运营结束后读取当天的故障信息和紧急制动数据,并进行分析,检查设备运行状态,必须观察以下内容:

(1) 观察模块以及风扇面板的显示。
(2) 观察计算机柜的风扇是否处于正常的运作状态。
(3) 观察计算机柜的配线和电缆铠装的接线夹子是否处于正确状态。
(4) 观察外设设备是否连接好,固定是否良好。

2) 季检查

使用专用设备,每季度对设备进行一次静态检查。

3) 年检查

除季检内容外,还根据 TOC 文件中车载设备应具备的功能进行动态测试,并更换相关的部件,以及进行部件的清洁。

6. 维修处理

(1) 车载 ATP/ATO 设备更换模块及保险时必须先关闭计算机,切断供电。轨旁设备更换模块及保险时,关闭整个计算机,关断所有的保险自动开关,切断供电。更换完模块后,还需检查列车服务数据的情况。
(2) 更换带有软件的模块时,要把原模块的 EPROM 取下,换到新模块上。
(3) 更换车载的 DIMAS 模块后要重新输入列车的安全数据。更换新的 DIMAS 和 SP1MUB 模块后,原模块上保存的信息只能跟模块一同换下。
(4) 取模块上的 EPROM 时要注意放掉身上的静电。
(5) 车载设备故障处理时原则上应在车库或试车线上处理。
(6) 故障处理后,必须重新启动设备,并确认设备运行正常。

### 4.3.2 车载信号显示屏

1. 作业检修注意事项

(1) 维护作业带电时,注意接地应良好,保护人身安全。
(2) 插拔板件前,要做好防静电措施,戴上防静电手腕带。
(3) 插拔插接件前要关闭电源。

2. 技术规范

(1) 电源电压应稳定并在允许范围内,即 $110 \times (1 \pm 5\%)$ V。
(2) 显示除了包含操作车控制器的功能以外,还具有 TBTC 系统操作功能。TBTC 系统有以下 3 个重要的显示窗口:

① 列车信息显示窗口:显示如乘务组号(Crew number)、目的地码(Destination number)和车次号(Tripnumber)等信息。

② 输入窗口:用于校正 ATP 中乘务组号(Crew number)、目的地码(Destination number)和车次号(Tripnumber)的数值。

③ TBTC 系统操作窗口：该窗口提供了列车驾驶所需的所有信息，它包含 3 个子窗口。在子窗口"ATP/ATO 状态信息"中，每种状态元素可以显示或隐藏。

3. 工艺标准

车载信号显示屏检修工艺标准如表 5-4-2 所示。

表 5-4-2　车载信号显示屏检修工艺标准

| 设备 | 修程 | 检修内容 | 维修方法 | 维修标准 | 维修周期 |
|---|---|---|---|---|---|
| 车载信号显示屏 | 日常保养 | 询问调度，了解设备使用情况 | 询问调度在日常使用过程中是否有异常现象，了解设备状态，以便及时排除硬件故障或更换软件 | 设备正常使用无异常 | 每日 |
| | | 检查设备运转状态，有无异状，显示是否清晰，外观有无机械损伤 | 启动检查；外观检查 | （1）启动时正常响应车载 ATP/ATO 系统要求，其表示正确；（2）显示正常，图像清晰、色彩鲜艳、光暗度对比度适中；（3）检查设备外表是否有裂纹、刮花或破损等现象。如果有，应根据损坏程度做出适当的处理 | |
| | | 读取显示屏上的故障信息 | 打开显示屏观看 | 读取故障信息，做好记录，并分析。 | |
| | 二级保养 | 显示器屏幕清洁 | 采用眼看、手动检查设备外观 | 设备表面干净、清洁、无灰尘及油渍 | 每季 |
| | | 静态测试 | 按照静态测试项目要求进行 | （1）按照检查项目要求；（2）点触显示屏选项反应灵敏，正确表示相关数据及实时列车状态；（3）电缆的连接应牢固，接触良好 | |
| | 小修 | 显示屏内部卫生清洁（部件） | 清洁显示屏内部清洁 | （1）内部清洁无灰尘；（2）各部件螺丝紧固（无松动、锈蚀、滑丝、缺损等现象） | 每季 |
| | | 检查接插件是否牢固，接口是否良好 | 采用眼看、手动检查设备外观 | 各部件、接口的螺丝应紧固，DINBUS 连接线应连接牢固，无断线、接触不良，表皮无破损 | |
| | | 动态测试 | 按照动态测试项目要求进行 | （1）显示正常，图像清晰、色彩鲜艳、光暗度对比度适中；（2）显示内容与测试项目吻合，无延时性 | |
| | 中修 | 对整机部件性能老化度评估，根据评估结果更换老化部件 | 根据厂家技术说明文件进行 | 需要及时更换老化部件 | 每 5 年 |
| | 大修 | 更换系统（根据采购合同系统生命周期而定） | 根据技术发展及新系统设计更换 | 性能不低于原设计标准 | 每 15 年 |

## 评价标准

### 《TBTC 系统设备维护训练》任务评价单

| 评价方式 | 评价内容 | 比例 | 得分 |
|---|---|---|---|
| 学生自评 | 按项目评价内容及标准进行评价 | 20% | |
| 组内互评 | 按项目评价内容及标准进行评价 | 20% | |
| 组间互评 | 按项目评价内容及标准进行评价 | 20% | |
| 教师评价 | 按项目评价内容及标准进行评价 | 40% | |
| 任务得分 | | | |

### 《TBTC 系统设备维护训练》任务评价内容及标准

| 序号 | 评价项目 | 评价内容 | 评价标准 | 分值 | 得分 |
|---|---|---|---|---|---|
| 1 | 任务完成情况 | TBTC 控制中心设备维修 | 维修通用技术规范描述是否正确；维修通用操作规程阐述是否清楚；设备维修流程阐述是否明确，根据实际情况酌情打分 | 30 分 | |
| | | TBTC 车站轨旁设备维修 | 计轴系统设备维修表述是否清楚；对位环线设备维修表述是否清楚；对轨旁无线设备维修表述是否详尽、明确，根据实际情况酌情打分 | 35 分 | |
| | | TBTC 系统车载设备维修 | 是否能够准确掌握车载 ATP 设备维修流程；车载信号显示屏检修阐述是否准确，根据实际情况酌情打分 | 15 分 | |
| 2 | 职业素养情况 | 资料搜集情况 | 资料搜集非常全面 5 分；资料搜集比较全面 1~4 分；资料搜集不全面酌情扣 1~5 分 | 5 分 | |
| | | 语言表达情况 | 表达非常准确 5 分；表达比较准确 1~4 分；表达不准确酌情扣 1~5 分 | 5 分 | |
| | | 工作态度情况 | 态度非常认真 5 分；态度较为认真 2~4 分；态度不认真、不积极酌情扣 1~5 分 | 5 分 | |
| | | 团队分工情况 | 分工非常合理 5 分；分工比较合理 1~4 分；分工不合理酌情扣 1~5 分 | 5 分 | |

## 学习小结

基于轨道电路的列车运行控制系统取消了传统的地面信号，将车载信号作为主体信号，信号的含义发生了质的变化，传递给列车的是具体的速度或距离信息，根据与先行列车之间的距离和进路条件，在车内连续地显示出容许的速度信息，或按设定的运行条件容许列车前行的距离信息，根据上述信息，列车自动地控制运行速度，进行超速防护，以达到自动调整行车间隔的目的，并实现列车在车站的程序对位停车。

本项目对典型轨道电路的列车运行控制系统、西门子列车运行控制系统、US&S 列车运行控制系统、基于轨道电路的列车运行控制系统等城市轨道交通列车运行控制系统的关键技术的基本原理及相关知识进行了详细的介绍。

## 思考练习

1. 简述基于轨道电路的列车运行控制系统行车调度的控制方式。
2. 简述列控系统中列车驾驶模式。
3. 说明西门子的 ATC 系统按系统功能划分的 4 个层次。
4. 简述车载信号显示屏日常保养内容。

# 项目 6　基于通信的列车运行控制系统维护

### 知识目标

（1）掌握基于无线通信的 CBTC 系统的组成及原理。
（2）熟悉基于轨间电缆的 CBTC 系统的组成及原理。
（3）熟悉卡斯柯 Urbalis 888 系统的特点。
（4）掌握卡斯柯 Urbalis 888 系统的结构及各子系统功能。
（5）掌握卡斯柯 Urbalis 888 系统的原理。
（6）熟悉卡斯柯 Urbalis 888 系统的维护方法。
（7）熟悉 FZL-300 型 CBTC 系统的组成及原理。
（8）熟悉 LCF-300 型 CBTC 系统的组成及原理。
（9）掌握 CBTC 系统软件相关操作方法。
（10）掌握 CBTC 系统设备维护方法。

### 能力目标

（1）能够识读 CBTC 系统结构图。
（2）能够识读卡斯柯 Urbalis 888 系统结构图。
（3）能够完成卡斯柯 Urbalis 888 系统维护。
（4）能够识读 FZL-300 型 CBTC 系统结构图。
（5）能够识读 LCF-300 型 CBTC 系统结构图。
（6）能够掌握 CBTC 系统软件相关操作方法。
（7）能够完成 CBTC 系统设备的日常维护。

### 重点难点

（1）CBTC 系统的组成及原理。
（2）卡斯柯 CBTC 系统的组成及原理。
（3）卡斯柯 CBTC 系统的维护。
（4）FZL-300 型 CBTC 系统、LCF-300 型 CBTC 系统的特点、组成及工作原理。

### 案例引入

**案例叙述：**

北京地铁亦庄线（Beijing Subway YIZHUANG Line），是北京市第十条建成运营的地铁线路，于 2010 年 12 月 30 日开通运营一期工程（宋家庄站至次渠站），2018 年 12 月 30 日开通运营亦庄火车站,标志色为桃红色。亦庄线是典型的交通引导发展类型线路,将北京经济技术开发区与北京主城区紧紧连接在一起,为高端产业的发展提供了坚实的交通保障。"两站一街"(次渠站至亦庄火车站)采用的一体化国际方案征集方式,优化了区域功能布局,强化了两车站站点的功能,提升了区域的交通条件、服务功能和环境品质,建立以轨道交通为核心的发展模式,促进车站及周边的综合开发利用。

**案例分析:**

北京地铁亦庄线是北京市实施中国"首台套"政策以来的第一条国产的 CBTC 信号系统的示范工程。信号系统以北京交通大学自主研发的 ATP/ATO 系统作为核心技术进行深度集成。实现轨道交通信号核心技术国产化,对促进国内轨道交通行业技术水平发展具有重要意义。

目前,我国正逐步实现 CBTC 系统自主知识产权。党的二十大报告中也指出,坚持面向世界科技前沿、面向经济主战场、面向国家重大需求、面向人民生命健康,加快实现高水平科技自立自强。以国家战略需求为导向,集聚力量进行原创性引领性科技攻关,坚决打赢关键核心技术攻坚战。加快实施一批具有战略性全局性前瞻性的国家重大科技项目,增强自主创新能力。加强基础研究,突出原创,鼓励自由探索。

# 工作任务 1 CBTC 系统基础知识认知

课件 CBTC 系统基础知识认知

## 技能训练

《CBTC 系统基础知识认知》训练工单

| 学习项目 | 基于通信的列车运行控制系统维护 | 姓名 | | 班级 | |
|---|---|---|---|---|---|
| 任务名称 | CBTC 系统基础知识认知 | 学号 | | 组别 | |
| 任务目标 | 1. 能够明确说明基于无线通信的 CBTC 系统及基于轨间电缆的 CBTC 系统的组成;<br>2. 能够描述基于无线通信的 CBTC 系统及基于轨间电缆的 CBTC 系统的组成的工作原理;<br>3. 能够总结上述两类不同 CBTC 系统的区别与联系 ||||| 
| 任务描述 | 学生以小组为单位,通过查阅相关资料及教师指导,完成下列任务:<br>1. 介绍 CBTC 系统的定义;<br>2. 描述 CBTC 系统的组成及工作原理(从基于无线通信的 CBTC 系统及基于轨间电缆的 CBTC 系统两个角度);<br>3. 以小组为单位探讨两类不同 CBTC 系统的区别与联系 |||||
| 任务要求 | 1. 场地要求:列车运行控制系统实训室;<br>2. 设备要求:无;<br>3. 工具要求:无 |||||
| 课前任务 | 请根据教师下发的视频资源,对 CBTC 系统进行初步认知,并在课程平台讨论区中讨论 |||||
| 课中训练 | 1. 通过教师指导以及查阅相关资料,以小组为单位对基于无线通信的 CBTC 系统及基于轨间电缆的 CBTC 系统相关信息进行分析及整理,并将相关内容填入表 6-1-1 中 |||||

续表

表 6-1-1　CBTC 系统认知记录表

| 课中训练 | CBTC 系统的定义 | | | |
|---|---|---|---|---|
| | CBTC 系统认知 | | | |
| | 基于无线通信的 CBTC 系统 | | 基于轨间电缆的 CBTC 系统 | |
| | 组成 | | 组成 | |
| | 原理 | | 原理 | |
| | 2. 请学生对两类不同 CBTC 系统的区别与联系进行探讨，以小组为单位对研讨结果进行汇报展示 | | | |
| 任务总结 | 对项目完成情况进行归纳、总结、提升： | | | |
| 课后任务 | 思考所在城市是否存在 CBTC 系统？为哪种类型？同时在课程平台讨论区中讨论 | | | |

## 理论要点

### 1.1　基于通信的列车运行控制系统（CBTC）概述

#### 1.1.1　基于轨道电路列车运行控制系统的缺点

微课　CBTC 系统概述

城市轨道交通能安全畅通地完成运输任务，离不开先进的列车控制系统。传统的列车运行控制系统主要是基于轨道电路的列车运行控制（Track Circuit Based Train Control，TBTC）系统。该系统技术成熟，安全可靠，在目前的城市轨道交通中仍有着比较广泛的应用。但由于 TBTC 系统基于轨道电路来检测列车位置并向列车发送控制信息，而轨道电路本身的缺陷和限制使得 TBTC 系统难以实现城市轨道交通运输效率进一步提高，其主要缺点表现在以下几个方面：

（1）轨道电路限制了列车位置检测的精度。列车位置检测的最小分辨率为轨道电路区段，任意一部分轨道电路被占用，整条轨道电路都将认为被占用，它并不能准确定位列车在线路中的实际位置。

（2）传输信息量有限。列车提速及行车间隔减小，需要更多考虑前方线路坡度、弯道情况、前车位置、速度等情况来确保行车安全，这使得列车信息需求量增大。轨道电路受其工作原理和工作环境的限制，无法满足较大信息量的传输。

（3）轨道电路工作稳定性较差。轨道电路易受到天气、地理环境及电磁环境影响。道砟电阻变化、雨水、环境温度和列车分路不良等都会对轨道电路性能产生影响。

（4）轨道电路无法实现车对地的通信，因此列车运行相关信息无法有效传送给地面设备。

为改善轨道电路存在的上述弊端，人们提出了大量新型的控制理念和方法。随着数字通信技术、无线通信技术、编码技术的迅速发展，许多国家都根据自己的实际情况开展了这方面的研究，并取得了一些初步的成果，产生了基于车—地双向通信的列车运行控制系统，该系统被称为基于通信的列车控制（Communication Based Train Control，CBTC）系统。经过多年的实践已经证明，CBTC 系统是一种成熟的、安全的、可靠的和优选的系统技术。

### 1.1.2 基于通信列车运行控制系统的特点

#### 1. CBTC 系统基本概念

2015 年由中国城市轨道交通协会技术装备专业委员会发布的城市轨道交通 CBTC 信号系统规范中，对列车自动控制的定义为：城市轨道交通信号系统实现列车自动监控 ATS、列车自动防护 ATP、列车自动运行 ATO 及计算机联锁 CI 技术的总称。对基于通信的列车控制的定义为：采用不依赖轨旁列车占用检测设备的列车主动定位技术和连续车—地双向数据通信技术，通过能够执行安全功能的车载和地面处理器而构建的连续式列车自动控制系统。

从外界要求的角度来讲，CBTC 系统主要实现确保列车安全移动、乘客换乘、列车驾驶、列车服务管理、乘客和工作人员服务、运营维护支持 6 个目的。

CBTC 综合利用计算机技术、通信技术、控制技术 3 种技术代替轨道电路，采用感应通信或无线通信技术，实现车—地间双向、大容量的信息传输，构成新型列车控制系统，用于列车运行的闭环控制。CBTC 是实现移动闭塞制式的最佳技术手段。CBTC 确立"信号通过通信"的新理念，使列车与地面（轨旁）紧密结合、整体处理，改变以往车—地相互隔离、以车为主的状态。这意味着只要车—地通信采用统一标准协议，就易于实现不同线路间不同类型列车的互联互通。

#### 2. CBTC 系统特点

CBTC 系统是基于"通信"的移动闭塞，该系统的使用突破了固定闭塞的局限，较以往系统具有更大的优势，具体体现在以下几个方面：

（1）实现列车与轨旁设备实时双向通信且信息量大。

（2）可减少轨旁设备，便于安装维修，有利于紧急状态下利用线路作为人员疏散的通道，有利于降低系统全寿命周期内的运营成本。

（3）便于缩短列车编组、高密度运行，可以缩短站台长度和端站尾轨长度，提高服务质量，降低土建工程投资；实现线路列车双向运行同时不增加地面设备，有利于线路故障或特殊需要时的反向运行控制。

（4）可适应各种类型、各种车速的列车，由于移动闭塞系统基本克服了准移动闭塞和固定闭塞系统地对车信息跳变的缺点，从而提高了列车运行的平稳性，增加了乘客的舒适度。

（5）可以实现节能控制、优化列车运行统计处理、缩短运行时分等多目标控制。

（6）移动闭塞系统，尤其是采用高速数据传输方式的系统，将带来信息利用的增值和功能的扩展，有利于现代化水平的提高。

（7）确立"信号通过通信"的新理念，使列车与地面（轨旁）紧密结合、整体处理，改变以往车—地相互隔离、以车为主的状态。这意味着车—地通信采用统一标准协议后，就有可能实现不同线路间不同类型列车的联通联运。所谓联通联运对于信号系统而言，主要是指某系统的地面设备可以与另一系统的地面设备互联，系统的车载设备可以与另一系统的地面设备协同工作，同一列车首尾的不同厂家的车载设备可以在同一线路上实施列车运行控制。

（8）由于移动闭塞系统具有很高的实时性和响应性的要求，因此，其对系统的完整性要求高于其他制式的闭塞方式，对系统的可靠性也应具有更高要求。

（9）系统传输的可靠性和安全性是系统关注的核心，尤其是对利用自由空间波传输信息的基于无线的移动闭塞系统其可靠性和安全性的要求更高。

CBTC 系统包括基于无线通信的和基于轨间电缆的两大类。

## 1.2 基于无线通信的 CBTC 系统

近年来随着移动通信技术的发展，通信协议和国际标准接口的制定，微处理器技术的发展，促使 ATC 系统从一个以硬件为基础的系统向以软件为基础的系统演变；尤其是开放的标准的数据通信系统（DCS）及无线局域网（WLAN）技术的成熟以及接口标准的制定，极大地推动了无线 CBTC 系统的发展进程。基于无线通信的 CBTC 系统已在我国城市轨道交通线路得到普遍运用。2005 年，上海轨道交通 8 号线首先决定选用基于无线通信的 CBTC 技术，这对于推动我国城市轨道交通 CBTC 系统的发展无疑起着促进作用。这以后我国城市轨道交通线路的信号系统，基本上都采用基于无线通信的 CBTC 系统。

### 1.2.1 基于无线通信的 CBTC 系统结构

CBTC 系统主要的子系统有列车自动监控（ATS）系统、数据通信系统（DCS）、区域控制器（ZC）、联锁子系统（CI）、车载控制器（VOBC 及司机显示等）以及信号监测子系统。

控制中心与区域制器之间的通信是基于开放的、标准的有线通信系统。地面的区域控制器与移动的列车车载控制器之间的通信是基于无线通信的方式进行信息交换。典型的基于无线通信的 CBTC 系统结构如图 6-1-1 所示。

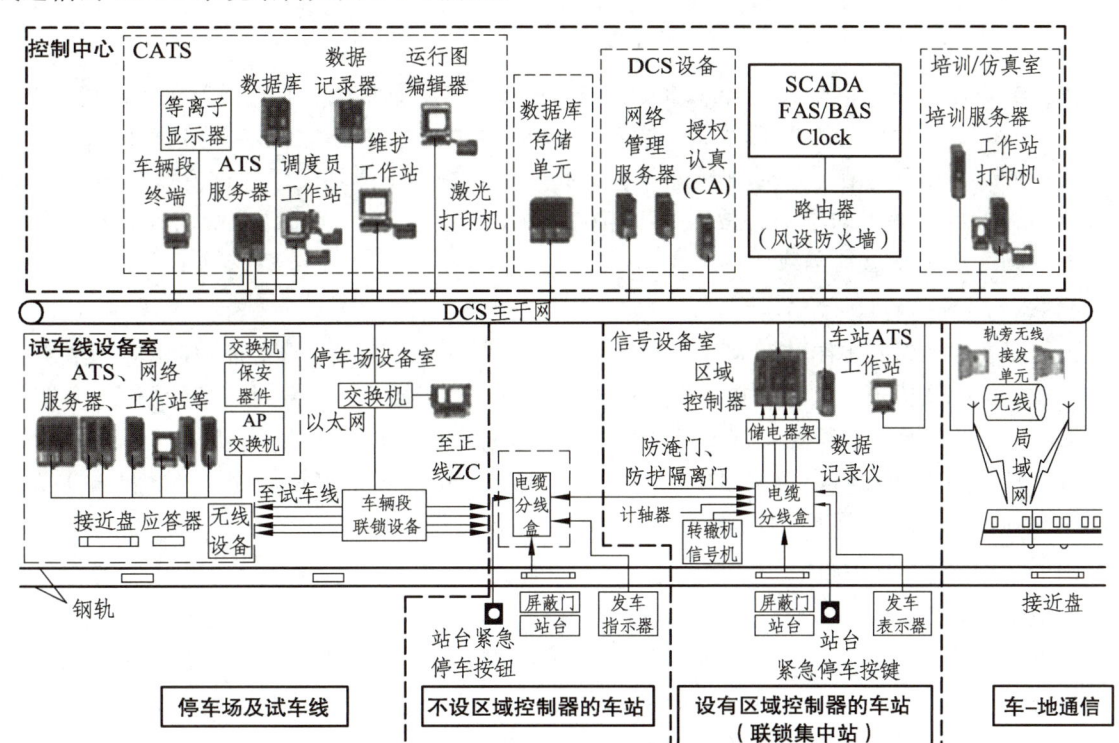

图 6-1-1 基于无线通信的 CBTC 系统结构

### 1.2.2 基于无线通信的 CBTC 系统功能

#### 1. ATS 子系统

在 CBTC 制式下，ATS 子系统的有些功能继承了基于轨道电路制式的功能，有些则有了较大的变化。下面主要从信息显示、站场控制、列车跟踪与控制、运行图管理、系统仿真以及后备系统 6 个方面来探讨 ATS 子系统主要功能及特点。

##### 1）信息显示

信息显示是 ATS 子系统最基本的功能。CBTC 下 ATS 显示的信息内容主要可以分为两类，一类是地面设备状态，这类信息的其中一部分主要从联锁子系统获取，包括道岔的定反位、信号机灯光的颜色，以及道岔和区段的占用锁闭状态。另外一部分包括站台设备的相关信息、紧急停车按钮的状态、站台扣车按钮的状态、屏蔽门的状态、调度员对站台的相关操作以及行车的状态记录等。另一类是列车相关的信息，包括列车的车次号、所在的位置、列车当前的驾驶模式、运行速度、下站是否停车等相关信息。

##### 2）站场控制

CBTC 站场控制模式分为调度集中控制和车站现地控制。在调度中心控制模式下可采用按照列车运行计划自动办理进路的方式，也可采用人工直接办理的方式；在站控模式下只能以人工方式来办理进路。

主要的控制功能包括：排列/取消进路、信号重开、引导总锁、总人工解锁、道岔单操、道岔单锁、对信号机/轨道区段/道岔的封锁以及站控/调度集中控制切换、自动进路设定/取消、自动折返的设定/取消、扣车/跳停、临时限速的操作。

##### 3）列车跟踪与控制

在 CBTC 制式下，区域控制器（ZC）直接向 ATS 子系统报告精确的列车在线位置信息。这样一方面，ATS 对列车的跟踪功能变得相对简单，主要是将各个 ZC 报告的列车信息进行汇总。另一方面，由于存在车—地连续通信，对列车的控制要求更加灵活，这就需要 ATS 必须对每列车进行更加紧密的跟踪，根据列车当前所在的位置及运行状态，及时将运行计划信息及相关的调度指令发送到车载设备。

##### 4）运行图管理

运行图管理包括基本图的编制，日班计划的生成与下达，人工与自动计划调整，实际运行图的生成、保存及历史查询等。在日常作业中，处理各种运行事件以及对运行计划进行调整是调度工作的主要部分。在特定条件下实现列车运行计划自动调整，以减轻调度员的劳动强度。

由于列车与地面可以保持实时联系，其报告的相关信息（如位置、停稳及速度等）更加详细和精确，这就对 ATS 的自动调整功能提出了更高的要求。

##### 5）系统仿真

系统仿真是通过对 ATC 底层系统的模拟，接收 ATS 的指令并向 ATS 子系统反馈相应的状态来达到系统测试、调试、人员培训等目的。由于仿真系统就是对 ATC 底层设备的模拟，因此底层设备制式的变化也就决定了仿真系统的变化，其与传统仿真系统不同之处在于对列车的模拟必须建立以轨道数据库为基础的列车的运行控制，而且要求能够实时接收 ATS 的指令并进行相关处理。

6）后备系统

后备系统能够保证在 CBTC 系统发生故障后自动降级为后备模式以持续完成对线路中列车运行的自动控制。

## 2. 数据通信子系统（DCS）

数据通信子系统主要的作用是实现信号数据的无扰双向通信，它属于一个宽带的信息通信系统。DCS 与信号系统内的其他子系统的关系如图 6-1-2 所示。信号系统内的所有子系统要实现其内部和外部的通信都需要通过 DCS 实现。

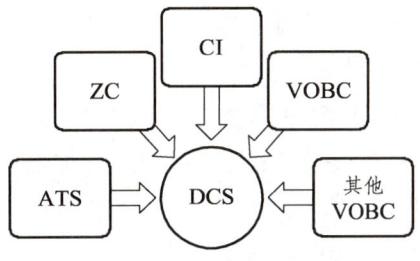

图 6-1-2　DCS 与其他子系统的关系

## 3. 区域控制器（ZC）

ZC 子系统需要根据从 VOBC、CI、ATS 和 DSU 接收到的各种状态信息和数据信息，为位于 ZC 控制区域范围内的列车生成移动授权（MA），并及时将 MA 通过 DCS 系统发送给车载 VOBC 设备以控制列车的运行。

## 4. 联锁子系统（CI）

联锁设备是实现道岔、信号机、轨道区段间的正确联锁关系及进路控制的安全设备。联锁设备是 ATC 系统的重要环节，是 ATP 子系统的重要组成部分，是确保行车安全的基础设备，应有必要的设备冗余，必须符合故障—安全原则。主要功能为：

（1）按正确的联锁关系、运行计划及列车位置自动设定、建立、解锁列车进路，有一定的自动排列进路的功能。

（2）对列车进路、敌对进路、延续进路、侧翼道岔超限区段进行防护。

（3）在对正常进路防护的同时，能根据具体的安全要求建立列车进路的 ATP 保护区段，并予以防护。

（4）能在现地工作站上对设备集中站控制范围内的道岔实行单独操纵、单独锁闭及对列车开放引导信号、道岔、信号机、轨道区段等信号控制元素实施封锁。

（5）能利用现地工作站进行轨道和道岔区段的临时限速等命令的操作，并给出状态表示。

（6）向 ZC 提供信号机状态、列车进路设置情况、保护区段的建立、轨道区段的临时限速及区间运行方向等条件。

（7）车站联锁设备与 ATS 子系统结合，实现车站和中央两级控制，根据运营要求实现自动和人工控制两种模式办理进路。

（8）联锁系统应具备完善自诊断功能，并具有与微机监测远程诊断系统接口的功能。

（9）在联锁控制工作站上，对不同的操作人员赋予相应的职责、权利，以确保对设备的正确控制。

（10）正线联锁子系统与车辆段联锁系统的接口应确保列车出入段作业的安全和高效。

（11）当区域控制器功能尚不具备或完全丧失时，系统应启用后备模式组织列车运行。

## 5. 车载控制器（VOBC）

1）列车状态监督

VOBC 子系统中的 ATP 单元负责处理与行车安全相关的任务，通过安全输入输出模块对列车状态进行监督,并输出安全控制指令。其监督内容有 3 项:列车完整性检查;后溜防护;车门防护。

### 2) 列车速度曲线生成与监督

车载设备根据 ZC 传递的移动授权内描述的安全路径和安全停车点,结合线路地图中存储的线路情况计算出列车应遵循的速度曲线。同时根据此速度曲线监视列车运行速度,一旦发现列车超速,将触发紧急制动。

### 3) 列车运行状态报告

VOBC 持续监督列车的运行状态,并把状态信息提供给其他系统使用,列车运行状态报告中的列车运行状态信息包括:

(1) DMI 人机接口。车载信号系统提供 1 块液晶显示屏,向司机提供信号系统信息,其中 ATP 子系统负责维护其中的列车速度、当前安全限速、当前推荐速度、目标距离等主要运营信息。

(2) 车载 ATO 子系统。车载 ATP 单元负责向 ATO 单元提供自动驾驶所需要的信息,包括列车当前安全限速、列车前方停车点的位置、ATO 发车条件是否具备等信息。

(3) 轨旁 ATP 设备。连续式通信条件下,车载 ATP 单元向轨旁区域控制器发送列车的位置和速度、列车自身参数、屏蔽门开启授权等信息。

(4) 轨旁 ATS 子系统。连续式通信条件下,车载 ATP 单元向轨旁 ATS 的列车自动调度监督设备发送列车的位置和速度、列车自身参数、列车运行参数(到站、离站、跳停、紧制及其原因)等信息。这些信息将在控制中心显示,并且作为调整运行时刻表和自动排列进路的依据。

(5) 车载 TIU 单元。运行过程中向车辆接口单元(TIU)提供包括自身工况、速度、里程、定位等必要信息,同时通过 TIU 与车辆其他系统通信接获取有关车辆状态的信息,如 TMS(车辆信息系统)、PIS(旅客向导系统)等。

### 4) 自动驾驶

调整区间运行时间,其区间运行时间与规定值的误差不超过 ±5%;自动驾驶功能由车站发车区间速度控制和列车目标制动两部分功能组成;需要考虑的运行指标包括运行时间、能耗、安全性、舒适性、跟随性、停站精度。

### 5) 自动折返

VOBC 可以在 ZC 的监督下控制列车进行自动折返。在车头、车尾两端分设有自动折返继电器(AR),用以实现列车在自动折返时使车头、车尾控制权互换。

### 6. 信号监测子系统

CBTC 各个子系统设备应具备自身诊断和监测报警设备,并在相应的维护工作站和操作工作站界面上显示报警。信号监测子系统应包含:车辆段、设备集中站、维护部、维修中心、控制中心设置的维护工作站;微机监测设备;电源屏自动监测设备;与其他系统相关的接口。

### 1.2.3 基于无线通信的 CBTC 系统原理

基于无线通信的 CBTC 系统,可以通过空间波无线通信方式,也可

动画 CBTC 原理

以利用波导管来传输数据信息。但我国大多数城市轨道交通都采用空间波无线通信方式来传输数据信息。

基于无线通信的 CBTC 系统就是利用车—地双向实时无线通信控制列车运行的信号系统。列车上的车载控制器通过车—地间实时的双向通信并依靠列车本身自动测量、计算，确定列车的相对位置。列车的车载控制器通过与轨旁区域控制器的双向无线通信向轨旁区域控制器报告本列车的精确位置及实时速度等数据。轨旁区域控制器根据区域内各次列车的当前位置、运行方向、速度等要素，同时考虑列车运行进路、道岔状态、线路限速以及其他障碍物的条件，向所在区域控制器管辖范围内的列车，发送"移动授权极限"，即向列车传送允许运行的距离、最高的运行速度等数据。列车的车载设备接收到"移动授权"后，会依据列车的实时运行速度及列车本身的性能绘制出列车运行的控制曲线，并控制列车按照曲线速度运行，最终实现列车间的安全间隔控制和列车自动运行控制。基于无线通信 CBTC 系统原理如图 6-1-3 所示。

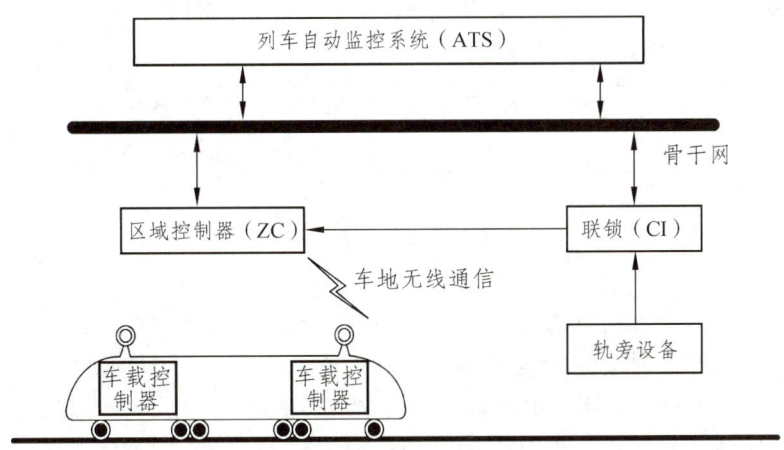

图 6-1-3 基于无线通信 CBTC 系统原理

## 1.3 基于轨间电缆的 CBTC 系统

### 1.3.1 基于轨间电缆的 CBTC 系统结构

基于轨间电缆的 CBTC 系统主要由控制中心设备、轨间传输电缆及车载设备组成，其结构如图 6-1-4 所示。该系统采用轨间电缆实现室内、室外设备的联系，即可实现控制中心与沿线设置的中继器相连（一个中继器可实现 128 个环路的控制）。

#### 1. 轨间电缆

在基于轨间电缆的 CBTC 系统中，轨间电缆是车—地之间信息传输的唯一通道。为抵抗牵引电流的干扰以及实现列车的定位，轨间电缆每 25 m 做一次交叉，其安装方式如图 6-1-5 所示。

通常是在两根钢轨之间敷设等距环线，一条线固定在轨道中央的道床上，另一条线固定在钢轨的颈部下方，它们每隔一定距离（25 m）做一次交叉。当列车经过每个电缆交叉点时，车载设备检测到回线内信号的极性变化，并对极性变化的次数进行计数，从而确定列车行驶过的距离，达到列车定位的目的。

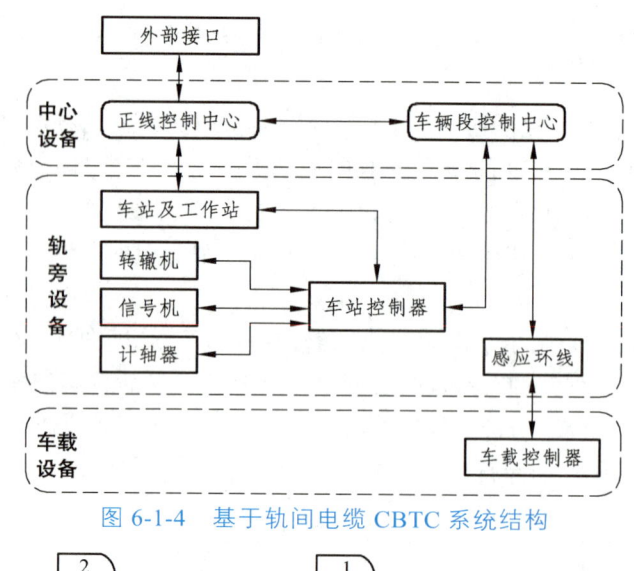

图 6-1-4 基于轨间电缆 CBTC 系统结构

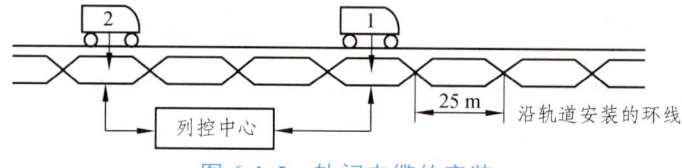

图 6-1-5 轨间电缆的安装

### 2. 中继器

中继器是控制中心与轨间电缆之间的中间环节,它的功能是把控制中心的命令通过轨间电缆传递给列车,也可将列车的信息传递给控制中心。来自控制中心的信息是数字频率调制信号,传输速率是 1 200 b/s,其在中继器内进行频率变换、功率放大,然后传递给轨间电缆。信息的传输采用脉码调制方式,也有采用脉幅调制方式,更多是采用移频键控方式,中继器的结构如图 6-1-6 所示。

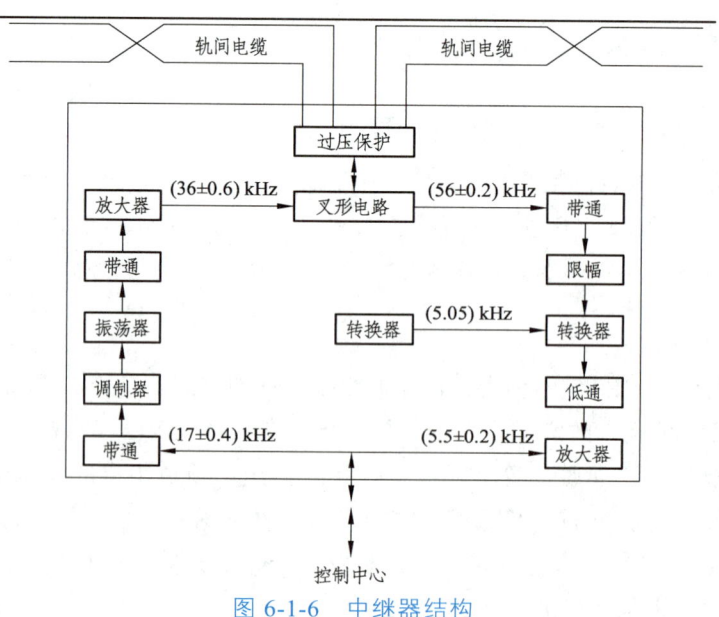

图 6-1-6 中继器结构

### 3. 车载设备

车载设备包括接收天线、车载计算机、发送及接收电路、操作及指示盘、与制动机接口、速度传感器等。

#### 1.3.2 基于轨间电缆的 CBTC 系统原理

在控制中心内按地理坐标存储了各种地面信息（线路坡度、曲线半径、道岔位置、缓行区段的位置与长度等）。此外，系统经过联锁装置将沿线的信号显示、道岔位置、列车的有关信息（车长、制动率、所在位置、实时速度等）不断地经由轨间电传至控制中心。控制中心内的计算机计算出在它管辖的区段上每一列车当前的最大允许速度，再经由轨间电缆传至相应列车，实现速度控制。

采用轨间电缆的列车速度自动控制原理如图 6-1-7 所示。在某一时刻，列车 B 获得实时最大允许速度为 $V_{允许}$；随着列车 A 的运动，标点的距离 $S$ 一直在改变，列车 B 的实时最大允许速度随列车 A、B 间的距离而变化。与点式速度控制系统比较，显然连续式的行车效率更高。连续式速度控制系统的车—地信息传递是用轨间电缆来实现的。列车从控制中心获得最大允许速度值之后，一方面在双针速度表上显示出来，另一方面依据此值对列车速度进行监控。若列车实际速度高于此最大允许速度，则先报警后制动。如果制动设备条件许可，则可在列车实际速度低于最大允许速度时缓解制动机，从而避免了列车停车及重新启动。

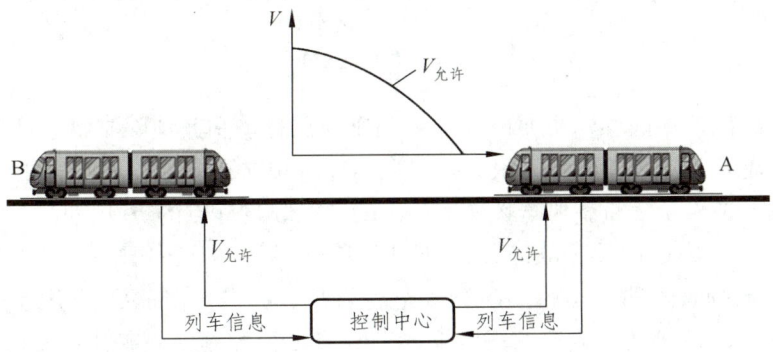

图 6-1-7　采用轨间电缆的列车速度自动控制原理

感应环线通信的移动闭塞系统能实现 90 s 的最小运行间隔。后续列车与前一列车的安全间隔距离是根据列车当前的运行速度、制动曲线以及列车在线路上的位置而动态计算出来的。由于列车位置的定位精度高，后续列车可以在该线路区段以最大允许速度安全地接近前一列车尾部位置，并与之保持安全制动距离。移动闭塞目标点如图 6-1-8 所示。

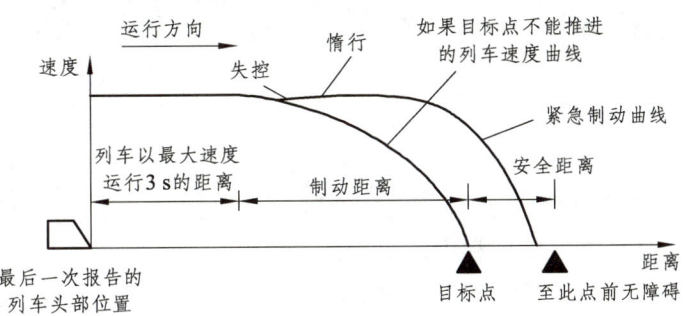

图 6-1-8　移动闭塞目标点

该"安全距离"是指后续列车的指令停车点（目标点）与前一列车尾部位置之间的一个固定距离，它是以最不利情况发生时仍能保证安全间隔为前提计算而得。假如列车采用常用制动，列车可以停在目标点，当常用制动失效，实施紧急制动时，除了紧急制动所需时间外，必须增加系统作用时间和牵引停止到紧急制动启动的延时时间。这种情况下列车真正的停车点并不是目标点，而是远于目标点，但必须停在安全距离的范围内。

列车目标点沿线路不断前进，车载控制器对列车进行控制，以使它以最大允许速度命令跟随目标点。当列车靠近目标点的时候，车载控制器做出反应，列车以一种受控的方式，按车载控制器预选的一种常用制动率对列车进行常用制动，使其停车或限速。当列车前行可能超出目标点时，使用紧急制动。列车目标点扫描示意图如图 6-1-9 所示。

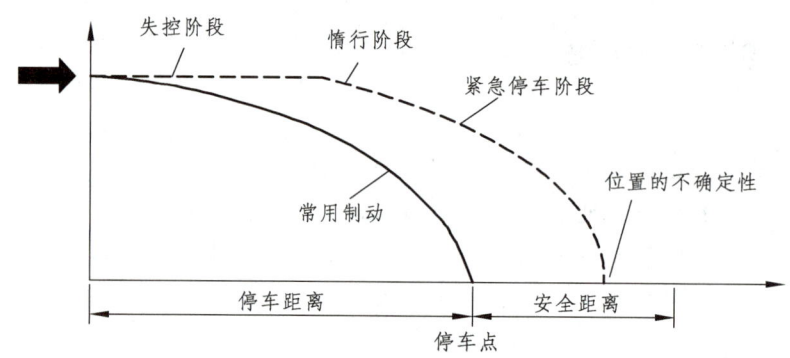

图 6-1-9　列车目标点扫描示意图

目标停车点的周期性前移，主要取决前一列车向前移动和其他限制是否被解除。车辆控制中心接收来自列车和现场设备的输入报文，当确认输入报文有效后，才产生相应的指令报文。

为了确保列车的安全运行，列车必须连续不断地接收目标点的更新信息，系统设定列车 3 s 内收不到信息就判断为通信发生故障，迫使列车紧急停车，保证列车运行安全。系统管理中心对整个系统内的列车进路及运行图时刻表进行管理，并向负责联锁及道岔控制的车辆控制中心发出排列进路的请求，完成道岔联锁功能。只有车辆控制中心确认道岔已锁在规定位置，才允许列车通过该道岔。

车载控制器确保列车的特定功能（如实施速度限制和车门控制等）的安全控制均在车辆控制中心限制范围内。车辆控制器对来自车辆控制中心的报文，校核其冗余性、一致性、合理性，然后解译并执行该报文。当然它只对以该列车地址为报头的报文做出反应，如果报文不是特定选址某一列车，那么车辆控制器只从该报文提取环线识别号，用以识别从一个环线段至下一个环线段的转换。

### 1.3.3　系统软件

系统软件结构如图 6-1-10 所示。由于要求数据处理的速度很高，不宜采用大容量外存储器，以避免需要较多的存取数据时消耗大量的时间，于是将与列车运行有关的区间数据表、列车数据表分别存储在计算机的内存中，由操作系统控制数据的存入和取出。

对于每一个具体区间，在设计完成后就能提供一份完整的区间数据文件，借助于翻译程序就自动生成区间数据表。区间数据表中的数据分为静态数据和动态数据两大类。

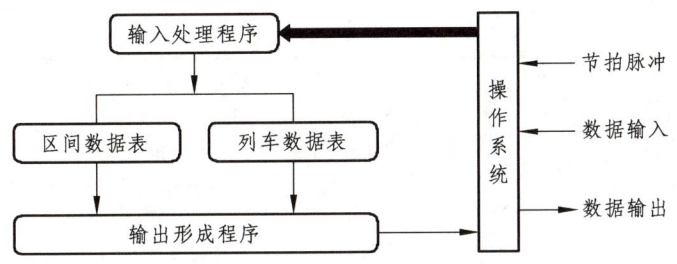

图 6-1-10　系统软件结构框图

　　静态数据包括区间设备的地点、区间坡度、缓行段的位置和长度、列车接发地点、区间分界点、每一段轨间电缆的地理位置等。

　　动态数据包括区间设备状态的变化、缓行段的增减、紧急停车操作等。

　　列车数据表中储存全部与列车有关的信息，由于控制中心整个管辖区内的列车是运动的，所以列车数据表中的数据都是动态数据（包括列车的制动率、即时速度、所处的位置等），它的接收、监视、删除都用固定程序来完成。列车数据表以级联的方式构成，从而可使每辆列车知道它的前行和后续车的位置。

　　采用轨间电缆的 ATC 系统信息传递的连续性是以昂贵的轨间电缆为代价的，维修费用也高，而且轨间电缆的存在给线路养护工作带来了不便。

## 评价标准

《CBTC 系统基础知识认知》任务评价单

| 评价方式 | 评价内容 | 比例 | 得分 |
| --- | --- | --- | --- |
| 学生自评 | 按项目评价内容及标准进行评价 | 20% | |
| 组内互评 | 按项目评价内容及标准进行评价 | 20% | |
| 组间互评 | 按项目评价内容及标准进行评价 | 20% | |
| 教师评价 | 按项目评价内容及标准进行评价 | 40% | |
| 任务得分 | | | |

《CBTC 系统基础知识认知》任务评价内容及标准

| 序号 | 评价项目 | 评价内容 | 评价标准 | 分值 | 得分 |
| --- | --- | --- | --- | --- | --- |
| 1 | 任务完成情况 | CBTC 系统定义描述情况 | CBTC 系统的定义描述是否准确，根据实际情况酌情打分 | 10 分 | |
| | | 基于无线通信的 CBTC 系统相关内容总结 | 基于无线通信的 CBTC 系统的组成分析是否正确；基于无线通信的 CBTC 系统的工作原理总结是否准确，根据实际情况酌情打分 | 20 分 | |
| | | 基于轨间电缆的 CBTC 系统相关内容总结 | 基于轨间电缆的 CBTC 系统的组成分析是否正确；基于轨间电缆的 CBTC 系统的工作原理总结是否准确，根据实际情况酌情打分 | 20 分 | |

续表

| | | | | | |
|---|---|---|---|---|---|
| 1 | 任务完成情况 | 两类CBTC系统的区别与联系汇报 | 两类CBTC系统的区别之处是否分析清楚；<br>两类CBTC系统相关性分析是否准确；<br>表达、阐述是否清晰，根据实际情况酌情打分 | 30分 | |
| 2 | 职业素养情况 | 资料搜集情况 | 资料搜集非常全面5分；资料搜集比较全面1~4分；资料搜集不全面酌情扣1~5分 | 5分 | |
| | | 语言表达情况 | 表达非常准确5分；表达比较准确1~4分；表达不准确酌情扣1~5分 | 5分 | |
| | | 工作态度情况 | 态度非常认真5分；态度较为认真2~4分；态度不认真、不积极酌情扣1~5分 | 5分 | |
| | | 团队分工情况 | 分工非常合理5分；分工比较合理1~4分；分工不合理酌情扣1~5分 | 5分 | |

## 工作任务2　卡斯柯CBTC系统认知

### 技能训练

《卡斯柯CBTC系统认知》训练工单

| 学习项目 | 基于通信的列车运行控制系统维护 | 姓名 | | 班级 | |
|---|---|---|---|---|---|
| 任务名称 | 卡斯柯CBTC系统认知 | 学号 | | 组别 | |
| 任务目标 | 1. 能够总结卡斯柯Urbalis 888系统的特点；<br>2. 能够描述卡斯柯Urbalis 888系统的结构及各子系统功能；<br>3. 能够阐述出卡斯柯Urbalis 888系统的基本原理；<br>4. 能够总结出卡斯柯Urbalis 888系统的维护方法 | | | | |
| 任务描述 | 学生以小组为单位，通过查阅相关资料及教师指导，完成下列任务：<br>1. 总结斯柯Urbalis 888系统的特点；<br>2. 描述卡斯柯Urbalis 888系统的结构及各子系统功能；<br>3. 以小组为单位研讨卡斯柯Urbalis 888系统的基本原理；<br>4. 以小组为单位探讨卡斯柯Urbalis 888系统的维护方法 | | | | |
| 任务要求 | 1. 场地要求：列车运行控制系统实训室；<br>2. 设备要求：卡斯柯Urbalis 888列车运行控制系统；<br>3. 工具要求：系统维护工具套装若干套 | | | | |
| 课前任务 | 请根据教师下发的视频资源，对卡斯柯Urbalis 888系统进行初步认知，并在课程平台讨论区中讨论 | | | | |

续表

| | |
|---|---|
| 课中训练 | 1. 通过查阅相关资料及教师指导，总结卡斯柯 Urbalis 888 系统的特点，填入表 6-2-1 中。<br>2. 以小组为单位对卡斯柯 Urbalis 888 系统结构及功能相关信息进行分析及整理，并将相关内容填入表 6-2-1 中。<br><br>表 6-2-1　卡斯柯 Urbalis 888 系统认知记录表<br><br>| 卡斯柯 Urbalis 888 系统 | | |<br>|---|---|---|<br>| 特点 | 结构 | 功能 |<br>| 1 | | |<br>| 2 | | |<br>| 3 | | |<br>| 4 | | |<br>| 5 | | |<br><br>3. 以小组为单位对卡斯柯 Urbalis 888 系统工作原理相关内容进行分析及整理，并将相关内容填入表 6-2-2 中。<br><br>表 6-2-2　卡斯柯 Urbalis 888 系统原理认知记录表<br><br>| 卡斯柯 Urbalis 888 系统原理认知 | |<br>|---|---|<br>| 子系统 | 基本原理 |<br>| | |<br>| | |<br>| | |<br>| | |<br><br>4. 请学生对两种卡斯柯 Urbalis 888 系统维护方法进行探讨，以小组为单位对研讨结果进行汇报展示，并完成教师在学习平台上布置的系统维护任务 |
| 任务总结 | 对项目完成情况进行归纳、总结、提升： |
| 课后任务 | 思考卡斯柯 Urbalis 888 系统是否适合应用在所在城市的城轨系统中，并说明原因，同时在课程平台讨论区中讨论 |

### 理论要点

## 2.1　卡斯柯 Urbalis 888 系统概述

### 2.1.1　卡斯柯 Urbalis 888 系统特点

课件　卡斯柯 CBTC 系统认知——卡斯柯 Urbalis 888 系统概述

微课　卡斯柯 Urbalis 888 系统概述

卡斯柯 Urbalis 888 是一套基于无线通信的移动闭塞系统（CBTC），它能够在保障列车行驶安全的同时有效地缩短前后列车间的运行间隔以提高运行效率。其主要特点体现在如下几个方面：

（1）信号系统具有高安全性、高稳定性和高可靠性，能够保证线路24 h不间断安全运营。

（2）真正的移动闭塞：通过连续的车—地无线双向通信，后车的移动授权终点可以连续追踪到前车的尾部，不存在虚拟区段，缩短了列车安全运行间隔，极大地提高了运营效率，从而满足了"小编组、高密度"的当前最先进的城市轨道交通信号系统设计理念。

（3）混合运营模式：系统具有灵活的控制模式，还具有降级及后备运营模式。系统可安全高效地管理CBTC列车和非CBTC列车在线路上自动混跑运营。

（4）稳定可靠的波导管无线传输方式：保证无线传输不受外界环境如开阔区域、车体遮挡等影响，抗干扰能力强且不会产生对其他通信的电磁污染；现场调试内容相比无线简单，免维护。

（5）骨干网传输系统：带宽大，具有双向自愈功能，组网方式灵活，便于系统扩展，可根据应用需要划分多种逻辑独立的网络。

（6）CI子系统的联锁机：采用"二取二"双CPU作为核心控制器，应用通过国际上第三方安全认证的"数字集成安全保障逻辑"技术进行系统设计，保证了系统的高安全性。

（7）强大的ATS系统功能：提供自动和人工在线时刻表调整功能，以满足不同时间段的运营要求；提供更贴近中国用户习惯的友好操作界面。

（8）信号维护监测系统：对整个信号系统所有设备工作状态运行进行在线监测，维修中心提供全系统设备的运营维护支持及报警信息，从而降低系统运营维护成本。

（9）采用必要的冗余措施：系统设计为内置冗余。该设计基于两个主要原则：

第一，冗余应用于设备级。区域控制器采用三取二平台技术；车载控制器是基于单编码处理器技术和三取二技术的车载系统，每列车首尾各设有一完整的车载控制器，首尾热备冗余，其中输入输出模块采用三取二结构；联锁系统采用二乘二取二余结构，这样单个设备故障不会影响到整个系统的运行；控制中心ATS采取冗余配置的服务器，各调度工作站互为备用，确保当热备冗余的主机发生故障时，主备切换具备连续的显示及控制功能；所有设备集中站采用冗余的站级服务器及现地操作工作站。

第二，冗余应用于通信级。双重通信网络：各子系统复制它们的输出信息，所有信息都通过红网和蓝网两条核心SDH网络，具有足够的带宽支持双重信息，如图6-2-1所示；网络接入设备：两台光交换机作为子系统连接SDH节点的网络接入设备，一个连到红网，另一个连到蓝网；核心SDH网络：由SDH节点和光纤组成核心DH网络，为环路结构，这种网络结构对光纤或设备的物理损坏具有防护功能，若光纤发生物理损坏，该环在50 ms内会自动重新配置，确保通信质量不受影响，同时报警信号传送到网管系统以提醒维护人员光纤已断开。

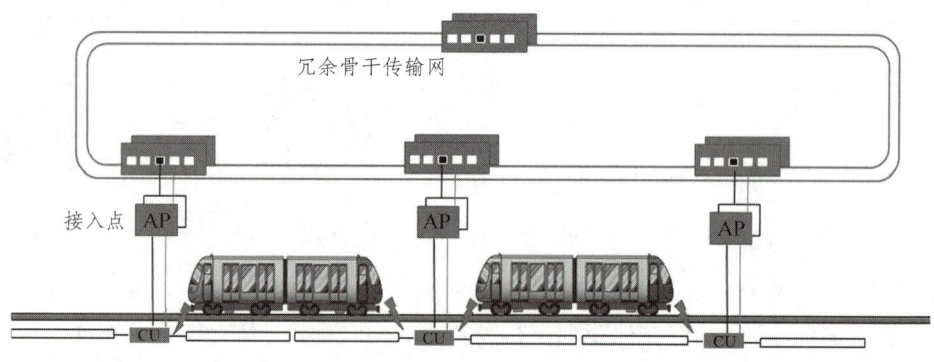

图6-2-1　冗余网络传输

（10）模块化设计：系统硬件和软件处采用模块化的设计，便于在线路等发生变化时进行系统扩展。

（11）较高的国产率：卡斯柯 Urbalis 888 系统除 ATP/ATO 控制系统硬件及底层软件由阿尔斯通提供外，其他所有的子系统均由卡斯柯信号有限公司开发并已完全国产化。

### 2.1.2 卡斯柯 Urbalis 888 系统总体功能

卡斯柯 Urbalis 888 系统的主体功能主要体现在以下几个方面：

（1）提供列车自动保护，包括执行进路操作、提供列车定位、控制速度限制、提供安全列车间隔、执行倒溜保护、车门管理、监控列车。

（2）提供列车自动驾驶，包括命令列车制动和牵引、执行正线存车和不存车、执行列车自动折返、执行紧急制动、站台精确停车。

（3）确保人员安全，包括提供安全紧急疏散、提供乘客安全上下车、提供工作人员和乘客下车保护。

（4）提供联锁控制，包括道岔控制、进路控制、信号机控制、建立保护区段。

（5）提供运营调整，包括提供列车识别号和追踪、实施调整策略、实施调整指令、在线时刻表/运行图的管理与编辑。

（6）提供运营前列车综合测试。

（7）历史数据的记录和回放。

（8）时刻表/运行图离线编辑。

（9）确保端对端数据通信。

（10）提供维护监测，包括监测信号设备和收集报警、计划维护活动、提供维护统计数据。

（11）提供培训功能。

### 2.1.3 卡斯柯 Urbalis 888 系统结构

卡斯柯 Urbalis 888 CBTC 系统结构如图 6-2-2 所示。其是由 ATP/ATO 子系统、ATS 子系统、计算机联锁（CI）子系统、数据通信（DCS）子系统以及维护支持（MSS）子系统 5 大部分构成。

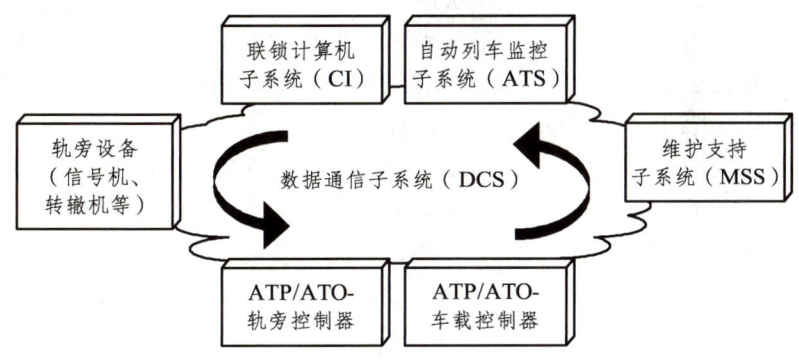

图 6-2-2 卡斯柯 Urbalis 888 CBTC 系统结构

#### 1. ATP/ATO 子系统介绍

ATP 子系统管理列车位置和确保列车保护及列车运行，主要负责列车定位、列车位移和速度测量、超速防护和防护点防护、临时限速、运行方向和倒溜监督、退行监督、停稳监督、车门监督及释放、紧急制动、站台屏蔽门/安全门监控、紧急停车按钮监控、防淹门、列车完整性监督、不同子系统维修。ATP/ATO 子系统如图 6-2-3 所示。

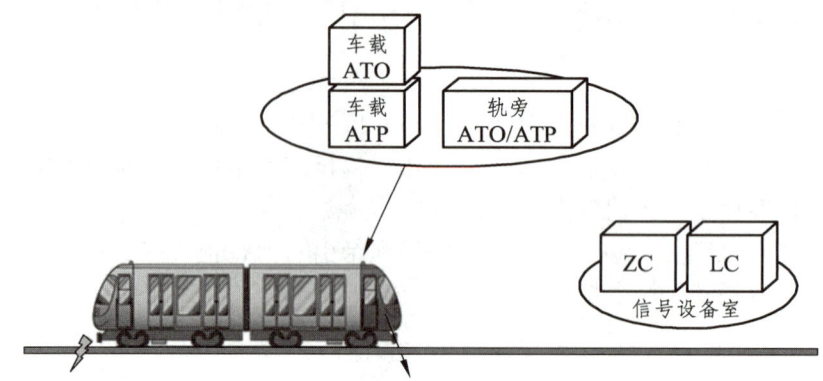

图 6-2-3　ATP/ATO 子系统

### 2. ATS 子系统介绍

ATS 子系统确保运营管理，包括线路、停车场和资源管理，主要负责系统监视（显示）进路操作、临时限速、列车描述、列车运行调整、时刻表/运行图编辑和管理、列车运用计划及管理、车站发车指示、维护和报警、运营记录和统计报表、系统管理、回放。

ATS 子系统作为地铁信号控制系统的一个重要组成系统与联锁、轨旁 ATC 设备、车载 ATC 设备等其他系统一起工作，实现信号设备集中监控，并控制列车按照预先制订的运营计划在正线和停车场内自动运行。

### 3. CI 子系统介绍

CI 防止列车（在区域）正面或侧面碰撞、脱轨以及轨旁设备的操作。CI 主要负责进路控制、自动闭塞控制、紧急关闭、扣车、进路的自动功能、信号机控制、轨道空闲处理、道岔控制、本地监控、信号设备的监督报警及故障诊断，负责处理进路内的道岔、信号机、区段之间的安全联锁关系，接受 ATS 或者操作员的控制指令，向 ATC、ATS 输出联锁信息。

联锁系统的组成包括联锁处理机、车站操作员工作站以及诊断维护机构成，其中联锁处理机是 CI 子系统的核心，通过 IO 选址读取输入输出信息，进行联锁运算、与联锁系统的其他子系统通信等。车站操作员工作站是联锁处理机的控制显示单元，对本联锁区信号设备进行监控。它主要负责把车站值班员的操作命令经过一定的预检查后传递给联锁处理机进行进路办理、道岔操作等操作，并接收车站 ATS 发送的中心操作命令。同时，显示联锁处理机发送的显示信息（主要包括道岔、信号机、进路、故障报警）状态，并把相应的显示信息通过站级 ATS 发送给中心 ATS。诊断维护机通常与微机监测机构成二合一的微机监测与诊断维护子系统，主要完成系统维护及接口设备监测的功能。

### 4. DCS 子系统介绍

数据通信子系统（DCS）是单元之间通信的核心。每个单元都连接到 DCS。其主要功能是为整个系统提供通信，并具备网络及管理功能。

DCS 包括：有线网络地对地数据通信核心网络 + 边缘网络 = 骨干网；无线网络——车—地数据通信（无线连接）；管理系统——DCS 的管理、配置、监测和维护工具。

DCS 无线网络的组成如图 6-2-4 所示。其中，接入点位于轨旁盒内，提供车—地无线通信功能；波导管和自由天线混合传播：波导管、轨旁天线和车载无线天线实现了轨旁和车载设备之间的连续无线传播；无线调制解调器位于车载 RM 盒内，实现车载有线网络和轨旁 DCS 有线网络之间的通信。

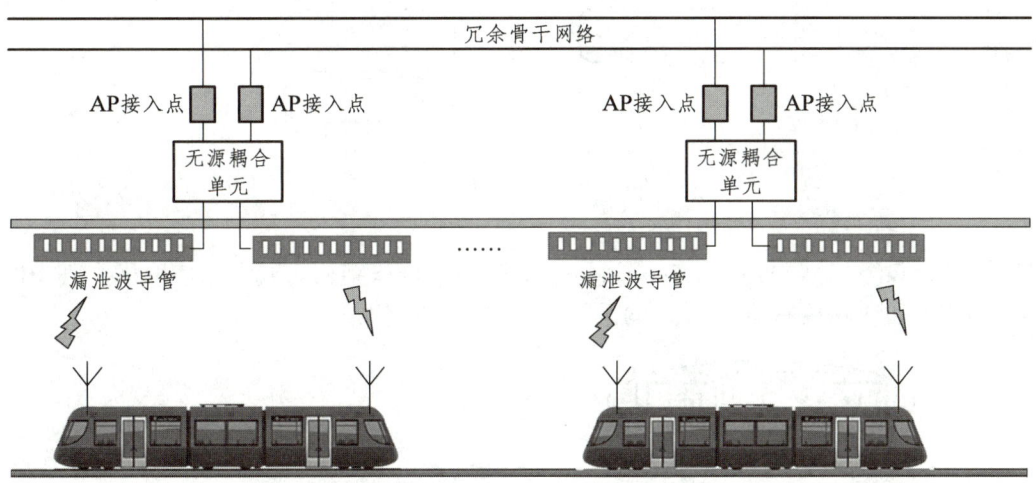

图 6-2-4　DCS 无线网络结构

### 5. MSS 介绍

MSS 提供信号系统的性能维护，是整个信号系统的设备状态监测和维护辅助工具，主要用于维护信息的采集，帮助维修调度人员对故障设备进行定位及管理维修作业。MSS 主要负责设备管理、设备运行状态检测、维护管理、外部接口管理、系统配置，在维护中心设置有两台维护服务器及一套共享磁盘阵列，在维护中心、控制中心、设备集中站设置有维护终端。

MSS 主要功能体现在以下几个方面：

（1）对整个信号系统所有设备（包括电源设备）的工作状态和电气性能指标进行在线监测和集中报警。

（2）收集/显示包括 ATS、ATP/ATO、CI 等子系统设备的报警信息。

（3）辅助用户进行设备资产管理。

（4）辅助用户计划和制定预防性及纠正性维护作业。

（5）辅助用户分析数据，自动生成文本和图形格式的标准预定制维修报表功能。

（6）辅助功能性操作员的管理操作。

## 2.2　ATP/ATO 子系统

### 2.2.1　ATP 子系统组成

ATP 子系统是由轨旁 ATP 设备和车载 ATP 设备组成，具体组成如图 6-2-5 所示。

课件　卡斯柯 CBTC 系统认知——ATP/ATO 子系统

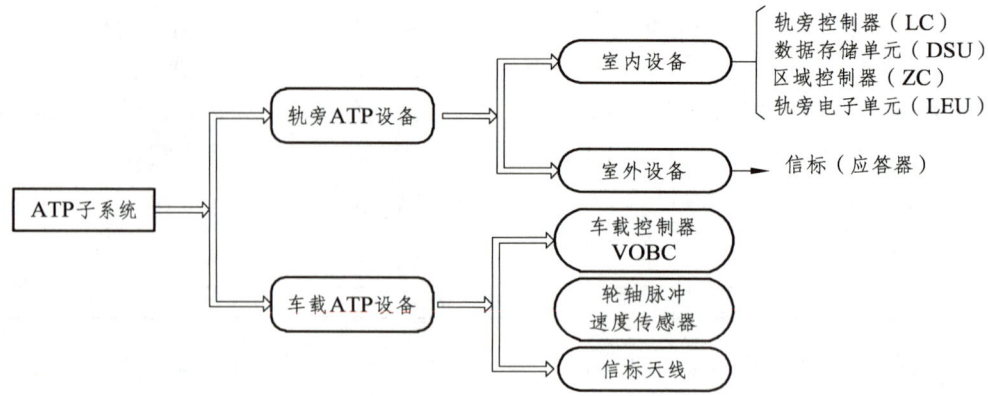

图 6-2-5 ATP 子系统组成

1. 轨旁 ATP 设备

轨旁 ATP 设备的结构如图 6-2-6 所示。轨旁 ATP 设备结构为冗余通信网络，其中的区域控制器（ZC）和线路控制器（LC）均采用三取二冗余配置。

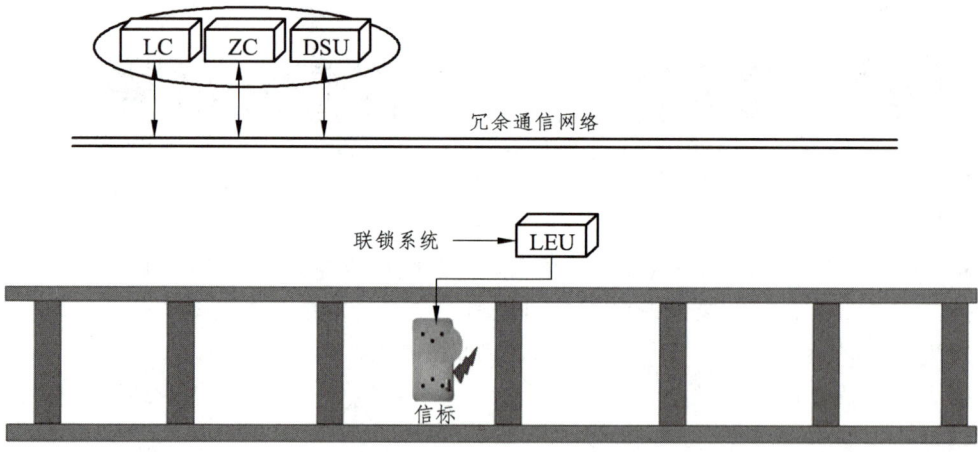

图 6-2-6 轨旁 ATP 设备结构

1）轨旁控制器（LC）

轨旁控制器 LC 设备可实现对整条线路的临时限速管理，负责存储、更新 ATS 发送的临时限速（TSR）请求，轨旁控制器的基本任务是控制区域控制器和车载控制器的应用软件和配置数据版本以及进行必要的修正。另外，轨旁控制器也可向区域控制器和车载控制器提供时钟的同步。

2）区域控制器（ZC）

区域控制器主要完成线路占用信息、自动防护以及进路信息的处理，并根据车载控制器发送的列车位置信息为所管辖的区域中的每列列车计算保护区域，并向列车发送移动授权（MA）。

3）数据库存储单元（DSU）

数据库存储单元用于向车载控制器上传新版本的应用软件和静态线路数据，同时也可对这些文件进行升级管理和控制。DSU 是由台式机构成的，是 CBTC 系统的地面的重要控制设备，主要实现全线临时限速的存储和下载功能以及数据库存储和数据库版本管理功能。

数据库存储单元采用的是二乘二取二的冗余设计，主要由数据库存储单元主机、通信控制器、数据控存储单元维护系统构成。

#### 4）轨旁电子单元（LEU）

轨旁电路单元是与有源应答器直接连接的设备，是在 CBTC 系统故障降级备用模式下使用的 ATP 地面设备。LEU 向有源应答器传输点式级别下的 MA 信息，满足应答器上行链路数据传输的需要。

在点式级别下，LEU 接收 CI 发送的控制命令，选择相应的点式 MA 信息，并将该点式 MA 信息发送到有源应答器。车载 ATP 接收到 MA 信息后，对列车进行安全控制。同时，LEU 能够将工作状态信息上传给 CI 子系统，通过 CI 子系统转发给 MSS 子系统。

#### 5）信标（应答器）

在该系统中信标的类型共有 4 种类型。

（1）重定位信标（RB）。

重定位信标主要用途是保证经过其上的列车可以进行检测并修正列车的位置，通常设置在线路的特定位置，一般在 400 m 内布置 3 个连续定位信标，允许 3 个信标在丢失 1 个的情况下依然能够保证列车的定位。

所有的重定位信标信息类型是一样的，其存储的信息包含信标标识信息，该标识对于整个线路上的每一个信标都是唯一的。信标的标识同样存储在车载控制器中静态轨道描述中，当列车经过信标时可通过车载控制器中的静态轨道数据检查列车在线路中的位置。

这些信标布置主要是为了处理空转、打滑等因素所引起的列车位置测定的不确定性，以及需要在某些地方（折返区域、信号机前方、道岔附近等）减少列车的位置误差。

（2）列车移动初始化信标（MTIB）。

列车移动初始化信标是由两个重定位信标组成，两者之间的距离是精确的 21 m。在衔接车辆段和停车场的出入段线上及正线上均布置列车移动初始化信标（MTIB），该类型信标的典型用途是进行系统定位并校准。列车在区间失去定位之后也可以用于列车的初始化。

车轮直径的精确度会引起位移测量误差。当列车经过列车移动初始化信标（MTIB）时，车载控制器将测量到的距离与预设距离（21 m）进行比较。当所有校准条件满足后，车载控制器导出一个校准常数，该值将应用于后面所有的距离测量中。否则，车载系统采用计算出的速度和距离的最大值作为缺省值。与人工输入校准功能相比，自动校准功能避免了可能的人为错误。

（3）精确停车预告信标（PSBa）。

精确停车预告信标用于确保列车在站内精确停车，其由重定位信标组成。此信标的布置需遵守以下原则：

第一，当列车停靠在运营停车点时，在距离信标天线约 70~100 m 处设置一个精确停车预告信标，用于精确停车预告。

第二，在距离信标天线约 25~30 m 处设置一个精确停车预告信标，用于精确定位。

第三，当列车停靠在运营停车点时，在距离信标天线约 1 m 处设置一个精确停车预告信标，用于精确停车。

在 ATO 驾驶模式下，两个车载控制器（车头或车尾）均用于管理列车的精确停车。因此，对应每个信标天线均需要设置以上信标。

（4）有源信标。

在 CBTC 系统降级的点式模式下，有源信标负责将轨旁电子单元中的变量信息（信号机、道岔的变化信息）传给车载子系统。其结构如图 6-2-7 所示。

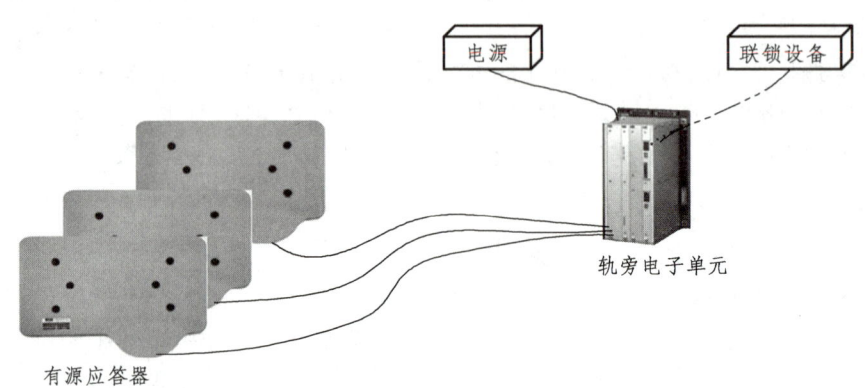

图 6-2-7　有源信标结构

## 2. 车载 ATP 设备

卡斯柯 CBTC 系统的车载 ATP 设备车头、车尾各有 1 套，头尾两端通过通信线缆相连，用以实现头尾两端设备之间的通信以及车—地无线通信的双路冗余。车载 ATP 子系统采用"三取二"的安全冗余技术，确保了车载子系统的安全性、可靠性及可用性。其车载 ATP 设备结构如图 6-2-8 所示。

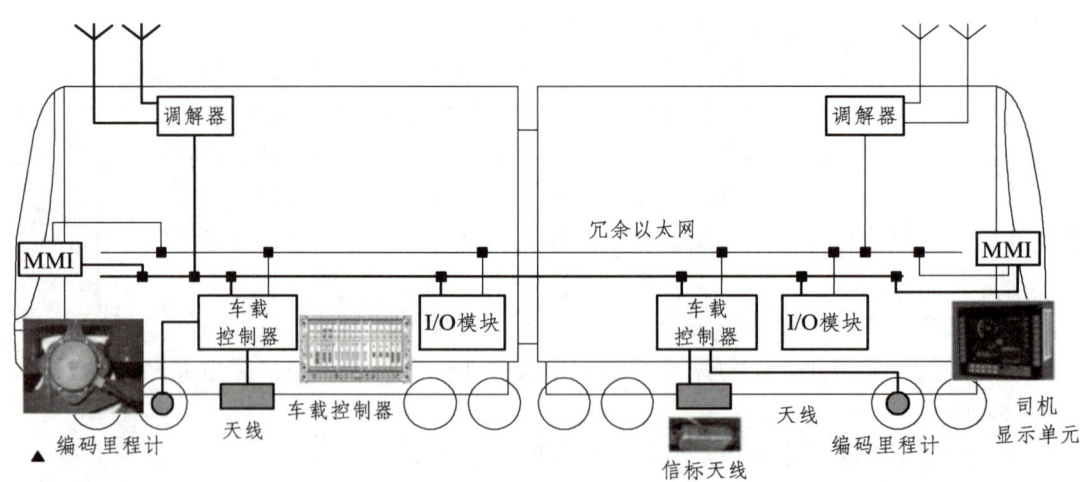

图 6-2-8　车载 ATP 设备结构

### 1）车载控制器（VOBC）

车载控制器结构如图 6-2-9 所示，由以下部分组成：

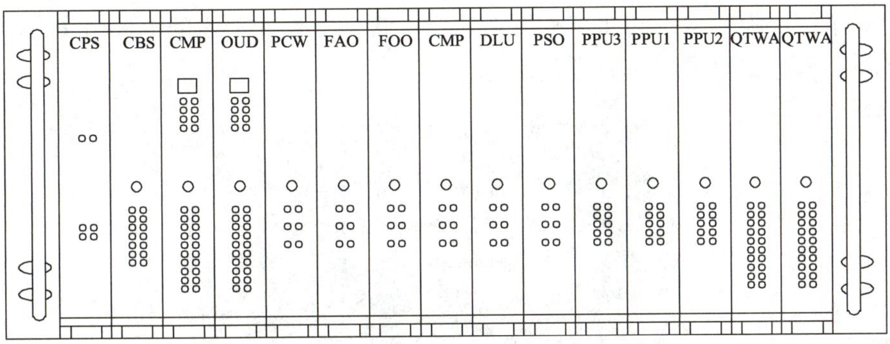

图 6-2-9 车载控制器结构

（1）CMP 板：提供非安全应用功能的核心处理器（ATO 软件）和安全应用功能的核心处理器（ATP 软件），以及提供信号和信号车载网络的连接。

（2）CBS 板：实现信标天线接口管理。

（3）CPS 板：车载控制器内部、速度传感器及信标天线的供电。

（4）DLU 板：数据记录单元。用于为事件提供数据记录器存储功能，为远程软件上传数据提供缓存功能。每辆列车仅有 1 个 DLU 板，由两个车载控制器共享。

（5）I/O 接口模块：实现内部及外部系统的通信。

2）轮轴脉冲速度传感器

轮轴脉冲速度传感器的脉冲发生器编码盘与车轴的轴颈相连接，它可以激活一个或者若干个设置在编码盘圆周上的光学传感器。这些传感器提供一个与速度成比例关系的频率信号（所计算的齿数），其中 3 个传感器（C1、C2 和 C3）完成速度测量并确定走行方向，1 个传感器（C4）完成编码任务。其结构如图 6-2-10 所示。

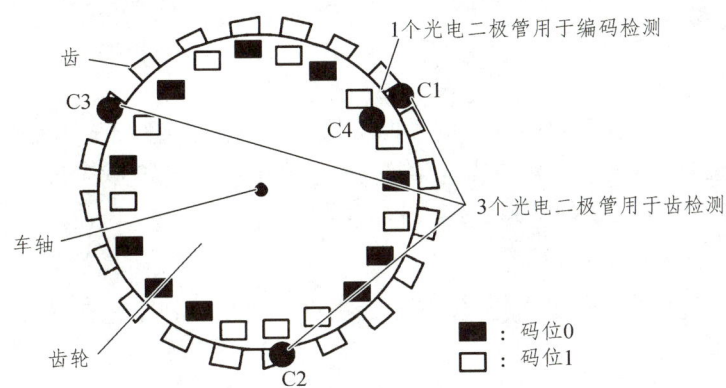

图 6-2-10 轮轴脉冲速度传感器原理

C1、C2 和 C3 所计数到的齿数用以计算车轮的转动的同时，由 C4 进行编码检测（该编码与车轮位置一一对应）。通过比较所有这些测量方式的一致性，ATP 可以安全地计算列车的速度。如果一个齿损坏或未被任何传感器检测到，则所数到的齿数将无法与车轮的位置编码相对应，则所测得的速度无效。

3）信标天线

信标天线实物如图 6-2-11 所示。其由下列部件组成：1 个内置电源、1 个传输模块、1 个线圈模块、1个接收模块以及与车载控制器连接的接头。信标天线的电源由 CPS 板提供。单套车载天线的故障不降低系统的控制级别。

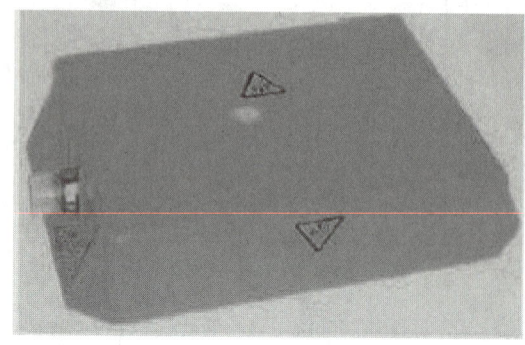

图 6-2-11　信标天线

### 2.2.2　ATP 子系统的接口

#### 1. 内部接口

**1）与 ATS 接口**

（1）轨旁 ATP 向 ATS 发送的信息：每辆列车的 AP；ZC 可用性（三取二平台的可用性）；计轴设备工作状态；线路上 TSR 的数量和各 TSR 的状态。

（2）ATS 向轨旁 ATP 发送的信息：TSR 修改。

（3）车载 ATP 向 ATS 发送的信息：列车状态报告（所有列车相关状态信息，如驾驶模式、故障状态、车门开/关状态、屏蔽门/安全门开/关状态、车载控制器可用性等）。

（4）ATS 向车载 ATP 发送的信息：PTI（主动列车识别）设置；到、发时间调整；扣车；跳停；列车在车站停；列车换端。

**2）与 CI 接口**

（1）CI 向轨旁 ATP 发送的信息：信号设备状态（道岔位置、信号机显示、轨道占用）；设备内部状态（进路、子进路、运行方向因）；紧急停车按钮 ESP 状态等。

（2）轨旁 ATP 向 CI 发送的信息：ATP 区段状态信息。

**3）与 ATO 接口**

ATP 可向 ATO 提供安全约束用于牵引/制动操作，实现对列车运行的安全和自动控制。

**4）与维护支持系统接口**

维护支持系统可以请求从 ATP 接收所有与设备维护相关（用于预防性维护）的告警和事件。

#### 2. 外部接口

**1）与屏蔽门/安全门接口**

（1）车载 ATP 向屏蔽门/安全门发送的信息（通过联锁）：屏蔽门/安全门打开和关闭命令。

（2）屏蔽门/安全门向车载 ATP 发送的信息（通过联锁）：屏蔽门/安全门状态（安全门的关闭且锁闭状态）。

2）与车辆接口

（1）车载控制器从车辆获取的信息：车门状态、所选运营模式、工作的驾驶室等。

（2）车载控制器向车辆提供的信息：紧急制动、开门授权、零速度指示、禁止 ATO 牵引指令等。

### 2.2.3　ATP 子系统的功能

#### 1. 超速防护

列车的最大速度依赖于列车的类型和驾驶模式。城市轨道交通中的限速是指在下面情况下列车运行所允许的最大速度。第一种情况：列车运行在线路的永久限速（PSR）区域。这些限速是由于曲线、道岔、车站及桥梁等产生的。第二种情况：列车通过车站时的速度限制。第三种情况：列车运行在线路的临时限速（TSR）区域。

当列车速度接近紧急制动触发速度的时候，会预先提供报警并提醒司机必须对列车实施制动。如果司机没有及时反应，当超过紧急制动触发速度时，车载控制器将触发紧急制动。因超速而紧急制动后，列车停车后需经 ATP 授权后方可继续正常运行。

#### 2. 临时限速管理

轨旁控制器管理线路的临时限速，周期性地发送给车载控制器。在轨旁控制器设备初始化时应用最具限制的临时限速，直到从 ATS 接收到 ATP/ATO 管理范围内临时限速设置。

车载控制器从轨旁控制器未接收到 TSR 信息，或接收到的 TSR 信息在一定时间内未得到更新，列车将考虑最严格限制的临时限速。

#### 3. 停车监督

轮轴脉冲速度传感器可为 ATP 系统提供零速检测。当主驾驶室端的轮轴脉冲传感器检测到列车停车时，ATP 将此信息与另一端的冗余轮轴脉冲传感器提供的零速信息和车辆提供的零速参考信息比较，若这两个信息与当前信息一致，则 ATP 确认列车停稳，否则将检测出机械故障（轴损坏或抱死）。

#### 4. 车门监督与释放

当列车停在车站停车点，已检测到零速且实施制动，车载控制器发出开门允许授权。授权列车打开一侧还是两侧车门，视站台配置而定。任何其他情况下，车载控制器都不发出开门授权，包括列车运行中及列车错过停车点。如果列车站间运行时检测到车门打开，系统应触发紧急制动。

#### 5. 紧急制动激活

在下列事件其中一个发生时，车载控制器将实施紧急制定：

（1）车载控制器发生严重故障，以致不能正常执行安全功能。

（2）在 ATO 或 ATP 驾驶模式下，紧急停车区域已经被激活且列车已非常接近该区域。

（3）当列车停止且车门打开时探测到列车的移动，尤其是在车站停车的时候。

（4）当列车速度到达紧急制动触发曲线时。

（5）当列车运行时，驾驶模式开关切换至未授权位置，或司机室激活信息丢失。

（6）最近描述轨道状态（信号机、道岔）的变量信息失效。

（7）列车位置丢失。

（8）连续式控制级下车—地通信中断（5 s）。

（9）列车非正常移动。

（10）常用制动率不足。

（11）列车刚启动（速度低于5 km/h）时列车车门在未锁闭状态。

（12）列车完整性信息丢失等。

### 6. 运行方向监督

车载控制器连续监督列车的运行方向，保证列车按照规定的方向在线路上行驶。另外，车载控制器还需实时监测列车是否发生倒溜，尤其是在列车启动时，一旦发生，则实施紧急制动。

### 7. 退行监督

在 RM 模式下，列车允许以低于 5 km/h 的速度反向运行一定的距离。当退行达到指定距离或超过限制速度时，会触发紧急制动。

### 8. 站台屏蔽门/安全门开关

车载控制器确定列车停在规定的停车位置时，才允许 ATO 开车门和屏蔽门/安全门。开、关门命令由车载控制器（VOBC）传给联锁系统（CI），再经室内信号设备传送至屏蔽门系统。信号系统向屏蔽门系统发送的开、关门信息必须是连续的信号。屏蔽门系统向信号系统提供全部门关闭且锁闭状态信息和互锁解除信息，再由联锁系统传送给车载控制器。

### 9. 紧急停车按钮（ESB）

当列车运行在 ATO 或 ATP 模式下，紧急停车按钮被激活时，ATP 以两种方式进行监督：

（1）若列车在 ESB 区域运行则触发 ESB，直到 ESB 不再被触发时才允许运行。否则，只有在获得调度员授权后，方可以 RM 模式驶出保护区域。

（2）若列车接近保护区，则在保护区域前停车，且禁止进入保护区域，但 RM 模式（降级模式）除外。

### 10. 列车完整性检查

无论在何种驾驶模式和运行模式下，当车载信号设备检测到由列车提供的"列车完整性"性信息丢失，车辆方须负责触发紧急制动，并报告给中央调度员，同时信号系统对后续追踪列车进行安全防护，保证后续列车的运行安全。

### 11. 维护功能

维护功能是车载控制器会周期性地将列车的健康监测、CC 性能监测、数据记录、事件日志等发送给 ATS 子系统。另外，ATS 根据列车发来的状态也产生一个报警信息并显示在驾驶员显示器上。

### 2.2.4 ATP 子系统的原理

#### 1. 列车控车原理

卡斯柯 Urbalis 888 CBTC 系统采用"目标距离"的追踪模式来实现列车运行的控制,其控制模型如图 6-2-12 所示。车载设备不断监督列车的位置,计算列车的运行允许速度,使得列车可以安全停在目标点前(EOA)。

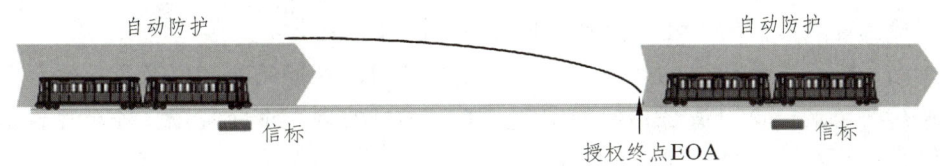

图 6-2-12　目标距离追踪模型

(1)主动列车检测。列车自行定位并通过位置报告信息定时将其位置传输至轨道设备;为列车定位的信息进行初始化、重新定位或精确停车等功能服务,它通过使用速度传感器和点式信息的传输实现列车定位;位置报告信息定时发送给 ZC。

(2)每个 ZC 设备负责 1 个专门的线路区域,单台 ZC 可管理最多 55 辆 CBTC 状态列车在其管理区域内运行,根据线路设计,1 条线路配置多台 ZC。

(3)移动闭塞防护。ZC 设备负责收集所有的列车位置信息;它为控制范围内的每列车配置了 1 个安全包路线,包括位置报告中指出的位置、速度和列车性能及预期量,从而使自动防护相互关联,直到列车接收到下一个位置信息。

① 更新完所有 AP 后,ZC 设备为每个车载控制器计算相关的移动权限,并通过"授权终点"信息的形式发送给列车。

② 指定列车的移动授权域定义为:在列车前搜索要防护的第一个点,如先行列车的 AP、反向进路、失去表示的道岔等。

(4)每辆列车均可确定其速度和距离曲线,直至移动授权终点。

(5)在上述正常情况下,AP 的更新与列车次级检测系统无关;对于移动授权而言,不使用次级检测设备的占用信息,但必须排列出相应的进路:如未排进路或列车未按授权方向运动,则列车将会接收到一个限制 EOA。

(6)对于安全性问题,信息具有时效性:当信息过期后,将应用限制 EOA。

#### 2. 线路数据库的安全管理及升级

静态线路数据库(SGD)是对轨道的描述,存储于数据存储单元 DSU 中,其版本号存储在线路控制器中。静态线路数据库 SGD 包含线路地图和奇点两项内容。

##### 1)线路地图

线路地图编制的基本原则是通过连续的区段表来说明该线路。轨道上区段的位置和长度根据需要达到的间隔性能来计算,每个区段对应于线路上的一段,与辅助轨道检测设备的边界一致。线路上的设备(如信标、信号机、道岔和车站)由特定的区段识别号和它在该区段的位置来识别。

### 2）奇 点

对象及其相关数据的列表（奇点）用于以系统的方式描述线路的布局，车载控制器需使用该线路信息来执行 ATP 和 ATO 功能。线路上定义的主要奇点有：

（1）永久限速：定义某速度变化的位置和数值。
（2）坡度：定义新坡度的位置和数值。
（3）停车点：定义停车点的属性、位置及关联变量的编号。
（4）信标：定义信标的属性、位置及其可探测窗口的大小。
（5）车站：定义若干车站的参数，如停车点、开门侧、停站时间以及车站编号等。当列车沿轨道运行时可通过奇点实现相应的功能，如信标可使列车重新定位，停车点告知列车在何处停车等。

### 3. 速度传感器的冗余配置及转换

车头和车尾均设有速度传感器，如果一个速度传感器失效，那么列车将启用另一端的车载控制器以对应另一端有效的速度传感器，从而保证了系统的可用性。速度传感器冗余设置的另一个目的是为 ATP 提供第二个零速度信息。

### 4. 车载控制器的冗余配置及转换

每列 6 节编组列车的车头和车尾驾驶室分别配置 1 套车载控制器。车载信号设备采用头尾冗余配置，能实现热备切换。在 CBTC 模式下，当单个车载控制器发生故障时，头尾冗余的车载控制器之间能实现无缝自动切换。工作车载控制器和备用车载控制器将在以下情况发生时进行切换：

（1）失去速度测量信息（速度传感器故障）。
（2）失去信标通信（车载信标天线故障）。
（3）失去与车辆的通信。
（4）失去与司控台的接口等。

每端的车载控制器都会连续地计算其可用性状况，包括计算其接口的可用性。一旦工作车载控制器的可用性低于备用车载控制器，头尾冗余车载控制器之间的切换就会立即执行。

#### 2.2.5 ATO 子系统的组成

从硬件来看，ATP/ATO 子系统是一个整体，无明显的硬件划分。ATO 子系统包括 ATO 应用软件（安装在车载控制器的 CMP 板内）。CMP 板上有两个不同的 CPU，一个用于安全软件应用，主要用于 ATP 软件应用；另一个用于非安全软件应用，包括 ATO。

#### 2.2.6 ATO 子系统的功能

##### 1. 自动驾驶

ATO 生成速度控制命令并发送到列车的牵引和制动系统可以确保：根据列车目标请求、牵引和制动性能及其他相关列车特性计算速度曲线及速度控制；ATP 通过速度控制防止列车超速和超能；在车站精确平稳停车；根据列车前方的安全约束点控制列车运行。

## 2. 车门管理

当 ATP 检测到列车已停稳且位置正确后,授权 ATO 将站台侧的车门打开。ATO 随后将指令发送给车辆,打开站台侧的车门。

## 3. 精确停车

列车在车站的精确停车通过位移测量功能实现。通过轨旁参考点进行定期更新(重定位信标)以确保其精确度。为实现此目标需配置 2 个信标:当列车停靠在运营停车点时,在距离信标天线约 30 m 处设置 1 个精确停车预告信标(STIB)用于精确停车预告;当列车停靠在运营停车点时,在距离信标天线约 3 m 处设置 1 个重定位信标(RB)用于精确停车。

## 4. 调整功能

在线路的任何位置,ATO 子系统通过连续的车地传输系统接收到 ATS 子系统发送过来的调整指令、至下一个控制点(如站台停车点)的期望到达时间、信号机停车点、调车进路终点等数据,并基于这些参数与结合 1 个给定的区间运行时间,仿真多条运行曲线。

为了达到期望的运营服务,在离线时已预设好几种运行曲线。这些运行曲线的计算将考虑在区间尽可能多地实施惰行(最大化节能),另外还要考虑轨道的坡度和车辆数据参数以及乘客的舒适度。

根据线路特征、车辆特征和运行图,ATO 模式中离线定义了 3 种运行曲线。这 3 种运行曲线如下:

(1)中间运行曲线:此曲线已考虑了所有必须遵循的约束点和站间运行时间。如果列车在运行过程中未受到干扰,那么参照这条曲线,列车将根据时刻表准点到站。

(2)全速运行曲线:根据线路特征及车辆特征,在 ATO 所能应用的最高速度(ATO 进行速度调节时需遵循的参考速度值的上限)下定义此曲线。

(3)非全速运行曲线:此曲线是运营时 ATO 进行速度调节所需遵循的参考速度值的下限,其考虑了最大站间运行时间,并考虑了节能的最优化。

当列车速度位于全速运行曲线与非全速运行曲线之间时,如果列车早到达,则 ATO 向非全速运行曲线方向进行调整;如果列车晚点,则 ATO 向全速运行曲线方向进行调整。

全速运行曲线相应的站间运行时间 $t_1$ 及非全速运行曲线相应的站间运行时间 $t_2$ 由 ATO 仿真工具离线生成。在这两个时间形成的区间 $[t_1, t_2]$ 中选择一个时间 $t$ 作为站间运行时间。在此 3 个时间的基础上,系统将分别生成全速运行曲线、正常运行曲线和非速运行曲线。

中心调度员必须向 ATO 子系统发送下一站到站时间。ATO 子系统将按照此到站时间选择运行曲线:当到站时间为 $t_1$ 时,则选择全速运行曲线;当到站时间为 $t_2$ 时,选择非全速运行曲线;当到站时间介于 $t_1$ 和 $t_2$ 之间时,则选择正常运行曲线。

ATS 子系统可发送任何介于 $t_1$ 和 $t_2$ 之间、以 1 s 为公差的等差分布到达时间。另外当选择了非全速运行时间时,节能为最大。ATO 子系统通过牵引及制动指令来驾驶列车,并遵循所选运行曲线并按 ATS 子系统发送的到站时间准点到站。如果行车过程中因干扰而使列车减速,则 ATO 子系统将计算另一条运行曲线使列车准点到站。如果未能补偿延时,则列车将晚点到站。

## 5. 主动列车识别

主动列车识别(PTI)发送至 ATS 供其参考以进行自动进路设置及调整。主动列车识别(PTI)是一个标识了列车号、目的地号、服务号、序列号和乘务组号的逻辑数字。

#### 6. 车载显示

列车与司机的交互是通过驾驶室的车载显示器（MMI）完成的，车载显示器（MMI）采用英文人机界面，实物如图 6-2-13 所示。人机界面的主要内容包括：列车实际速度显示，各种驾驶模式和折返模式下的允许速度显示，目标速度距离显示，驾驶模式，牵引状态（动力、惰行、制动），折返模式，紧急制动状态表示，列车停车精度，车门控制及车门状态表示，屏蔽门/安全门的控制及状态表示，发车及驾驶命令、紧急制动的开启和表示，空转/打滑状态表示，制动力不足、失效表示，停车场及车辆段转换区的表示，车载设备故障表示，下一站站名及目的地名，时钟信息，列车完整性信息，驾驶员有关数据的输入及修改，驾驶员身份确认，地面线路变化时数据的增加及修改，自检操作输入、自检过程及结果显示。

图 6-2-13 车载显示器实物

列车的每个驾驶室中均配置一个车载显示器（MMI）。非激活驾驶室的车载显示器（MMI）使用屏保显示，不会接受司机的任何命令。车载显示器（MMI）的亮度可以手动和自动调整。如果是自动调整，则屏幕的亮度会根据周围环境的变化而自动调节，确保车载显示器（MMI）保持可见状态。

### 2.2.7 ATO 与其他子系统信息交换原理

#### 1. 与 ATS 子系统的接口

ATO 与 ATS 的通信是无线通信，ATO 从 ATS 接收以下信息：列车识别到达时间、发车时间、立即发车、跳停、扣车等。

ATO 子系统也可通过无线链路与 ATS 通信，发送以下信息：计划到达时间、到达车站时间、到达时间太短、停车不准、跳停信息接收太晚等。一些故障报警由 ATO 通过无线信息发送给 ATS。

#### 2. 与 ATP 子系统的接口

1) 与轨旁 ATP 的接口

ATO 与轨旁 ATP 的通信是无线通信，从轨旁 ATP 接收的信息包括：轨道的静态描述；轨道的动态描述，例如信号和道岔状态；与运行曲线有关的 ATO 数据（如信标可被视为轨旁 ATP 的一部分，其信息可通过车载信标天线接收）。

2) 与车载 ATP 的接口

驾驶列车时，ATO 子系统应遵循安全要求，为此车载 ATP 向 ATO 子系统发送下列信息使其能够驾驶列车运行且不触发紧急制动：授权的驾驶模式、发车授权、授权的行驶方向、车门安全状态、列车最小和最大安全位置、最大安全速度列车安全速度、安全目标距离、安全目标速度、前一列车的安全位置或限速点的安全位置等，同时 ATO 向 ATP 发送其状态（是否可用）、"ATP 控制命令"信息以及车门控制命令。

### 3. 与屏蔽门/安全门的接口

当列车在站台精确停车后，ATO 子系统通过无线链路向屏蔽门/安全门（通过联锁）发送开关的控制信号，打开关闭屏蔽门/安全门，以便乘客上下车。在 ATO 模式下，自动开/关屏蔽门/安全门须始终得到 ATP 子系统的授权。

### 4. 与车辆的接口

ATO 从车辆接收列车状态，可帮助 ATO 优化驾驶。需要根据车辆软件应用版本；速度传感器；列车负载；高压等级；牵引能力（可用的牵引设备数量）；电制动能力（可用的电制动设备数量）；机械制动能力（可用的机械制动设备数量）；检测列车空转打滑等数据来更好地驾驶列车。

车载 ATO 设备通过车辆网络向车载乘客信息系统提供的数据包括发车信息、预到站信息、到站信息、目的地信息、左/右开门信息等。

## 2.3 ATS 子系统

ATS 子系统是基于现代数据通信网络的分布式实时计算机控制系统，通过与列车自动防护（ATP）和列车自动驾驶（ATO）子系统的协调配合，完成对城市高密度轨道交通信号系统的自动化管理和全自动行车调度指挥控制。另外，ATS 可通过与电力遥控（SCADA）、防灾报警（FAS）等其他系统的接口，实现对这些系统的监控或信息交换。系统的计算机设备都连接到 1 个冗余的网络上。

课件　卡斯柯 CBTC 系统认知——ATS 子系统

### 2.3.1 ATS 子系统特点

（1）系统关键单元的 1 + 1 防护，即故障情况下无须人工干预的双机热备切换。
（2）分散自律的功能配置，即在中央计算机故障时仍可完成大部分自动控制功能。
（3）集中分布式的广域网结构设计，可方便系统扩容。
（4）模块化的软件设计，灵活满足用户的需求。
（5）符合人机工程原理的标准化图形用户界面。
（6）完善的故障诊断功能，减少系统维护时间。
（7）与各种计算机联锁、ATP/ATO 子系统和车—地通信系统实现无缝集成。
（8）基于 UNIX、关系型数据库和面向对象技术的高可靠性设计，保证系统运行的稳定可靠。
（9）与通信时钟系统接口，使全系统的时钟同步。
（10）传输系统采用数字传输通道，并提供标准的接口。

### 2.3.2 ATS 子系统组成

ATS 子系统是一个分布式计算机监控系统，主要分布于控制中心、正线设备集中站、正线非设备集中站、停车场/车辆段。系统采用双机热备的冗余方式，保证系统的高可靠性和高安全性。

### 1. 控制中心（OCC）

控制中心 ATS 结构如图 6-2-14 所示。依据其设备的设置位置可将其分成运营控制中心设备、中心设备室设备以及时刻表编辑室、培训室设备。

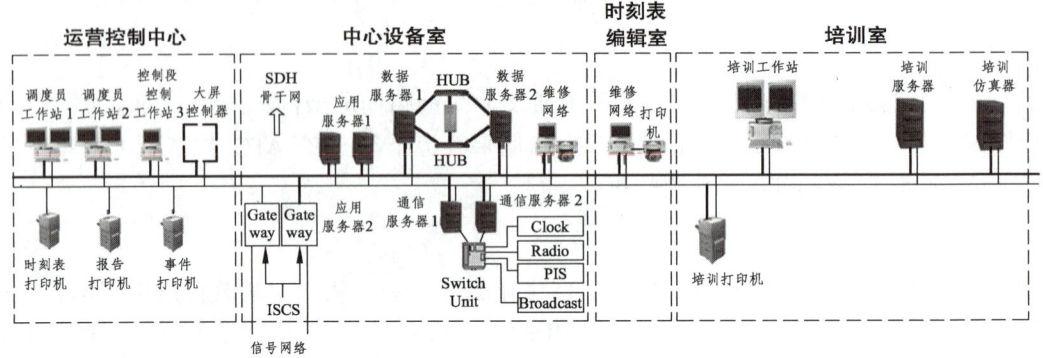

图 6-2-14　控制中心 ATS 结构

运营控制中心设备：MMI 行车调度、总调工作站；打印机（运行图、报警、数据报表）。

中心设备室设备：CATS 应用服务器；CATS 数据库服务器及共享磁盘阵列；ATS 通信处理器（包含通信前置机、网关计算机）；双机切换单元；MMI 系统管理、维护诊断工作站；ATS 设备室、各服务器机柜。

时刻表编辑室设备：运行图编辑工作站、打印机。

培训室：ATS 培训服务器、培训员工作站、培训模拟器、培训打印机。

### 2. 正线设备集中站 ATS 子系统

正线设备集中站 ATS 结构如图 6-2-15 所示。

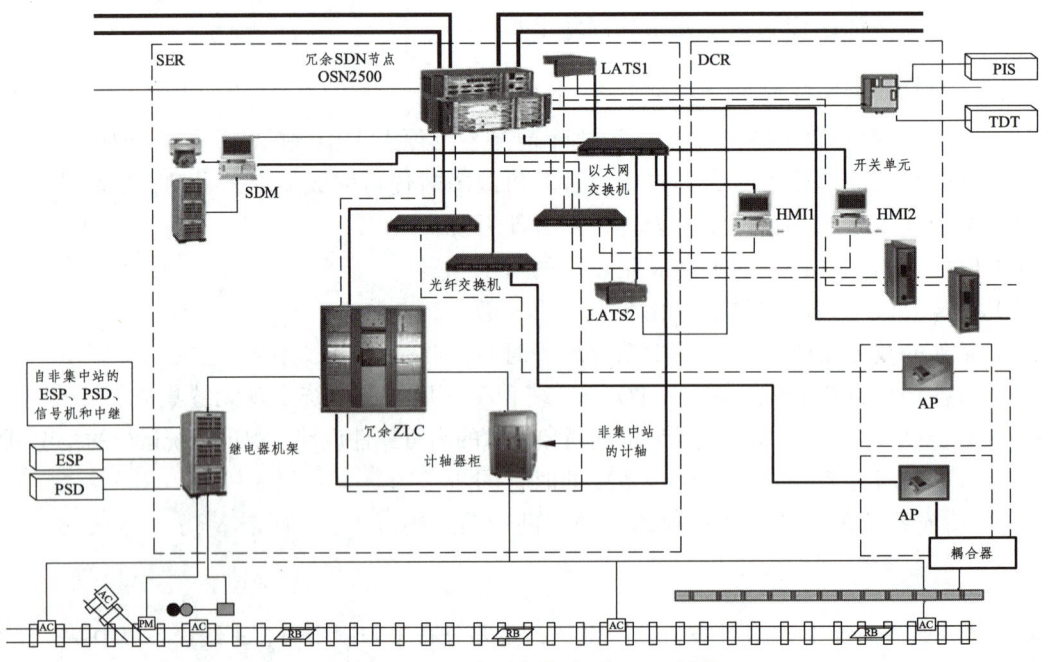

图 6-2-15　正线设备集中站 ATS 结构

正线设备集中站 ATS 子系统设备包括：1 套冗余的车站 ATS 分机（LATS）、2 台 ATS 工作站、1 台 ATS 终端打印机、若干光电转换器。

### 3. 正线非设备集中站 ATS 子系统

正线非设备集中站 ATS 结构如图 6-2-16 所示。

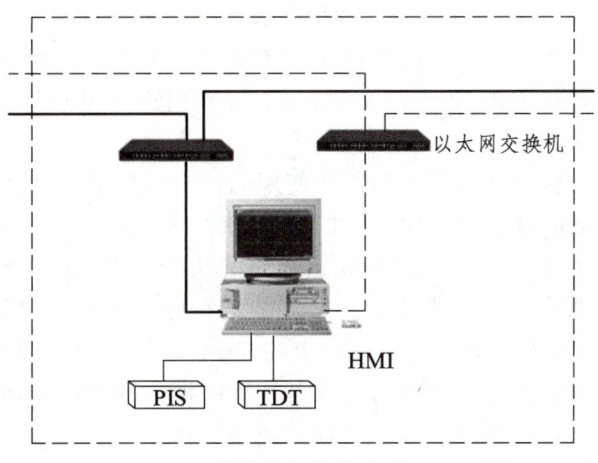

图 6-2-16　正线非设备集中站 ATS 结构

正线非设备集中站 ATS 子系统设备包括：1 台 ATS 工作站、若干发车计时器（TDT）、若干光纤转换器。

### 4. 车辆段/停车场 ATS 子系统

车辆段/停车场 ATS 结构如图 6-2-17 所示。

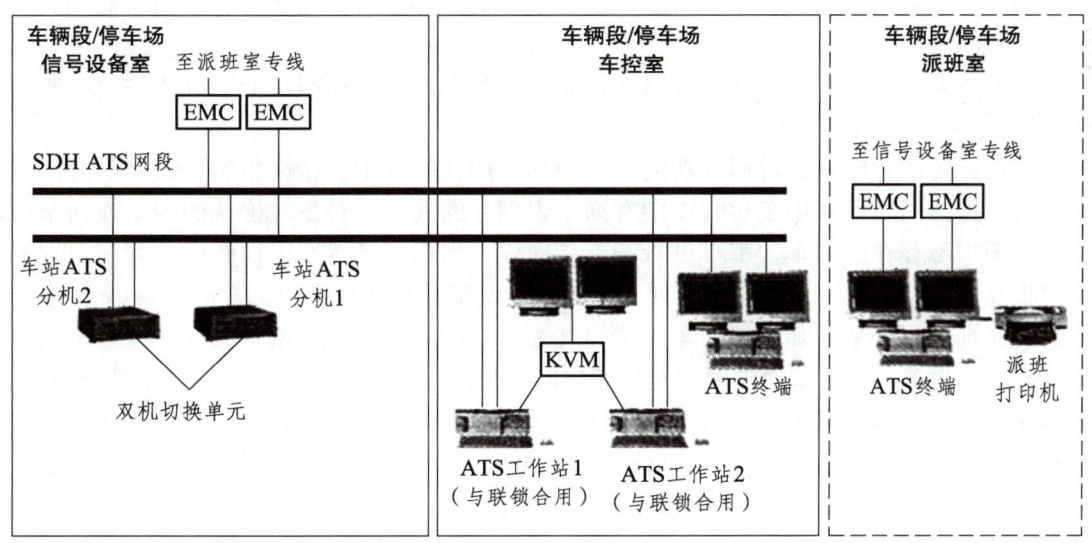

图 6-2-17　车辆段/停车场 ATS 结构

车辆段/停车场 ATS 子系统设备包括：1 套冗余的车站 ATS 分机、2 台 ATS 工作站、1 个设备机柜、1 台派班打印机、2 台 ATS 终端、若干光电转换器。

### 2.3.3 ATS 子系统功能

#### 1. 控制中心 ATS 功能

（1）全线信号设备（进路、道岔、轨道电路、信号机）状态信息的动态实时显示功能。

（2）列车描述信息的实时动态跟踪、传递和显示功能。每列列车带有 1 个识别号，称为标号，此标号显示在操作员工作站屏幕上的列车表示窗内和图像模拟屏上。标号是列车在运行图中的标识，列车标号在每次旅行后根据运行图都自动在控制中心 ATS 大屏幕上进行更新显示。为使司机能够在司机室内看到正确的显示，需在每个折返点和正线的入口处把标号传到车上。

与列车相关的另一信息是 A 车号（指正在使用的特定司机室）。ATS 维持标号和 A 车号这两个信息之间的连接。该信息主要用作车辆的统计和维护。该 A 车号在每一站通过车—地通信信息（TWC）发送。列车的移动是根据轨道电路的状态、道岔位置和特殊情况下的进路状态来计算的。列车描述功能不仅是为正方向设计的，它也能处理如列车反向运行这种不常见的移动。除了轨道电路的跟踪原理，装在站台上的 TWC 信标可以获取停在该站台上的列车识别号，并且接着确认其后相邻的轨道电路，或者在降级模式的情况下初始化列车识别号。

在正常情况下该系统能检测以下基本的移动类型：

① 行进。列车的行进通过位于列车前方的轨道电路占用或列车后方轨道电路的出清检测到。

② 反向行驶。列车的反向行驶是通过列车后方的轨道电路占用或列车头部轨道电路占用的出清检测到。

③ 出现。列车的出现是由边界轨道电路的占用检测到或由 1 个轨道电路占用，接着相邻的轨道电路也占用检测到。

④ 消失。如果下一个轨道电路空闲，列车的消失是由边界轨道电路的出清检测到，此时列车标号被清除。

（3）各种人工制功能。包括对进路的控制和对列车的站台控制功能，其中站台控制功能有站台扣车、终止停站、跳停等。

（4）运行图的比较及运行调整功能。自动列车调整是基于运行图中运行线路的时间特性来实现的。按图调整只应用于运行图中有列车识别号的列车。对没被确认的列车或列车识别号在运行图中不存在的列车，都不进行调整。同样一列列车虽然有运行图中的列车识别号，但它的旅程和运行图不符，对这样的列车也不进行调整，直到它回到正常的线路。

调整原则应用于某一既定的列车，按照这列列车的运行图进行调整，和其他列车可能出现的延迟情况无关。ATS 是通过对列车停站时间和站间运行时间的调整实现调整功能的。

ATS 决定站间运行的类型：快行用以恢复延迟；常速运行用于正常运行（包括 4 种运行时间和 1 种惰行运行时间）。停站时间和站间运行时间的优先级定义如下：① 列车到达时，若列车有延迟，ATS 通过减少停站时间来弥补延迟时间，直至延时到最小值，剩余的延迟时间将在下一个站间运行时间弥补。若列车提前了，则停站时间延长一段提前量。② 发车时，ATS 通过减少站间运行时间弥补延迟。剩下的延迟时间将通过下一站的停站时间弥补。

（5）运行图编制和管理功能。包括在线和离线 2 种操作方式。存储整个运营日内正常运行条件下列车的运营计划。系统提供了在数据库内保存至少 256 种基本时刻表运行图的空间。

用户可根据需要任选其一作为当日时刻表/运行图。操作人员可用时刻表编辑工具以在或离线的方式管理时刻表/运行图。

① 离线管理:通过一个有图形用户界面的时刻/表运行图编辑工具建立和修改基本时刻表/运行图。

② 在线管理:通过一个有图形用户界面的时刻表/运行图编辑工具建立和修改当日时刻表运行图。

（6）列车运行及信号设备的监视和报警功能。当列车运行或信号设备发生异常时，系统会产生不同类型的报警信息。报警信息保存在数据库服务器中，并能以文本文件方式输出。报警信息可以按类型有选择地显示和打印。

（7）各种事件的记录、输出和管理功能。ATS 子系统根据线路的运营情况会将系统事件记录在数据库服务器中，由系统处理和统计后，生成一系列的运营报告；它们可以以文本的方式查看，也可以打印输出。系统具有自行生成报表功能，工作人员也能对运行资料库进行访问，根据需求自行生成报表。

（8）回放。ATS 子系统支持历史数据的记录和回放功能，以便在出现问题时可以进行追溯。回放数据包括已记录的轨道、道岔、信号机等信号设备的状态信息，列车位置信息，控制中心调度员执行的各种操作命令和各种报警信息。回放过程中在回放软件上的各种操作对正在运行的线路和 ATS 的各种既有功能没有影响，该回放软件为一单机版的应用软件。

（9）联锁控制功能。进路的控制有人工、自动 2 种控制模式。自动进路只适用于正向列车运行，包含通过进路、自动触发进路（包括接近触发和目的地接近触发 2 种方式）和循环进路。

（10）数据库管理。ATS 管理所有车辆信息及晚点统计：车辆在正线运行时间及千米数；准点统计；交通状况；故障情况等。

（11）交互式培训。

（12）运营调整。当列车停站时，系统将自动判断列车的早晚点状态，通过计算给出合理的发车时间和到下一站的区间运行时间，并发送给 ATO 控制列车的区间运行时间，另外把停站时间通过每个站台的列车发车计时器传达给列车司机以便控制列车停站时间。

如果列车运行状况与计划偏离在系统调整范围内，则 ATS 的自动调整功能通过调整列车的停站时间和列车的区间运行时间或只调整两者之一来纠正偏离。

当列车的实际运行图和计划运行图间发生的偏差超出一定范围时，经调度员操作确认后，能以起始站或终点站为基点对所有列车按等间隔运行原则自动调整。

如果列车运行状况与计划偏离超出调整范围，系统将发出告警。同时，ATS 的运营调整功能也会为调度员提供人工干涉的手段，比如人工修改列车在区间的运行时间、停站时间、扣车、跳停，修改列车在线计划，以便尽快恢复列车的计划运营。

调整策略中的计划偏离阈值是系统参数，系统管理员可自行设置。

（13）通过马赛克表示盘或背投屏幕提供全线的宏观显示。

（14）其他专业系统接口信息的获取和提供。

## 2. 设备集中站 ATS 功能

在正常的中央控制模式下，本地 ATS 服务器作为通信平台，为控制中心与车站计算机联锁设备及与车站 ATP/ATO 地面设备间的信息交换提供通信通道，也向本地的车站操作员工作站提供各种表示信息，显示给本地的监控人员。当处于本地控制模式下，下列功能用于监控本地 ATS 所管辖的区域：自动进路设置；各种人工控制功能；线路监督及报警管理；旅客向导信息的实时发布发车表示器的控制。

### 3. 车辆段/停车场 ATS 功能

列车的编组信息和修程管理；管理列车编组、司机和时刻表之间的关系；提供出入库计划信息；对车库内信号设备状态信息的动态实时显示；对车辆段内的列车进行实时动态追踪和显示。

### 4. 其他功能

基于 ATS 子系统强大的可扩展性能，可实现与 SCADA、FAS 等系统的接口，甚至实现 SCADA、FAS 系统的集成，实现这些系统所具有的功能。

## 2.3.4 ATS 子系统原理

### 1. 显 示

显示功能用于监督整条线路的信号设备当前状态及列车运营。显示信息内容包括：全线线路、车站、停车场及车辆段的线路布局，集中站控制范围及站控/遥控状态，主要设备的工作状态，信号机、道岔和计轴（或轨道）区段状态，自动通过进路状态，自动折返状态，屏蔽门安全门状态信息，临时限速表示，扣车及跳停表示，紧急关闭状态，列车停站表示，触发轨位置，列车位置、列车识别号、列车编组和列车状态（如车门、早晚点状态等），挤岔表示，电力牵引站标志、接触网供电区段状态，调显目的地码位置、轨道计轴号和道岔号，调显线路公里标、坡度、曲线高架地面地下线路标注，调显信标位置，其他故障告警信息等。

### 2. 列车运行描述

#### 1）列车识别号概述

ATS 子系统中的每一列列车都对应一个列车识别号，此识别号显示于调度员工作站屏幕和表示屏的车次窗中。

（1）列车识别号主要是由列车号、车次号、车组号、目的地号、乘务员号、线号、运行方向符等组成。

（2）列车号为系统对正线列车的辨认标识，在一天的服务中保持不变。列车号由两位数字组成。

（3）车次号按列车运行顺序及方向顺序编制，上为偶数，下行为奇数，有效范围为 01~99。

（4）车组号为某一特定列车编组的编号，一般由 4 位数字组成。

（5）目的地号为列车运行目的地的编号，由 2 位字母组成。

（6）乘务号为与乘务人员有关的编号，由 3 位数字（001~999）组成。

（7）运行方向符为箭头符，指向目的地的方向。

#### 2）列车识别号跟踪

在移动闭塞情况下，列车的移动是根据 ATP/ATO 子系统周期性发送的列车位置信息来计算的。在该列车位置信息中包含列车设备号、位置、速度方向等信息。ATS 子系统通过记录并比较前后两次收到的信息，正常情况下可检测列车的出现、行进、停车和消失等基本的移动类型。

在降级模式（CBTC 故障等）的情况下，列车的移动可根据计轴占用的状态、道岔位置和进路状态来计算。当计轴故障或车站故障时，可通过计轴切除或车站切除，以保证列车识别号的正常跟踪。

正常运营过程中，当列车由车辆段/停车场进入正线，在计划起始点处时，系统根据当天运行图或派班计划自动给列车分配列车号、车次号、运营方向和目的地号；当列车到达终端站折返作业完成后，列车跟踪系统按照实施运行图为计划车自动分配新车次号、运营方向号和目的地号。对于即将退出服务的列车（回库列车），在计划结束点处，列车识别号中的列车号、车次号、运营方向号和目的地号将自动去除，在车辆段停车场区域内的车次窗内只显示列车的车组号。

中心调度员可定义、删除、变更列车识别号，车站值班员只有在中心故障情况下可对本集中站范围内的列车识别号进行人工管理。如果列车识别号因故丢失，系统能根据运行图、列车位置及时间和车地通信自动推算并设置列车识别号，或生成 ATS 缺省列车识别号，同时提示调度员确认。

在正线区域，ATS 通过车—地通信接收到列车发送的列车识别号后，比较自己追踪的列车识别号和从列车接收的列车识别号。如果两者不一致，那么 ATS 以自己追踪的识别号为准，向列车发送自己的列车识别号以校正列车上的识别号；如果 ATS 没有列车识别号或为 ATS 缺省列车识别号，那么 ATS 采用从列车接收到的列车识别号，同时提示调度员确认。

3）列车显示

在 ATS 子系统的显示界面上，正线车站的一个计轴区段对应若干车次窗，车辆段/停车场的一个轨道区段对应一个车次窗。

列车运行时，列车识别号显示在车头所在位置对应的车次窗中，当车头位置发生变化时，列车识别号在新车次窗中显示的同时将清除旧次窗中识别号。在用列车位置信息进行识别号追踪且当两列列车的识别号被移入同一车次窗时，将有车次号溢出车次窗显示。车次窗设置的位置与数量将根据行车密度和运行作业的需要来确定。

除列车识别号外，ATS 可通过图形和颜色显示列车的状态：① 是否计划车，计划车的早点、准点、晚点状态；② 列车 CBTC 通信正常还是故障；③ 列车运行模式；④ 列车驾驶模式；⑤ 列车运行方向及运动、静止状态；⑥ 列车扣车状态；⑦ 列车跳停状态；⑧ 列车车门是否关且锁闭；⑨ 列车是否有报警。

通过点击列车识别号并选择列车信息显示功能，可显示详细列车信息，如基本信息、编组信息、计划偏离情况、列车速度、车载 ATC 状态、车辆告警等。调度员也可以定义、移动、删除、修改列车信息。

3. 进路操作

1）人工进路

当信号设备集中站处于遥控模式下，只能在控制中心调度工作站上进行人工排列进路、取消进路和信号重开的操作；当信号设备集中站处于站控模式下，只能在设备集中站联锁现地控制工作站上进行进路办理/取消、信号重开操作。

当进行人工取消进路操作时，如果进路没有被使用，ATS 先自动发送命令禁止该进路能被 ATS 自动触发，然后再发送进路取消命令，避免被取消的进路又被自动办理。

2）自动通过进路

如果设置了自动通过进路，当列车越过始端信号机后，该信号机关闭；当列车出清相关区段后，进路不解锁，信号机由联锁重新开放。

ATS 提供设置自动通过进路的操作命令。站控时，自动通过进路的设置和取消由车站值班员操作，控制中心工作站将显示自动通过进路的设置状态；遥控时，自动通过进路的设置和取消由中心调度员操作。

3）自动折返进路

自动折返进路一般用在线路的折返点。一个自动折返模式关联两条进路，一条为出折返线进路，另一条为进折返线进路。在自动折返设置之后，一旦进入折返线进路的触发轨道被占用而且该进路建立的联锁条件满足，由联锁自动办该进路；在折返轨被占用之后，如果出折返线进路的联锁条件满足，则由联锁自动办理出折返线的进路。

站控时，自动折返进路的设置和取消由车站值班员操作，控制中心工作站将显示自动折返进路的设置状态；遥控时，自动折返进路的设置和取消由中心调度员操作。

4）按运行图或目的地自动设置进路

按运行图或目的地自动设置进路是根据列车识别号在运行图中找到列车的计划运行路径，或者当列车占用触发轨时根据识别号中的目的地信息由 ATS 自动设置进路。

在正方向接近终点站、分支点、出入车场处等信号机前方均可设置这些进路，正常情况下，每一条这样的进路都可按照运行图或目的地自动触发办理，调度员可人工禁止某一条进路按运行图或按目的地自动办理，被自动触发的进路其始端信号机前方的几个轨道被当作进路的触发轨。如果列车没有识别号，就没有目的地，也不能从计划中找到列车的运行路径，进路的自动设置功能将失效。

当列车识别号变更时，列车按新定义的列车识别号运行。若进路排出后且列车识别号变更时，如原有的进路与新设置的列车识别号方向相同，那么相应进路保持不变；如原有的进路与新设置的列车识别号方向不一致，那么系统自动关闭防护信号机取消进路，并根据新的计划车次或目的码重新排列进路，此操作可能会导致列车发生紧急制动。当触发的自动进路引起两列计划车前后次序错误时，系统给出报警告知调度员。

进路的自动设置需要以下条件：被触发进路的自动设置模式未被禁止；列车识别号中带有合法的目的地或按运行图运行；触发轨占用；正方向运行；联锁条件满足。站控时，运行图或目的地自动进路的设置和取消由车站值班员操作，控制中心工作站将显示运行图或目的地自动进路的设置状态；遥控时，运行图或目的地自动进路的设置和取消由中心调度员操作。

4. 临时限速

中心调度员或车站值班员可以设置、取消同一设备集中站区域内的 CBTC 区域任一区段的临时限速，限速以 5 km/h 为等级，从 5 km/h 到线路允许的最高速度。ATS 将请求送往 LC，LC 将请求与永久限速进行比较，当请求的限速高于永久限速时，TSR 请求将被拒绝。

### 5. 列车运行调整

ATS 子系统具备良好的列车运行自动调整功能，其对列车运行的调整分为自动调整和人工调整。

#### 1）自动调整

（1）按运行图调整。

该功能应用于使用运行图的自动调整模式。按运行图调整只对运行图中存在列车识别号的列车有效，且实际列车运行方向必须与图定方向相同。

当列车的实际运行和计划运行图偏差在系统调整范围（该范围是可由 ATS 子系统维护人员调整的 ATS 子系统参数，如 5~300 s）之内时，系统自动调整列车运行并控制列车运行至正点状态；当偏差高于上限时（如大于 300 s），给出报警，不进行调整。

除中央 ATS 能实现按运行图调整功能外，车站 ATS 也具备按照运行图进行列车运行调整的能力。

（2）等间隔调整。

当列车运行发生大规模晚点，与当日的计划运行图偏离时间超过规定范围后，系统将以起始站或终点站为基点对所有列车自动按等间隔运行原则生成调整计划，经调度员确认后对全线列车进行调整。

ATS 子系统主要通过调整"停站时间"和"站间运行时间"两种方式来调整列车。

#### 2）人工调整

中心调度员可在任何时候通过以下方式对列车运行进行人工控制：

（1）对有关站台或车辆段/停车场出库线实施"扣车"，使已在本站台停站的列车或下一辆在本站台停站的列车到站后一直停在本站台上，直到扣车被取消。扣车命令会发给列车和联锁。扣车设置与遥控状态无关，中心扣车由中心取消，车站扣车由车站取消，当中心故障时，车站可取消中心扣车；当扣车站不在当前画面时，调度员可以点击主画面扣车提示按钮，系统自动弹出对话框（此对话框根据扣车站的增减实时刷屏更新）告知调度员哪些车站的某方向站台办理扣车作业，调度员在点击相应站台名后，调度员工作站主画面立即切换至相应车站站场画面。当办理扣车作业时，所有调度员工作站扣车提示按钮均变为闪动状态，提示调度员注意扣车情况。

（2）对有关站台实施"提前发车"使停在本站台的列车立即发车，提前发车命令只有在无扣车状态下才有效。

（3）对有关站台实施"跳停"使指定列车或下辆列车在本站台直接通过，不停站。跳停既可实现对某一列车的控制，又可实现对站台的控制。

（4）修改列车在区间的走行时分、站停时分。无论是在站控还是在遥控时均可进行。

（5）对计划运行图进行在线修改，如进行"时间平移"增加或删除运行计划线，改变列车的始发时间、停站时间、区间的走行时分等。

（6）改变列车的运行径路。

（7）控制中心调度员还可以设置列车紧急停车指令来作为紧急情况下控制列车运行的手段。该功能只有在 ATS 与车载 ATP/ATO 通信正常的情况下才有效。

### 6. 列车运行计划及管理

当天的计划运行图/时刻表在每天运营开始前，由中央 ATS 设备传送至车辆段/停车场 ATS 派班工作站上，车辆段/停车场调度员根据当天的计划运行图/时刻表完善车辆运用计划。

出入段计划管理由车辆段/停车场 ATS 工作站完成。调度员可创建新的出入段计划或编辑、查看已存在的出入段计划。

出入段计划分为基本出入段计划和在线出入段计划。调度员可事先创建若干套基本出入段计划，存入数据库中。在线出入段计划是以天为单位进行管理的，每一天制订一个在线出入段计划。创建在线出入段计划时可选择复制某个已存在的基本出入段计划。

每个出入段计划在被创建时都被指定一个正线计划作为基准，该出入段计划中的计划列车出入段记录与作为基准的正线计划中的上线运行任务相对应。ATS 子系统能对出入段计划进行测试，自动发现出入段计划中的错误（如被派发的车组还未下线又被派发等）并提醒派班人员及时更正。

ATS 子系统提供车辆段/停车场列车出场自动预先通知功能，当规定时间内没有列车进入转换轨区段时，ATS 子系统在车辆段/停车场值班员 ATS 终端上自动进行报警，提示值班员注意。

### 7. 车站发车指示

发车计时器为列车运行提供列车发车指示，提示列车按计划时刻表运行。具体提示如下：

（1）显示站停时间：当车站 ATS 分机（LATS）得到列车进站停稳信息后，将站停时间发送给发车计时器，发车计时器将该时间值显示在计时器显示区上并开始倒计数，告知司机在该站的站停时间。

（2）发车指示：当站停时间值减到零时通知司机关闭车门和启动列车。

（3）显示晚点时间：当发车计时器站停时间值减到零后，计时器正向计数，直到接到列车离开站台信息为止。当列车未能按时发车时，正向计数可使列车司机知道当前晚点时间，在达到最大显示值时，最大值闪光显示。

（4）扣车指示：根据 ATS 子系统或者操作员的操作发送的命令，发车计时器组合显示扣车表示标志。

（5）跳停指示：根据控制中心值班员的操作发送的命令，发车计时器组合显示跳停标志。

前列车出发后至下列车到达并停稳前，站台发车计时器处于熄灭（无显示）状态。在未办理扣车作业的情况下，可允许办理提前发车作业，相应的发车计时器的显示立即置零。在后备模式下，发车计时器也具有相应提示，中心及车站的 ATS 工作站界面上可以同步显示发车指示器的显示状态。车站发车计时器有完善的设备诊断和故障报警功能，能够将故障信息传至控制中心和维修中心进行报警。

### 8. 运营记录和统计报表

ATS 子系统对系统事件，如现场信号设备状态变化、列车状态变化以及用户操作命令等，会自动记录在数据库服务器中，可以保存 365 天，且所有的事件记录不可修改。被记录的事件如下：

（1）所有列车的到达和出发。

（2）每辆受控列车的状态（方向、位置、驾驶模式、紧急制动等）。

（3）信号机状态、道岔状态和计轴状态。
（4）所有报警信息。
（5）中心和车站级用户操作，包括进入和退出系统。
（6）系统用户输入的文本信息。

中心调度员可以显示和打印事件记录。每个事件记录均包括事件的日期、时间（精确到秒级）、事件的文字描述、与事件相关的用户身份和工作站。

控制中心 ATS 能自动对列车、车站、车次号以及各种运行指标等进行运行统计，具有自行生成报表功能。生成的报告可有日常运营报告、时刻表报告、时刻表偏离报告、兑现率、准点率、停运列车数、加开列车数、开行列数合计、列车运行千米数及修程、列车状态、信号设备状态、控制命令、告警、调度日志等。

9. 维护和报警

当列车运行或信号设备发生异常时，根据不同的报警信息，系统会自动地将有关信息在中心工作站上报警框中给出报警提示。报警信息显示包括年/月/日/时/分/秒、报警名称、报警内容、报警类型、报警地点等。所有的报警信息都会在服务器中保存 365 天，并能以文本文件方式输出。

工作站上显示的报警信息按其对整个运营系统的影响分为 A、B、C 3 类。其中 A 类表示直接对列车运行及设备产生危害的报警；B 类表示将对系统运营发生影响的报警；C 类表示一般报警信息。

在工作站的报警信息框中，对于以上 3 种报警信息主要以下方式显示：对于 A 类的报警信息以红色高亮显示，伴有"嘟"声报警，提示调度员确认；对于 B 类的报警信息以粉红色高亮显示，提示调度员确认；对于 C 类的报警信息以绿色高亮显示，提示调度员确认；对于调度员已确认的报警信息，以黑色显示从报警信息框中可选择清除已确认的报警信息，也可选择全部清除已确认的报警信息，没有确认的报警信息不能被清除。所有报警信息的确认操作都可作为一个事件在报警报告中保存。

在工作站上，授权的操作人员可根据运营和维护的需求对工作站上显示的报警信息的类型进行人工设置和调整。

在调度台上可显示以下报警信息，并伴有提示功能。
（1）中心、车站、停车场及车辆段电源设备状态信息。
（2）ATS 通道状态信息。
（3）ATS 命令超时信息。
（4）车地通信故障报警。
（5）车站设备状态。
（6）车载设备状态。

10. 回放功能

当回放时，显示器上可看到事先记录下来的所有线路运营和控制中心的操作情况，其主要是通过以下工作原理实现的。

1）数据采集

在 CATS 的服务器上有一个专门记录回放数据的目录，从前一天的零点到当天的零点，所有的回放数据都记录在一个以日期命名的文件内。ATS 的容量可保存至少 365 天的数据。超出 365 天的历史数据会被自动删除。在被删除之前，回放日志文件可手动保存于其他指定的磁盘。在执行回放功能时，指定待回放的时间段后，回放软件可自动地从服务器中读取需回放的记录。

2）采集数据的回放

有一个单独的回放应用软件用于回放以前存储的历史数据，该程序可安装在控制中心的任何一台工作站上，回放程序的运行对系统的正常使用没有任何影响。回放程序启动后会自动从服务器上读取回放数据，生成用于回放的临时文件，然后该应用程序再从此临时文件中读取回放数据。如果某一时间段内的数据在两台服务器上都有，回放软件将自动合并这些数据，合并操作对用户不可见。

回放包括控制命令的回放，显示在何时哪个工作站的哪个调度员执行了何种命令，在回放的注释窗口中可查看该命令的相关信息。回放时间段内信号设备的状态变化、列车识别号追踪、列车的早晚点信息、系统设备的报警、接口设备的状态变化也可在相应的对话框中查看。

3）回放控制

在工作站上启动回放程序，进入回放操作界面，该窗口允许用户控制回放的方式，如普通、快、最快、慢、最慢、暂停、开始、步进、秒进等。

11. 故障情况下的降级处理

1）冗余设备单机故障

ATS 子系统具有高度的可用性，在系统的关键部位提供了冗余保护，当单个设备故障发生时，可切换到备用设备，由备用设备接管处理。

2）控制中心 ATS 完全故障

当控制中心 ATS 完全故障而车站 ATS 分机和联锁工作正常时，设备集中站现地控制工作站上给出中心故障表示，车站值班员可在紧急情况下切换到站控模式。车站 ATS 将根据车站当天时刻表、列车识别号、列车位置等信息自动设置进路及控制发车时机。车站值班员也可以在站控状态下，在设备集中站现地控制工作站上人工管理列车识别号，控制进路、信号机、道岔，进行扣车/取消扣车等操作。

3）车站 ATS 故障

当车站 ATS 分机发生故障时，与联锁相关的车站控制操作仍可执行，车站值班员可以在设备集中站现地控制工作站上控制进路信号机、道岔，进行扣车/取消扣车等操作。

12. 后备模式下 ATS 的主要功能

当系统处在后备模式下时，因不具备车—地通信，列车识别号的追踪将根据计轴占用状态来实现。同时，因 ATS 子系统的调整信息无法直接发送到指定的列车上，相关的列车调整功能将不能使用。此时，对列车的运营调整将主要通过控制各站的发车计时器、调节列车的停站时间来实现。在后备模式下，LC 无法将临时限速信息发至车载控制器，ATS 子系统工作站上相关的临时限速功能也将无法使用。

## 2.4 联锁子系统（CI）

### 2.4.1 联锁子系统组成

课件 卡斯柯 CBTC 系统认知——CI 子系统

联锁子系统是一种"故障—安全"的系统，其是以微处理器为基础的计算机联锁信号控制系统。该系统采用了分布式联锁控制方式，并分布在每个设备集中站、试车线、培训中心和停车场/车辆段。设备集中站的联锁系统结构如图 6-2-18 所示。

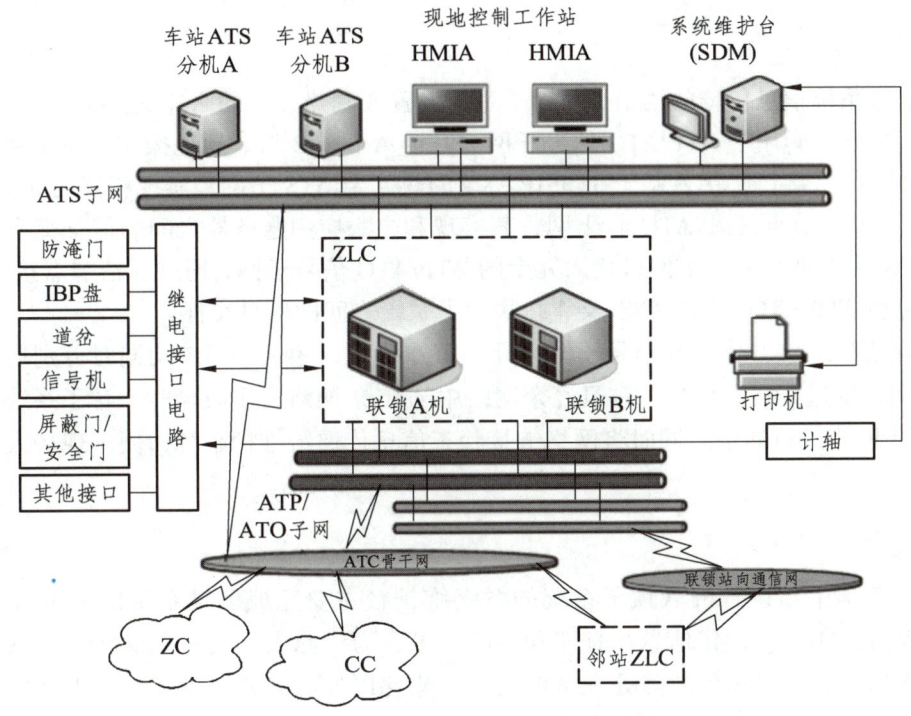

图 6-2-18 设备集中站的联锁系统结构

**1. 冗余联锁机**

冗余联锁机是联锁子系统的核心设备，实现轨旁设备的联锁控制，具有管辖区域内的所有联锁功能，把传统的由继电器实现的联锁逻辑和控制逻辑"写"成一系列逻辑表达式（即布尔表达式）。这些逻辑表达式的正确实施就是靠 NISAL（数字集成安全保证逻辑技术）来完成的。冗余联锁机采用"2 乘 2 取 2"双 CPU 作为核心控制器，增加独立的"故障—安全"校验模块、I/O 接口 50 ms 周期独立相异校核字动态测试、独立计时器、双通道相异软件、固有故障—安全、"组合故障—安全"、"反应故障—安全"等可编程安全系统设计技术，保证了系统的高安全性；采用双网通信、逻辑上环网连接、模块隔离技术，确保了系统的高可靠性和可用性；支持单点和多点安全型串行通信，与 CBTC 架构下的 ATP/ATO 安全通信，实现信息的可靠交换。

**2. 冗余的车站现地工作站**

冗余车站现地工作站作为人机交互界面，它作为联锁子系统的控制显示单元，对本联锁区信号设备进行监控，主要负责把车站值班员的操作命令经过一定的预检查后传递给联锁机（进路办理、道岔操作等），并接收车站 ATS 发送的中心操作命令。同时，车站现地工作站显示联锁发送的显示信息（主要包括道岔、信号机、进路、故障报警）等状态，并把相应的显示信息通过车站 ATS 发送给中心。另外，作为 ATS 子系统的车站级显示终端，它显示 ATS 子系统内部的列车运行位置信息、列车运行计划信息和列车运行早晚点信息，同时针对本集中站发生的故障或告警信息，也会及时反馈给车站值班员。在防护方面，对于由人工确保安全的操作命令，需执行采用二次校验确认安全操作，这就有效地防止了来自人为的误操作。

### 3. 冗余的网络

作为信号系统信息传输的通道，联锁子系统设置 2 套热冗余的高速交换机设备，1 套用于 ATS 子网，另外 1 套用于 ATP/ATO 信号子网。联锁 A 机、B 机、现地操作工作站和系统维护台各提供 2 个网络接口，接入基于 TCP/IP 协议的热冗余 ATS 子网，实现相互之间信息交换。同时，通过 SDH 节点接入 ATC 骨干网，其实现和中心应用服务器之间的信息交换。联锁 A 机、B 机通过另外独立的 2 个网口接入冗余的 ATP/ATO 信号子网，通过通信节点接入 ATC 骨干网，实现和 ATP/ATO、VOBC 以及邻站联锁子系统之间的信息交换。

正常情况下，ATS 子网和信号子网均处于工作状态，相关子系统均同时分别通过各自连接的 2 条网络发送或接收信息。一旦冗余网络中的 1 条网络发生故障时，各子系统仍可以通过另外 1 条网络进行通信，同时将网络链接状态信息传递给维护系统，便于现场人员及时查询和维护。

### 4. 系统维护台（SDM）

在各设备集中站设置的联锁子系统的系统维护台主要完成联锁系统维护及接口设备监测，同时也可打印设备操作信息、日期和时间记录，为维修人员及时提供联锁子系统的运行状态和报警信息，同时提供故障处理帮助信息。除此以外，其还提供了一种先进的"电子向导式"的诊断手段，通过高速网络接收联锁机系统的诊断结果信息、输入/输出信息、全站简化参数信息、指定参数追踪信息，并记录来自现地工作站操作信息。维修人员可以快速直观地查询故障信息，及时有效地排除故障，或者可以通过站场显示历史回放分析故障。各设备集中站的系统维护台（SDM）将系统维护诊断信息通过专用维护网向 MSS 发送，维护人员在维修中心就能对全线各车站的设备进行诊断和维护，更有利于诊断维护信息的集中分析与处理，从而给用户提供了强大的技术支持。

## 2.4.2 联锁子系统功能

结合城市轨道交通信号系统的需求及特点，为了实现后备模式、CBTC 模式及两者混合下信号系统对于列车的控制，计算机联锁系统须实现如下功能：列车防护、列车运行管理、轨旁设备管理、维护功能、提供列车运行命令、与旅客安全系统的信息交换等。

### 1. 列车防护

列车防护功能为联锁子系统的核心逻辑，包括对列车的位置检测及轨道锁闭、进路、道岔、信号联锁，保护区段联锁，设置列车运行方向等。

1）列车的位置检测及轨道锁闭

在 CBTC 的移动闭塞系统中，联锁子系统所需的轨道信息由 ATP/ATO 子系统通过骨干网传来，后备模式的轨道信息则由计轴系统提供。它们之间的关系如图 6-2-19 所示。

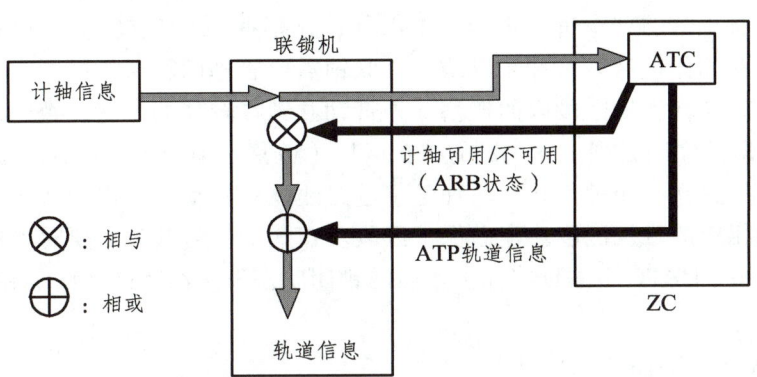

图 6-2-19 联锁轨道信息组合

如图 6-2-19 所示，联锁轨道信息与计轴信息、ATP 闭塞信息和计轴信息 3 个因素有关。ATP 闭塞信息及计轴信息由 ATP/ATO 子系统传递给联锁子系统，计轴信息由联锁机通过安全型采集板采集。联锁机将依照这些信息及其他相关的条件，运算得出联锁轨道信息。联锁设备与 ATP/ATO 的接口以及联锁设备与轨道占用/空闲设备的接口符合故障—安全原则，确保了 CBTC 下计轴故障时不影响信号系统的正常工作。

2）进路、道岔、信号联锁

在站控或紧急站控状态时，进路的建立与取消由车站值班员办理，在遥控状态时由 ATS 触发或由中心调度员办理；在建立进路之前，联锁子系统有预检查功能，联锁须检查进路中的所有道岔是否在规定的位置上，没有敌对进路建立，后备下进路内方所有区段须空闲，CBTC 下信号内方第一逻辑区段须空闲，调车进路内方所有区段须空闲，进路侵限区段空闲，进路内方区段、道岔及侵限区段未在封锁状态等条件满足后方允许进路建立。

当进路的始终端命令从工作站下发后，联锁系统将转换道岔至正确的位置并锁闭，阻止敌对进路建立，然后锁闭区段，检查相关条件（屏蔽门、紧急关闭、扣车等）满足后，信号开放。联锁设备对进路实现预先锁闭和接近锁闭，锁闭的进路随列车的运行按三点检查自动分段解锁。当进路未处于接近锁闭状态时，可以采用取消进路的方法立即解锁进路。办理取消进路时，若列车接近，进路会保持在接近锁闭状态，系统防止进路的错误解锁，并采用延时解锁、限时解锁来确保行车安全。信号机关闭后，未经再次办理，不会重复开放。但当正线办理了自动进路后，该进路保持锁闭，信号机随着列车的运行自动变换显示。

联锁道岔分进路锁闭、区段锁闭、防护锁闭、引导总锁闭和人工单独锁闭。一旦锁闭，该道岔不能启动。道岔能够单独操纵或随进路的排列而自动选动，单独操纵优先于进路自动选动。考虑地铁线路的封闭性，按照客户需求提供了道岔区段因计轴故障占用时仍能强行转换道岔的道岔强扳功能，该操作的安全性由操作人员人工保证。

正常模式下，正线区段列车以车载设备显示作为行车凭证，正线室外信号机灭灯。ATP 故障车、工程车、救援列车等无车载信号列车及地面 ATP 故障情况下降级运行的列车，按地面信号机的指示人工驾驶运行。故障情况下具备室外自动点灯功能，采用按进路方式的列车运行进行控制，故障恢复后，室外自动灭灯。

### 3）保护区段联锁

联锁设备除对正常的列车进路进行防护以外，还根据 ATP/ATO 需求设置相应的保护进路，建立列车进路的保护区段，并予以防护。联锁需要管理两种保护区段：有优选的保护区段（如果道岔可动就将保护区段内的道岔优先带动并锁在较佳的位置，否则，在相反的位置叠加一个保护区段的锁闭处理）和关键的保护区段（道岔必须锁定在规定的位置）。根据线路情况，保护区段的建立有两种方式，一种是主进路建立时自动建立保护区段，另一种主进路建立后，须占用相应的触发区段才建立保护区段。点式下信号开放需要时刻检查相应保护区段是否在锁闭状态，CBTC 下联锁将保护区段的锁闭状态发送给 ATP/ATO，由 ATP/ATO 实现对保护区段的防护。

### 4）设置列车运行方向

联锁子系统还能通过进路的建立锁闭情况为所有通信列车提供列车运行方向。对应每个区段均会设置两个运行方向，对于单向运行的区段，禁止列车运行的那个方向的将会一直保持在未建立状态。在系统启动阶段，联锁子系统会将所有区段运行方向设置为未建立状态，在列车进路建立并锁闭后，就完成了相应进路中所有区段运行方向的设置，且同一时刻不允许两个方向同时建立，当进路区段解锁时，相应的运行方向也随之复位。

## 2. 列车运行管理

为了提高列车运行和运营操作的效率，联锁子系统提供自动通过进路模式。自动通过进路在列车顺序占用、出清该进路后不解锁，其防护信号机的显示随着列车的运行自动开放或关闭；同时联锁子系统能够根据自动折返进路命令的设置，顺序控制折返命令包含的折返进路的办理，随着列车的行进自动解锁和触发相应的自动折返进路，并且在尽头站提供全自动折返。这两种模式都可以在进路已建立的情况下实现自动属性的设置，也可以在已设置自动属性的情况进行属性设置的复位而不取消进路，处理方式灵活快捷。

## 3. 轨旁设备管理

联锁子系统与道岔、信号机、计轴区段（或轨道电路）的接口分界点在电缆分线柜接线端，之间通过中国标准安全型继电器接口实现对所有轨旁设备的状态监督及联锁控制。另外，联锁子系统通过高速串口与轨旁 LEU 通信，将整个设备集中站管辖范围内的所有联锁进路信息、道岔位置状态信息、安全门状态信息、保护区段锁闭状态信息传递给 LEU，以实现点式下的 ATP 防护功能。

## 4. 维护功能

系统提供信号、道岔及区段的封锁/解封功能和道岔的单锁/解锁功能，用于实现轨旁设备维护时的联锁控制。信号系统为常态灭灯模式，提供全站强制点灯维护功能，便于非运营期间对灯丝继电器的检测维护。

联锁子系统（CI）的自诊断功能完善，通过 SDM 能故障定位到板级，对输入/输出板能故障定位到具体位置。采用电子向导式查询方式，能直观地指导维修人员逐级查询故障。系维台（SDM）也提供了回放功能，以便在出现问题时可以追溯历史。回放数据包括已记录的轨道、道岔、信号机等信号设备的状态信息，列车位置信息，值班员执行的各种操作命令和各种报警信息等。

### 5. 提供列车运行命令

通过对信号机的状态控制为列车提供相应的运行命令。对有关站台实施"扣车"，使已在本站台停站的列车或下一辆在本站台停站的列车到站后一直停在本站台上直到扣车被取消。扣车命令会发给列车，扣车操作采用"谁扣谁取消"的原则，中心扣车由中心取消，车站扣车由车站取消，仅当中心故障时，车站可取消中心扣车。

### 6. 与旅客安全系统的信息交换

站台上下客时，联锁子系统接收 VOBC 发送的关门命令，通过中国标准安全型继电器接口实现对安全门的开关控制，确保乘客的安全。同时通过车站设于站台上的紧急关闭按钮或车控室的综合后备控制盘上的紧急关闭按钮实现车站站台紧急情况下的紧急停车。执行紧急关闭作业后，后备下相应引入该站台的信号及由该站台出发的信号立即关闭，实现该站台区域的封锁，CBTC 下仅由该站台出发的信号机设置为禁止状态，对于引入该站台的进路由 ATP 实现对列车的防护。紧急关闭的办理及解除仅由车站操作，不受站控/遥控状态限制。

## 2.4.3 与其他子系统的接口

在列车运行控制系统中，联锁子系统与众多外部子系统交换信息，其中联锁子系统与其他子系统间的接口关系如图 6-2-20 所示。

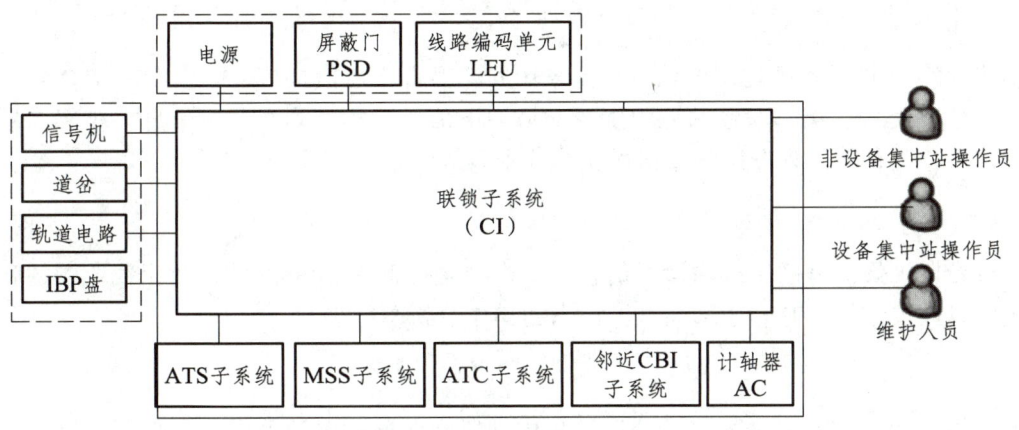

图 6-2-20 联锁子系统与其他子系统的接口

### 1. 与轨旁设备的接口

CI 子系统采用中国标准安全型继电器实现与轨旁信号机、道岔、计轴设备（或轨道电路）接口，通过安全输出板实现对信号继电器、道岔控制继电器的安全控制；通过安全型采集板实现对信号机灯丝状态、道岔位置、轨道状态的实时检测；通过安全型输入板采集各站紧急关闭按钮状态、安全门关闭且锁闭状态、互锁解除状态；通过安全型输出板驱动安全门开门继电器、安全门关门继电器，实现对其的实时监督与控制。

### 2. 与线路编码单元 LEU 的接口

为实现点式下的 ATP 功能，车载 VOBC 需要从 CI 系统中获取部分安全信息（进路信息、道岔位置、安全门状态等）。与 LEU 接口方式采用串口，CI 从 LEU 获取 LEU 设备的状态信息，用于供 MSS 维护诊断，CI 同时将进路信息、道岔位置状态信息、保护进路锁闭状态信息、安全门开/关状态信息反馈给 LEU，实现点式下列车的进路控制。

### 3. 与 ATS 子系统的接口

通常情况下联锁操作工作站与 ATS 工作站合一设置，称为现地控制工作站。联锁设备与 ATS 子系统结合实现对列车进路的自动控制，通过车站级的局域网，联锁设备向 ATS 设备提供列车运行的表示信息和信号设备状态信息，并接收 ATS 子系统的进路控制命令等操作信息。

### 4. 与 ATP/ATO 子系统的接口

CI 与 ATP/ATO 通过基于 FSFB2 协议的安全通信交换数据；通过无线接收 ATP/ATO 发送的列车位置、灭灯命令等相关信息，同时将联锁所辖区域内的联锁处理结果（轨旁状态、进路信息等）发送给 ATP/ATO，辅助 ATP/ATO 子系统实现 CBTC 移动闭塞下的列车控制，确保列车的安全间隔。

### 5. 与 VOBC 子系统的接口

CI 与 VOBC 之间通过基于 FSFB2 的安全型通信交换信息，主要完成与屏蔽门接口的信息交换。CI 向 VOBC 反馈屏蔽门关闭并锁闭信息，VOBC 向 CI 发送屏蔽门开/关的命令，实现 ATP 防护下的安全门联动。

### 6. 与相邻 CI 子系统的接口

CI 与相邻联锁设备站之间的信息交换采用安全型数字通信接口，通过 ATP/ATO 信号安全子网完成信息交换。相邻联锁站之间主要交换如下信息：相关列车位置信息、相邻信号机状态、方向条件等，确保列车跨集中区的正常作业及列车运行安全。

### 7. 与 MSS 子系统的接口

通过专业维修网将系统维护诊断信息送至维护支持系统 MSS，实现对全线范围的联锁设备的远程诊断及维护，有利于诊断维护信息的集中分析与处理。

### 8. 与电源设备接口

通过维护网从电源屏报警终端获取该集中站所辖区域的电源屏设备的报警信息，再通过 ATS 子网转发给所辖区域的现地控制工作站，显示电源屏的报警信息。

## 2.5 数据通信子系统（DCS）

### 2.5.1 数据通信子系统特点

（1）DCS 是独立于信号业务的有线和无线网络，该网络可同时承载其他业务，对于所承载的业务数据透明传输。

课件 卡斯柯 CBTC 系统认知——数据通信子系统

（2）DCS 子系统确保各子系统间直接的端到端的通信，通过自由传播与波动导管结合的无线传播提供车辆和轨旁的连续通信。

（3）DCS 有线网络是一个冗余、多业务和高可靠性的系统，将轨旁和中心的信号设备连接在一起。该系统的设备（业主骨干网通道和 IP 交换机、路由器）完全满足 IEEE802.3 标准。通过 VLAN 划分结合业主独立数据通道，可无干扰地同时管理数据、视频和语音业务。

（4）DCS 无线网络同时满足国外和国内标准。DCS 子系统满足 2.4 GHz 的 IEEE802.11g 接口要求。

（5）确保可靠有效地传递信号 CBTC 数据。

### 2.5.2 数据通信子系统组成

DCS 由有线网络部分（骨干网和接入网）和无线网络部分（轨旁无线网络和车载无线网络）构成，其组成结构如图 6-2-21 所示。

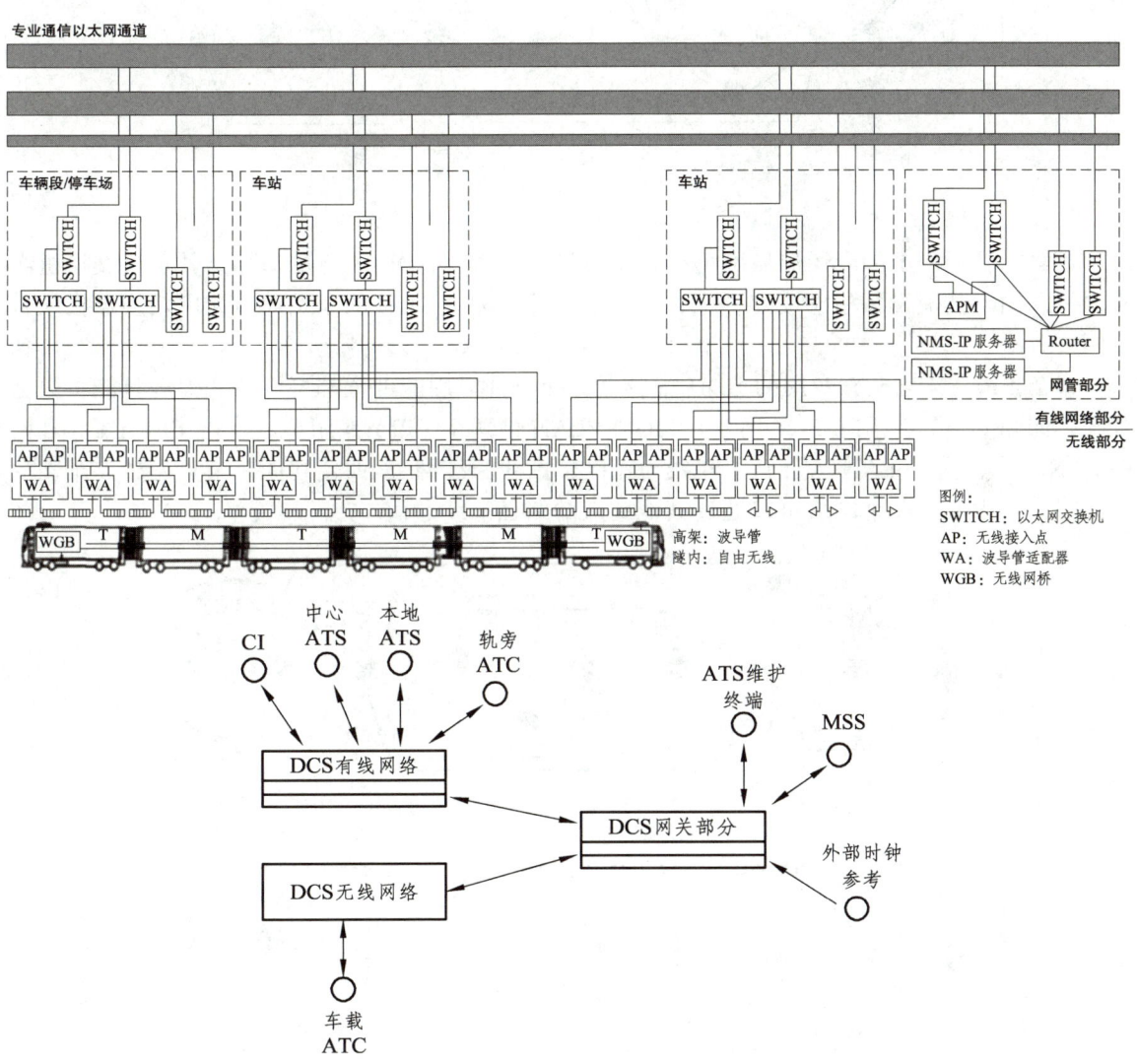

图 6-2-21 数据通信子系统结构

1. 有线网络

1) 骨干网（BTN）光缆结构

数据通信子系统中有线传输系统的核心网络采用基于 SDH 技术的多业务网络解决方案，能利用 SDH 完善的保护机制来确保信号设备间的通信，有更高的可靠性，通常在每个集中站设置一个 SDH 节点，并且节点的组成模块都是冗余配置因此即使在节点上的某单一模块出现故障，也不会影响冗余网络的正常通信。骨干网拓扑结构如图 6-2-22 所示。

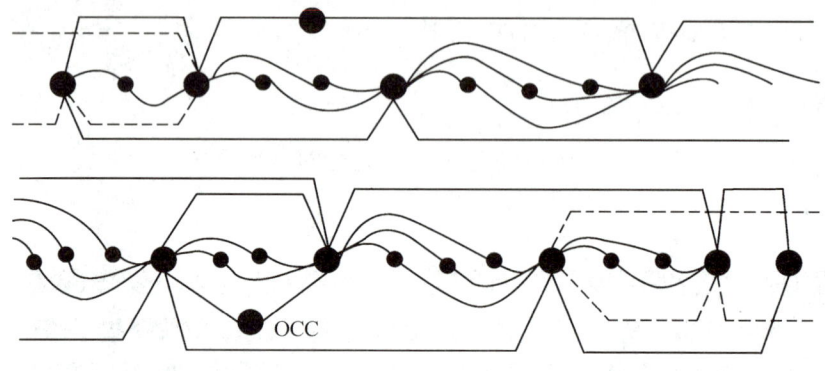

图 6-2-22　骨干网拓扑结构

2) 接入网（LAN）拓扑结构

承载在骨干网上的专用局域网可接入到沿线每个设有 SDH 节点的车站，并通过交换机组成的接入网与其他设备相连接。ATS EPLAN 也可从未配置 SDH 的车站通过光电转换器接入骨干网络。

每个 EPLAN 均配有专用的 SDH 虚容器，使每种应用的带宽都可以得到保证且能将数据分开。如图 6-2-23 和图 6-2-24 所示，SIG EPLAN 由两个 EPLAN 组成：蓝网 EPLAN 和红网 EPLAN。红、蓝 EPLAN 为环状（实线为蓝网，虚线为红网），即使在同一节点发生灾难性双重故障，至少其中一个网络可以通过其他地点的路径继续通信。

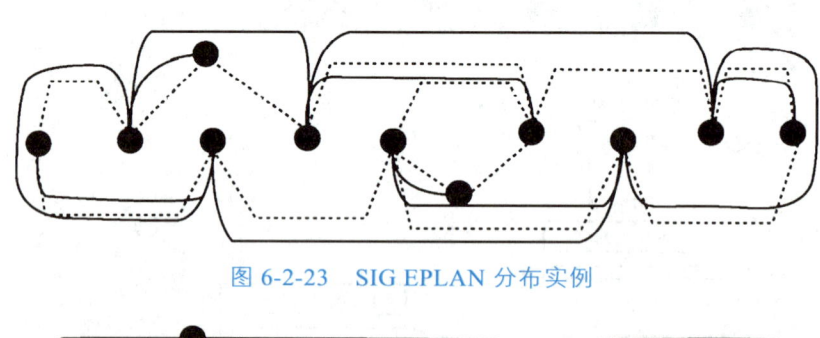

图 6-2-23　SIG EPLAN 分布实例

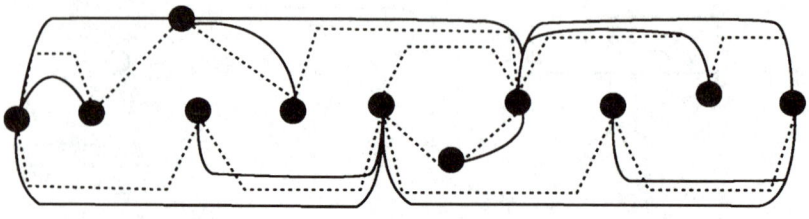

图 6-2-24　ATS EPLAN 分布实例

### 3）车站有线网络结构

车站有线网络结构如图 6-2-25 所示。在每个集中站都设置有 SDH 节点，另设光接口交换机和电接口交换机。光接口交换机用于连接远程的设备（如 DCS 无线接入点），而电接口交换机用于连接本地与非集中站的设备。信号子网和 ATS 子网共用电接口交换机，数据流通过 VLAN 相互隔离。在未安装 SDH 设备的非设备集中站，通过光电转换器将 ATS EPLAN 连接至两侧最近的 SDH 节点站。控制中心 ATS 的 SDH 节点配置和设备集中站的相同。

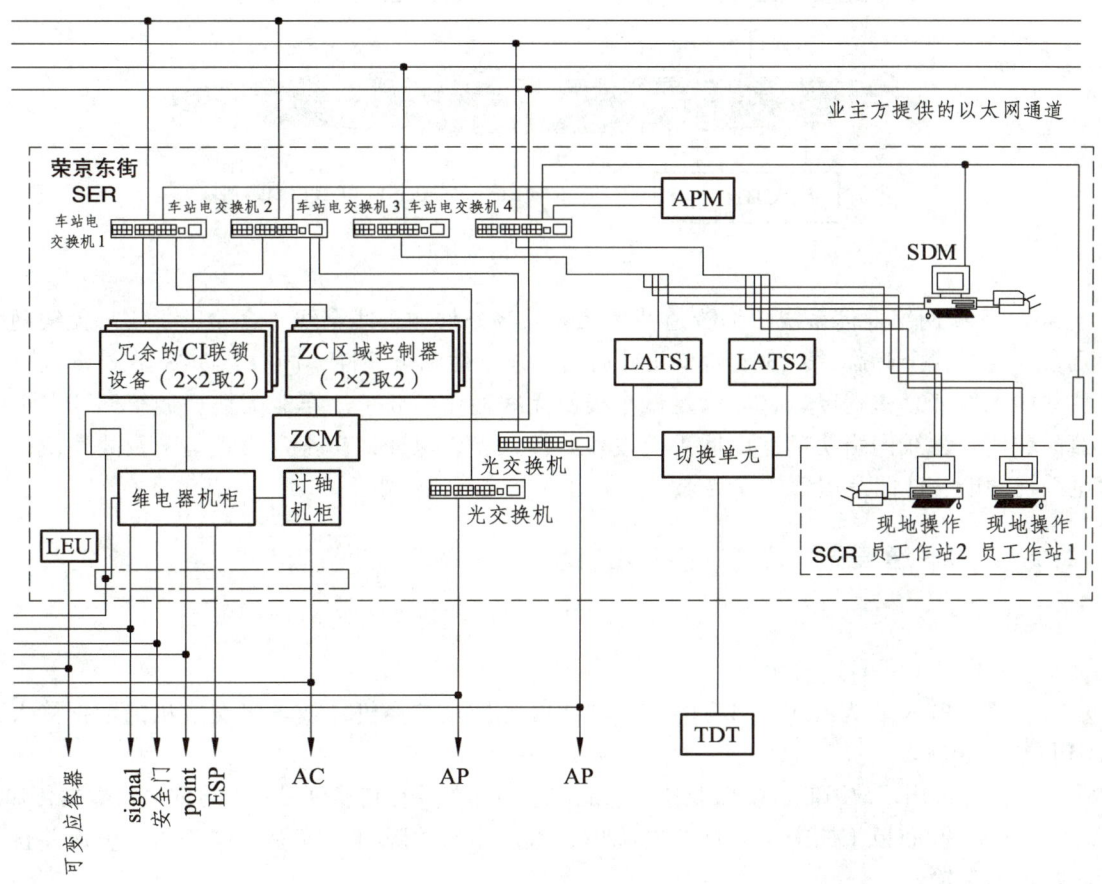

图 6-2-25　车站有线网络结构

### 2. 无线网络

DCS 无线网络用于实现车辆与地面系统的无线通信，它由位于轨旁的无线接入点（AP）、耦合单元、波导管、车载无线天线和车载无线调制解调器组成。DCS 无线网络采用冗余结构，由红网和蓝网组成，它们用于承载车载和轨旁 CBTC 系统间信号数据流的通信。DCS 无线系统结构如图 6-2-26 所示。

每个 TRE（轨旁无线设备）由红、蓝无线接入点组成，此红、蓝无线接入点与其各自的无线网络相连接。TRE 的红、蓝无线接入点分别通过不同的光纤与有线网络连接。每个红、蓝无线接入点分别连接到各自的耦合器上，耦合器将红、蓝网无线信号耦合到波导管上传输。

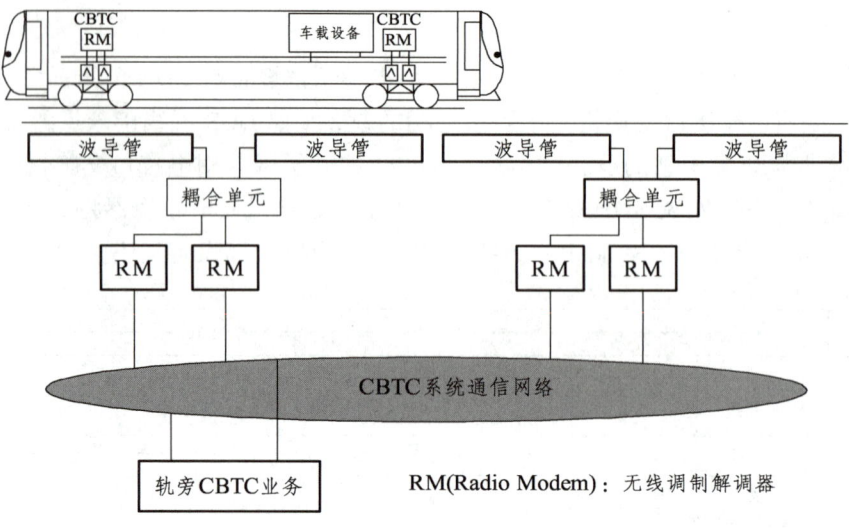

图 6-2-26 DCS 无线系统结构

DCS 无线网络通信系统根据隧道特性及界限等条件在正线全线（含岔区）实现无线网络的冗余、连续的全覆盖，以满足列车无线通信的连续性和可靠性。同时，DCS 在试车线也设置独立的无线冗余覆盖区域，以满足试车线对无线通信的要求。车载无线调制解调器在无线覆盖区域能与无线网络快速完成握手及授权并接入，以保证列车正常投入运营及故障恢复，满足系统功能、性能及运营效率要求。

### 2.5.3 数据通信子系统（DCS）功能

#### 1. 有线网络功能

**1) 骨干网（SDH）的功能**

（1）将 EPLAN 从 SDH 网络中分离到相应的接入交换机，或若将交换机的数据接入到 SDH 网络并传输。

（2）当光纤出现故障时，确保业务信息能够重新配置并且转换到另一个方向进行数据传输。

（3）当关键面板（如交叉连接、电源单元等）出现故障时，确保对设备的防护，并且不影响数据的传输。

（4）自动监测 SDH 网络状态并向 SDH NMS 报告状态信息。

**2) 接入网的功能**

（1）在集中站配备两台电接口交换机，用于连接 SIG 和 ATS 网络的设备，通过划分 VLAN 来进行网络隔离。

（2）在集中站配备两台光接口交换机，用于连接远端的无线接入点。

（3）在非设备集中站，通过光电转换器（EMC）将设备连接至两侧最近的 SDH 节点站。

#### 2. 无线网络功能

**1) 轨旁无线网络**

（1）轨旁无线基站。

轨旁无线基站如图 6-2-27 所示。耦合单元由 2 个射频（RF）滤波器和 3 个混合耦合器组成，耦合单元与漏泄波导管连接，该设备的防护等级为 IP65。TRE 是配置于轨旁的无线传输设备，可与车载无线设备进行无线通信。其设备包括两个无线调制解调器、两个电源单元和两个光电转换器。无源耦合单元将两路无线信号耦合为单一信号，该无线频率信号通过 RF 电缆在波导管内传输。无源耦合器和 TRE 箱一般安装在隧道内的墙壁上，如果在其他区域（开阔地或高架），将根据实际情况再确定其安装位置和方式。

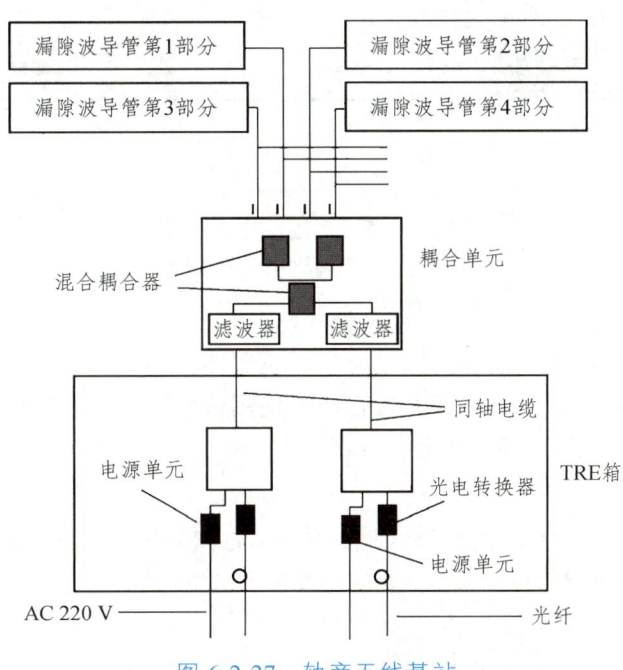

图 6-2-27　轨旁无线基站

（2）漏泄波导管。

漏泄波导管由挤压断面、TEDLAR 涂膜层、聚酯盖组成，防护等级为 IP65，一般情况下安装于钢轨外侧。典型的安装方式为每段漏泄波导管的长度不大于 500 m，连接耦合单元到漏泄波导管馈电线缆长度不大于 15 m。

### 2）车载无线网络

每辆列车内各安装两个无线调制解调器（红、蓝网）用于 CBTC 业务传输，每个无线调制解调器连接两个位于车体下方的天线（用于与波导管进行无线信息传输）为满足列车双向行驶，根据安装条件有时候波导管安装在走行轨道的一侧，有时候安装在走行轨道的另一侧的情况，列车每端必须配置两个车载天线。

（1）车载天线。

车载天线（包括安装支架、天线）安装在列车底部。

（2）无线调制解调器。

DCS 的无线调制解调器是一个双重频带无线通信平台，专门设计用于地铁系统，其数据传输速率高且通信可靠。车载和轨旁无线通信系统使用相同的无线调制解调器。

## 2.6 卡斯柯 Urbalis 888 系统

### 2.6.1 卡斯柯 Urbalis 888 工作原理

卡斯柯 Urbalis 888 的工作原理如图 6-2-28 所示。

图 6-2-28 卡斯柯 Urbalis 888 的工作原理

#### 1. 主动列车检测

列车自行定位并通过位置报告信息定时将其位置传输至轨道设备，为列车定位的信息初始化、重新定位或精确停车等功能服务，它通过使用传感器（如车轮传感器）和点式信息的传输实现。同时位置报告信息定时发送给 ZC。

#### 2. ZC 控制范围

每个 ZC 设备负责一个专门的线路区域，单台 ZC 可管理最多 55 辆 CBTC 状态列车在其管理区域内运行，根据线路设计，一条线路配置多台 ZC。

#### 3. 移动闭塞防护

ZC 设备负责收集所有的列车位置信息。它为控制范围内的每列车配置了一个安全包路线（也称为自动防护 AP），包括位置报告中指出的位置、速度和列车性能及预期量，从而使自动防护相互关联，直到列车接收到下一个位置信息。

（1）更新完所有 AP 后，ZC 设备为每个车载控制器计算相关的移动权限，并通过"授权终点"信息（EOA）的形式发送给列车。

（2）指定列车的移动授权域定义为：在列车前搜索要防护的第一个点，如先行列车的 AP、反向进路、失去表示的道岔等。

#### 4. 每列车均可确定其速度和距离曲线，直至移动授权终点

### 2.6.2 卡斯柯 Urbalis 888 系统运营模式

卡斯柯 Urbalis 888 信号系统仍然提供了 3 种运行控制模式，无线连续式通信下列车控制方式为移动闭塞下的正常控制方式，BM 固定闭塞（即点式 AP 控制方式）和联锁控制级的控制方式为信号系统的后备控制方式。

#### 1. CBTC 移动闭塞（ATO 或 ATP 驾驶模式可用）

如图 6-2-29 所示，移动闭塞通过留出与下次列车的间隔来防护追尾碰撞。Urbalis 系统向位于 Urbalis 区域的每辆列车提供自动保护区域。自动保护区域的终端是后续列车的移动终点（授权终点）。

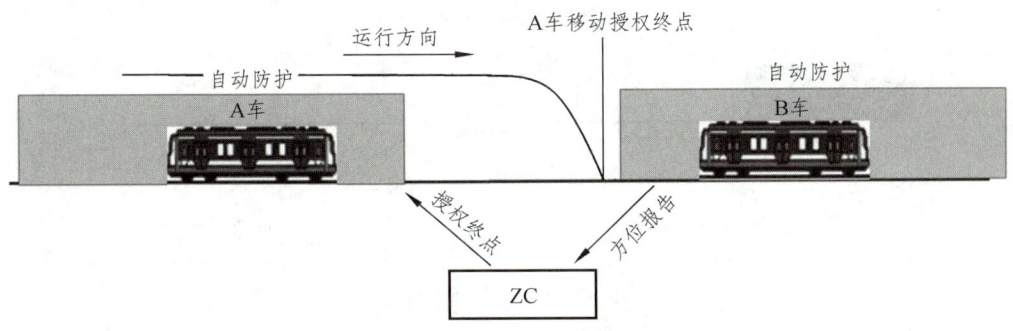

图 6-2-29　CBTC 移动闭塞控制方式

### 2. BM 固定闭塞（ATO 或 ATP 驾驶模式可用）

如图 6-2-30 所示，后备模式下，安全列车间隔由传送到列车的信号机状态控制，Urbalis 系统确保控制两架信号机及其防护区间内仅有一辆列车。

Urbalis 系统通过间隔信号来确保后备模式下的列车间隔。

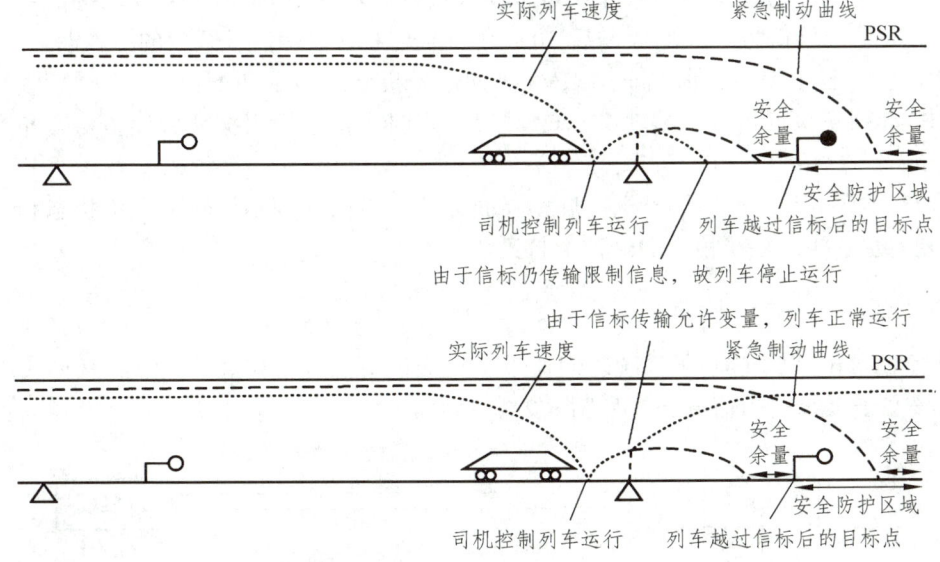

图 6-2-30　BM 固定闭塞后备控制方式

### 3. 联锁控制级下的运行

如图 6-2-31 所示，当某通信列车在 ATO CBTC 模式或 ATP CBTC 模式下接近，即使进路中已有另一列车，Urbalis 系统也会允许此可通信列车进入进路或站间。

当无通信的列车以 ATP 模式接近时，如果此进路上经有其他列车，Urbalis 系统会自动进入后备控制模式，正线设置了的信号机向列车提供一个限制信号。

黄、绿、红三灯位信号机构，其显示及意义如下：

灭灯：表示系统运行在 CBTC 模式下；

绿色灯光：表示道岔已锁闭，进路中所有道岔开通直向，准许列车按规定速度越过该架信号机；

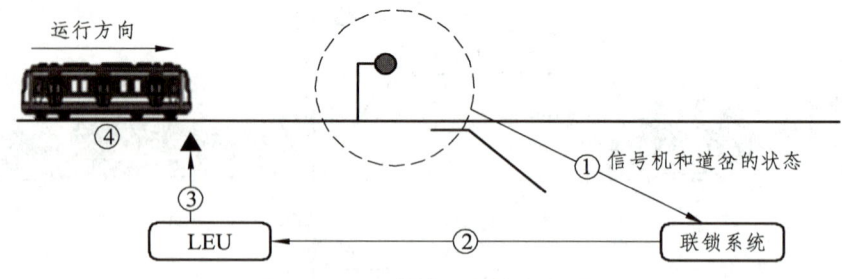

图 6-2-31 联锁后备控制方式

黄色灯光：表示道岔已锁闭，进路中至少有一组道岔开通侧向，准许列车按规定速度越过该架信号机；

红色灯光：禁止列车越过信号机；

红色灯光 + 黄色灯光：表明开放引导信号，准许列车以不大于一个规定的速度（如 25 km/h）越过该架信号机并随时准备停车。

应注意：引导信号在下列情况下应及时关闭：在信号机内方第一轨道区段发生故障的情况下，开放引导信号的按钮接点断开或列车驶入接近区段后 30 s 内未采取维持信号开放的操作时或在采取了维持信号开放的操作后 30 s 内未再次采取维持信号开放的操作时。

控制中心 ATS 工作站界面和车站 HMI 界面信号机状态显示如下：

非 CBTC 列车接近信号机或轨旁 ATP 系统故障时，由联锁根据轨旁设备状态和进路设置情况显示红/黄/绿灯；

在 CBTC 模式下，室外信号机灭灯，界面上信号机由联锁根据轨旁设备状态和进路设置情况显示红/黄/绿灯，并在相应的灯位上打叉。

### 2.6.3 卡斯柯 Urbalis 888 核心子系统间的信息交互

卡斯柯 Urbalis 888 核心子系统之间通过安全通信协议进行信息的交互，从而实现移动闭塞。各个核心子系统间的信息交互如图 6-2-32 所示。

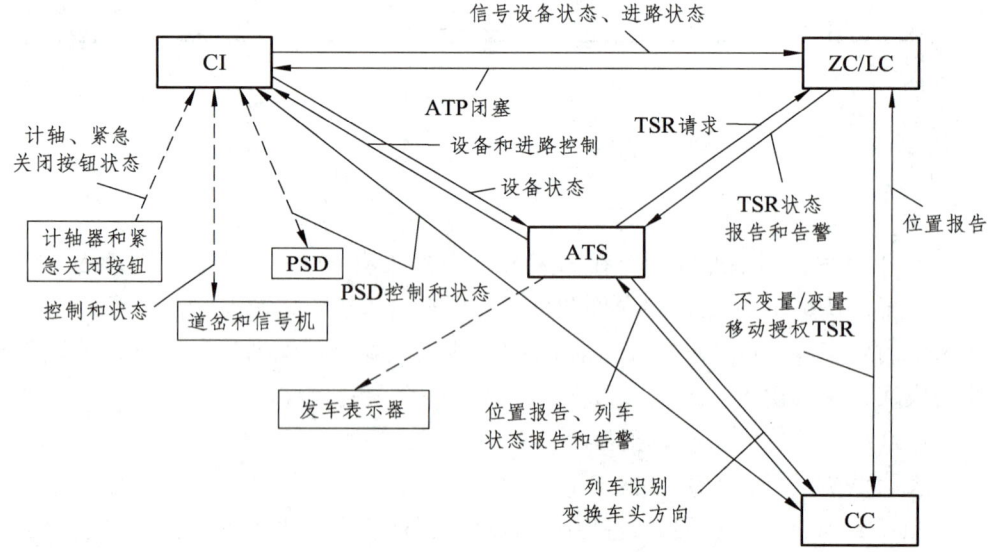

图 6-2-32 核心子系统间的信息交互

## 2.7 卡斯柯 Urbalis 888 系统维护

### 2.7.1 ATC 系统维护模式

**1. 维修级别划分**

为了保证地铁安全、连续地运营，ATC 系统中除了有关涉及行车安全和影响系统正常运作的重要设备需要具备高可靠性和可用性外，系统还应具备完整的故障监测体系和全面、高效的维修制度，确保对故障进行及时判断和处理，提高系统可维护性，缩短故障修复时间。

针对 ATC 系统特点，信号系统的维护工作分为由本地人员进行的一、二级维护以及需外部支持的三级维护。一级维护由维修工区进行，二级维护由中心检修工区进行，三级维护由设备供货商提供，如表 6-2-3 所示。

表 6-2-3 ATC 系统三级维护

| 级别 | 工作内容 | 单位 |
| --- | --- | --- |
| 一级维修 | 一级维护工作指在满足各项安全要求的前提下，采取各种措施以维护设备正常运行。通常情况下执行设备的巡视、测试和定期检修，当设备发生故障时，通过更换设备、模块元器件及查找故障点来恢复系统功能 | 维修工区 |
| 二级维修 | 一级维修更换下来的各种设备和模块（包括车载、移动、联锁、ATS），由检修车间的专业技术人员，按照维护手册的要求进行检修；对于大修、轮修设备，如转辙机、继电器等设备由维修中心统一进行检修 | 检修工区 |
| 三级维修 | 对专业性较强的设备维修、检修工作实现社会化维修或由设备供应商提供维修 | 供货商、原制造商或社会化维修 |

**2. ATC 系统的维护及维修方式**

ATC 系统设备维护采用日常维护、定期维修的方式。所有涉及日常运行的信号设备都应实行预防性维修，日常维修包括巡视、测试、清扫、调整、外表涂漆、元器件更换、消除设备隐患和病害以及故障抢修等。检修工作包括对检修期满的设备更换、性能测试、元器件更换及检修后的测试工作。

ATC 系统的维修方式有两种：预防性维修和故障纠正性维修。

**1）预防性维修**

为了尽早发现潜在的设备问题以避免由其造成系统故障，根据设备的可靠性确定的维修周期（如道岔的动作次数）预先制定一个维修时间表和维修标准来开展周期性的维护工作，同时根据维修支持系统远程诊断功能提供的设备运用状态数据，提前发现故障隐患，开展不定期的维修工作。

预防性维修是提高系统运作的可靠性和可用性的重要手段。预防性维修的定期检查和维护不能影响列车在正线的运营，对于中心和地面设备的维护应在非运营时段内进行。

由于 ATC 系统主要由电子元器件组成，预防性维修工作一般比较简单，主要的维护内容是：

（1）依据 CBTC 系统远程诊断功能提供的设备状态参数及维修标准进行信号电平的测试、检查。

(2)检查设备、器件的碰撞、安装或处理不当的痕迹。

(3)检查所有机械安装的牢固性。

(4)检查电源和信号电缆配线和端子的牢固性、连接针或线的松懈痕迹、损伤痕迹等,以及需要修理和替换的部件。

(5)清扫设备上的尘土等不相干的物质,进行上油或上漆。

为了防止运营时发生紧急停车,必须每天在运营前进行如下操作:

(1)每天早上维护人员确保车载控制器已经断电(自上一次运营)。

(2)如果没有断电,维护人员必须重启车载控制器。否则,在运营期间车载控制器有可能会自动重启,导致紧急制动。

### 2)故障纠正性维修

纠正性维修包括所有故障的纠正及系统恢复到正常状态的操作,其最重要的要求是尽快恢复系统的正常运行。ATS子系统的集中管理功能和微机远程诊断系统能够有效地提高纠正性维修的故障判断准确性,缩短故障修复时间,提高维修效率。

纠正性维修分为两类:现场维修和检修中心修。

(1)现场维修。现场维修分为三级:

A级,影响系统正常运行的严重故障,维护人员须在故障地点立即进行维修;

B级,造成系统降级使用的故障,维修人员应及时进行维修;

C级,系统运行没有受到真正影响的和不必立即修理的故障,维修人员将在非运营时段内进行维修。

(2)检修中心修。从现场替换下来的设备或器件被送到维修中心检修车间进行诊断确认和测试检修,需要送至生产厂家的设备、器件及时送至生产厂家进行检修。根据车载设备故障的严重程度,纠正性维修可采取下列方式:

车载ATO设备故障时,列车采取降级运行方式,待列车下线后维护人员才进行维修。

车载ATP设备故障时,列车应清人,尽快退出运营,回段后维护人员应立即进行维修。

### 3. 维修管理模式

ATC设备工作状态可通过MSS系统进行远程监视。发生故障时,通过设置在维修管理中心和工区的监视终端判断故障部位,根据故障程度进行现场故障维修或由检修车间组织故障抢修。一条地铁可设置信号车间(中心)、信号维修工区(含车辆段维修工区)、ATS维修工区、车载维修工区和综合检修工区。

### 1)各部门职能分工

(1)信号车间:负责现场施工组织、管理。组织故障抢修,对疑难故障进行分析,提出解决方案。

(2)信号维修工区:负责综合控制中心设备、设备集中车站范围各站及车辆段所有信号设备巡视、测试、检查、清扫、维护、一般故障处理及配合其他专业共同解决接口部分故障。

(3)ATS维修工区:负责ATS设备巡视、测试、检查、清扫、维护、一般故障处理及配合其他专业共同解决接口部分故障。

(4)车载维修工区:负责全线所有车上设备(包括车载电台)测试、检查、清扫、维修和一般故障处理。

（5）检修工区：负责全线所有信号设备可维修模块的检修（包括车载、移动、联锁、ATS），对超出本地维修人员能力范围的工作，返回设备厂家维修；

对于大修设备如转辙机、继电器、电源等由维修中心统一进行检修。

2）维护制度如下：

（1）日常维护：日常维护包括巡视、测试、日检、月检、故障抢修等。日检包括测试每天投入运行列车的车载 ATP/ATO 设备、地面轨道电路参数，由维修工区人员巡视设备工作状况，发现问题及时处理。

（2）定期维护：根据设备的使用周期定期对全线信号设备进行维护及检测。定期维护工作由维修工区在运营结束后进行。对定期维护更换的、需进行大修及检测的设备如转辙机、继电器、电源等由运营公司检修车间检修。

（3）临时维修：根据维修管理系统对全线故障情况的统计，并在对疑难故障进行分析的基础上，由技术设备综合管理部门向维修工区下达临时维修计划，必要时由专业技术人员与技术工人共同完成。

（4）故障检修：系统在运营期间信号设备发生故障或报警，值班人员根据故障类型通知信号维修人员进行设备检修。

3）安全保证措施如下：

（1）严格执行地铁系统颁布的各项关于安全行车、安全维护的规章制度。

（2）加强对安全生产的控制，建立安全管理网络，明确安全责任到人制度。

（3）认真坚持分级负责的施工、维护报批制度，建立必要的监督机制。

（4）严格执行基本安全生产作业纪律。

（5）强化作业控制，建立防止各类大事故发生的制度，落实好要点作业登记、销记制度，电动转辙机的手摇把管理制度，继电器室管理制度，双人维修作业制度和现场作业专人防护制度。

（6）制定合理的维修计划，确保设备工作状态良好，严禁设备带病工作。

（7）实行设备包保责任制度，责任落实到人。

（8）加强培训，提高维护管理水平。

## 2.7.2　ATS 子系统维护

### 1. 应用服务器正常开关机步骤

（1）输入系统 ATS 管理员用户名"administrator"和密码，点击"确认"按钮。

（2）启动到 Windows 2003 桌面，点击桌面上"CATS"图标。

（3）等待服务器程序完成启动，出现服务器主界面。

（4）登录成功后，点击 ATS 主机程序界面上的菜单"系统"—"退出"，并在随后弹出的对话框中选择"确定"按钮。

（5）点击开始菜单，点击"关机"，选择硬件维护，点击"确定"，而后服务器进入关机程序。

以上关机步骤均适用于 2 台 ATS 应用服务器和 1 台培训服务器。

## 2. ATS 用户管理

ATS 子系统的用户管理包括添加、删除用户，修改用户名，修改密码，配置用户类别、权限等功能，都必须由 ATS 超级用户在服务器的操作界面上完成。具体操作步骤如下：

（1）登录服务器。选择"系统\登录"菜单项，在"登录"对话框中输入 ATS 超级用户的用户名和密码，然后按"确定"按钮。如果用户名和密码正确，登录就会成功。系统初始安装好时，ATS 超级用户的用户名是 root，密码是 root。可以使用该用户名登录服务器，然后再添加其他用户以及修改用户信息。

（2）添加用户。选择"系统\用户管理"菜单项，弹出"用户管理"对话框。在对话框中点击"添加"按钮，弹出"添加用户"对话框。在"添加用户"对话框中输入用户的用户名、密码，选择用户类别（单选），选择允许登录的地点（多选）。然后按"确定"按钮，即可添加一个新用户。

注意：出于保证系统安全的考虑，只有超级用户才可以指定其允许登录的地点包括"主机"，其他类别的用户不应指定其在主机登录的权限。

（3）修改用户。在"用户管理"对话框中选中要修改的用户，按"修改"按钮，弹出与"添加用户"相似的"修改用户"对话框。在"修改用户"对话框中可以修改用户的密码，改变用户类别和允许登录的地点。然后按"确定"按钮，即可修改指定用户的信息。

（4）删除用户。在"用户管理"对话框中用鼠标点选要删除的用户（该行变为高亮），然后按"删除"按钮，在随后弹出的询问对话框中选择"确定"后就删除该用户。

（5）从服务器登出。为了防止未被授权的人员修改用户信息，进行完用户管理以后要选择菜单"系统/登录"退出登录。

ATS 系统自动完成用户信息在服务器主备机之间的用户信息同步。在一台服务器上进行的用户信息修改将被立即同步到另外一台服务器上。

## 3. 故障诊断

### 1）网络通信故障

两台服务器通过交换机网络口连接，传递双机热备状态信息。正常情况下，其中一台服务器以主机身份运行，另一台服务器以备机身份运行。若发现两台服务器同时以主机身份或者同时以备机身份运行时，可初步判断为两台服务器间的网络口连接发生故障。

此时，先退出 ATS 应用程序，关闭两台服务器，然后检查网络电缆的故障。注意不可带电操作，以免损坏服务器设备。维护人员应确保网络电缆无损坏，接口应连接紧密。检查完毕后重新启动两台服务器计算机，运行服务器程序并查看运行状态。若此时还有问题，还需检查服务器的网络接口。

### 2）网络连接故障

每台服务器安装有两块网卡，用以实现双网连接，提供更高的可靠性。当其中一块网络接口卡发生故障时，系统仍然可以正常运行，但此时已不是双网连接了，降低了系统的可靠性。维护人员要定期检查服务器的网卡的工作状态，确保每台服务器的两块网络接口卡都能正常工作，发现故障要及时排除。

检查网络连接终端指示灯的显示状态：

（1）网络交换机或 HUB。

绿色：网络端口与其相连的网卡之间的链路连通；

黄色：网络端口与计算机设备正在连接过程中；

灭灯：网络端口和与其相连的网卡之间的链路断开。

（2）网卡。

黄色：网卡和与其相连的交换机网络端口之间的链路连通，速度为 100 Mb/s；

绿色：网卡和与其相连的交换机网络端口之间的链路连通，速度为 10 Mb/s；

灭灯：网卡与和其相连的交换机网络端口之间的链路断开。

（3）Ping IP 地址。

检查网络状态最有效的方法是使用"Ping"命令直接在维护员工作站 Ping 服务器的 2 个 IP 地址（1 个 IP 地址对应 1 块网卡），若不能 Ping 通，则说明网络连接不通或对应网卡损坏。

### 4. 日常维护

日常维护包括网络连接状态检查、主/备机状态检查、定期进行主/备机倒机（一个月左右）等。

#### 1）检查 ATS 服务器机柜

（1）外观检查及清洁，无积尘。

（2）检查机柜（DCS 机柜、网络机柜、应用服务器机柜、数据库服务器机）顶灌风扇通风良好，无异常噪声。

（3）检查主、备机切换开关接通自动位。

（4）登录维护台查看详细设备状态。

#### 2）检查应用服务器工作状态

（1）检查主、备机状态并记录：两台服务器，一台为主控，另一台为备机。

（2）检查主、备机网络状态：打开"网络和共享中心查看"DGREY 和 LGREY 连接状态。

（3）检查应用服务器机柜前面板指示灯状态：亮稳定绿灯或闪烁。

（4）检查应用服务器机柜外观无异常。

#### 3）检查数据库服务器工作状态

（1）检查主、备机状态并记录：两台服务器，一台为主控，另一台为备机。

（2）查看服务项：打开数据库服务器桌面，点击"开始"→"服务"查看 ATS1 或 ATS2 的服务显示启动。

（3）检查数据库服务器机柜前面板指示灯状态：亮稳定绿灯或闪烁。

（4）检查数据库服务器机柜外观无异常。

#### 4）检查通信前置机工作状态

（1）检查主、备机状态并记录：两台服务器，一台为主控，另一台为备机。

（2）检查与外系统接口状态：主机用"FEP"桌面显示外系统颜色为绿色，备机用"FEP"桌面显示外系统颜色为红色，主备机"STBY"显示为绿色。

（3）检查网络机柜前面板指示灯状态：亮稳定绿灯或闪烁。

（4）检查网络机柜外观无异常。

5）检查 LATS 分机与 HMI、MMI

（1）外观检查：无异常。

（2）检查服务器工作状态和切换单元状态并记录 A/B 机工作状态：服务器无异常，无异响；切换单元为自动位，码位正确。

（3）检查 HMI、MMI：设备状态正常，设备操作无异常。

### 5. ATS 子系统双周检

1）检查调度员工作站

（1）检查调度员工作站状态（调度员工作站 1、调度员工作站 2、总调工作站、中央联锁工作站）：工作站软件显示状态正常，界面完整不卡屏。

（2）分别重启调度员工作站：退出工作站软件和系统后，在主机面板选择重启计算机，观察工作站软件自动启动，查看软件显示状态是否正常，每台调度工作站 2 个 IP 网卡连接状态是否正常，中央联锁工作站双屏显示是否正常。

（3）检查调度工作站性能状态：主机风扇运行正常，无异常噪声；各磁盘空间充足；与母钟时间同步。

2）检查大屏接口计算机

（1）检查大屏接口计算机状态：软件显示状态正常，无异常告警；4 个网卡连接状态显示正常。

（2）重启大屏接口计算机：退出工作站软件和系统（鼠标移至屏幕右边黑框内单击右键，选择关闭程序后点击"Enter"回车键），在工控机主机面板选择重启计算机，观察工作站软件自动启动后（屏幕右边有黑色边框即为启动），重启大屏抓屏软件（单击鼠标右键选择分屏设置，点击关闭所有客户端 5 s 后再点击开启所有客户端）。

（3）检查大屏接口计算机性能状态：主机风扇运行正常，无异常噪声；各磁盘空间充足；与母钟时间同步；大屏无卡屏等异常现象。

3）检查时刻表编辑工作站

（1）检查时刻表编辑工作站状态：工作站软件显示状态正常，界面完整不卡屏。

（2）重启时刻表编辑工作站：退出工作站软件和系统后，在主机面板选择重新启动计算机，观察工作站软件自动启动，查看软件显示状态是否正常，工作站 2 个 IP 网卡连接状态是否正常。

（3）检查调度工作站性能状态：主机风扇运行正常，无异常噪声；各磁盘空间充足；与母钟时间同步。

4）检查服务器机柜

（1）机柜外观检查及清洁：机柜完整无损坏、无积尘，接地线无损坏。

（2）检查机柜（网络机柜、应用服务器机柜、数据库服务器机柜、DCS 机柜）顶部风扇，应通风良好，无异常噪声。

（3）网络机柜内部交换机检查及清洁：插头紧固，接地正常，无积尘。

5）检查应用服务器

（1）检查主备机状态并记录：两台应用服务器，其中一台为主机，另一台为备机。

（2）检查网络连接状态：每台服务器的两个 IP 网卡连接状态正常。

（3）检查服务器主机前面板指示灯状态：亮稳定绿灯或绿灯闪烁。

（4）倒机重启应用服务器：打开软件并登录，查看 A、B 机状态找到主控机，登录主控机后退出并关闭等待备机升为主控机，备机升为主控机后，启动主控机（软件自动打开）并等主控机开启后重启备用机。

（5）再次按照（1）、（2）、（3）步骤检查并记录。

（6）检查应用服务器性能状态：主机风扇运行正常，无异常噪声；各磁盘空间充足，CPU 使用率无异常；与母钟时间同步。

6）检查数据库服务器

（1）检查数据库服务器的服务项：分别检查主、备机里以 Oracle 开头的服务项是否启动。

（2）重启数据库服务器：首先关闭数据库服务器 A 机，在主机面板选择重新启动，系统启动完毕后检查第步骤（1）中相应服务项是否正常启动（一般此步骤需等待 10~15 min）。待数据库服务器主机启动正常后，用同样方法重启数据库服务器 B 机并检查相应服务状态是否正常。

（3）检查磁盘阵列状态：磁盘阵列面板灯位正常，查看光交换机背后尾纤完整无破损，无挤压。

（4）检查数据库服务器性能状态：主机风扇运行正常，无异常噪声；与母钟时间同步。

（5）检查数据库服务器与客户端连接状态：数据库重启完毕后，在应用服务器 Oracle 客户端上测试与 Oracle 服务端的连接状态是否正常。

7）检查通信前置机

（1）检查通信前置机主备机及热备机笼状态：两台通信前置机，其中一台为主机，另一台为备机；热备机笼切换开关处于"自动"位。

（2）检查通信前置机网络状态：每台前置机 3 个 IP 网卡连接状态正常。

（3）检查通信前置机主机各外部接口状态：与各接口连接正常，接口名称显示稳定绿色。

（4）倒机重启通信前置机：退出通信前置机主机软件和系统。

（5）再次按照（1）、（2）、（3）步骤检查并记录。

（6）检查通信前置机性能状态：主机风扇运行正常，无异常噪声；各磁盘空间充足；CPU 使用率无异常；与母钟时间同步。

8）检查维护工作站

（1）检查维护工作站状态：工作站软件显示状态正常，界面完整不卡屏。

（2）重启时刻表编辑工作站：退出工作站软件和系统后，在主机面板选择重新启动计算机，观察工作站各软件自动启动，查看各软件显示状态是否正常，工作站 3 个 IP 网卡连接状态是否正常。

（3）检查调度工作站性能状态：主机风扇运行正常，无异常噪声；各磁盘空间充足，日志所在磁盘不溢出；与母钟时间同步。

（4）查看信号设备详细状态，确认本次双周检各设备状态正常。

9）检查 LATS 分机

（1）外观检查及清洁。

（2）检查服务器工作状态。

（3）完成 LATS 分机重启试验。

### 2.7.3 CI 子系统维护

机联锁子系统（CI）的日常维护工作如下：

**1. 系统检修**

1）联锁机维护

（1）每日巡视内容。

查看系统维护台网络连接状态，若网线颜色变为红色，先重启工控机；重启故障未解除则在点内将相应网线重新拔插，看到网卡绿灯闪烁后再次查看网络状态；若还不正常，基本判断为网卡故障，请联系卡斯柯售后。

查看系统维护台记录信息中是否存在故障信息：正常情况下，报系统维护台奇偶周期正常；若有其他故障信息，请参照设备维护手册进行应急处理，并及时联系卡斯柯售后。

（2）每月巡视内容。

在 VLE 面板上的测试口测量一下板子上面的电压，电压值在 5.10～5.15 V，若电压值不满足需求，请用一字小螺丝刀调节 5 V 电源旋钮，将电压值调整在规定范围内。

测量 12/24 V 电源，12 V 电源电压值在 11.4～12.6 V；24 V 电源电压值在 22.8～25.2 V，请确保电压值满足使用要求。若电压值过低，请用一字小螺丝刀调节 12/24 V 电源旋钮，将电压值调整在规定范围内。

在接口架处测量系统采集和驱动电压，采集电压值在 22.8～25.2 V，若电压过低，请用一字小螺丝刀调节 12/24 V 电源旋钮，将电压值调整在规定范围内；驱动电压值在 22.8～25.2 V，若电压过低，请调整电源屏 KZ、KF 电压。

测量防雷箱处电源电压值应在 220（1±5%）V 之间。

在天窗时间进行联锁倒机测试，A/B 机之间互倒 2～3 次。

2）操作台主机（工控机）维护

（1）每日巡视内容。

查看显示器状态，是否出现黑屏或花屏的现象；检查视频长线看是否松动，将视频头重新拔插；若无法解决，请重启工控机。

查看鼠标是否可正常使用，若无法正常使用，重启工控机，若无法解决，请更换鼠标重启再试。

查看所有操作机运行状态，如有程序报错现象，重启工控机；若无法解决，请关机更换备盘重启。

（2）每月巡视内容。

在天窗点内将工控机逐个重新启动，必须在一台操作全部重启进入系统以后再重启另一台操作机。

检查所有工控机电源和网线是否接触牢固。

注意：请每一年更换一次所有备盘，确保备盘可以完整使用。

3）UPS 维护

每隔三个月，UPS 电池需要充放电一次，以保证其正常使用。操作步骤如下：

（1）将系统电源切换机笼背部的 K1（JZ220 输入）空气开关断开，如图 6-2-33 所示。

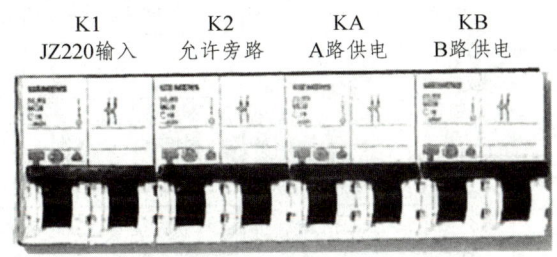

图 6-2-33　空气开关

（2）待电池指示灯只剩下一格时，合上空气开关。上述操作需要在天窗时间内完成。

2. 系统故障处理

1）故障处理流程

故障处理流程如图 6-2-34 所示。

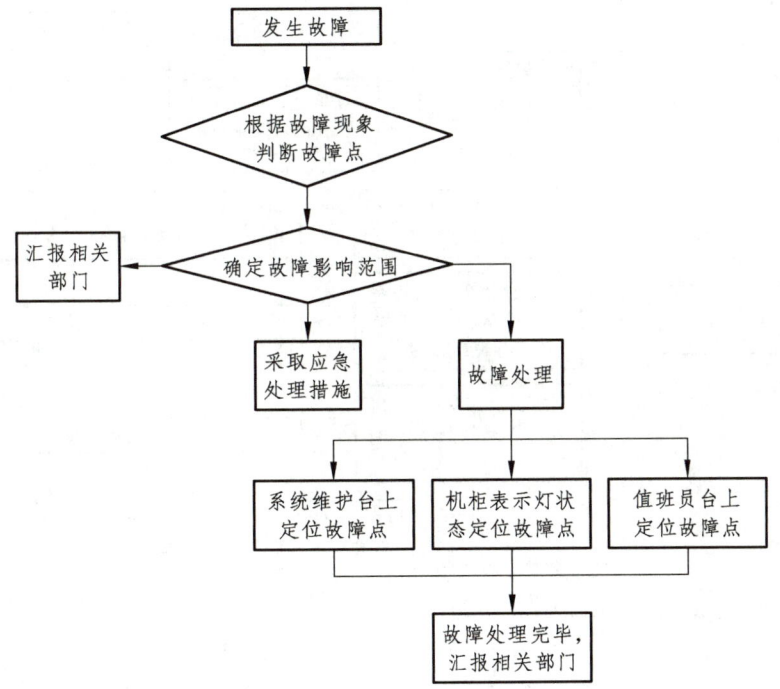

图 6-2-34　故障处理流程

2）常见故障判断及处理方法

常见故障判断及处理方法流程如图 6-2-35 所示。故障处理人员务必清楚系统各部分功能及设备分布、电源开关才可进行下述处理。

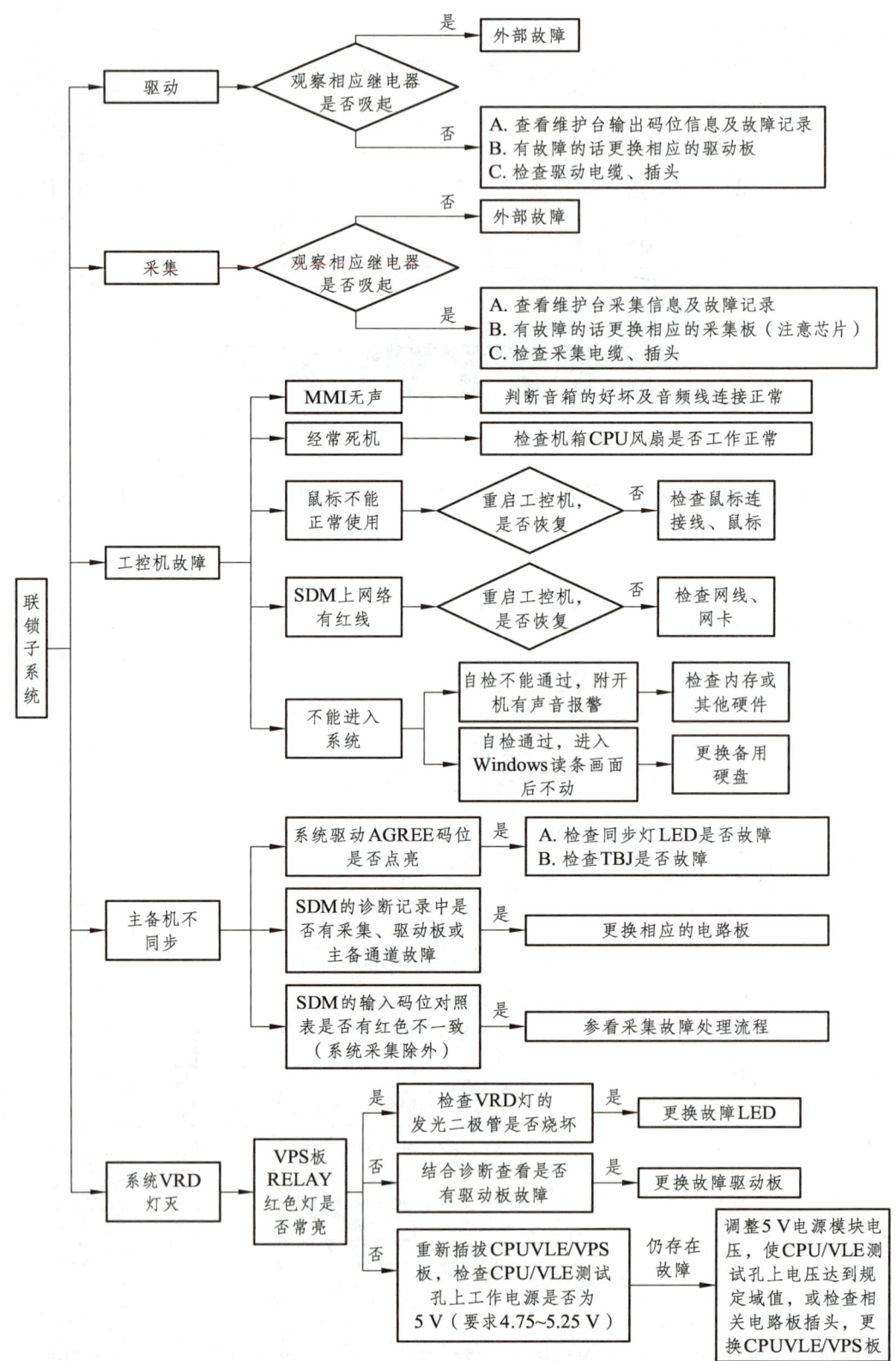

图 6-2-35 常见故障判断及处理方法流程

3. 故障排除方法

1）区分是室外故障还是室内故障

（1）采集。

主要查看相应的继电器状态是否与意图一致。如一致，则故障点在室外；如不一致，则故障点在室内。

若故障点在室内，对照联锁机采集码位表，查看相应的印制板灯位，如灯位确实与继电器状态一致，则说明是 IPS（联锁处理子系统）故障；若灯位与继电器状态不一致，则说明故障发生在采集板与接口继电器电路之间。此时在联锁机接口架处相应的位置测量电压，判断出哪一根线的连接有故障。

（2）驱动。

查看相应的继电器位置是否与要求的一致。如一致，则故障点在室外；如不一致，则故障点在室内。

对照联锁机驱动码位表，查看相应的印制板灯位，如灯位已点亮，而继电器无驱动，说明驱动的条件电源没有，查看联锁机机架后 24 V 电源处保险状态。

2）MMI 上出现回采报警

（1）若相应驱动的继电器没有吸起，测量接口架上该码位驱动是否有 KZ 电，若有则说明是接口架至继电器励磁电路之间的问题，若没有查看输出插头配线。

（2）相应继电器已吸起，则说明是板子没回采到，更换该输出板。

（3）若整块板子的所有码位输出都出现回采报警，则说明是整块该板的 KZ 条件电源没有，在接口架上测量这块板的条件电源是否有，若没有查看接口架配线，若有的话查看这块板的输出插头配线。

3）在遇到下列故障时，请重新启动相应工控机

（1）硬件连线都正确，鼠标却不能动作。

（2）界面显示程序异常关闭。

（3）鼠标点击界面无任何反应时。

（4）界面显示不再变化。

### 2.7.4 DCS 子系统维护

1. 卡斯柯 DCS 子系统日常维护

卡斯柯 DCS 子系统的日常维护包括：

（1）每日巡视设备房 BTN 机柜、光电交换机。

（2）维护车载 DCS 子系统，包括车载信标天线、车载 MRE 状态检查。

（3）每日 NMP DCS、NMS IP 巡视，查看全线 DCS 设备工作状态。

2. 卡斯柯 DCS 子系统月度维护

卡斯柯 DCS 子系统的月度维护主要包括：

（1）防尘网除尘。

（2）BTN 机柜内配线紧固检查。

### 3. 卡斯柯 DCS 子系统季度维护

卡斯柯 DCS 子系统的季度维护包括：

（1）风扇清洁。

（2）轨旁 TRE 箱盒外观检查及清洁。

（3）箱盒密封性检查。

（4）箱盒接地检查。

（5）馈线外观及密封性检查。

（6）波导管接地线检查。

（7）TRE 设备安装检查且防松标识完好。

（8）车载 DCS 天线、车载 MRE 箱外观清洁。

（9）车载 DCS 天线、车载 MRE 固定螺丝观检查，车载连接电缆、接头外观检查。

### 4. 卡斯柯 DCS 子系统年度维护

卡斯柯 DCS 子系统的年度维护在季度维护的基础上还包括：

（1）轨旁 TRE 及附属设备（含波导管、耦合单元 RF 馈线）的安装检查，确保固定螺丝无锈蚀、脱落。

（2）TR 箱内部模块检查。

（3）导管无线信号覆盖检查。

（4）波导管连接件紧固。

（5）车载 DCS 天线功能测试。

（6）MRE、中继器功能测试。

### 5. 注意事项

（1）维护人员应穿戴好劳动防护用品，做好"三预想"：工作前要预想联系、登记、检修准备、防护措施是否妥当；工作中要预想有无漏检、漏修和只检不修及造成妨害的可能；工作后要预想是否检和修都彻底，复查试验、加封加锁、注销登记手续是否完备。

（2）拆装设备时不对设备本身造成损害。

## 评价标准

《卡斯柯 CBTC 系统认知》任务评价单

| 评价方式 | 评价内容 | 比例 | 得分 |
| --- | --- | --- | --- |
| 学生自评 | 按项目评价内容及标准进行评价 | 20% | |
| 组内互评 | 按项目评价内容及标准进行评价 | 20% | |
| 组间互评 | 按项目评价内容及标准进行评价 | 20% | |
| 教师评价 | 按项目评价内容及标准进行评价 | 40% | |
| 任务得分 | | | |

《卡斯柯 CBTC 系统认知》任务评价内容及标准

| 序号 | 评价项目 | 评价内容 | 评价标准 | 分值 | 得分 |
|---|---|---|---|---|---|
| 1 | 任务完成情况 | 卡斯柯 Urbalis 888 系统的特点 | 卡斯柯 Urbalis 888 系统的特点是否总结准确，根据实际情况酌情打分 | 10 分 | |
| | | 卡斯柯 Urbalis 888 系统的结构及原理 | 卡斯柯 Urbalis 888 系统结构是否分析准确；卡斯柯 Urbalis 888 系统中各子系统功能是否阐述清楚，根据实际情况酌情打分 | 30 分 | |
| | | 卡斯柯 Urbalis 888 系统的基本原理 | 卡斯柯 Urbalis 888 系统原理是否阐述清楚，分析是否合理，根据实际情况酌情打分 | 10 分 | |
| | | 卡斯柯 Urbalis 888 系统的维护方法 | 是否能够准确总结出卡斯柯 Urbalis 888 系统的维护方法；是否能按照要求完成系统维护工作；表达、阐述是否清晰，根据实际情况酌情打分 | 30 分 | |
| 2 | 职业素养情况 | 资料搜集情况 | 资料搜集非常全面 5 分；资料搜集比较全面 1～4 分；资料搜集不全面酌情扣 1～5 分 | 5 分 | |
| | | 语言表达情况 | 表达非常准确 5 分；表达比较准确 1～4 分；表达不准确酌情扣 1～5 分 | 5 分 | |
| | | 工作态度情况 | 态度非常认真 5 分；态度较为认真 2～4 分；态度不认真、不积极酌情扣 1～5 分 | 5 分 | |
| | | 团队分工情况 | 分工非常合理 5 分；分工比较合理 1～4 分；分工不合理酌情扣 1～5 分 | 5 分 | |

# 工作任务 3　其他列车运行控制系统认知

**技能训练**

课件　其他列车运行控制系统认知

《其他列车运行控制系统认知》训练工单

| 学习项目 | 基于通信的列车运行控制系统维护 | 姓名 | | 班级 | |
|---|---|---|---|---|---|
| 任务名称 | 其他列车运行控制系统认知 | 学号 | | 组别 | |
| 任务目标 | 1. 能够明确说明 FZL-300 型 CBTC 系统及 LCF-300 型 CBTC 系统的组成；<br>2. 能够描述 FZL-300 型 CBTC 系统及 LCF-300 型 CBTC 系统的工作原理；<br>3. 能够总结上述两类不同 CBTC 系统的相似之处与不同之处 | | | | |

续表

| 任务描述 | 学生以小组为单位，通过查阅相关资料及教师指导，完成下列任务：<br>1. 查询 FZL-300 型 CBTC 系统及 LCF-300 型 CBTC 系统的应用场合；<br>2. 描述 CBTC 系统的组成及工作原理（FZL-300 型 CBTC 系统及 LCF-300 型 CBTC 系统两个角度）；<br>3. 以小组为单位探讨两类不同 CBTC 系统的区别与联系 |
|---|---|
| 任务要求 | 1. 场地要求：列车运行控制系统实训室；<br>2. 设备要求：FZL-300 型 CBTC 系统及 LCF-300 型 CBTC 系统；<br>3. 工具要求：无 |
| 课前任务 | 请根据教师下发的视频资源，对 FZL-300 型 CBTC 系统及 LCF-300 型 CBTC 系统所应用的场合进行初步认知，并在课程平台讨论区中讨论 |
| 课中训练 | 1. 通过查阅相关资料，归纳出 FZL-300 型 CBTC 系统及 LCF-300 型 CBTC 系统所应用的场合，填入表 6-3-1 中。<br>2. 通过查阅相关资料及教师指导，以小组为单位对 FZL-300 型 CBTC 系统及 LCF-300 型 CBTC 系统相关信息进行分析及整理，并将相关内容填入表 6-3-1 中。<br><br>表 6-3-1　其他列车运行控制系统认知记录表<br><br>| FZL-300 型 CBTC 系统 | | LCF-300 型 CBTC 系统 | |<br>|---|---|---|---|<br>| 应用场合 | | 应用场合 | |<br>| 组成 | | 组成 | |<br>| 原理 | | 原理 | |<br><br>3. 请学生对两类不同 CBTC 系统的相似之处和不同之处进行探讨，以小组为单位对研讨结果进行汇报展示 |
| 任务总结 | 对项目完成情况进行归纳、总结、提升： |
| 课后任务 | 思考 FZL-300 型 CBTC 系统及 LCF-300 型 CBTC 系统的特点，同时在课程平台讨论区中讨论 |

## 理论要点

### 3.1　FZL-300 型 CBTC 系统认知

#### 3.1.1　FZL 系列列车运行控制系统

为满足城市轨道交通日益增长的对自主研发的列车运行控制系统的能力需求，通号城市轨道交通技术有限公司根据不同类型的城市轨道交通建设需求，研发了 3 种不同制式和技术水平的 ATC 系统，分别为：FZL-100 型基于数字轨道电路的准移动闭塞 ATC 系统；FZL-200 型基于交叉感应环线的移动闭塞 ATC 系统；FZL-300 型基于无线通信的移动闭塞 ATC 系统。

以上 3 套系统基本能够覆盖所有城市轨道交通行业的运营需求，为城市轻轨、地铁、市郊铁路、单轨等系统提供全套的信号系统解决方案。

FZL 系列城市轨道交通 ATC 系统由列车自动监控（ATS）、列车自动防护（ATP）、列车自动运行（ATO）、计算机联锁 4 个子系统构成，各系统全部由通号城市轨道交通技术有限公司自主研发而成。FZL 系列 ATC 系统采用了统一的安全硬件平台，即 3 套系统的计算机联锁设备和轨旁 ATP 设备采用 DS6-60 型安全计算机平台，车载 ATP 设备采用 GSSAP 型通用安全计算机平台。DS6-60 与 GSSAP 安全计算机平台均在 2008 年获得独立第三方安全评估机构的安全认证，符合欧洲铁路 EN50126、EN50128 及 EN50129 信号安全标准，安全完善度等级达到 SIL4 级。

FZL 系列产品的研发及应用历程如表 6-3-2 所示。

表 6-3-2 FZL 系列产品发展历程

| 发展阶段 | 系统制式 | | |
| --- | --- | --- | --- |
| | FZL-100 型 | FZL-200 型 | FZL-300 型 |
| 开发阶段 | 1999 年-2002 年 | 2004 年-2010 年 | 2009 年-2012 年 |
| 试验阶段 | 2002 年-2004 年 | 2008 年-2012 年 | 2011 年-2013 年 |
| 应用阶段 | 2006 年后 | 2012 年后 | 2013 年后 |
| 实际项目 | 长春轻轨 3、4 号线 | 唐山磁悬浮试验线 北京轨道交通 S1 线 | 北京地铁 8 号线 长春地铁北湖线 |

### 3.1.2 FZL-100 型准移动 ATC 系统

FZL-100 型准移动 ATC 系统包括 ATS 子系统、区域控制中心、数字轨道电路、车载设备等，如图 6-3-1 所示。

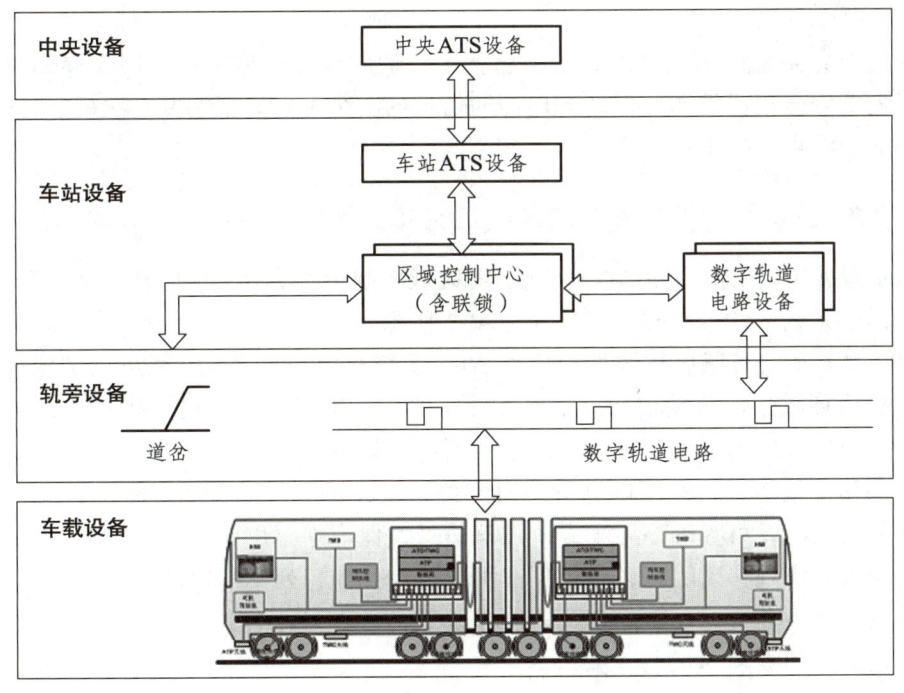

图 6-3-1 FZL-100 型准移动 ATC 系统结构

#### 1. ATS 子系统

ATS 子系统采用分布式计算机监控系统，负责全线列车运行的集中监控与管理。

#### 2. 联锁子系统

联锁子系统采用 DS6-60 型计算机联锁系统。该系统符合欧洲铁路信号 EN50126、EN50128、EN50129 安全标准，安全完善度等级达到 SIL4 级，是已通过第三方国际知名认证机构评估的安全系统。DS6-60 型计算机联锁系统是在引进、消化吸收国际先进计算机联锁技术，同时继承和发扬自身优点，在符合欧洲铁路安全标准的高起点上建立的自主创新的计算机联锁系统。联锁系统采用输入双采集、输出双控制、通信双冗余，是通过双套专用安全硬件和相异性软件构成的 2 乘 2 取 2 冗余结构系统。

#### 3. ATP/ATO 子系统

轨旁 ATP/ATO 设备采用 DS6-60 型区域控制中心、ATO 设备、车—地通信环线设备 TWC。DS6-60 型区域控制中心基于 DS6-60 安全平台，可实现正线联锁功能，并依据一次制动模式控制原理，通过轨道电路完成车—地的信息传输，实现对列车的超速防护控制。

车载 ATP/ATO 设备采用 FZL.Z20 型车载 ATP/ATO 设备。车载设备依据接收的地面信息与列车运行信息实现列车的超速防护、无意识移动防护、车门防护、实时数据记录以及临时限速及紧急关闭功能。

#### 4. 车—地通信系统

TWC 设备为车—地双向通信设备，采用 2 乘 2 取 2 的冗余结构。在站台和转换轨区域轨道中间铺设环线，利用环线实现列车精确定位及车地双向通信功能。

#### 5. 轨道电路

数字轨道电路系统采用无绝缘轨道电路技术，适应城市轨道交通发展无缝钢轨的需要，采用 2 乘 2 取 2 安全逻辑结构，保证车地传输信息的安全可靠。采用 9.5～16.5 kHz 载频数字信息，共有 8 个频点，抗干扰能力强。

### 3.1.3　FZL-200 型基于交叉感应环线的 ATC 系统

FZL-200 型 ATC 系统主要由 ATS 子系统、区域控制中心 ZCC、感应环线通信子系统 TWC 和车载控制器子系统 ATP/ATO 构成，如图 6-3-2 所示。

FZL-200 型基于交叉感应环线移动闭塞 ATC 系统利用交叉感应环线可以实现车—地双向通信，交叉感应环线通信载频较低，距离磁浮车的干扰信号较远，抗干扰性强，对空间环境要求较小，能很好地适用于磁悬浮环境。其主要特点如下：

（1）它利用环线边界列车可以进行绝对定位。交叉感应环线每固定距离交叉一次，在实现抗干扰性能的同时，可为磁浮列车提供位置信息，保证列车位置校正。

（2）系统可以实现移动闭塞，后行列车可以追踪到前行列车的尾部。

（3）采用一次制动目标—距离模式控制曲线。

（4）满足运行间隔 90 s 的行车要求。

（5）TWC 发送、接收和通信设备均采用 2 乘 2 取 2 安全逻辑结构。

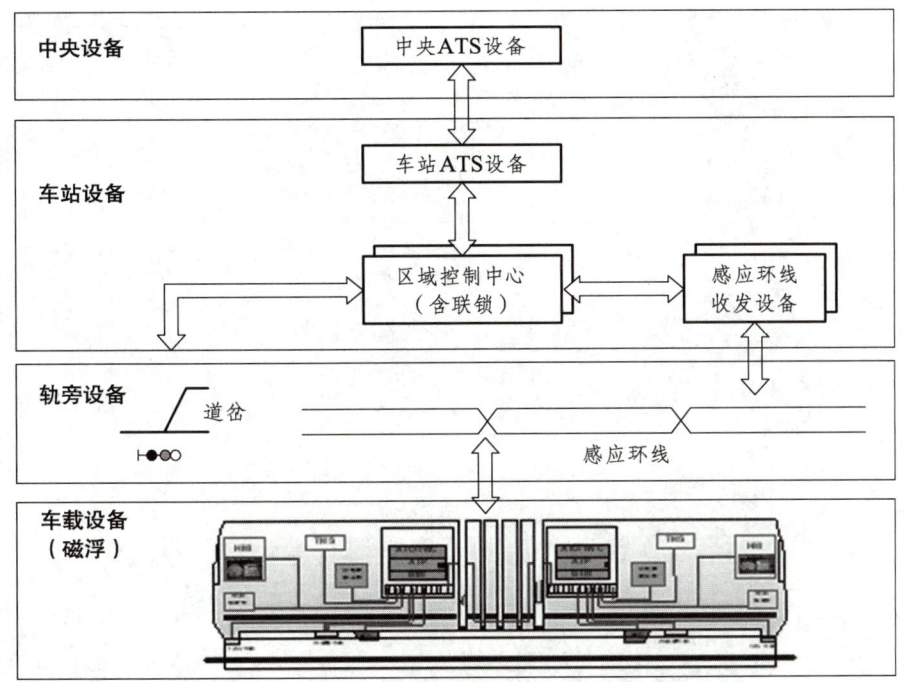

图 6-3-2　FZL-200 型基于交叉感应环线 ATC 系统结构

（6）区控中心采用通过 SIL4 级安全认证 DS6-60 型计算机联锁平台。

（7）2 乘 2 取 2 的车载安全控制系统。

（8）可靠、舒适的列车自动运行系统 ATO。

（9）它是全面的维护和诊断系统。

（10）可以实现站间闭塞降级运行模式。

### 3.1.4　FZL-300 型基于无线通信的移动闭塞的 ATC 系统（CBTC）

#### 1. FZL-300 型 ATC 系统组成

FZL-300 型 ATC 系统是在 FZL-100 型和 FZL-200 型系统的基础上集成开发的，具有完全自主知识产权，是包括 ATS、ATP、ATO 和计算机联锁的完整的 CBTC 信号系统，系统结构如图 6-3-3 所示。

##### 1）车载 ATP/ATO

车载 ATP 设备基于通用安全信号应用平台（GSSAP），获得独立第三方安全评估机构的安全认证，安全完善度等级达到 SIL4 级，系统采用单端 2 乘 2 取 2 冗余结构。车载 ATO 设备采用嵌入式控制计算机系统实现，为单套设备，系统提供多路、多种通信系统和多路开关量输入、输出接口，能够适应不同列车的牵引制动接口类型。

##### 2）计算机联锁

计算机联锁设备采用 DS6-60 型安全计算机平台，系统符合欧洲铁路信号列车安全标准，安全完善度等级达到 SIL4 级。系统采用 2 乘 2 取 2 冗余结构，成熟稳定。

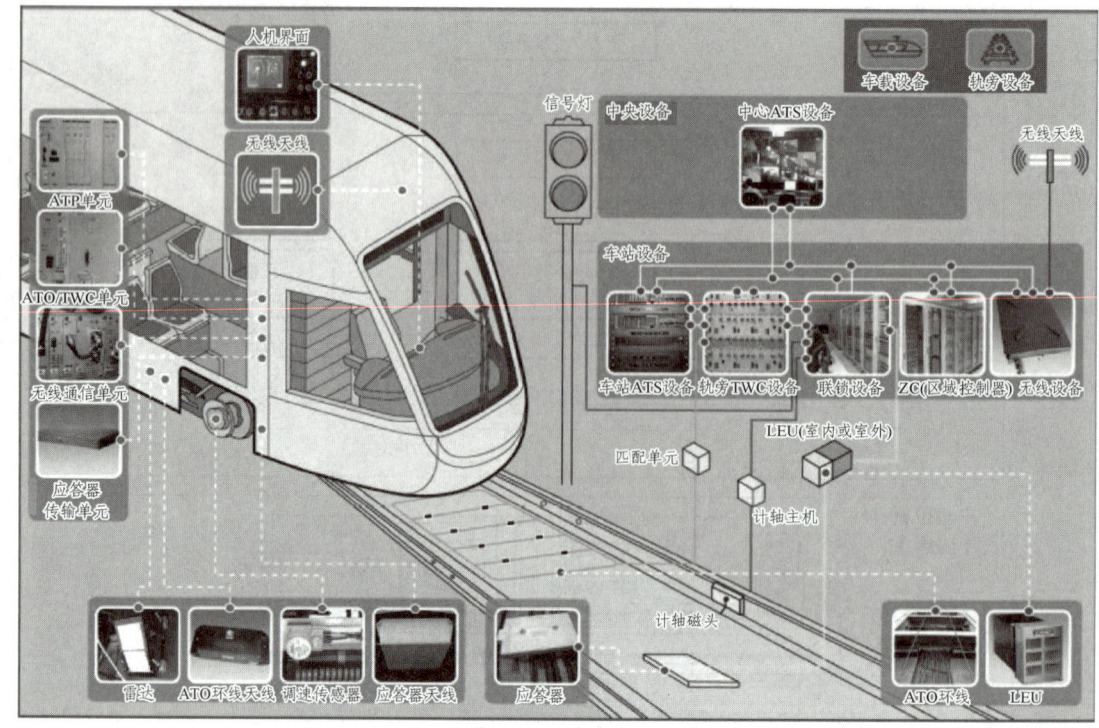

图 6-3-3　FZL-300 基于无线通信的 ATC 系统结构

3）ATS

ATS 设备是一个分布式的计算机监控系统，设置于控制中心、正线车站、车辆段和停车场等地点，配置灵活。系统采用热备冗余的结构，具有贴合用户习惯的操作方式，已在北京、西安、重庆等多条地铁线路上应用，具有成熟的应用经验。

4）地面 ATP（ZC）

ZC 设备采用与计算机联锁同平台的 DS6-60 安全计算机平台，系统采用 2 乘 2 取 2 冗余结构，设备已获得独立第三方安全评估机构的安全认证，安全完善度等级达到 SIL4 级。

5）数据通信系统（DCS）

DCS 采用满足开放标准协议和接口规范的设备。有线网络设备采用 SDH（同步数据系列）骨干传输设备和高端交换设备，无线网络设备由接入交换机、接入单元、天线等组成，可实现非安全与安全网之间的可靠隔离，双网冗余覆盖。设备具有单点故障不影响传输、智能漫游与切换、故障自愈等特点，具有较高的可用性。

6）维护系统

维护系统用于 CBTC 系统设备状态的监测和系统维护，主要负责 CBTC 各子系统设备状态、通信接口状态、操作日志、故障报警、交互数据等信息的采集、处理以及本地显示和远程集中监视，提供设备亚健康预警，帮助维修人员对故障设备进行分析、定位，指导维修作业管理。

7）交叉感应环线（TWC）

TWC 设备采用 2 取 2 结构，通过在指定地点部署可实现车—地的双向通信，用于实现屏蔽门联动、闯红灯防护、基本运行图调整以及列车精确校位停车等功能。上述功能可以使列车在降级为点式模式时满足运营的基本需求，提高系统的可用性。TWC 设备可根据用户的需要灵活配置。

### 2. FZL-300 型 ATC 系统特点

FZL-300 型 CBTC 系统采用移动闭塞原理，开发过程中同步进行独立第三方安全评估机构的安全评估，研发与试验紧密衔接，其安全性和可靠性得到了充分的验证。系统主要特点及优势如下：

#### 1）系统可靠安全

（1）冗余的系统设计。

ATP 与联锁设备均采用 2 乘 2 取 2 的冗余结构，特别是车载 ATP，采用板卡级的交叉冗余结构（见图 6-3-4），满足系统最大可用性的需求。

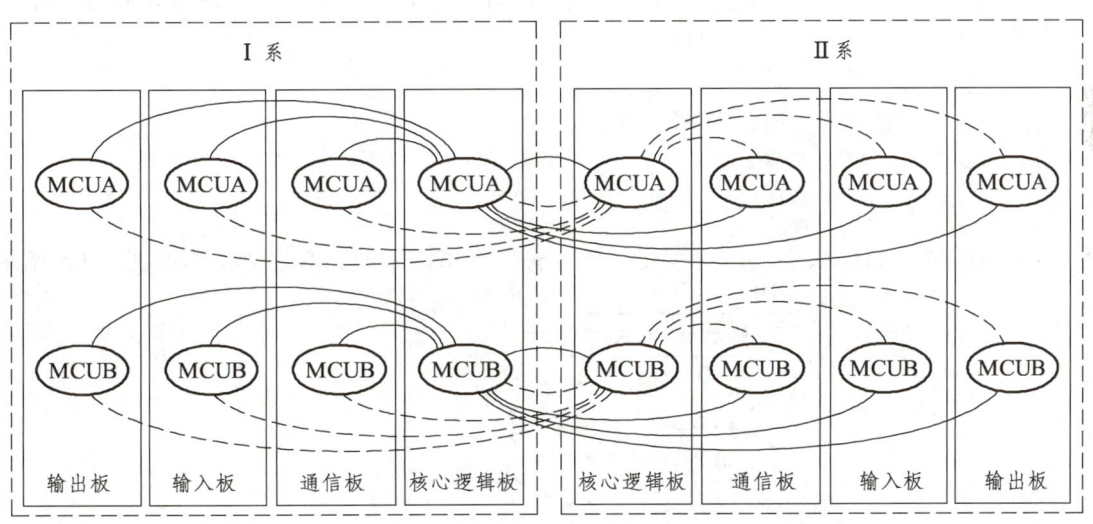

图 6-3-4　交叉冗余结构

（2）成熟应用的安全平台。

系统的地面 ATP 设备（ZC）与联锁采用的 DS6-60 平台已在国铁和地铁 100 余站成功应用，车载 ATP 采用的 GSSAP 平台同样也在国内外地铁市场有 200 余套的应用，设备硬件故障率低、平台稳定性高。

（3）成熟技术再应用。

车—地安全通信协议采用国际标准安全通信协议，与高铁技术共享代码，技术成熟。

#### 2）系统灵活友好

（1）人性化的操作维护界面。

系统根据设计院多年工程设计经验及用户需求设计，系统界面友好，利于操作和维护人员使用；同时也可根据用户的使用习惯和要求，对系统进行适应性修改。

（2）系统可灵活配置。

系统可根据使用环境和用户需求选用相应的设备，实现要求的功能。如无线传输设备支持无线自由波天线、波导管、漏缆的传输方式,同时具备接入 LTE 的条件;ATO 精确停车可选用交叉感应环线或应答器;在点式模式下可利用交叉感应环线(TWC)实现屏蔽门联动、闯红灯防护、简单的运行图调整等功能。

**3) 实施维护便利**

(1) 系统架构合理。

点式模式与 CBTC 全功能模式结构一致,可满足用户先期开通点式模式,后期升级 CBTC 的需求。同时系统可扩展性高,可满足用户分段开通、分段运营的要求。

(2) 系统具有全自主知识产权。

备品备件供应长期、稳定、及时,有利于保障运营,降低系统全寿命周期成本。通号城市轨道交通技术有限公司是目前国内唯一一家具备工程设计、科研开发、系统集成能力的城轨列控系统供货商和集成商,同时依托中国通号集团科研设计、生产制造、施工安装三位一体的产业链,保证了 FZL-300 型 CBTC 系统在设计、开发、制造、安装以及售后等各环节的安全可靠。

## 3.2 LCF-300 型 CBTC 系统认知

### 3.2.1 LCF-300 型 CBTC 系统的组成

LCF-300 型 CBTC 系统是由北京交控科技有限公司研制的,其组成结构如图 6-3-5 所示。

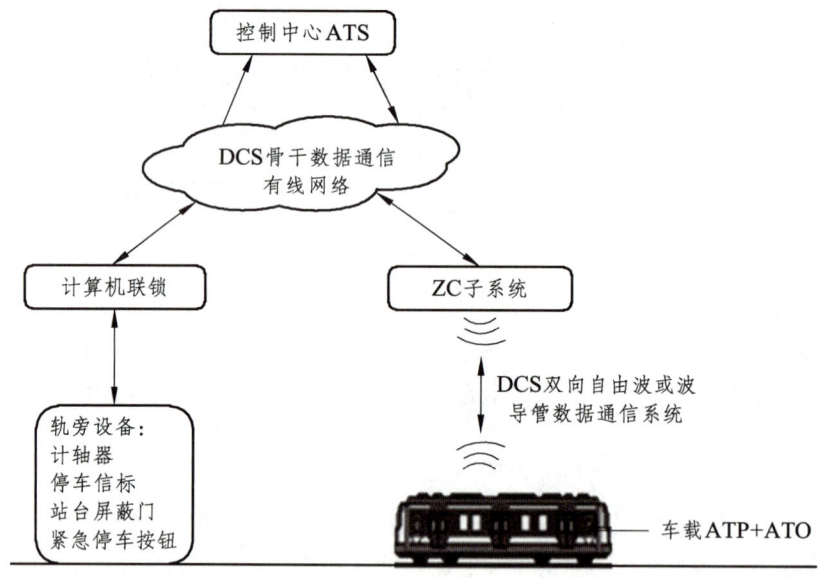

图 6-3-5　LCF-300 型 CBTC 系统

LCF-300 型 CBTC 系统地面设备包括:ZC 子系统、用于定位及点式后备的应答器设备等。

LCF-300 型 CBTC 系统车载设备包括:车载 ATP 子系统、车载 ATO 子系统、车载无线设备。

LCF-300 型 CBTC 系统包括:列车自动监控 ATS 系统、计算机联锁 CI 系统、点式 ATP 系统、CBTC 地面系统、CBTC 车载系统等。ATS、CI、CBTC 地面系统等地面信号系统的组成部分完全连接在地面有线双重冗余骨干网络上,其依据 IEEE802.3 协议构建地面网络;列车两端的车载 CBTC 设备互为冗余备份,其网络结构依据 IEEE802.3 协议构建;地、车采用 2.4G 的无线方式,依据 IEEE802.11 系列协议构建车—地信息双向传输网络。具体设备包括中央设备、区域控制设备(设备集中站)、车站设备、轨旁设备、车载设备。

### 3.2.2 LCF-300 型 CBTC 系统中重要组成部分认知

#### 1. ZC 子系统

1) 组　成

ZC 子系统从结构上分为 ZC 应用子系统、安全计算机平台和维护系统(ZCM)3 部分,结构如图 6-3-6 所示。ZC 子系统是 CBTC 系统中 ATP 的轨旁部分,要负责根据通信列车所汇报的位置信息以及联锁所排列的进路和轨旁设备提供的轨道占用/空闲信息,为其控制范围内的通信列车生成移动授权(MA),保证其所控列车的安全运行,具备在各种列车控制等级和驾驶模式下进行列车管理的能力。

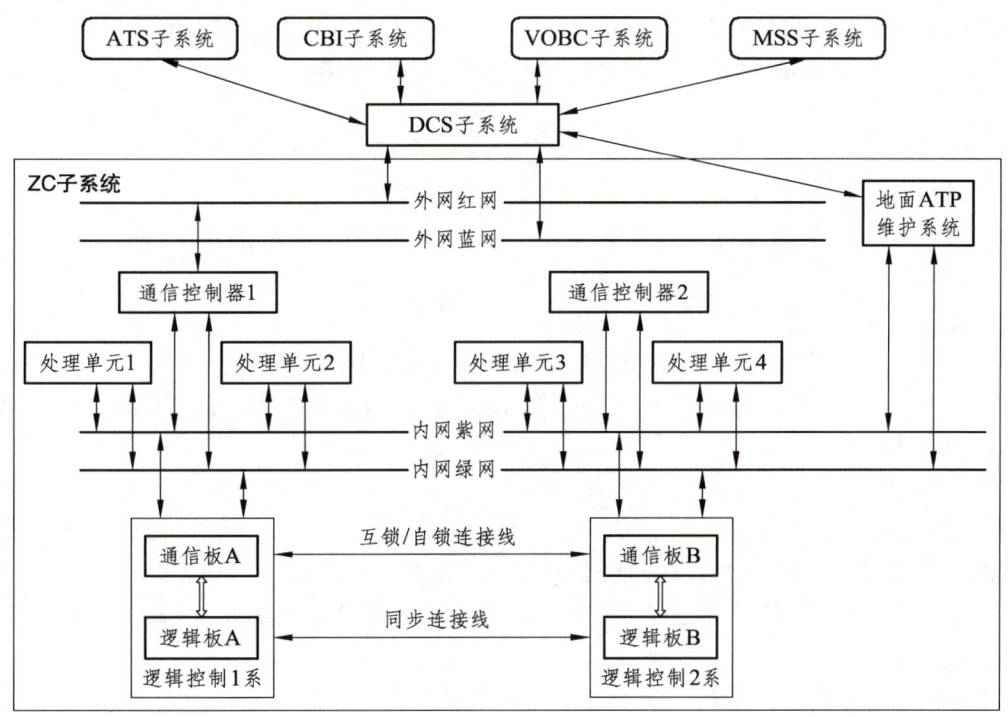

图 6-3-6　ZC 子系统结构

2) 功　能

ZC 子系统的功能包括:计算列车安全位置、列车排序、更新轨道占用状态、信号机强制命令设置与处理、移动授权、列车注册、列车注销、列车管理数据库版本号比较、通信状态检测、时钟同步、提供维护数据。

3) 接　口

ZC 子系统的外部接口有逻辑接口、通信接口、电源接口、综合接地接口。

（1）逻辑接口。

① 人—机接口。

面板上的指示灯有：通道 1 电源指示灯、通道 1 运行指示灯、通信控制器 1 电源指示灯、通信控制器 1 运行指示灯、通信控制器 2 电源指示灯、通信控制器 2 运行指示灯、通道 2 电源指示灯、通道 2 运行指示灯。

面板上的按钮有：通道 1 工作按钮、通道 1 恢复按钮、通信控制器 1 恢复按钮、通信控制器 2 恢复按钮、通道 2 工作按钮、通道 2 恢复按钮。

② ZC—VOBC。

ZC 和 VOBC 之间的双向信息交换构成了列车移动闭塞运行原理的基础。

ZC→VOBC 的信息有：ZC 的 ID；ZC 对列车申请信息的应答；数据库版本号信息；下一个登录 ZC（非周期提供）；列车识别号信息；停车保证查询信息；PSD、EMP 状态、临时限速信息（包含在 MA 信息中）。

VOBC→ZC 的信息有：列车的运行信息（申请 MA、注销、切换）及类型（通信列车/非通信列车）；列车的位置信息（包括非安全车头、车尾信息，以及列车的测距误差等与计算安全位置相关的信息）；列车的速度信息、运行方向、车门信息；列车完整性标识列车紧急制动状态信息；列车停车保证信息；列车停稳信息、列车站台准确停车信息；VOBC 维护及诊断信息。

③ ZC—ZC。

相邻 ZC 之间需要交换信息，保证通信列车驶过 ZC 边界。

相邻 ZC 间交换的信息有：数据库版本号、信息帧类型、列车位置、列车运行信息、MA 信息。

④ ZC—ATS。

ZC 从 ATS 接收操作命令并给 ATS 提供状态指示和故障信息。

ZC→ATS 的信息有：通信列车占压的逻辑区段；非通信列车占压的逻辑区段；向 ATS 发送时间同步申请。

ATS→ZC 的信息有：时间同步、临时限速。

⑤ ZC—CI。

CBTC 系统应当支持一个到联锁的双向接口，以进一步优化列车的运行。

CI→ZC 的信息有：障碍物数量和状态；申请停车保证对象及数量；进路信息；PSD、EMP 状态；临时限速。

ZC→CI 的信息有：信号机强制命令、逻辑区段信息及状态、停车保证信息。

（2）有线通信接口。

ZC 子系统对外提供两个独立的 100 M 以太网通道，每个通道提供一个 RJ-45 的电气接口。系统使用这两个通道作为 ATC 系统间的数据传输通道。

信号系统与有线传输系统的接口协议应符合 IEEE802.3 的有关规定。

（3）电源接口。

ZC 子系统的双路 220 V 交流电源来自机房电源屏。

（4）综合接地接口。

ZC 子系统通过综合接地系统实现接地。

ZC 子系统机柜中设置内部接地汇流排,内部设备连接到内部汇流排上,内部汇流排再连接到机房接地汇流排上。

### 2. VOBC 系统

VOBC 系统包含 ATP 车载系统(含数据记录系统)、ATO 车载系统和 MMI 系统。其结构如图 6-3-7 所示。

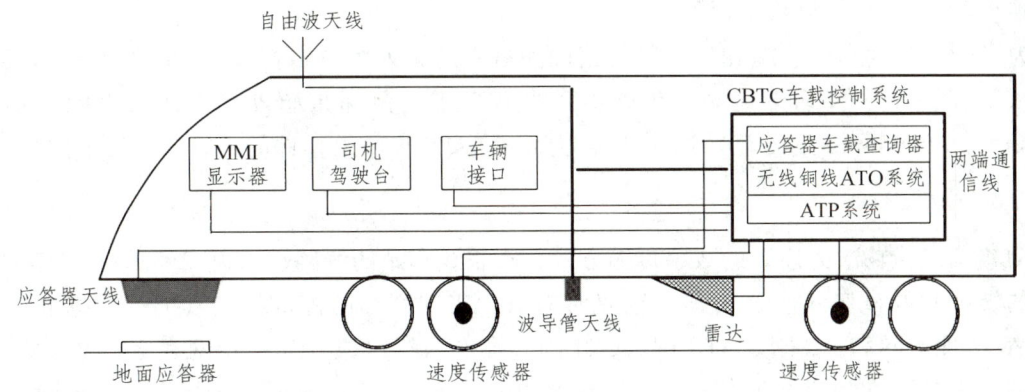

图 6-3-7 车载设备结构

#### 1) 车载 ATP 系统

在列车头尾两端各安装一套设备,两端通过通信线进行连接。ATP 系统采用了 3 取 2 技术,无须采用列车两端冗余,提高了系统的可靠性、安全性、可用性。

根据 IEC61508 标准,选择 3 取 2 结构来完成容错、安全的车载运行控制功能系统具有三路独立的输入、输出、主处理单元,电路的电源也独立设置。对外的输入、输出 24 V 电源采用双重冗余的方式提供。

车载 ATP 实现与车辆制动装置的可靠接口,保证对列车实施连续有效的控制。车载 ATP 系统向车辆监控设备提供控制车辆牵引及制动信号执行终端的监控接口。

#### 2) 车载无线通信系统

在列车的两端均安装无线自由波与波导管网络设备,包括无线接收的天线和波导管的接收天线,每端安装两根天线用于天线分集。两端的无线网络设备分属于两个独立的无线网络系统,任意一个网络发生故障,整个系统均能够继续保持正常工作。无线网络系统与 ATP 系统进行双向通信。

#### 3) MMI 系统

MMI 系统作为显示单元,提供带触摸屏的显示器。司机可以通过 MMI 显示器查看列车当前的运行状态,通过触摸屏进行操作以及设置某些参数。

#### 4) 应答器车载查询器

列车的两端都安装欧标的应答器查询器及天线,接收系统有 4 块通信板与车载 ATP 系统的 3 个主机及 ATO 主机通过 RS-422 接口分别相连。应答器接收系统还提供 ATTENTION 信号以便通过应答器对列车当前的位置进行精确的校准,车载设备利用应答器信息还可以获得列车当前的运行方向。在以点式级别运行时,车载设备可以通过可变应答器获得点式下的移动授权。通过接收地面点式环线的信息,车载设备还可以对红灯时司机的误出发进行防护。

#### 5）速度传感器

列车的两端分别安装 2 个速度传感器，速度传感器提供速度脉冲信息，经处理后由 ATP 和 ATO 进行速度方向和走行距离的计量，其中一个传感器故障不影响系统的正常工作。速度传感器应安装在无动力的滚动轮轴上，两个速度传感器应该安装在不同的转向架上，即安装在第 2 轮对和第 3 轮对上，可以安装在列车的两侧。

#### 6）多普勒雷达测速传感器

为了能够对列车的速度和位置进行精确测量，防止列车空转打滑的影响，在列车的两端分别安装了一个多普勒雷达测速传感器。多普勒雷达测速传感器和道床反射间的距离为 500 mm 到 1 000 mm。多普勒雷达测速传感器不许安装在轨道扣件的上方，靠钢轨内侧。

### 3. DCS 系统

ATP 信息传输应为连续的数字传输方式，有正线车站的线路、折返线停车线、车辆段/停车场的转换轨及试车线应通过车—地双向通信，实现列车的停准控制功能。数据通信子系统由 ATC 骨干网和 ZC 网、ATS 网、CBI 网、维护网等组成，其中骨网和 ZC 网、ATS 网、CBI 网、维护网均为有线通信网，ZC 与 VOBC 之间采用无线通信网。除了维护网外，都为双网。

ATC 骨干网为光纤网，采用 SDH 技术，其他有线网在 SDH 节点与 ATC 骨网连接。ATP 子系统应具备与其他相关子系统的通信功能（包括车—地通信，以及向车载 ATO 传送有关信息等），并应监督与其他子系统的通信状态，在发生通信故障时实施紧急制动以保证列车的安全运行。

ZC 子系统通信网和车载无线通信系统之间采用无线自由波（地下段）与波导管（地面段和高架段）传输。

### 3.2.3 LCF-300 型 CBTC 系统原理认知

#### 1. LCF-300 型 CBTC 系统工作原理

LCF-300 型 CBTC 信号系统是基于无线通信的列车自动控制系统，该系统可以实现最先进的、最小间隔的列车运行安全控制技术移动闭塞，充分利用先进的通信传输手段，实时地或定时地进行列车与地面间的双向通信联络，使得后续列车可以及时了解前方列车运行的实际间隔距离，通过计算后续列车即可给出最佳制动曲线。由于车地间通信信息量的加大，地面可以实时地向车载信号设备传递车辆运行前方线路限速情况，指导列车按线路限制条件运行，提高了列车运行安全性。在 CBTC 系统中，列车的车载计算机会同速度传感器（用于测量距离、速度）及定位应答器检测设备共同合作，确定和报告列车在线路上的位置，CBTC 系统的地面控制设备将根据前车的位置信息和线路障碍物的状态信息为后行列车计算移动授权，指导后行列车的安全运行。

信号系统车—地无线网络系统基于类似 EE802.11g 专用通信协议，车—地无线网络工作在 24 GHz 开放频段，采用余双网设计。双网分别对应有线网络的余 ATC 网，轨旁无线单元与车载无线单元配置都是余的。信号系统车地无线网络全部使用工业级的无线设备构建，利用专有的工业级无线设备组件，构建一个高可靠和高可维护性的全线车地无线通信网络。CBTC 系统利用列车和地面间的双向数据通信设备，使地面信号设备可以得到每一节列车连续的位置信息，并据此计算出每一节列车的运行权限，动态更新发送给列车，列车根据接收到的运行权限和自身的运行状态，计算出列车运行的速度曲线，实现精确的定点停车，实现完全防护的列车双向运行模式，更有利于线路通过能力的充分发挥。

LCF-300 型信号系统系统仍然提供了 3 级控制模式：CBTC 运行模式、点式 ATP 运行模式、联锁控制运行模式。CBTC 系统原理如图 6-3-8 所示。

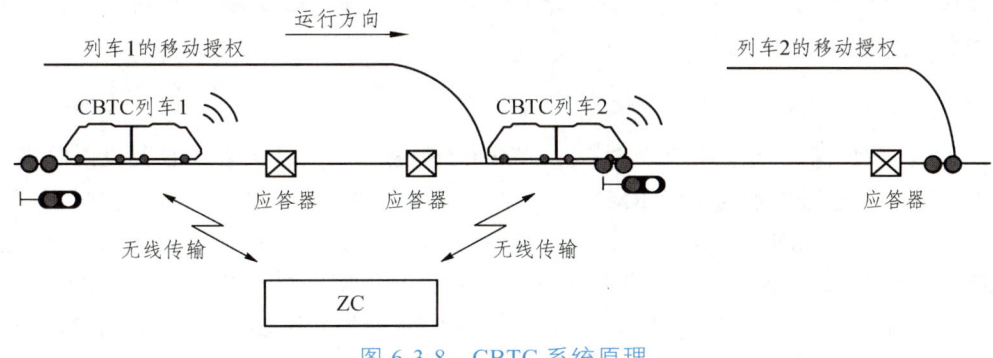

图 6-3-8　CBTC 系统原理

## 2. LCF-300 型 CBTC 系统点式级别控制工作原理

点式级别控制是指连续式车—地通信设备故障，导致列车无法运行在 CBTC 级别下时，系统的后备系统控制模式。

按照 LCF-300 型 ATP/ATO 为核心的 CBTC 信号系统基于一体化设计提出的模块化结构，点式系统组成结构如图 6-3-9 所示。

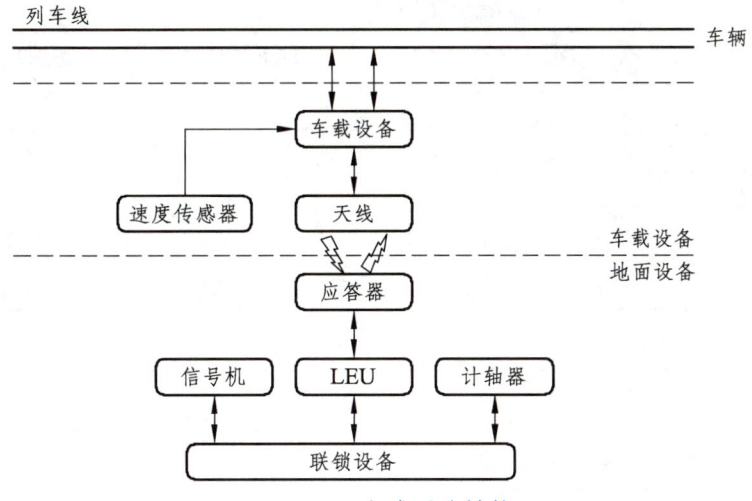

图 6-3-9　点式系统结构

在一体化设计原则的指导下，点式控制级别下系统组成与 CBTC 控制级别下系统组成相比：轨旁缺少电子地图 DSU 系统、基于通信的 ATPATO 地面系统；车—地通信的覆盖范围由全线覆盖变为车站范围内覆盖。其他设备都是共用的。

在点式控制级别下，系统对列车运行速度—距离曲线控制方式与 CBTC 模式下的控制方式一致。

系统在点式控制级别下，车载 ATP 接收布置在轨旁的可变应答器（欧标）发送的报文获得点式移动授权，实现列车的运行控制。可变数据应答器和地面信号机同地点设置，设置距离原则上小于 5 m，以保证列车读取可变数据应答器的信号显示与地面信号显示的一致性。

在线路上的返轨换端后处设置环线应答器，保证点式列车折返后不需要人工开口确认即可收到地面设备发送的进路信息，当进路办理完成且信号开放后，轨旁设备通过环线应答器将移动授权发送至车载设备，车载设备自动升级为点式 ATP 控制模式，司机可手动驾驶或启动 ATO 继续运行驶出折返轨。

### 3. LCF-300 型 CBTC 系统联锁级别控制工作原理

联锁级别下列车运行是指列车无法运行在 CBTC 级别和点式级别下时，仅以联锁设备保证列车进路安全，它适用于列车以 RM 和 URM 驾驶模式进行，司机根据地面信号机锁设备实现进路的人工设置。如图 6-3-10 所示，在进路 XC1—XC2 未办理的显示行车时，XC1 信号机关闭，列车停在 XC1 信号机前；待进路 XC1—XC2 办理，XC1 信号机开放，司机瞭望下驾驶列车运行；当列车处于 RM 模式下时，车载 ATP 监督列车速度不能超过 RM 模式的限制速度；当列车处于 URM 模式下，车载 ATP 不对列车的运行产生影响。

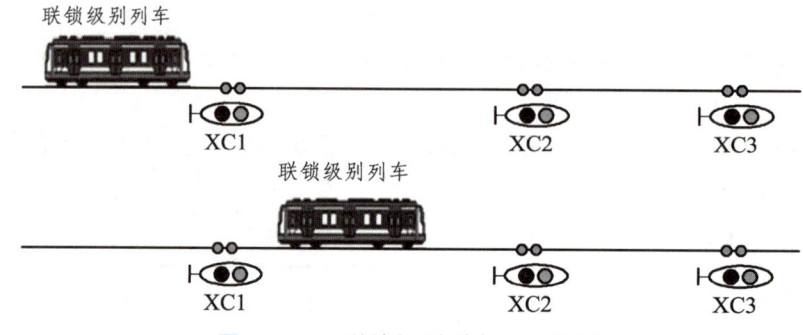

图 6-3-10 联锁级别列车运行控制

### 评价标准

《其他列车运行控制系统认知》任务评价单

| 评价方式 | 评价内容 | 比例 | 得分 |
| --- | --- | --- | --- |
| 学生自评 | 按项目评价内容及标准进行评价 | 20% | |
| 组内互评 | 按项目评价内容及标准进行评价 | 20% | |
| 组间互评 | 按项目评价内容及标准进行评价 | 20% | |
| 教师评价 | 按项目评价内容及标准进行评价 | 40% | |
| 任务得分 | | | |

《其他列车运行控制系统认知》任务评价内容及标准

| 序号 | 评价项目 | 评价内容 | 评价标准 | 分值 | 得分 |
|---|---|---|---|---|---|
| 1 | 任务完成情况 | FZL-300型CBTC系统及LCF-300型CBTC系统应用场合 | FZL-300型CBTC系统、LCF-300型CBTC系统应用场合总结是否准确,根据实际情况酌情打分 | 10分 | |
| | | FZL-300型CBTC系统相关内容总结情况 | FZL-300型CBTC系统的组成分析是否正确;FZL-300型CBTC系统的工作原理总结是否准确,根据实际情况酌情打分 | 20分 | |
| | | LCF-300型CBTC系统相关内容总结情况 | LCF-300型CBTC系统的组成分析是否正确;LCF-300型CBTC系统的工作原理总结是否准确,根据实际情况酌情打分 | 20分 | |
| | | 两类CBTC系统的区别与联系汇报 | 两类CBTC系统的相似之处分析是否清楚;两类CBTC系统不同之处分析是否准确;表达、阐述是否清晰,根据实际情况酌情打分 | 30分 | |
| 2 | 职业素养情况 | 资料搜集情况 | 资料搜集非常全面5分;资料搜集比较全面1~4分;资料搜集不全面酌情扣1~5分 | 5分 | |
| | | 语言表达情况 | 表达非常准确5分;表达比较准确1~4分;表达不准确酌情扣1~5分 | 5分 | |
| | | 工作态度情况 | 态度非常认真5分;态度较为认真2~4分;态度不认真、不积极酌情扣1~5分 | 5分 | |
| | | 团队分工情况 | 分工非常合理5分;分工比较合理1~4分;分工不合理酌情扣1~5分 | 5分 | |

## 工作任务4 CBTC系统设备维护训练

**技能训练**

《CBTC系统设备维护训练》训练工单

| 学习项目 | 基于通信的列车运行控制系统维护 | 姓名 | | 班级 | |
|---|---|---|---|---|---|
| 任务名称 | CBTC系统设备维护训练 | 学号 | | 组别 | |
| 任务目标 | 1. 能够完成CBTC系统联锁设备的日常维护;<br>2. 能够完成CBTC系统车站设备的日常维护;<br>3. 能够完成CBTC系统区域控制器的日常维护;<br>4. 能够完成CBTC系统车载设备的日常维护;<br>5. 能够完成CBTC系统中心设备的日常维护 | | | | |

续表

| | |
|---|---|
| 任务描述 | 学生以小组为单位，通过查阅相关资料及教师指导，完成下列任务：<br>1. 总结 CBTC 系统的重要性；<br>2. 总结 CBTC 系统设备维护的方法及完成日常维护操作（从联锁设备、车载设备、区域控制器、车载设备及中心设备几方面入手）；<br>3. 通过设备维护状态分析判断各设备功能性 |
| 任务要求 | 1. 场地要求：列车运行控制系统实训室；<br>2. 设备要求：计算机、CBTC 系统子系统各设备；<br>3. 工具要求：城市轨道交通信号检修相关仪器、仪表 |
| 课前任务 | 请根据教师下发的视频资源，对 CBTC 系统维护工作的重要性作进行初步认知，并在课程平台讨论区中讨论 |
| 课中训练 | 1. 通过查阅相关资料、视频，总结出 CBTC 系统日常维护的重要性并填入表 6-4-1 中。<br><br>表 6-4-1  CBTC 系统设备维护训练<br><br>| CBTC 系统设备维护训练 ||||<br>\|---\|---\|---\|---\|<br>\| 维护重要性 \|\|\|\|<br>\| 维护项目 \| 维护方法 \| 维护纪要 \| 设备状态判断 \|<br>\|  \|  \|  \|  \|<br>\|  \|  \|  \|  \|<br>\|  \|  \|  \|  \|<br>\|  \|  \|  \|  \|<br><br>2. 通过查阅相关资料及教师指导，以小组为单位对 CBTC 系统各设备的维护方法进行归纳总结，并将结果填入表 6-4-1 中。<br>3. 根据总结出的维护方法，以小组为单位对各设备进行日常维护操作，将设备情况及维护记录在表 6-4-1 中。<br>4. 各小组根据表 6-4-1 的相关数据判断各子系统的工作状态及功能是齐全，并将判断结果填入表 6-4-1 中 |
| 任务总结 | 对项目完成情况进行归纳、总结、提升： |
| 课后任务 | 思考 CBTC 系统设备维护训练过程中的难点及操作经验，同时在课程平台讨论区中分享 |

## 理论要点

### 4.1 联锁设备维护

20 世纪 80 年代以来，随着计算机技术、现代通信技术、网络技术的发展，车站联锁开始进入了计算机联锁时代，计算机联锁采用 2 乘 2 取 2 或 3 取 2 的冗余结构，具有高可靠性、安全性的特点。室内联锁设备主要由联锁主机机柜、联锁诊断维护台、组合柜及继电器、接口柜、分线柜等组成。作为直接影响行车的关键设备，对其采用日常监视结合计划性检修的方式使设备稳定运行。

### 4.1.1 联锁设备维护要点

随着计算机技术的应用，目前计算机联锁系统均设置有诊断维护台（SDM），其提供联锁子系统的系统维护，接收联锁机的诊断结果信息、输入/输出信息、全站简化参数信息、指定参数详细信息。系统正常工作时，不需要查询，SDM 自动接收联锁处理子系统的信息，当 SDM 故障修复后或与联锁机通信恢复后，为了便于维护人员对联锁设备进行监视及故障处理，诊断维护台具有以下功能：

（1）联锁处理子系统（IPS）的系统诊断与维护。通过高速网口接收 IPS 的诊断结果信息、输入/输出信息、全站简化参数信息、指定参数详细信息。系统正常工作时，不需要查询，诊断维护台自动接收 IPS 的工作信息。

（2）通过网络接收来自 MMI（联锁人机交互界面）的操作和表示，并记录关键操作和表示。

（3）联锁系统网络连接状态监视。

（4）通过以太网为其他管理系统与联锁系统通信提供接口。

（5）根据需要，联锁诊断维护台可以与不同的中央维修中心接口。

室内联锁设备维护内容及方法如表 6-4-2 所示。

表 6-4-2　室内联锁设备维护内容及方法

| 序号 | 检修周期 | 检修及测试项目 | 标准和方法 | 备注 |
| --- | --- | --- | --- | --- |
| 1 | 日检 | 机房环境检查 | 满足铁路信号维护规则规定中关于室内信号设备使用的温度、湿度、压强、介质等环境要求 | |
| 2 | | 查看诊断维护台网络连接状态 | 查看联锁设备网络连接是否正常，若不正常首先重启工控机；重启故障长解除以后在点内将相应网线重拔插，看到网卡绿灯闪烁后再次查看网络状态，若还不正常，基本判断为网卡故障 | |
| 3 | | 查看诊断维护台记录信息 | 查看有无故障信息，有故障信息及时处理 | |
| 4 | | 查看联锁机工作状态 | 联锁机上灯位显示正常，主备机切换模式处于自动位 | |
| 1 | 季检 | 各类板卡电气参数测量、调整 | 板卡供电电压在设计范围内 | |
| 2 | | 联锁冗余切换测试 | 利用天窗点进行联锁倒机试验，主备机互倒 2~3 次 | |
| 3 | | 对计算机配电柜及计算机电源插头进行一次全面检查 | 用万用表测量计算机配电柜输出及计算机电源插头，符合设计范围 | |
| 4 | | 进行开关机试验，联锁设备下电除尘 | 分别对联锁主备机进行重启功能性试验，分别对联锁主备机下电清灰 | |
| 1 | 年检 | 备品备件维护 | 在实验室对联锁设备备件进行更换上电，查看维护台，均正常后，可将换下来的板子进行复原。有芯片或 CF 卡的板卡注意将其取下，插到备件上面 | 当需要更换设备板卡时，须切断机柜电源，并检查所更换板卡的设备编号，包括序列号 |

### 4.1.2 联锁设备问题处理

联锁设备故障根据故障影响程度采用合适的处理方法。联锁机故障及处理方法如表 6-4-3 所示。

表 6-4-3 联锁机故障及处理方法

| 序号 | 故障现象 | 分析原因 | 处理办法 |
| --- | --- | --- | --- |
| 1 | 输出端口未驱动 | 这种故障是由于输出板上的电流监测模块没有监测到电流而报警的,可能原因如下:<br>(1)输出板该码位电流检测模块故障,不能检测电流通过,这种故障只需更换输出板即可恢复正常;<br>(2)从输出板到驱动继电器之间的回路中有断线,确实造成输出板已输出而继电器不能驱动,这种故障可以通过检查继电器至联锁机柜之间的配线发现;<br>(3)输出板上没有驱动电源,此时输出便会报出该信息 | (1)关闭联锁机;<br>(2)拔出该输出板,更换新的输出板;<br>(3)联锁机开机,系统同步后办理操作试验原来报故障的码位是否还有问题;<br>(4)若更换板后仍有问题,检查 96 芯插头与 KZ-VRD-Q(安全校验继电器前接点)与 KF-VRD-Q 的电源,或是检查相应码位的针是否有问题,或者在驱动该码位时测量继电器线圈两端的电压是否满足要求 |
| 2 | 输出端口未驱动—正、负电混电 | 这种故障是由于外界混电造成输出板输出端口有正电,可以通过检查联锁机柜该输出板至继电器之间的配线来查找混电的位置 | 检查联锁配电箱分配到联锁 A、B 机的电源空气开关状态,如果是设备故障导致开关断开,应关闭、更换故障设备后再开启空气开关 |
| 3 | 输出板出错 | 输出板故障时该板报错 | 更换该报错输出板即可恢复 |
| 4 | 冗余机标志采集不到 | 联锁机启动后采集不到系统的标志位,主要有以下情况:<br>(1)系统采集板上采集标志位的码位故障,更换系统采集板即可恢复;<br>(2)系统采集电缆故障,需要更换系统采集电缆;<br>(3)电源机箱系统采集的空气开关跳开了,闭合即可恢复 | (1)关闭联锁机;<br>(2)检查系统采集电缆,如有问题可更换该电缆或插头;<br>(3)检查相关空气开关 |
| 5 | 通道报错 | 这种故障说明 VLE 板上的 CPU 读写故障,引起这种问题主要是以下原因:<br>(1)I/OBUS2 板故障;<br>(2)I/OBE2 板故障;<br>(3)总线电缆故障;<br>(4)输入板故障;<br>(5)输出板故障 | (1)关闭联锁机;<br>(2)更换故障印制板;<br>(3)开启联锁机 |

## 4.2 区域控制器维护

### 4.2.1 区域控制器维护要点

区域控制器作为 CBTC 模式的关键性设备，一般采用 3 取 2 冗余模式，若区域控制器发生故障只能降级后备模式运营。其维护要点如下：

（1）保证设备运行环境良好，满足铁路信号维护规则规定中关于室内信号设备使用的温度、湿度、压强、介质等环境要求。

（2）注意监视区域控制器运行状态，检查板卡灯显示无异常。

（3）确保机柜风扇正常运行。风扇是易老化部件，建议每 4 年更换一次。

（4）定期对机柜内部进行清扫整顿。

### 4.2.2 区域控制器问题处理

**1. 区域控制器冗余主机故障对故障主机或板卡更换步骤如下：**

（1）戴上防静电手腕。

（2）将故障板卡供电开关迅速拧至 OFF 位。

（3）更换备件板卡，并迅速将供电开关拧至 ON 位，重启该通道。

（4）重启通道 3 min 之后，检查各通道工作正常。

**2. 区域控制器机柜风扇故障**

及时更换新的风扇，即使只有一个风扇故障，也要更换整个风扇组。

## 4.3 车站设备维护

ATS 子系统分为车站级和中央级两部分，车站及车辆段 ATS 子系统负责采集现场信号设备的状态信息，并执行控制中心发来的控制命令（非自动车辆基地除外）。

### 4.3.1 站级 ATS 子系统维护

**1. 站级 ATS 子系统维护要点**

（1）保证设备运行环境良好，满足铁路信号维护规则规定中关于室内铁路信号设备使用的温度、湿度、压强、介质等环境要求。

（2）检查保证光电交换机 EMCT 状态显示灯正常，电源灯常亮，通信灯闪烁。

（3）站级 ATS 主机至少一个月重启一次，主备机应分别重启。

（4）每月进行一次主备机倒机试验，确保冗余切换功能正常，在各设备倒机时请等冗余设备完全启动后再进行倒机操作，可等待 10～20 min。

（5）可在监视终端查看站级 ATS 和中央级 ATS 设备的网络连接情况。

（6）查看 ATS 维护工作站，检查站级 ATS 工作站显示信息。

（7）每日巡视站级自动监视主机运行状态，板卡灯位正常，切换模式处于自动位。

（8）每月重启一次监视终端设备。

（9）日巡视发车计数器显示情况，检查发车计数器与 ATS 服务器数据连接状态，如有异常及时整治。

### 2. 站级 ATS 子系统问题处理

#### 1）ATS 服务器上电后，双机热备机笼电源指示灯灭

（1）检查外部引入到机柜的交流电源是否断电。
（2）检查引入到电源板的电源线是否松动。
（3）电源板的保险丝是否完好。

#### 2）ATS 服务器热备板不工作

（1）检查机笼后面板上 A、B 端口与主备机之间的接口线缆的物理连接。
（2）检查电源或者相关接口的内部配线。
（3）检查与其他系统接口工作情况。
（4）检查热备机笼后面板与其他系统（如时钟）的物理接口及连线。

## 4.3.2　站级维护支持系统维护

信号设备维护支持系统是整个信号系统的设备状态监测和维护的辅助工具，主要用于维护信息的采集，帮助维修调度人员对故障设备进行定位，管理维修作业。检修人员可借助信号设备维护支持系统制定、计划与安排维修工作，达到比传统人工方式更好的效果，其主要由中心级和车站级两部分组成。站级维护支持系统设置在车辆段、停车场和正线设备集中站，负责从车站层接入设备的信息获取。

### 1. 站级维护支持系统维护要点

（1）每日通过远程调阅或现场检查系统的通信状态，查看维护支持系统与各系统的连接状态。
（2）每日巡视监测系统设备灯有无异常状态，系统是否正常，系统设备有无异常发热情况处理监测报警信息。
（3）每月对维护支持终端重启一次。
（4）每季度检查保证监测站机显示器视屏线、电源线插接牢固；检查保证工控机电源、网线、CAN 线以及 485 和 422 通信线插接牢固；检查保证打印机 USB 接口线、电源线插接牢固。
（5）每季度检查网络设备：检查保证路由器电源线、网线或其他通信线插接牢固；检查保证交换机电源线、网线或其他通信线插接牢固。
（6）每季度检查电源：检查保证大功率电源输入、输出插接牢固；检查保证大功率电源及输出线无异常发热。
（7）每季度检查采集设备：检查接口通信分机电源线、网线、485 通信线是否接触牢固；检查智能采集单元电源、工作、通信状态表示灯显示是否正常。
（8）每季度设备清扫除尘：工控机、显示器、打印机、音箱除尘清扫、路由器、交换机、12 V 大功率电源、接口通信分机、监测机柜、采集单元应清洁无灰尘；对工控机进行一次磁盘碎片清理。

（9）每年对采集模拟量与实际测量结果进行校核。

## 2. 站级维护支持系统问题处理

为了使维护人员更好地处理监测故障，将信号设备维护支持系统故障分为以下 4 类：

（1）电源系统故障：当机柜电源指示灯熄灭，则说明机柜断电，需要检查机柜 220 V 电源空开是否处于断开状态以及电源屏是否给监测机柜供电。

（2）站机系统故障：是指站机系统宕机，通常表现为显示界面黑屏、键盘鼠标无法使用以及工控机无法启动等。

（3）模拟量采集报警：此类报警主要为监测系统自采集设备报警以及采集数值报警。可通过站机程序界面的报警查询窗口、实时报警窗口看到。

（4）智能接口报警：此类报警主要是监测系统与其他系统间接口报警以及其他系统送给监测系统的报警，可通过站机程序的系统状态网窗口获取。

## 4.4 车载设备维护

车载设备分为车载 ATC 设备和车载 DCS 设备，设备主要有：无线接收天线、应答器天线、速度传感器、司机操作台、车载主机及板卡、中继器、MRE 设备、机笼风扇。

### 4.4.1 前置条件

（1）每日车载设备监测日巡视，制定车载设备检修标准、检修记录表、工艺卡。
（2）作业前，必须按车厂运作程序办理登车请点手续。
（3）所有列车回库并停放在运用库检修股道，且具备上电条件。
（4）作业前，车辆两端挂置"禁止动车"牌。
（5）列车上电前必须确认车底、车上无其他部门作业。
（6）车辆处于升弓状态或 ATC 设备上电时，严禁车底作业。
（7）多个部门作业时，应主动了解情况，协商好后，方可作业。
（8）在车上进行设备初始化功能测试时，必须确定车辆的状态为"高速断路器分""停放制动合"时方可进行。
（9）检修人员熟悉设备设施状况，掌握检修技能，满足两人以上互控。
（10）检修人员工器具携带齐全，按要求穿戴劳保用品。
（11）做好安全预想，执行"三不动""三不离""三预想"安全制度。

### 4.4.2 车载信号设备维护

#### 1. 车载信号设备日检内容及方法

##### 1）车底设备检查

（1）目测无线接收天线、应答器天线、速度传感器外观良好，无损伤、无裂纹；盖板无缝隙、变形。

（2）目测无线接收天线连接电缆无损坏、断裂，电缆插头与车辆电气接线箱、无线接收天线、RF 电缆紧固无松脱。

（3）目测应答器天线连接电缆无损坏、断裂，最小曲率半径不小于 150 mm，电缆与车体间隙大于 2 cm（弧度、间隙针对活动部位）。连接电缆不能影响天线在减震器上的运动。电缆插头与车辆电气接线箱、信标天线紧同无松脱。

（4）目测速度传感器连接电缆无损坏、断裂，最小曲率半径静态部分不小于 75 mm，动态部分不小于 150 mm。电缆与车体间隙大于 2 cm（弧度、间隙针对活动部位）。连接电缆两端的连接插头与插座安装牢固无脱落。

（5）目测无线接收天线、应答器天线、速度传感器装置齐全，防松标识清晰无错位，无松脱落。

### 2）车上设备检查

（1）司机操作台固定螺丝齐全，防松标识清晰无错位，无松脱落。

（2）打开电气柜的前后门，目测 INT 插头、WCR（包括 CMV 和 SWP）、MRE 均外形良好，整体固定，且相应的数据、电源插头已插紧无松动，固定螺丝的防松标记清晰无错位。

（3）确认车载相关设备空开均已合上，在两 M1、M2 车电气柜中。

（4）确认中继器固定良好且对应空开已推上，确认两端 ATC 切除均在分位。

（5）由车辆检修人员配合列车上电、占用一端驾驶室。

（6）检查车载交换机灯显状态。

（7）检查车载主机机笼板卡灯位状态。

（8）检查 DMI（司机操作台）与 VOBC（车载主机）状态全部可用，VOBC—DMI 通信正常。

（9）检查调整解调器 MRE 状态，检查调制解调器 Power 亮绿灯，Operation 亮橘红灯。

（10）车载主机设备重启及自检：

① 确认"高速断路器分""停放制动合"；

② 激活主控钥匙；

③ 将方向手柄打至"前"位，按压"RM"按钮；

④ 约 3 s 后确认自检状态：DMI 显示"ATC 自检成功"，且列车进入 RM 模式；

⑤ 确认自检成功后，将方向手柄打至"零"位。

（11）取消该端驾驶室占用，检查中继器运行状态，换到另一个驾驶室检查另一端设备状态，重复上述检查操作。

## 4.5  中心设备维护

中心设备主要收集来自车站及车辆段/场的表示信息，在工作站和模拟表示屏上显示出来，并下发调度员的操作命令给正线车站子系统。

中心设备主要有：应用服务器、数据库服务器、通信前置机、网关计算机、调度员工作站、中央级维护支持终端、大屏接口计算机、时刻表/运行图编辑工作站等。

### 4.5.1 一般要求

每日通过监测终端检查中心设备运行情况和报警信息，如发现异常及时通知相应工班现场处理。

（1）制定中心设备检修标准、检修记录表及工艺卡。
（2）检修人员熟悉设备设施状况，掌握检修技能，满足两人以上互控。
（3）检修人员工器具携带齐全，按要求穿戴劳保用品。
（4）携带相应修程的检修工艺卡、检修记录本。
（5）做好安全预想，执行"三不动""三不离""专预想"安全制度。

### 4.5.2 中央信号设备维护

（1）ATS 服务器、工作站每日巡视，查看主备机工作状态、网络状态、机柜风扇均正常。
（2）ATS 服务器、工作站每月重启、倒机，机柜风扇、外部除尘。
（3）通信前置机每日巡视，查看主、备机，与外系统接口状态连接正常。
（4）通信前置机每月重启、倒机试验。
（5）电源监测工作站每日巡视，查看全线电源设备报警信息，如有异常及时通知相应工班。
（6）中央网管系统每日巡视，查看全线轨旁 AP、骨干网及接点通信状态是否正常，如有异常及时通知相应工班。
（7）中央级维护支持系统每日值守，实时查看全线设备运行状态，如有告警信息及时通知相应工班现场排查。
（8）全部中央设备每年进行设备内外部全面除尘。
（9）时钟同步检查。

### 4.5.3 中央信号设备维护记录

（1）计划性检修，完成检修项目，填写检修记录，保证设备运行良好。
（2）纠正性检修，发现设备问题及时排查处理，消除设备故障隐患。
（3）故障监视，生成信号系统故障记录表。

> 评价标准

《CBTC 系统设备维护训练》任务评价单

| 评价方式 | 评价内容 | 比例 | 得分 |
| --- | --- | --- | --- |
| 学生自评 | 按项目评价内容及标准进行评价 | 10% | |
| 小组互评 | 按项目评价内容及标准进行评价 | 30% | |
| 系统评价 | 按项目评价内容及标准进行评价 | 30% | |
| 教师评价 | 按项目评价内容及标准进行评价 | 30% | |
| 任务得分 | | | |

《CBTC 系统设备维护训练》任务评价内容及标准

| 序号 | 评价项目 | 评价内容 | 评价标准 | 分值 | 得分 |
|---|---|---|---|---|---|
| 1 | 任务完成情况 | CBTC 系统设备维护重要性阐述 | CBTC 系统设备维护重要性阐述是否到位、准确，根据实际情况酌情打分 | 10 分 | |
| | | CBTC 系统设备维护方法归纳总结 | CBTC 系统联锁设备维护方法归纳总结是否准确；CBTC 系统区域控制器维护方法归纳总结是否准确；CBTC 系统车站设备维护方法归纳总结是否准确；CBTC 系统车载设备维护方法归纳总结是否准确；CBTC 系统中心设备维护方法归纳总结是否准确，根据实际情况酌情打分 | 20 分 | |
| | | CBTC 系统设备日常维护操作 | CBTC 系统联锁设备维护是否标准、到位；CBTC 系统区域控制器维护是否标准、到位；CBTC 系统车站设备是否标准、到位；CBTC 系统车载设备是否标准、到位；CBTC 系统中心设备是否标准、到位，根据实际情况酌情打分 | 30 分 | |
| | | CBTC 系统设备状态判断 | CBTC 系统各设备工作状态判断是否准确，阐述是否清晰，根据实际情况酌情打分 | 20 分 | |
| 2 | 职业素养情况 | 操作规范情况 | 操作非常规范 8～10 分；操作比较规范 4～7 分；操作不规范酌情 1～3 分 | 10 分 | |
| | | 工作态度情况 | 态度非常认真 5 分；态度较为认真 2～4 分；态度不认真、不积极酌情扣 1～5 分 | 5 分 | |
| | | 团队分工情况 | 分工非常合理 5 分；分工比较合理 1～4 分；分工不合理酌情扣 1～5 分 | 5 分 | |

## 学习小结

基于通信的列车运行控制系统（Communication Based Train Control，CBTC），采用通信的手段（感应通信或无线通信）实现车—地之间双向、大容量的信息传输，能够提供连续的列车运行的自动控制及安全防护，可真正意义上实现移动闭塞。因此，这要求城市轨道交通列控系统相关作业人员应了解 CBTC 系统的结构、基本原理，熟悉卡斯柯 CBTC 系统、LCF-300 型 CBTC 系统及 FZL-300 型 CBTC 系统的结构、特点、工作原理，能够完成 CBTC 系统的基本操作及其设备日常维护。

## 思考练习

1. 简述 CBTC 系统特点。
2. 简述基于轨间电缆的 CBTC 系统原理。
3. 简述卡斯柯 CBTC 系统中 ATS 子系统的功能。
4. 简述卡斯柯 Urbalis 888 系统 ATC 系统三级维护内容。
5. 简述卡斯柯 Urbalis 888 系统 CI 子系统日常维护内容。
6. 简述 FZL-300 型 ATC 系统的特点。
7. 简述 LCF-300 型 CBTC 系统组成及各部分的作用。

# 模块 3

## 城市轨道交通列车运行自动控制系统新技术认知

# 项目 7　城市轨道交通列车运行自动控制系统新技术

### 知识目标

（1）掌握基于车—车通信列车运行自动控制系统的组成及各部分的作用。
（2）掌握基于车—地和车—车通信列车运行自动控制系统的区别。
（3）熟悉全自动列车运行控制系统发展概况。
（4）掌握 FAO 系统特点及组成。
（5）掌握 FAO 系统的运营等级、驾驶模式及其应用场景。
（6）熟悉 FAO 在运营体系和维修体系的岗位配置、职能的主要内容。
（7）掌握 FAO 系统中常见的设备故障处理方法。
（8）掌握 FAO 系统运营模式及不同运营模式的特点。

### 能力目标

（1）识别基于车地和车车通信列车运行自动控制系统在通信技术、工作原理及设备上的差异。
（2）依据企业技术人员的维护会议描述 FAO 系统中工作岗位的维护工作内容。
（3）能够完成对 FAO 常见故障处理。

### 重点难点

（1）基于车—车通信列车运行自动控制系统的组成及各部分的作用。
（2）FAO 系统特点及组成。
（3）FAO 系统中常见的设备故障处理方法。

### 案例引入

**案例叙述：**

近日上海地铁又搞了一番"大动作"——城市轨道交通 10 号线部分列车驾驶室开始陆续拆除以往封闭的区域并正式对乘客开放。室内没有明显的驾驶操作设备，只有覆盖着白色盖板的操作台，可以让市民一睹隧道内的景象。从车头的车窗望出去，列车前方的信号灯、轨道等各种设施一览无余，让人耳目一新。"真是太先进了！第一次领略到这种场景，要记录下来发在朋友圈里。"市民王老伯一边激动地说一边拿出手机拍下地铁在轨道里穿梭的画面。上海申通地铁表示，轨道交通 10 号线是国内首条采用全自动无人驾驶技术的大容量轨道交通线路，线路穿越中心城区，衔接虹桥交通枢纽。据了解，10 号线原本的设计便是对驾驶室"隐藏"，考虑到当时的一些情况，还是在车头位置开辟出了驾驶室区域。10 年来，随着在全自动无人驾驶领域研究的逐渐深入，上海城轨正形成属于自己的技术标准，为行业升级迭代输送经验。作为元老的 10 号线，也终于告别驾驶室，露出了"真容"。

**案例分析：**

此案例说明全自动无人驾驶是国内新建地铁线路的新趋势。高度的自动化，让每一列列车只需配备一名特殊的驾驶员——多智能列控人员。无人驾驶的地铁列车，在信号系统的自动控制下，具备全自动正线运行、自动进/出站、自动开/关门、自动唤醒/休眠等功能，还能主动诊断故障，顺便还给自己进行清洁。

相较于传统的地铁驾驶模式，全自动无人驾驶的地铁具有多方面优势：一方面，全自动无人驾驶的地铁可以按照最优模式提供更精准的运营控制，列车旅行速度比一般地铁提高 8% 左右，既能缩短行车间隔，也减少线路配车数，提升运营效率；另一方面，全自动无人驾驶的地铁可靠性更高、正点率更高、安全性更好，为乘客提供了更好的服务。

# 工作任务 1　基于车—车通信的列车运行自动控制系统认知

## 技能训练

《基于车—车通信的列车运行自动控制系统认知》训练工单

| 学习项目 | 城市轨道交通列车运行控制系统新技术 | 姓名 | | 班级 | |
|---|---|---|---|---|---|
| 任务名称 | 基于车—车通信的列车运行自动控制系统认知 | 学号 | | 组别 | |
| 任务目标 | 1. 能够明确阐述车—车通信列车运行自动控制系统组成；<br>2. 通过查阅资料能够简要说明车—车通信列车运行自动控制系统特点；<br>3. 通过微课自主学习，能够说明基于车—地和车—车通信列车运行自动控制系统的区别 | | | | |
| 任务描述 | 学生以小组为单位，通过查阅相关资料及总结，完成下列任务：<br>1. 结合实验室车—车通信列车运行控制系统的学习，阐述其组成及各部分的作用；<br>2. 通过查阅资料总结车—车通信列车运行自动控制系统特点；<br>3. 以小组为单位查询资料、观看微课，探讨基于车地和车车通信列车运行自动控制系统的区别 | | | | |
| 任务要求 | 1. 场地要求：列车运行控制系统实训室；<br>2. 设备要求：无；<br>3. 工具要求：无 | | | | |
| 课前任务 | 请根据教师下发的视频资源，探索车—车通信列车运行控制系统的特点及目前的发展情况，并在课程平台讨论区中讨论 | | | | |
| 课中训练 | 1. 通过查阅相关资料，总结车—车通信列车运行控制系统的组成，并能够在实验室列控系统设备中指认出各个组成部分所在位置，以及各个组成部分在列控系统中的作用，填入表 7-1-1 中。 | | | | |

续表

| 课中训练 | 表 7-1-1 车—车通信列车运行控制系统组成及其作用 |

| 组成 | | 作用 |
|---|---|---|
| 车—车通信列车运行控制系统 | 地面设备 | |
| | | |
| | | |
| | 车载设备 | |
| | | |
| | | |

2. 请学生以小组分单位查阅资料，总结车—车通信列车运行控制系统特点，并进行 PPT 汇报，展示成果。
3. 请学生仔细观看 ATP 功能微课，分别从通信技术、工作原理两个方面总结基于车—地和车—车通信列车运行自动控制系统的区别，并将详细内容填入表 7-1-2 中。

表 7-1-2 两系统区别

| 名称 | 通信技术方面 | 工作原理方面 |
|---|---|---|
| 基于车—地列车运行自动控制系统 | | |
| 车—车通信列车运行自动控制系统 | | |

| 任务总结 | 对项目完成情况进行归纳、总结、提升： |
|---|---|
| 课后任务 | 思考车—车通信列车运行自动控制系统未来发展趋势，并在课程平台讨论区中讨论 |

## 理论要点

### 1.1 车—车通信列车运行自动控制系统组成

基于车—车通信的列车自主运行系统（TACS）将 CBTC 中轨旁的联锁功能、ATP 功能、ATS 功能集成至车载控制平台，通过"车—车"通信方式实现列车主动进路和自主防护功能。其原理为 ATS 将运营计划下发至列车，由车载控制自动触发进路，列车控制的主要功能由列车实现，只依赖地面对象控制器（OC）的设备驱采及资源登记，TACS 组成如图 7-1-1 所示。

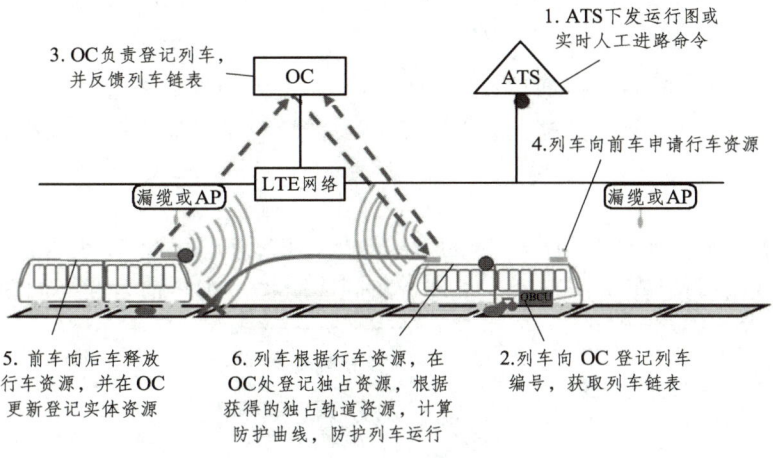

图 7-1-1　TACS 组成结构

## 1.2 车—车通信列车运行自动控制系统特点

TACS 采用扁平化架构，系统的总控制节点减少。各子系统之间的数据流交互和接口简单清晰，便于系统部署和扩展，有利于降低运营维护成本。基于车—车通信客观上精简车地之间交互的信息量以及交互时间，同时采用行车资源统筹方式管理进路，可提升道岔使用效率，提供更小的运行时间间隔。列车自主运行时，仅需无线网络以及 OC 设备无故障即可，依赖节点少，可用性更高。进路以列车为起点，建立任意方向安全进路，为运营提供更加灵活和多样化的运输组织方案。

TACS 的系统特点包含以下几个方面。

### 1.2.1 简化轨旁设备

TACS 简化轨旁的 ATP、计算机联锁（CI）、ATS 设备，功能集成至车载信号设备，取消点式降级模式。联锁降级模式方案应结合运量等运营需求确定，信号机、计轴等轨旁基础设备结合运营需求优化配置，轨旁设备如图 7-1-2 所示。

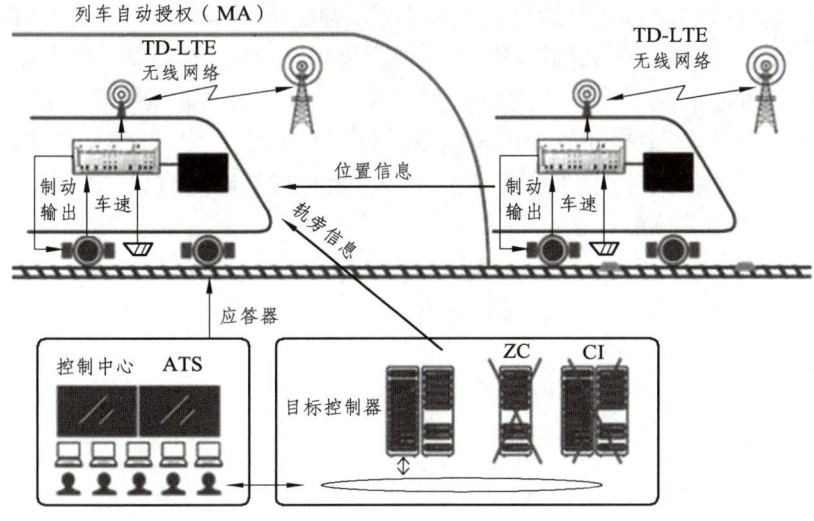

图 7-1-2　轨旁设备

### 1.2.2 列车自主化及分布式控制

基于车与车之间直接的数据通信,实现以列车为主体和控制核心的列车自主运行。通过车载分布式自主控制,减少系统对于中心 ATS 以及区域集中控制设备的依赖。

### 1.2.3 车—车通信

通过 LTE-M 技术,实现车与车之间的无线数据通信,以车载时刻表为依据,结合当前行车意图,由近及远进行行车资源交互,实现行车间隔防护,车车信号联锁如图 7-1-3 所示。

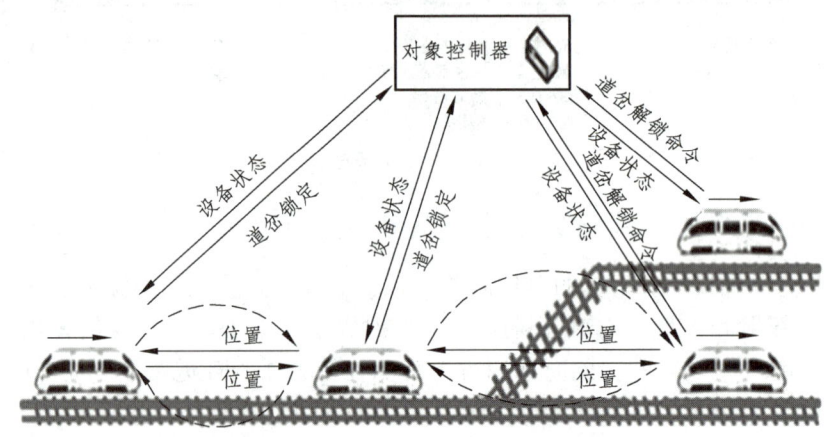

图 7-1-3 车车信号联锁

### 1.2.4 系统融合

TACS 将人机界面、车辆通信网络、牵引制动系统进行融合。车辆各子系统采用融合设计,可削减冗余功能,整合冗余硬件,优化车载网络布局,降低系统复杂度,提高系统实时性和列车控制性能,提高自动化程度,使整个系统更加高效节能。

### 1.2.5 智能化驾驶控制

牵引制动系统融合可缩短控制周期,提高系统性能,传统 CBTC 系统中 ATO 难以实时获取牵引/制动能力,列车区间运行及进站停车过程容易出现过牵引/欠牵引、过制动/欠制动以及定点停车精度低的问题。基于车—车通信的 TACS,使得牵引和制动系统有机会参与 ATO 控制,因而能够通过利用牵引/制动能力以及指令反馈信息,缩短 ATO 闭环控制的周期,提高 ATO 控制精度。后车实时掌握前车速度和位置,可更合理地跟踪自己的模式曲线,减少工况切换和追踪延误,降低运行能耗。

## 1.3 基于车—地和车—车通信列车运行自动控制系统对比分析

### 1.3.1 系统通信技术对比分析

#### 1. 车—地通信技术

DCS 由轨旁数据通信网络、车载双向通信网络和车载数据通信网络构成。轨旁数据通信网络由轨旁骨干网、接入交换机和轨旁设备 3 部分组成。依据 IEEE802.3 以太网标准,轨旁设备通过以太网电缆接入到接入交换机中,接入交换机通过多模光纤接入到骨干网,其中轨旁设备与接入交换机组成接入网。轨旁数据通信网通过轨旁无线 AP 与列车进行双向通信。骨干网为具有冗余的高速单模光纤以太网,由 100 Mb/s 或 1 Gb/s 的 2 层网络交换机构成,拓扑结构采用双向自愈环形结构。

骨干网络必须具备传输延迟小、传输带宽大、便于管理、具有抗毁/自恢复能力、能适应工业控制环境的特性。为使地面骨干网络具有抗毁/自恢复能力,应在连接交换机的链路上进行冗余连接,形成冗余的自恢复环形结构。当某条链路发生故障时,其备份链路自动由备用状态转换到主用状态,从而保证通信的继续进行。除交换机之间的线路连接外,其他设备与交换机之间的线路连接都应采用冗余连接方式,以提高整个 DCS 子系统的可靠性。交换机之间的连接需使用光纤连接,其他设备与交换机的连接可根据需要使用双绞线或者光纤。

车地无线通信系统主要由 2 部分组成,分别为轨旁 AP 与空间无线通道。轨旁 AP 通过接入交换机接入到轨旁接入网中,轨旁接入网连接在骨干网上,而 AP 的另一端通过天线组的辐射,以空间自由波为介质,与列车—车载通信单元进行通信。由于车—地无线网络传输的是列车位置、速度、方向及运行命令等重要信息,因此对传输的实时性、丢包率等都有严格要求。

轨旁 AP 应包括 1 个或 2 个完全冗余的无线单元协同工作,即轨旁无线覆盖是完全的双层覆盖。轨旁 AP 应根据本地拓扑条件与 1 组或 2 组含 2~4 个天线的天线组连接,每个 AP 通过光纤以太网传输层分别连接到相应的接入交换机中。每个接入交换机直接与其所属的骨干交换机连接,从而接入骨干网。

AP 的覆盖区应没有缝隙甚至冗余且数量不能太多,因此,根据 IEEE802.11g 标准的物理层参数,结合 ISM 2.4 GHz 频段的信号传播模型,进行 AP 间距的设计。当车地间距是 300 m,传输速率是 18 Mb/s 时,不同传输速率的列车接收信号电平低于灵敏度的概率都大于 99%。因此 AP 布置间距应设计为 300 m,此距离也同样符合对包丢失率的控制标准,信息交互数据流示意如图 7-1-4 所示。

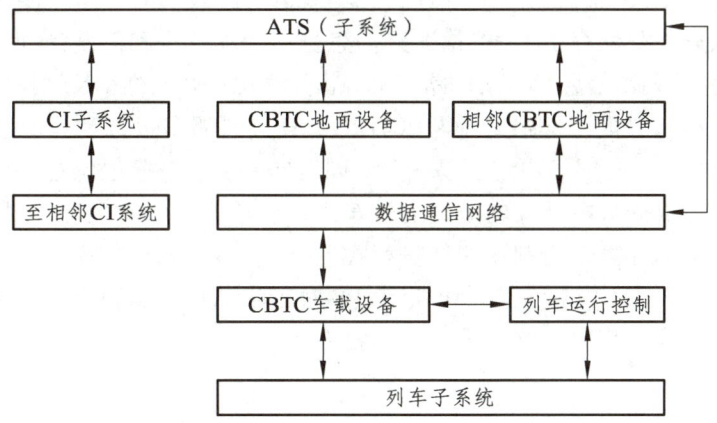

图 7-1-4　车—地通信信息交互数据流

## 2. 车—车通信技术

TACS 以"列车"为控制目标,以列车"自主"运行为终极目的,采用简化系统控制架构、缩短控制环节、车载多系统融合等手段,实现基于车—车通信及资源管理的移动闭塞列车控制系统，车—车通信是 TACS 的核心内容之一。列车智能化运用基于全方位态势感知、故障诊断、运行控制等技术，实现城市轨道交通移动装备的自感知、自诊断、自决策、自学习、自适应、自修复、自动驾驶的功能，TACS 列车自动运行系统如图 7-1-5 所示。

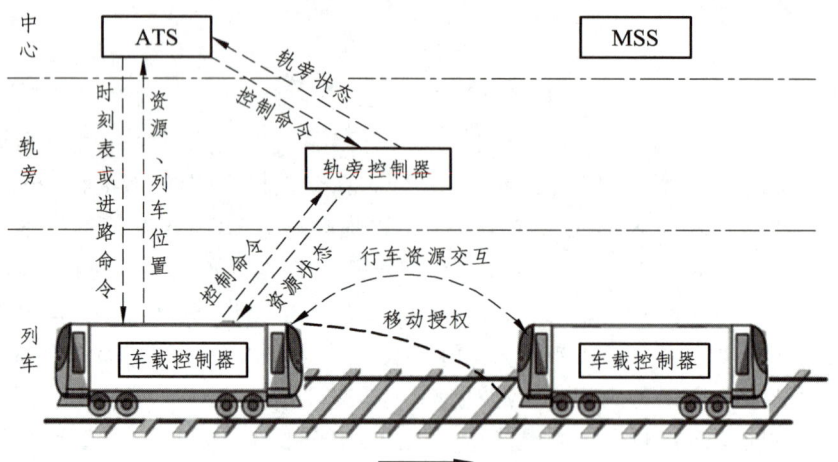

图 7-1-5　基于 TACS 列车自动运行系统

TACS 以车载控制器为核心的扁平化架构（车—车通信）主要体现在以车载控制器为安全防护、自动运行的核心，弱化中心限制，更利于系统部署和扩展。TACS 基于资源管理的进路防护算法主要表现为以高精度行车资源管理为基础的进路防护算法，提供灵活的安全防护能力，可在任意位置为列车建立任意方向安全进路。TACS 车载自主进路体现为车载控制器实时从 ATS 中同步本车的时刻表信息，在中心 ATS 故障时，列车可继续按照时刻表运行。TACS 完善的降级设计为轨旁控制器提供完整的降级进路防护功能，系统支持 CBTC 列车和降级列车混合运行。具体的控制流程如下：

（1）列车从中央 ATS 获取预先编排好的时刻表运行图或实时人工进路（时刻表可在每日列车上线运行时预先下载保存），并根据线路信息自动计算行进和停站计划。

（2）OC 实时登记列车信息和道岔进路等资源占用情况，并向列车反馈执行列车动作命令。

（3）列车在正线行驶时，车载控制器（OBC）直接向邻车报告和获取位置，获得邻车区段资源占用和释放信息，向邻车申请资源占用，同时向 OC 汇报登记位置并查询道岔区段等实体资源的占用情况。根据自主计算的进路通过车载控制单元（CCU）、制动控制单元（BCU）、牵引控制单元（TCU）计算牵引制动曲线进行控制。

（4）OC 对实体资源状态进行监控和控制，同时接收来自控制中心（OCC）的临时操作命令，如限速、扣车跳停、临时交路、人工进路排布等。

### 1.3.2　系统工作原理对比分析

#### 1. 车—地通信列车运行自动控制系统工作原理

传统车—地通信列车运行自动控制系统基于轨旁信号设备控制列车进路，实时计算移动授权；通过车载信号设备实现列车定位，控制列车运行。系统实时动态自动调整轨旁间隔，所有车辆的信号控制采用控制中心集中式控制，统一调度运行，工作原理如图 7-1-6 所示。

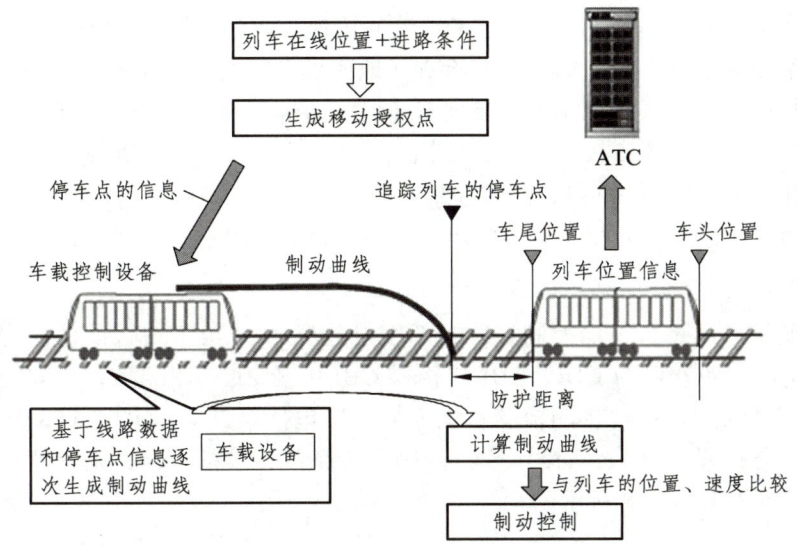

图 7-1-6　车—地通信列车运行自动控制系统工作原理

## 2. 车—车通信列车运行自动控制系统工作原理

车—车通信列车运行自动控制系统是所有运行列车采取列车主动进路、列车自主防护、列车自主调整、分布式控制，实现列车全自动运行智慧化，减少控制中心人为调度强度，实现列车之间信号互相感知，自动实现运行状态全方位精准感知、运行趋势智能化分析预判、信息指令一体化主动推送、运行规则拟人化，线路上所有运行列车互相间保持信息畅通，每列列车不断修正自己的运行信息，实现自动进化等相关功能，工作原理如图 7-1-7 所示。

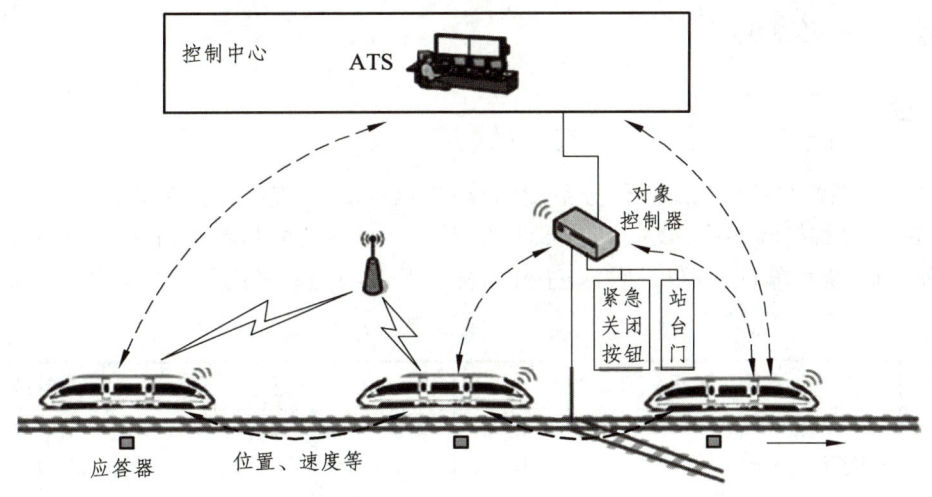

图 7-1-7　车—车通信列车运行自动控制系统工作原理

## 3. 系统功能实现及接口对比分析

### 1) 车—地和车—车通信列车运行自动控制系统功能实现

传统基于车—地通信列车运行自动控制系统功能主要包括列车识别与追踪、列车进路、列车运行图/时刻表编辑和管理、列车运行自动调整、能量优化、中心人机界面、车站人机界面、报告、报警与存档、列车安全分隔/移动授权、临时限速、列车定位、超速防护、列车自动驾驶、进路控制、道岔和信号机控制、辅助列车检查、地面设备间通信、车地无线通信等。基于车—车通信列车运行自动控制系统功能主要有列车注册、时钟同步、筛选、移动授权、路径信息、屏蔽门系统（PSD）/紧急停车按钮（ESB）/道岔状态、临时限速、区域防护、库门防护、轨旁人员作业防护开关（SPKS）、CBTC 模式进路办理、降级模式进路办理、CBTC 模式停稳信息、停车保证、计轴故障检测、列车完整性检测、障碍物检测、唤醒、休眠、列车间隔调整等。

2）车—地和车—车通信列车运行自动控制系统接口

传统车地通信列车运行自动控制系统内部接口包括 ATS 与车站联锁系统（CBI）、CBI 与 ZC、ZC 与 VOBC、VOBC 与 CBI、CBI 与相邻 CBI 以及 ZC 与相邻 ZC 之间接口等，接口关系复杂。车—车通信列车运行自动控制系统内部接口包括 ATS 与 OC、ATS 与 OBC、OC 与 OBC 以及 OBC 与相邻 OBC 之间接口等，接口系统简单，维护方便，系统的智能化水平高。系统接口对比分析如图 7-1-8 所示。

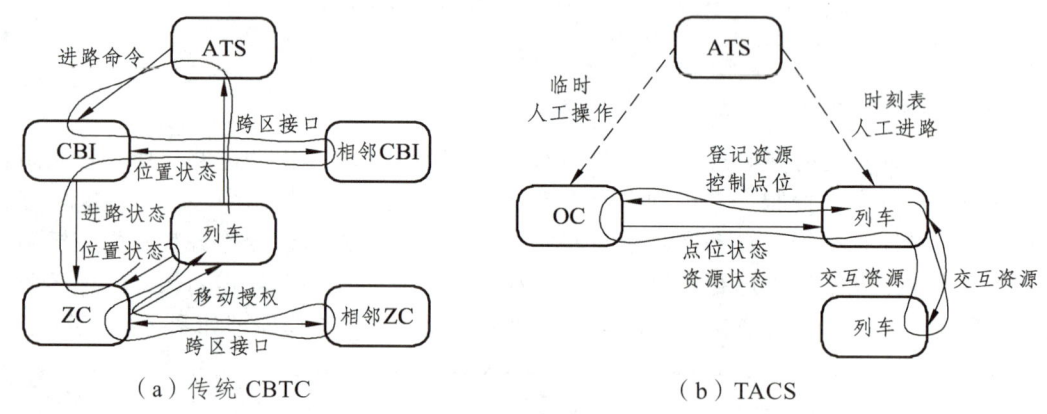

图 7-1-8　系统接口对比分析

### 4. 系统性能指标和能力对比分析及总结

TACS 列控系统将传统 CBTC 信号系统的 OBC-ZC/CBI 的集中式控制架构改为 OBC-OBC、OBC-OC 的分散式控制架构，基于车—地通信列车运行自动控制系统和基于车—车通信列车运行自动控制系统可靠性、可用性、安全性指标以及系统能力对比分析如表 7-1-3 所示。

表 7-1-3　两种列控系统的对比分析

| 对比性 | 车—地通信列车运行自动控制系统 | 车—车通信列车运行自动控制系统 |
| --- | --- | --- |
| 安全性指标 | 车载设备平均无故障时间 100 000 h；<br>联锁设备平均无故障时间 100 000 h；<br>可用性：99.99%；<br>安全性：SIL4；<br>可维护性：OBC 子系统最大修复时间（MTTR）≤30 min；<br>OC 子系统 MTTR≤30 min | OBC 车载设备平均无故障时间 150 000 h；<br>OC 车载设备平均无故障时间 250 000 h；<br>可用性：99.999 6%；<br>安全性：SIL4；<br>可维护性：车载设备的平均故障修复时间（MTTR）≤30 min；车站设备的平均故障修复时间（MTTR）≤45 min |
| 系统能力 | 正线追踪间隔 90 s；<br>折返间隔 120 s | 正线追踪间隔 77 s；<br>折返间隔 100 s 以下 |

车—地通信技术相对比车—车通信技术具有技术复杂、传输节点多、故障率相对较高、工作原理复杂、轨旁和车站机房设备多、接口较多、智能化水平较低等缺点，在建设期间具有轨旁设备安装多、夜间施工多、工期长、设备安装空间紧张、风险大、设备用房面积大、调试时间长等问题，后续运营维护量大，复杂的地面设备、信号与车辆需单独维护。基于车—车通信列车运行自动控制系统，在建设期间具有安装设备少、夜间施工少、工期短、设备安装空间小、风险小、设备室面积减少 15%～20%、调试时间缩短 30%等优点，后续运营维护量小，复杂的地面设备维护工作量减少。

基于车—车通信列车运行自动控制系统从技术对比、工作原理、系统组成、系统特点、系统维护、性能对比等方面都明显优于基于车—地通信列车运行自动控制系统，虽然两者均为列车自动运行安全系统，但 TACS 系统可靠性、可用性、安全性均有提高，TACS 系统能力提升 15%～30%。

随着 5G 通信网络在国内地铁系统的全面建设和覆盖，基于车—车通信列车运行自动控制系统的系统组成、系统特点、系统维护、性能对比都明显优于基于车—地通信列车运行自动控制系统，可以更好地提高行车智慧化水平，使全自动运行更安全、更智能，赋予列车海量数据实时协同、智能分析、精准定位等功能，降低系统建设和运营成本，助力信号系统转型升级，使地铁运营朝着智慧化方向发展。

## 评价标准

《基于车—车通信的列车运行自动控制系统认知》任务评价单

| 评价方式 | 评价内容 | 比例 | 得分 |
| --- | --- | --- | --- |
| 学生自评 | 按项目评价内容及标准进行评价 | 20% | |
| 组内互评 | 按项目评价内容及标准进行评价 | 20% | |
| 组间互评 | 按项目评价内容及标准进行评价 | 20% | |
| 教师评价 | 按项目评价内容及标准进行评价 | 40% | |
| 任务得分 | | | |

《基于车—车通信的列车运行自动控制系统认知》任务评价内容及标准

| 序号 | 评价项目 | 评价内容 | 评价标准 | 分值 | 得分 |
| --- | --- | --- | --- | --- | --- |
| 1 | 任务完成情况 | 车—车通信列车运行自动控制系统组成 | 能否准确地在实验室设备上指认出车—车通信列车运行自动控制系统各个组成部分；能否准确说出车—车通信列车运行自动控制系统各部分在列控系统中的作用，根据实际情况酌情打分 | 30 分 | |
| | | 车—车通信列车运行自动控制系统特点 | 查询资料是否认真，能否依据自主查阅的资料及微课内容完整地写出车—车通信列车运行自动控制系统特点；分组汇报对主要内容的表述是否完整、准确，根据实际情况酌情打分 | 20 分 | |

续表

| | | | | 30分 | |
|---|---|---|---|---|---|
| 1 | 任务完成情况 | 基于车地和车车通信列车运行自动控制系统的区别 | 能否准确地写出基于车—地和车—车通信列车运行自动控制系统在通信技术上的区别及共同点；能否准确描述基于车—地和车—车通信列车运行自动控制系统在工作原理上的区别，根据实际情况酌情打分 | 30分 | |
| 2 | 职业素养情况 | 资料搜集情况 | 资料搜集非常全面5分；资料搜集比较全面1~4分；资料搜集不全面酌情扣1~5分 | 5分 | |
| | | 语言表达情况 | 表达非常准确5分；表达比较准确1~4分；表达不准确酌情扣1~5分 | 5分 | |
| | | 工作态度情况 | 态度非常认真5分；态度较为认真2~4分；态度不认真、不积极酌情扣1~5分 | 5分 | |
| | | 团队分工情况 | 分工非常合理5分；分工比较合理1~4分；分工不合理酌情扣1~5分 | 5分 | |

# 工作任务2　全自动无人驾驶列车运行自动控制系统的认知

## 技能训练

《全自动无人驾驶列车运行自动控制系统的认知》训练工单

| 学习项目 | 城市轨道交通列车运行控制系统新技术 | 姓名 | | 班级 | |
|---|---|---|---|---|---|
| 任务名称 | 全自动无人驾驶列车运行自动控制系统的认知 | 学号 | | 组别 | |
| 任务目标 | 1. 通过查阅资料能够总结出全自动列车运行控制系统发展概况；<br>2. 通过微课学习能够总结出FAO系统特点；<br>3. 能够准确阐述FAO系统组成；<br>4. 通过微课自主学并阐述FAO系统的运营等级、驾驶模式及其应用场景 | | | | |
| 任务描述 | 学生以小组为单位，通过查阅相关资料及实地调研，完成下列任务：<br>1. 查阅资料分别从运营场景、故障处置流程等方面总结FAO系统特点；<br>2. 结合实验室列控系统设备指认FAO系统的组成及各部分的作用；<br>3. 通过微课总结FAO系统的运营等级及不同等级的特点；<br>4. 通过查阅资料总结FAO系统中不同的驾驶模式及使用场景 | | | | |
| 任务要求 | 1. 场地要求：列车运行控制系统实训室；<br>2. 设备要求：无；<br>3. 工具要求：无 | | | | |
| 课前任务 | 请根据教师下发的视频资源，探索FAO系统的定义发展情况，并在课程平台讨论区中讨论 | | | | |

续表

| | 1. 通过查阅相关资料，分别从运营场景、故障处置流程等方面总结 FAO 系统特点并进行 PPT 汇报，展示成果。
2. 通过微课并结合查阅资料的结果，总结 FAO 系统的各组成部分并在实验室的列控系统设备中指认其相应位置，以及各个组成部分在列控系统中的作用，填入表 7-2-1 中。

表 7-2-1　FAO 系统的组成及其作用

| | 组成 | 作用 | 设置位置 |
|---|---|---|---|
| FAO 系统 | | | |
| | | | |
| | | | |

3. 请学生以小组分单位观看微课，总结 FAO 系统的运营等级及不同等级的特点，并完成表 7-2-2。

表 7-2-2　FAO 系统等级及特点

| FAO 系统等级 | FAO 系统等级特点 |
|---|---|
| | |
| | |
| | |
| | |

4. 请学生仔细观看微课并结合已有的资料，总结 FAO 系统中不同的驾驶模式及使用场景，并进行 PPT 汇报，展示成果 |
|---|---|
| 课中训练 | |
| 任务总结 | 对项目完成情况进行归纳、总结、提升： |
| 课后任务 | 思考列车运行控制系统中 FAO 系统未来发展趋势，并在课程平台讨论区中讨论 |

> 理论要点

## 2.1　全自动列车运行控制系统发展概况

在城市轨道交通发展历程中，全自动列车运行控制系统广泛应用发展历程可以分为起步阶段和广泛应用阶段。

### 2.1.1　起步阶段（1971—2004 年）

该阶段是全自动列车运行控制系统的起步阶段，多用于轻轨或运量小的线路。1971 年，为提高城轨的服务品质，增强与其他交通方式的竞争力，法国开始研究城轨 FAO 技术，1973 年完成 VAL（设备型号）系统的原型机研制。1978 年世界第一条 FAO 城轨线法国里尔 1 号线动工，1983 年开通运营。1977 年开通运行的伦敦道克兰轻轨是 DTO 等级自动化城轨的典型。1998 年，为纪念巴黎地铁 100 周年，巴黎第一条 FAO 线 14 号线开通运营。

### 2.1.2 广泛应用阶段（2005 年至今）

2005 年之前 FAO 技术推广速度比较慢，2005 年之后其发展速度逐渐加快，并开始在中、高运量地铁中广泛应用。

截至 2016 年，全球共有 37 个城市开通采用 FAO 技术的运营线 55 条，包含 848 座车站，共计 803 km。新加坡东北线是全世界第一条实现正线、车辆段全自动运行的大运量地铁，于 2003 年 6 月开通运营。2008 年 6 月德国纽伦堡的 U3 线正式开通 DTO（无人列车自动运行模式），该线路是德国首条 FAO 线。2009 年开通运营的阿联酋迪拜地铁红线是全世界最长、最新的 FAO 线路。巴黎地铁 1 号线是世界上首条由人工驾驶改造为 FAO 的线路，1900 年建成。巴黎 1 号线是巴黎最繁忙、最拥挤（75 万人次/天），同时也是最老旧的线路。

我国在全自动运行轨道交通系统方面的建设刚刚开始，目前仅有 2 条全自动运行线路，分别是北京机场快轨和上海地铁 10 号。北京机场快轨线全长 28.1 km，最高运行速度为 100 km/h，控制系统采用阿尔斯通的 Urbalis CBTC 无人驾驶系统，于 2008 年 7 月开通，2012 年 3 月具备无人驾驶功能。上海地铁 10 号线（1 期）全长 36.2 km，最高运行速度为 80 km/h，控制系统采用卡斯柯公司的 Urbalis CBTC 无人驾驶系统，于 2010 年 11 月开通，是国内第一条采用 UTO 等级建设的大运量轨道交通线路。为保障行车安全，2 条线路在实际运营中均设置了 1 名乘务员，当无人驾驶系统正常运行时，乘务员负责监督列车的运营状态，出现故障时乘务员可及时进行应急处置，并操纵列车运行。

在北京市政府的支持下，北京市轨道交通建设管理有限公司、北京市地铁运营有限公司、北京市基础设施投资有限公司、北京交通大学、交控科技有限公司等单位完成了全自动运行系统核心技术研发、装备研制、试验过程，并在北京地铁燕房线开展工程实施，2017 年 9 月完成空载试运行，2017 年底开通运营。北京新机场线也将采用全自动运行系统。北京地铁燕房线全自动运行列车实物如图 7-2-1 所示。

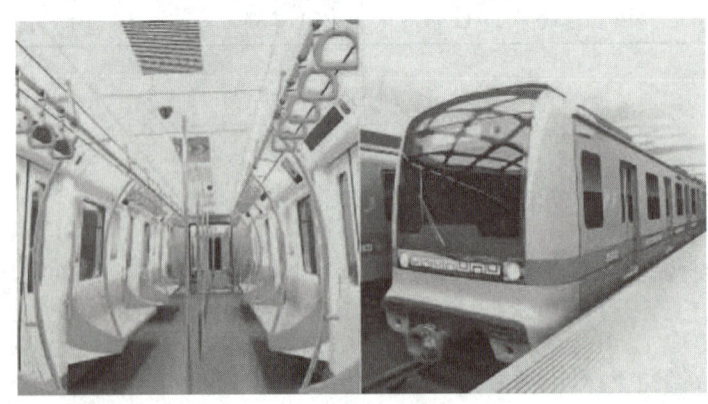

图 7-2-1　北京地铁燕房线全自动运行列车

随着科技的进步，城市轨道交通领域也在不断进行技术更迭，朝着自动化、智能化、智慧化的方向发展。据统计，截至 2021 年年底，国内已开通 FAO 线路 10 条，在建 21 条，规划

10 条。高等级自动化线路建设成为城市轨道交通的发展趋势，系统的自动化意味着工作人员能够从机械的重复劳动中解放出来。

但是，目前虽然国内部分城市轨道交通线路已实现了列车全自动运行（FAO），但对列车无人值守仍持谨慎态度。2020 年年底至 2021 年 1 月，成都、上海先后开通了 3 条 FAO 线路，列车值守人员走出司机室，向值守人员走下列车实现无人值守迈出了实质性的一步。

随着轨道交通线路自动化等级从 GoA0 发展到了 GoA4，其中 GoA3 和 GoA4 系统均属于 FAO 系统，但其自动化水平有所差别。GoA3 系统可实现列车有人值守下的列车全自动运行（DTO），GoA4 系统才能实现无人值守的列车全自动运行（UTO：Unattended Train Operation，指列车在不配置车上值守人员所有功能均由系统负责实现的条件下的运行）。UTO 运营基本可实现列车自动驾驶、运营故障自处置、运行安全防护、中央远程控制、信息监控及预警、应急处置联动，已经成为今后城市轨道交通列车运行控制系统的发展方向。

全自动运行列车运行控制系统是城市轨道交通系统集成技术的一次质的飞跃，党的二十大指出："必须坚持科技是第一生产力、人才是第一资源、创新是第一动力，深入实施科教兴国战略、人才强国战略、创新驱动发展战略，开辟发展新领域新赛道，不断塑造发展新动能新优势。"因此，突破已有技术壁垒，创新、全面发展全自动运行列车运行控制系统是未来我国城市轨道交通列车运行控制系统的发展方向。

城市轨道交通列车运行控制系统可能会按照以上的不同方向进行发展。这些发展方向并不是矛盾的，而是可以通过列车运行控制系统的多层控制模型进行统一。目前来说，以效率提升为目标的高效能列控系统可能会带来城市轨道交通列车运行控制系统的变革。

## 2.2 全自动无人驾驶列车运行控制系统（FAO）认知

全自动无人驾驶信号系统是下一代地铁车辆的核心安全控制设备，是将列车驾驶员执行的工作实现全自动化、智能处理、高度集中控制的列车控制系统。系统具备列车自动唤醒启动和休眠、自动出入停车场、自动清洗、自动运行、自动停车和自动控制车门上下客等功能，即将传统的城轨地铁线路中由列车驾驶员进行的驾驶列车、出车前的启动和检查、对列车运行前方轨道的瞭望、开关车门以及部分项目的开关安全门、启动列车、车辆故障检测和故障排除、与乘客的通信、引导乘客疏散等工作，全部交由全自动无人驾驶系统进行控制。

全自动无人驾驶系统的关键技术主要包括列车控制技术、监测系统联动技术、故障管理技术及乘客监督和管理技术。列车控制技术包括休眠唤醒、过冲回退、重新开关门、自动出入库、自动洗车、车辆管理和工程车管理等；监测系统联动技术包括障碍物检测、站台门防夹、工作人员防护、烟火报警联动、牵引供电联动等；故障管理技术包括牵引制动故障、门故障处理、远程复位、蠕动模式、列车救援和备份 OCC 等；乘客监督和管理技术包括乘客紧急手柄/紧急呼叫、逃生门控制等。

下一代地铁车辆全自动无人驾驶信号系统由综合自动化系统（Traffic control Integrated Automation System，TIAS）、轨旁控制器[ATP、ATO、FATO（Full Automatic Train Operation，全自动列车自动运行）]、车载控制器（ATP、ATO、FATO）、计算机联锁、计轴、通信系统、轨旁基础设备等组成。下一代地铁车辆全自动无人驾驶列控系统结构如图 7-2-2 所示。

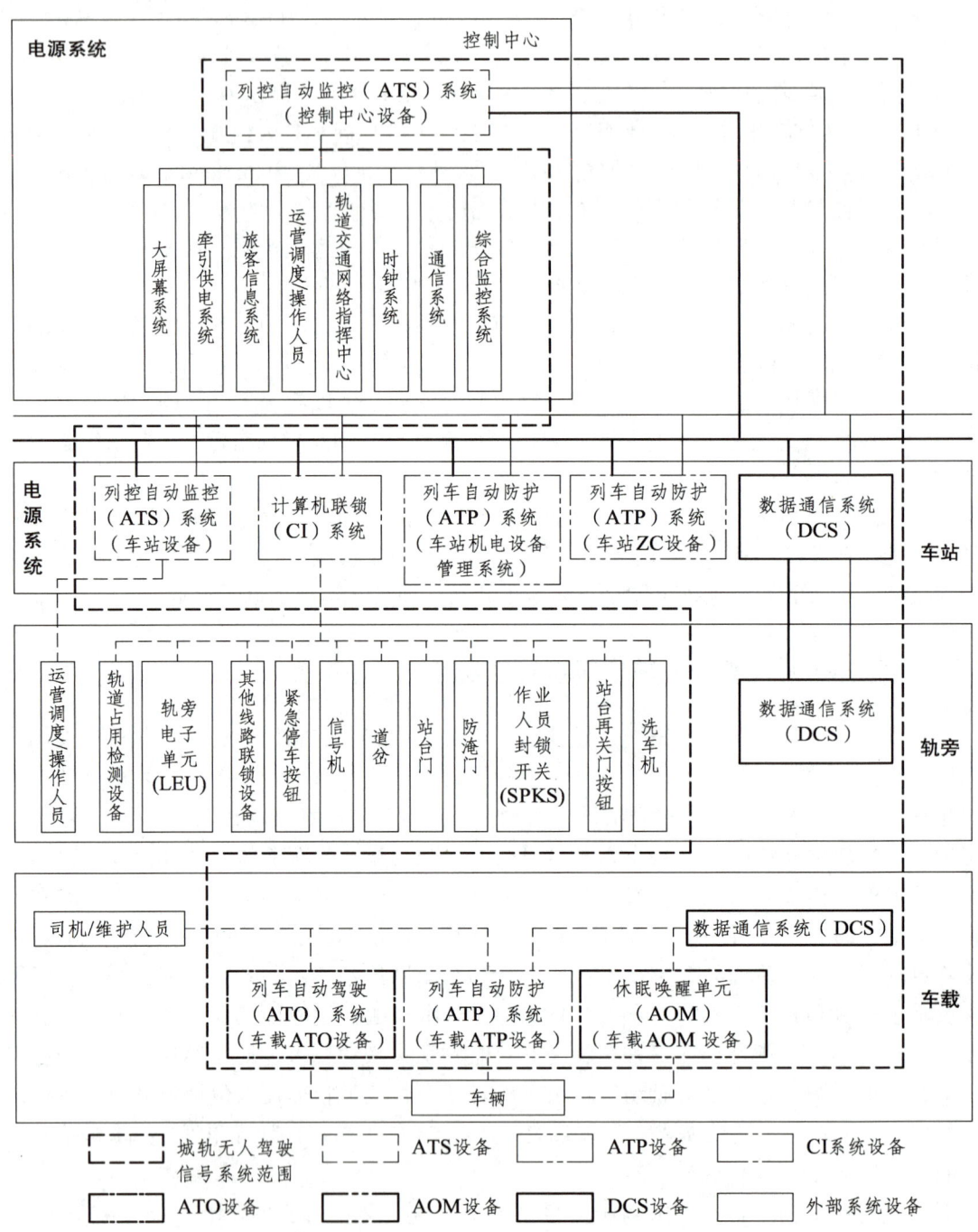

图 7-2-2 下一代地铁车辆全自动无人驾驶列控系统结构

### 2.2.1 FAO 系统技术特点

城市轨道交通全自动运行系统的研究重点是通过车辆、信号、通信、综合监控多专业协同控制，实现运行全过程最佳化、自动化控制以及安全防护。为了使其符合我国城轨高密度运营、服务质量要求高的需求，需要设计涵盖各种工况的 FAO 系统运营场景、运营规则、危险源档案、应急处置方案等，以此为依据形成集成体系。该理论与技术创新如下：

#### 1. 设计了适用于我国城轨特点的 FAO 系统运营场景

采用基于时间自动机理论的模型检测形式化工具 UPPAAL 构建运营场景的时间自动机网络模型，通过模型的实时仿真、反例分析和形式化验证，分析场景的功能要求、性能要求和安全属性要求。首次建立了全自动运行系统各专业调度工作负荷的预测模型，提出了基于负荷的全自动运行系统控制中心人力资源需求及配置方法，设计了全自动运行轨道交通系统人员组织架构，以及不同运营场景的岗位配置、交互过程和操作流程。形成了世界上首个基于列车运行全过程和多专业协同的全自动运行场景文件和运用规则，包括 41 类 300 余项场景和 69 类运用规则，如图 7-2-3 所示。

#### 2. 建立了全自动运行系统安全风险分析和应急处置流程设计方法体系

国内首次采用 STAMP 理论、STAMP 危害分析与运营场景相结合的方法，分析了涵盖全线、列车运行全过程、关联多专业人员和设备的人机防护需求，有效识别了取消车上司机导致系统功能和操作流程变化所引入的危险源，形成了全自动运行系统的危险源档案库，可作为我国全自动运行系统新线建设的安全需求输入；创建了全自动运行系统应急处置流程设计方法体系，提炼全自动运行系统应急处置流程的需求，以及调度员的认知特性和控制中心的组织特性；构建了全自动运行系统应急处置流程的认知体系，从调度员认知和控制中心组织性角度，针对全自动运行系统应急处置过程中的不确定性、调度员特征，提出了控制中心多准则、多调度员下的应急决策混合评价方法，为全自动运行系统应急处置流程的设计与评价提供了理论和方法支撑。

#### 3. 创建了适用于我国城市轨道交通运营特点的系统

全自动运行系统集成体系建立了 FAO 系统集成通用模型，保证整体系统的兼容性、一致性、完整性、正确性，建立需求跟踪矩阵，通过结构化方法对运营需求、系统功能和全自动运行系统的设计方案进行简洁、清晰的检查，确保在系统的概念和设计过程中所有的运营需求全面落实，在集成和验收阶段各项需求能被全程跟踪和测试。

涵盖了符合国际标准最高自动化等级以车辆、信号、LET-M 和综合监控为核心的整套技术装备。针对车辆无司机工况下快速自动应急处置需求，研发了全自动驾驶车辆关键系统远程控制技术，实现了远程转向架制动切除、远程复位、远程紧急制动、远程停放制动施加及缓解等功能。针对列车全过程无司机自动运行控制需求，设计了具备列车自动休眠与唤醒、段内自动运行、自动洗车、站间自动运行、自动开关车门和站台门、站内自动跳跃对标、障碍物和脱轨检测及事故近场安全防护等功能，符合最高自动化等级要求的全自动运行信号控制系统，实现了列车在全线的自动运行。提出了基于优先级调度的综合承载技术，首次实现了车辆多专业、多业务一网承载，攻克了 LET-M 的互联互通关键技术，实现了系统域间端到

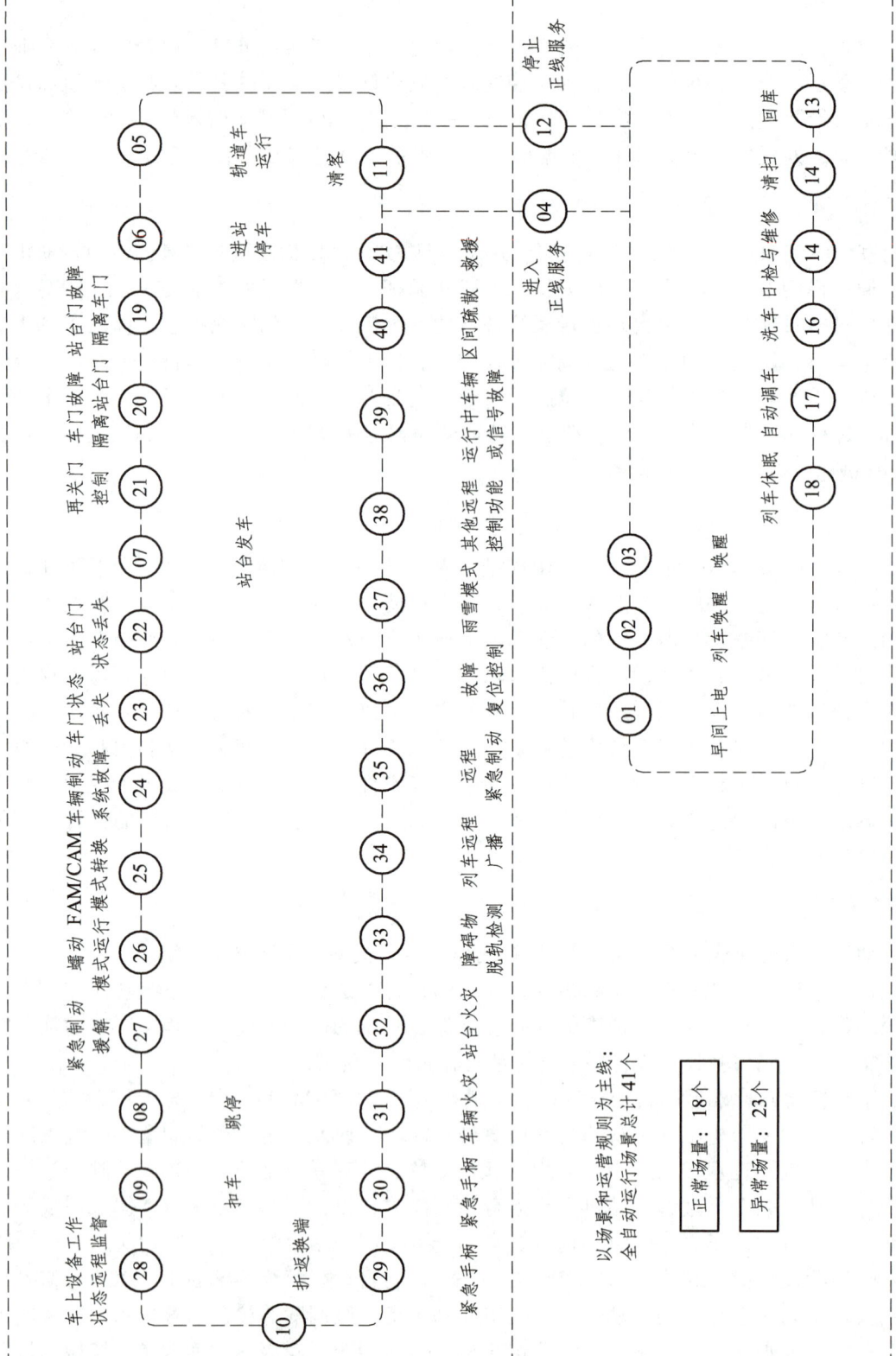

图 7-2-3 全自动运行场景

端切换整体时延小于 1 s；提出共享逻辑信道视频组播技术和端到端业务数据保护技术，显著提高频谱资源利用率。制定并发布 LET-M 相关技术行业标准 7 项，研制了国内首套轨道交通定制化的 LET-M 系统装备，推动了 LET-M 技术在轨道交通中的应用，设计了基于新一代工业数据安全总线为核心的分布式大容量实时数据库引擎，首次构建包括车辆、信号、通信等超过 20 个专业子系统的综合监控系统，系统安全等级达到 SIL2，提高了运营调度效率和运营安全。

### 2.2.2 FAO 系统组成

#### 1. 综合自动化系统

综合自动化系统以行车指挥为中心，由信号与综合监控、车辆、通信等多系统深度集成，采用统一的硬件平台、软件平台及网络平台，实现列车自动监控、列车计划及调度指挥、电力监控、环境与设备监控等功能，并与火灾报警系统、机电系统、乘客信息系统、广播系统、闭路电视系统等设置接口，减少信息流通环节，以最优的算法和时间执行异常情况下的综合联动。

#### 2. 轨旁控制器

轨旁控制器通过计算机联锁提供的轨旁基础信号设备和进路状态信息，结合车载控制器汇报的列车位置，为车载控制器计算移动授权；在唤醒过程中，通过计算列车位置，给出允许唤醒授权和静态、动态测试授权；同时轨旁控制器还可实现线路数据的管理，对轨道数据库及全线的临时限速进行处理。

#### 3. 车载控制器

车载控制器采用车头、车尾两端二乘二取二的安全计算机平台，实现收尾冗余和无扰自动切换。单端车载控制器由列车自动防护系统 ATP，列车自动运行系统 ATO、全自动运行控制系统 FATO 组成，当降级到人工控制时，司机显示器采用与车辆一体化的方式进行司机驾驶显示。车载控制器通过轨旁控制器提供的移动授权对列车运行安全进行自动防护，并实现列车的自动发车、自动站停、自动开关门、自动折返等驾驶功能。全自动无人驾驶车载控制器可以实现列车在车辆段/停车场全自动运行，包括自动唤醒、自动休眠、全自动调车、自动出入库、自动投入和退出运营、自动洗车等，还可以响应来自控制中心的调度和运营调整指令。

在异常情况下，车载控制器与轨旁控制器、计算机联锁一起，实现列车的自动调整、车门与站台门对位隔离，以及异常情况下的自动紧急制动和远程控制等。

#### 4. 计算机联锁

计算机联锁通过与信号机、转辙机、环线控制器、计轴、站台门控制器等轨旁设备以及控制中心连接，实现传统的联锁功能，并通过与轨旁控制器的接口，为其提供轨旁设备及进路状态信息，与其协作实现全自动无人驾驶下的保护区段、进路方向、站台门隔离、工作人员防护、紧急停车、扣车等功能。

全自动无人驾驶系统实现了全过程的列车自动驾驶和安全防护,计算机联锁系统的车辆段/停车场也作为正线的延伸,为列车自动控制提供轨旁设备及进路状态信息。

5. 通信系统

由于列车运行由系统自动控制和控制中心远程监控实现,没有司机和司乘人员进行处理,因此,通信系统除了进行信号系统的车地双向数据通信之外,还需要将车辆现场图像、故障信息通过车—地通信网络上传至控制中心,并在异常情况下传输其下发的相关联动调度指令。

计轴与轨旁基础设备承担了与传统轨道交通列车运行控制系统相同的功能。

### 2.2.3 全自动无人驾驶系统的运营等级和驾驶模式

1. 运营等级

IEC62267 将地铁运营的自动化等级(Grades of Automation,GoA)划分为 4 级:GoA1(非自动的列车运行防护)、GoA2(半自动列车运行)、GoA3(无人驾驶列车运行)和 GoA4(无人值守的列车运行),各运营等级的列车运行控制如表 7-2-3 所示。

表 7-2-3 各自动化运营等级列车控制

| 自动化等级 | 列车运营模式 | 驾驶列车 | 停车 | 关门 | 异常状态监督 |
|---|---|---|---|---|---|
| GoA1 | ATP 防护下司机驾驶 | 司机 | 司机 | 司机 | 司机 |
| GoA2 | ATP、ATO 联控下司机监督 | 系统自动 | 系统自动 | 司机 | 司机 |
| GoA3 | 无人驾驶 | 系统自动 | 系统自动 | 列车乘务 | 列车乘务 |
| GoA4 | UTO | 系统自动 | 系统自动 | 系统自动 | 系统自动 |

2. 全自动无人驾驶模式

下一代地铁车辆全自动无人驾驶系统由于无司机驾驶列车,由系统实现对列车的全自动控制,在传统的列车控制系统驾驶模式基础上,还具有以下驾驶模式:

(1)全自动列车自动驾驶模式(Full ATO Mode,FAM):无司机驾驶的、系统智能控制的列车自动运行模式。相对于 AM 模式,无须司机进行发车确认操作和瞭望列车运行前方的轨道情况,由系统实现全自动列车驾驶。

(2)蠕动模式(Creep Automatic Train Operating Mode,CAM):对于正线区间运行的列车,当 ATO 与 TCMS(Train Control and Management System,列车控制管理系统)通信故障不能进行全自动驾驶列车运行时,由控制中心行车调度员人工远程确认通信是否正常以及列车其他设备是否正常,并通过调度员遥控启动列车,进以限制速度(如不超过 20 km/h)运行的驾驶模式。

下一代地铁车辆全自动无人驾驶系统根据系统工作状态及人工操作,可以在所提供的 6 种驾驶模式之间进行人工或自动转换。图 7-2-5 所示为下一代地铁车辆全自动无人驾驶系统驾驶模式转换关系。

全自动运行系统中列车运行可以在无司机的条件下完成,将操控列车、服务乘客、感知环境以及应急处置等原由司机完成的任务改为由设备承担。为实现全时段、全天候的列车无人驾驶，需要攻克以下技术难点：

（1）操控列车、服务乘客、感知环境以及应急处置的司机任务模型的建模技术。结合层次任务分析与认知任务分析，将司机作业任务充分分解到视觉、听觉、知觉、心理动作4个处理通道，可以基于多资源理论，从时间压力、认知需量和行为冲突3个维度分析司机认知工作负荷的影响。建立城市轨道交通司机驾驶操纵作业任务模型、司机行为时间预测模型、列车发车时操纵行为时间模型，如图7-2-4所示。

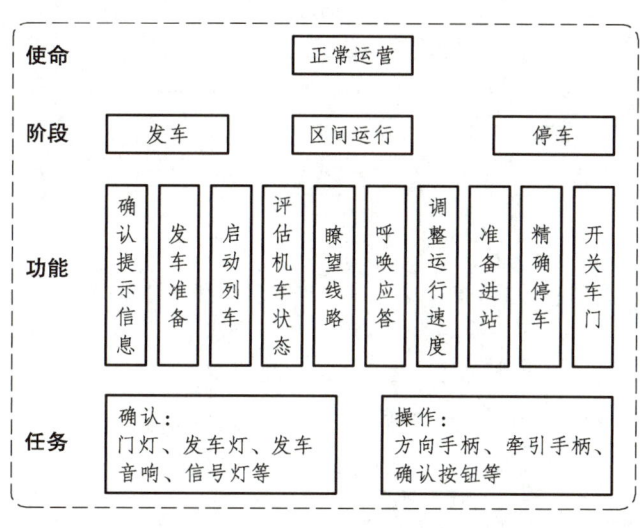

图7-2-4　司机任务及层次分解模型

（2）列车静动态唤醒自检、跳跃对标、雨雪模式控制、休眠等正常运行场景的控制策略。针对列车全过程无司机自动运行控制需求，设计了自动根据列车运行计划休眠与唤醒、段内自动运行、自动洗车、列车与车库门联动、无人区维修人员防护等控制策略，实现了车辆段内的无人驾驶。设计了站间自动运行、自动开关车门和站台门、基于安全通信的车门及站台门对位隔离、站内自动跳跃对标、自动折返、雨雪模式运行等控制策略，实现了列车在正线的无人驾驶。

（3）列车障碍物和脱轨检测、制动故障下的分级控制、远程复位重投等紧急情况下应急处置技术。研制了接触式障碍物和脱轨检测系统，在特殊工况下最大程度地保护乘客安全。设计了走行部在线监管技术，实现了关键走行部件故障预警及报警功能。针对车辆无司机工况下快速自动应急处置需求，研发了全自动驾驶车辆关键系统远程控制技术，建立了车辆与控制中心可信、高速双向数据交互通道，实现了远程转向架制动切除、远程复位、远程紧急制动、远程控制空调、远程再关门、远程控制受流装置、远程控制照明、远程停放制动施加及缓解等功能，实现了全时段、全天候的列车无人驾驶。相对于国外无人驾驶，丰富并精细化故障应急的处置功能，提升了处置能力。

### 2.2.4　全自动无人驾驶信号系统的设计提升

传统的城市轨道交通信号系统通常由正线列车运行自动控制系统和车辆段信号控制系统两大部分组成，一般在城市轨道交通正线实现自动驾驶和安全防护；运营计划确定后，受司机配置和系统维护、监控的影响，运营时间为日间，遇到临时的集会等大客流情况时，往往靠限流实现乘客管理；系统开关门由司机和站台人员确认后操作，人工确认和系统执行延时，开关门时间达 16~20 s，影响运行效率；信号系统的列车自动监控与综合监控系统独立设计，由不同专业实现系统管理，在异常情况不能实现自动联动，需要人工交互信息进行处理。

下一代地铁车辆全自动无人驾驶信号系统的设计采用高度一体化和深度集成的系统方案，实现全过程的列车运行安全防护，提升运营组织的灵活性，实现列车运行节能。相比于传统的轨道交通信号系统，全自动无人驾驶信号系统运行更加高效和节能，其驾驶模式的转换如图 7-2-5 所示。

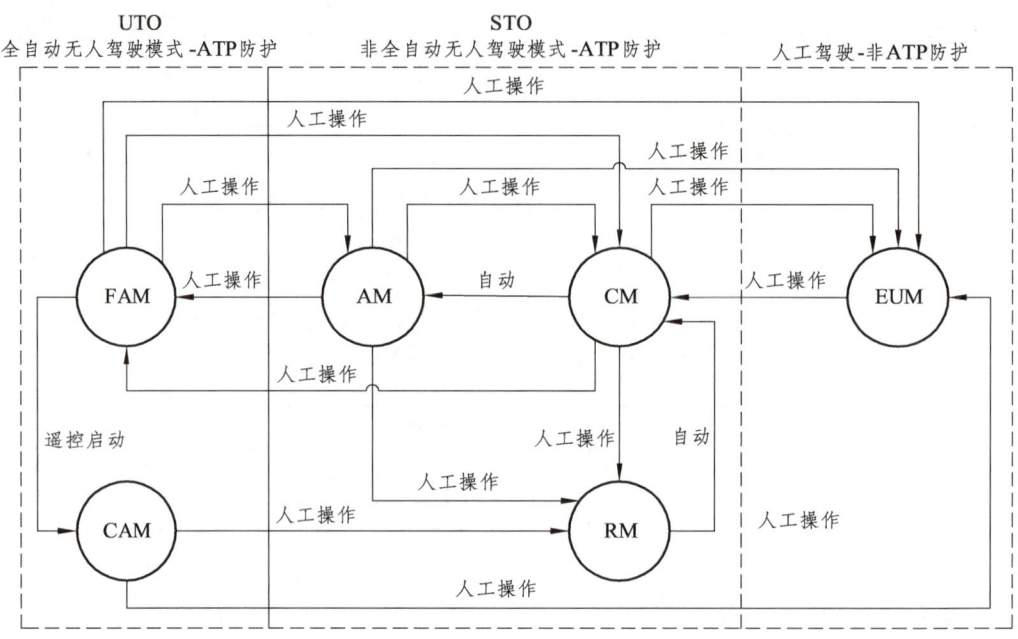

图 7-2-5　下一代地铁车辆全自动无人驾驶系统驾驶模式转换关系

### 1. 实现全过程的列车运行安全防护

对下一代地铁车辆全自动无人驾驶信号系统的安全防护范围进行了外延，除了满足正线上的列车运行进路防护、间隔防护、速度防护外，还实现了车辆段/停车场的自动运行和安全防护，列车运行的空间范围从正线扩展到了包括车辆段/停车场在内的列车运行全过程。

下一代地铁车辆加装脱轨和障碍物检测设备，实现轨道侵入障碍物检测功能和脱轨检测功能，并在工作区域设置人员防护开关，对工作人员的安全进行防护；同时全自动无人驾驶信号系统还需要对设备状态、环境状态进行检测，并在设备或环境发生异常时进行自动联动处理，或由调度人员进行远程遥控处理。

据不完全统计，传统的城市轨道交通线路中有 50%~60% 的意外事件是由于人的疏忽造成的。

下一代地铁车辆全自动无人驾驶信号系统实现了智能化的全自动控制和联动，减少了人为误操作发生的可能，提升了系统的整体安全。

### 2. 提升运营组织的灵活性

下一代地铁车辆全自动无人驾驶信号系统无须为每列车配置司机，将司机从长时间在景物单一枯燥的轨道交通线路中解脱出来，由系统进行灵活调整运行间隔，根据需要随时增、减列车，提高系统对突发的、不可预见的大客流（如体育赛事、大型演出时的人员疏散）的响应能力。

下一代地铁车辆全自动无人驾驶信号系统有助于实现 $7 \times 24$ h 不间断的运营服务，实现日间运行和夜间运行等不同的运营组织，使运营组织更加灵活。

### 3. 高效和节能

下一代地铁车辆实现系统的全自动无人驾驶和控制，根据线路坡度、曲线、车辆性能以及运营间隔，采用列车运行节能技术，自动计算最优的列车运行曲线并驾驶列车运行，实现列车节能运行。

全自动无人驾驶列车可以实现在进站停车、发车、折返、投入和退出运营过程时，减少司机确认操作和反应时间，仅每个站的开关门确认时间就可节约 10 s，在降低车辆配置数量的基础上，提升系统运行间隔，实现列车的高效运行。

### 4. 高度一体化和深度集成

下一代地铁车辆全自动无人驾驶信号系统以列车运行为核心，信号与综合监控、车辆、通信等多系统深度集成，提升轨道交通运行系统的整体自动化水平。

控制中心采用综合自动化控制系统，可以实现对全线的车辆进行远程控制、状态监控，并能和车上、站台上的乘客进行对讲，提升了乘客服务满意度。

## 2.2.5　FAO 技术展望

未来 FAO 系统仍然需要在以下 3 个方面开展研究：

### 1. 系统可靠性保障

随着系统自动化程度的提升，要求全自动运行系统应具有更高的可靠性，这是保障全自动运行系统稳定运行的基础。现有全自动运行系统中，信号设备增强了冗余配置，车辆加强了双网冗余控制，增加了与信号、PIS 的接口冗余配置等。但这种方法会提高系统的成本和复杂性，因此还需要在实际中摸索更加行之有效的方法。

### 2. 突发事件应急处置

FAO 系统的最高等级是城市轨道交通系统可以具备自动监测和处理运营中发生的危险，如火灾、设备故障等，这需要进一步深度集成信号、行车、供电、车辆等专业的应急处置功能，提升应急处置能力。目前以行车指挥为核心，实现正常及故障情况下多专业自动联动将会为未来的深度集成奠定基础。

### 3. 多目标优化智能运行

列车运行过程需要满足安全、准时、舒适、精确停车、节能等多个目标。不同运营场景下对各个目标的需求不同，FAO 系统需要自动识别当前系统运营的状况，明确多个优化目标的权重。当各个优化目标的权重确定后，如何进行优化和控制是最终实现的关键。

随着物联网、云计算、大数据、深度学习技术的发展，城市轨道交通列车运行技术与人工智能技术将紧密结合，人工智能相关技术可应用于轨道交通的障碍物识别、智能驾驶等多个场景中，在城市轨道交通领域内承担越来越重要的角色。可利用计算机视觉技术与雷达技术来开发障碍物检测系统,当系统的可靠性满足安全要求时,可作为信号系统的安全输入,当系统识别到障碍物时,信号系统控制列车自动制动。可采用定位、雷达、图像识别等技术,采集各种场景下的列车运行环境数据,与线路数据及各类运行场景的经验知识相结合,形成自主决策,根据识别出的场景,自动将控制指令下发给各子系统,完成对列车的自动控制,实现更加智能化的列车自动驾驶。

## 评价标准

《全自动无人驾驶列车运行自动控制系统的认知》任务评价单

| 评价方式 | 评价内容 | 比例 | 得分 |
|---|---|---|---|
| 学生自评 | 按项目评价内容及标准进行评价 | 20% | |
| 组内互评 | 按项目评价内容及标准进行评价 | 20% | |
| 组间互评 | 按项目评价内容及标准进行评价 | 20% | |
| 教师评价 | 按项目评价内容及标准进行评价 | 40% | |
| 任务得分 | | | |

《全自动无人驾驶列车运行自动控制系统的认知》任务评价内容及标准

| 序号 | 评价项目 | 评价内容 | 评价标准 | 分值 | 得分 |
|---|---|---|---|---|---|
| 1 | 任务完成情况 | FAO系统特点 | 查询资料是否认真,能否依据自主查阅的资料内容完成任务阐述;<br>能否分别从运营场景、故障处置流程等方面准确描述FAO系统特点,根据实际情况酌情打分 | 25分 | |
| | | FAO系统组成 | 能否准确地在实验室设备上指认出FAO系统各个组成部分;<br>能否准确说出FAO系统各个组成部分的作用;<br>各小组能否按照要求正确地完成表格的填写,根据实际情况酌情打分 | 30分 | |
| | | FAO系统的运营等级及驾驶模式 | 能否准确写出FAO系统所有的运营等级及不同运营等级的特点;<br>能否准确认真查询资料,能否依据自主查阅的资料及微课内容完整地写出FAO系统驾驶模式及不同驾驶模式的应用场景;<br>分组汇报时对主要内容的表述是否完整、准确,根据实际情况酌情打分 | 25分 | |
| 2 | 职业素养情况 | 资料搜集情况 | 资料搜集非常全面5分;资料搜集比较全面1~4分;资料搜集不全面酌情扣1~5分 | 5分 | |
| | | 语言表达情况 | 表达非常准确5分;表达比较准确1~4分;表达不准确酌情扣1~5分 | 5分 | |
| | | 工作态度情况 | 态度非常认真5分;态度较为认真2~4分;态度不认真、不积极酌情扣1~5分 | 5分 | |
| | | 团队分工情况 | 分工非常合理5分;分工比较合理1~4分;分工不合理酌情扣1~5分 | 5分 | |

# 工作任务 3  全自动无人驾驶系统运营管理及故障处理

## 技能训练

《全自动无人驾驶系统运营管理及故障处理》训练工单

| 学习项目 | 城市轨道交通列车运行控制系统新技术 | | 姓名 | | 班级 | |
|---|---|---|---|---|---|---|
| 任务名称 | 全自动无人驾驶系统运营管理及故障处理 | | 学号 | | 组别 | |
| 任务目标 | 1. 能够明确阐述 FAO 系统运营模式及不同运营模式的特点;<br>2. 针对上述运营模式,熟悉在运营体系和维修体系的岗位配置、职能的主要内容;<br>3. 能够依据企业技术人员的维护会议描述 FAO 系统中工作岗位的维护工作内容;<br>4. 通过微课及企业工作人员现场故障处理视频,能够总结 FAO 系统中常见的设备故障处理方法 |||||||
| 任务描述 | 学生以小组为单位,通过查阅相关资料及实地调研,完成下列任务:<br>1. 结合实验室列控系统设备阐述 FAO 系统运营模式及不同运营模式的特点;<br>2. 依据不同的 FAO 系统运营模式,阐述在运营体系和维修体系的岗位配置、职能的主要内容;<br>3. 通过微课及企业实际操作视频总结 FAO 系统中常见的设备故障处理方法,并在实验室设备上至少能够正确完成 4 个教师设置的故障点的故障处理并完成故障工单的填写 |||||||
| 任务要求 | 1. 场地要求:列车运行控制系统实训室;<br>2. 设备要求:无;<br>3. 工具要求:无 |||||||
| 课前任务 | 请根据教师下发视频的资源,探索 FAO 系统运营模式有哪些,并在课程平台讨论区中讨论 |||||||
| 课中训练 | 1. 通过查阅相关资料,总结 FAO 系统运营模式及不同运营模式的特点,并完成表 7-3-1 的填写。<br><br>表 7-3-1  FAO 系统运营模式<br><br>| 序号 | FAO 系统运营模式 | 特点 | 应用场景 |<br>\|---\|---\|---\|---\|<br>| 1 | | | |<br>| 2 | | | |<br>| 3 | | | |<br>| 4 | | | |<br><br>2. 请学生以小组为单位观看企业运营维护培训会议,总结不同的 FAO 系统运营模式,阐述其在运营体系和维修体系的岗位配置、职能的主要内容,并进行 PPT 汇报,展示成果。<br>3. 请学生仔细观看企业工作人员故障处理的实际操作视频,总结 FAO 系统常见故障的处理方法,并完成表 7-3-2。 |||||||

续表

表 7-3-2 FAO 系统常见故障的处理方法

| | 序号 | 故障名称 | 处理方法 |
|---|---|---|---|
| 课中训练 | 1 | 车门故障 | |
| | | | |
| | | | |
| | 2 | | |
| | 3 | | |
| | 4 | | |
| | 4. 以小组为单位查找教师在设备上设置的故障点，记录故障现象，分析故障原因并完成故障处理 | | |
| 任务总结 | 对项目完成情况进行归纳、总结、提升： | | |
| 课后任务 | 思考当其通信设备故障后 FAO 系统采取的应急处理方法，并在课程平台讨论区中讨论 | | |

## 理论要点

### 3.1 FAO 系统运营管理

#### 3.1.1 FAO 系统运营模式

根据无人驾驶线路的特点，需要将无人驾驶线路划分为以下 3 个系统运行状态（模式）。

1. 正常状态（模式）

控制中心（Operation Control Center，OCC）为确保线路正常运营而计划并执行每日运营操作，下达运营指令。当列车故障时，列车可进入非紧急降级状态（模式）或紧急降级状态（模式），控制中心调度员根据具体情况，可发出退出运营的指令，命令车辆回库修理。运营模式状态和管理流程如图 7-3-1 所示。

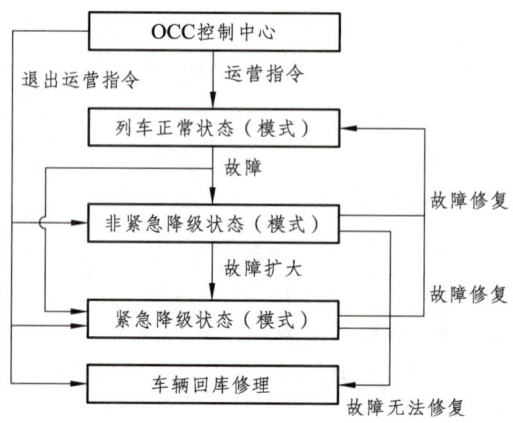

图 7-3-1 运营模式状态和管理流程

城市轨道交通列车运行自动控制系统维护

## 2. 非紧急降级状态（模式）

此状态是指系统设备出现异常，但是仍然可以维持运营，经处理后不会影响到列车的运行，也可根据控制中心指令退出运营。

## 3. 紧急降级状态（模式）

在此降级模式下，设备故障需要立即修复，控制中心调度员应做出快速的反应，以避免情况进一步恶化，如不可修复，则需立即清客或救援并退出运营。

## 4. 配合无人驾驶管理的系统功能

车辆配备视频监控系统，控制中心可通过视频图像了解车内情况，对事件或故障做出正确反应，乘客可通过车载对讲系统与控制中心乘客调通话交流。当需要有人驾驶车辆时，巡逻人员可打开驾驶台盖板，实施驾驶操作，此时车载系统设备自动将控制中心与乘客的通话权转换为控制中心直接与司机通话、司机与乘客对话的管理关系。控制中心调度员、乘客、司机和视频监控关系如图 7-3-2 所示。

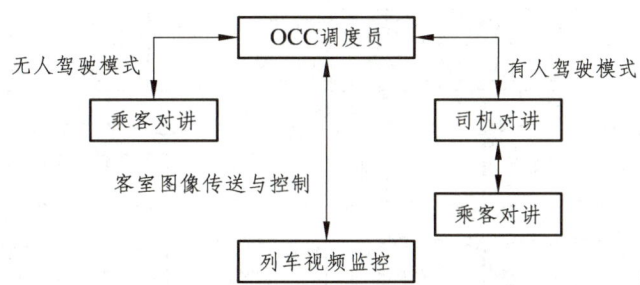

图 7-3-2 控制中心调度员、乘客、司机和视频监控关系

### 3.1.2 FAO 系统的主要岗位职能

通过对线路运行状态（模式）的分析和定义，明确线路运营模式所应解决问题的需求及目标。针对上述运营模式，在运营体系和维修体系的岗位配置、职能上有如下主要内容。

## 1. 控制中心设备布置及作用

在无人驾驶线路中，控制中心作为线路运营的决策中心，管理正线和停车场的自动化区域，决定现场应该采取何种操作规程或救援措施。当需要现场干预时，控制中心调度员可要求车站值班员、站台操作员或多职能巡逻人员提供协助，并进行现场非正常情况的干预。

控制中心调度员通过控制中心的控制大厅系统设备控制整条线路的各个系统。线路状态数据、地面固定设备和列车的所有数据都将传输到控制中心的控制大厅。控制大厅可设置一个大型的线路地图（大屏幕）或各专业系统终端来监控所有的行车数据，行使运营指挥权。

控制中心在任何时候均可接收到列车运行情况的实时信息，以验证有无异常报警活动。如果控制中心调度员认为必要，可派遣多职能巡逻人员至列车，对故障进行确认和详细说明，控制中心接到报告后，对故障做出反应。

当现场故障发生时，控制中心的调度员必须做出故障重要性的决定，该事件可能是非技术性的（如火灾/烟雾报警、炸弹恐怖袭击等），必须启动相应应急预案，处理此类事件。

控制中心的系统设备包括：行车系统设备、车站系统设备和列车车载系统设备。其中，行车系统设备包括：列车自动控制系统、列车监控系统、专用无线通信系统、综合监控系统、闭路电视系统、乘客广播、乘客信息系统、电源设备（如主变、牵变和降变设备）、隧道通风（如隧道通风机）、隧道照明及隧道疏散引导照明系统等。车站系统设备包括：车站通风空调系统设备、排水系统、扶梯、电梯、照明设备、方向标记、站台屏蔽门、火灾报警设备、楼宇自动化系统、自动售检票系统、门禁系统等。

由于无人驾驶系统具有高度集中管理的要求，调度员的专业分工更加细化，专业水平和系统设备运行管理的经验要求更高。除了设置基本的行车调度员、车辆场调度员、总调度员外，增设了乘客调度员和维护调度员。根据系统设备集成的特点，设置了综合监控系统调度员，负责电力、环控、防灾报警和电视监控等车站系统设备管理。该管理配置既适用于无人驾驶系统管理，也适用于有人驾驶系统管理，是对既有运营线路有人驾驶系统管理要求的提升和服务质量的提升。

OCC 调度大厅调度员的席位（岗位）布置如图 7-3-3 所示。

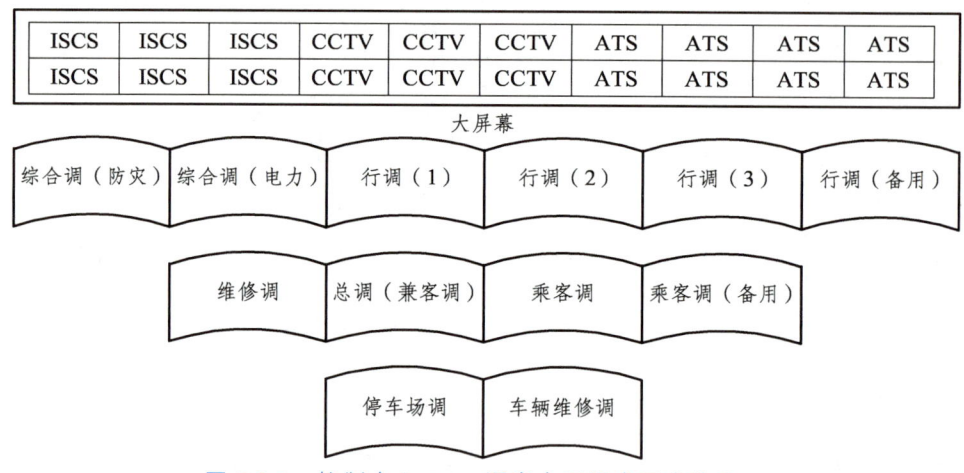

图 7-3-3　控制中心 OCC 调度大厅调度员席位布置

2. 车站日常管理及应急管理

1) 日常管理

由于无人驾驶系统具有高度自动化，系统正常运营时，车站及轨旁值班员主要是为车站的乘客服务，他们必须对乘客的要求做出快速反应，以确保实现对乘客的高质量的服务。其中车站值班员负责查看车站设备，回答和解决乘客的提问和要求，管理车站秩序；站台操作员主要负责帮助和引导乘客上下车，并及时处理车门或屏蔽门故障，以确保列车能正常载客；线路多职能巡逻人员在线路运营时主要是处理列车客室内与乘客相关的服务内容，当线路或列车出现故障的时，在控制中心调度员的指令下，处理现场故障。

2) 应急管理

在系统出现故障降级运行时，车站及轨旁值班员必须配合控制中心调度员处理故障。当线路某个区段以中央控制模式运行时，车站值班员可以在紧急情况下不经过控制中心的授权，直接获取该线路区段的控制权；当车站获得该线路区段的控制权后，所有的进路应由车站值班员人工设置。必须强调的是正常和降级操作模式的活动都由控制中心调度员监控和协调。控制中心调度员可在任何时刻请求巡逻人员、车站的操作员在列车上、轨道上或是线路的其他任何地方给予帮助。车站值班员、站台操作员和巡逻人员只需负责按照控制中心调度员的命令或授权来处理本地降级模式。

### 3.2 FAO 系统的维护管理

维护活动独立于运营活动,但这两个实体之间有着紧密的联系。在无人驾驶维护管理体系中,日常维护与有人驾驶管理体系要求基本一致,但在无人驾驶维护管理中应急维护显得尤为重要。具体表现在以下几方面。

#### 1. 设置控制中心维护调度

集中维护的信息管理能更加快速地响应和解决故障,并提供行车调度、综合调度和乘客调度的决策支持。当故障被诊断为需要执行抢修预案,控制中心调度员可组织进行临时服务。维护部门能根据控制中心维修调度员的要求进行干预排故,使运输网络恢复到完全可用的状态(如道岔电机故障等)。

#### 2. 维护信息可自动地以无线传输的方式提供给维护部门

地面或车载设备故障报警信息,按重要性等级快速提供给控制中心维护终端,由维护调度按重要性下达维护指令;当列车进入自动化停车场后,通过专用车—地通信无线系统,将车辆数据自动下载到地面维护信息数据库中,作为维护人员的数据分析和维护依据。

#### 3. 系统提供了维护人员的防护功能

由于无人驾驶系统没有设置司机岗位,没有了瞭望防护的功能,故为了确保现场维护人员的人身安全,系统设计了封锁防护区域开关。当维护人员需要在轨行区作业时,启动该维护防护开关,使运行列车无法越行,解决了安全作业问题。

### 3.3 FAO 系统故障处理

#### 3.3.1 车门故障

车门故障分为车门状态丢失、单扇车门故障、再关门控制 3 种情况。

#### 1. 车门状态丢失

车辆采集到车门关闭状态丢失时,根据列车所处位置采取相应的控制措施。

列车在区间或进站过程中,保证继续运行进站和精确停车。当列车在站台停稳时,若车门丢失状态仍然没有恢复,则切除牵引不再发车。

如果车门状态丢失时,列车正在出站且与站台区域有重叠,立即实施紧急制动,提示退出 FAM 模式,由综合站务人员上车恢复车门状态,确认乘客安全后重新按流程升级为 FAM 发车。流程如图 7-3-4 所示。

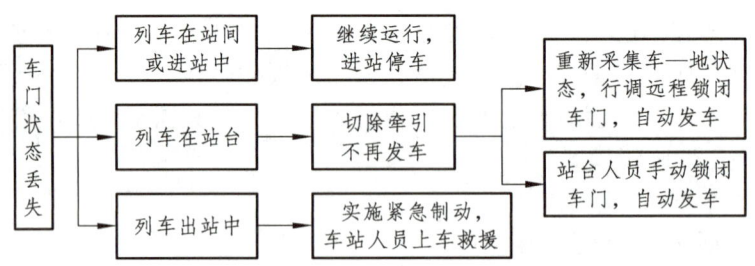

图 7-3-4　车门状态丢失故障应对流程

### 2. 单扇门故障

单扇车门因故障无法打开时，车辆须向车辆调度、乘客调度、车站报警，由站务综合人员上车对故障车门进行隔离，列车运营至终点退出服务并将故障信息发送检修调。同时，车辆点亮故障车门对应的红色指示灯，提示对应故障车门不打开的信息，并通过车载广播系统进行车门隔离故障广播。下一车站点亮故障车门对应站台门的故障指示灯，列车进站停稳后故障车门与对应屏蔽门均不打开。

### 3. 再关门控制

当遇到车门夹人夹物情况时，车辆开闭车门 3 次后仍未关闭，列车将通过车辆车—地通信系统给车载 VOBC 反馈进入防夹状态，保证车门及对应的站台门打开不关闭。

车门的再次关闭可通过站务人员本地再关门控制，也可通过远程再关门控制。远程再关门控制时，行调通过 ATS 给车载 VOBC 发送"再次关门"指令，车载 VOBC 向列车门控单元发出"再次关门"指令，车门再次关闭。

### 3.3.2　车载 ATO/ATP 故障

车载列车自动运行系统（ATO）和列车自动保护系统（ATP）设备均采用首尾双冗余配置。单系统故障时，列车正常运行，并向中央车辆调度台和行车调度台报警。当车载 ATO/ATP 两端均故障时列车紧急制动停车。

车载 ATO 双系统均发生故障后，调度员尝试远程重启，重启成功后自动升级为 FAM 模式；如果远程重启失败则由调度员安排站务人员进入区间上车救援，工作人员上车后转为受控人工驾驶模式驾驶列车，人工护送回终点站后列车下线。

车载 ATP 双系统均发生故障后，调度员安排站务人员进入区间上车救援，工作人员切除车载 ATP，采用紧急非限制人工驾驶模式驾驶列车至车站打开车门和站台门，清客后将列车下线。

### 3.3.3　ATS 设备故障

中央 ATS 系统及车站 ATS 服务器均为双机冗余配置。当发生单机故障时，自动切换到备机运行，保证不影响系统正常功能的使用。

当中央 ATS 主备系统均故障时，为了保证列车正常运行，中央行车调度员应通知车站综合业务人员就近上车。运营控制将自动转移到位于设备集中站的本地 ATS，此时的列车进路由车站级 ATS 控制，列车仍可按 FAM 模式继续运行。故障对应方案如图 7-3-5 所示。

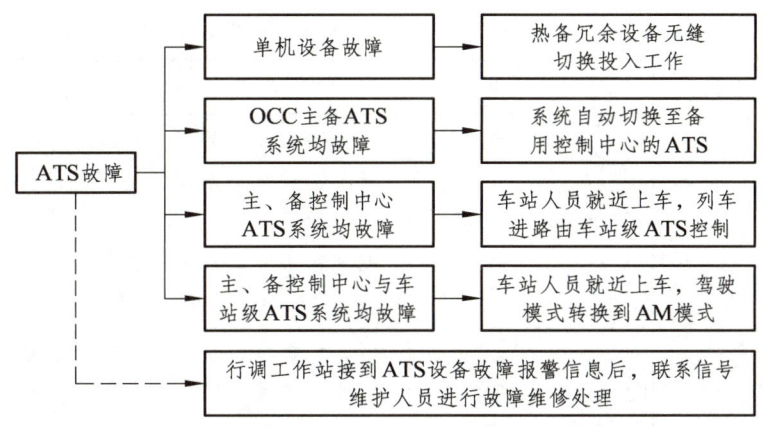

图 7-3-5　ATS 设备故障应对方案

中央 ATS 主备系统均故障，且车站级 ATS 设备也故障时，计算机联锁能继续给列车分配进路，区域控制器设备能够给列车分配移动授权。车载 VOBC 收到 ATS 故障信息后，列车正常运行，中央行车调度员通知车站综合业务人员就近上车，此时的列车进路由车站联锁设备控制。行调工作站接到 ATS 设备故障报警信息后，联系信号维护人员进行故障维修处理。

### 3.3.4　区域控制器设备故障

区域控制器采用安全可靠的冗余架构，单系统故障时，系统将自动切换到另一系运行，不影响系统功能。

当区域控制器完全故障时，控制区域中的所有列车紧急制动，降级为非基于通信的列车自动控制系统列车。人工确认安全后，列车自动运行至下一站台停车，站务人员上车后，将列车降级到点式等级的列车自动驾驶模式或受控人工驾驶模式或限制人工驾驶模式运行，信号系统提供点式 ATP/ATO 功能，当列车行至区域控制中心工作正常的区域并与其建立有效连接后，可重新升级到全自动控制等级。

在列车运行设备健康管理方面，基于人工智能和 5G 技术的支持，可以实现分级预警、快速重投、远程控制等关键技术的突破，提高列车在异常事件发生时的快速自我愈合能力。同时，结合设备在线故障预测、监测以及诊断技术，可以实现设备全生命周期管理，提升安全运营的能力。

**评价标准**

《全自动无人驾驶系统运营管理及故障处理》任务评价单

| 评价方式 | 评价内容 | 比例 | 得分 |
| --- | --- | --- | --- |
| 学生自评 | 按项目评价内容及标准进行评价 | 20% | |
| 组内互评 | 按项目评价内容及标准进行评价 | 20% | |
| 组间互评 | 按项目评价内容及标准进行评价 | 20% | |
| 教师评价 | 按项目评价内容及标准进行评价 | 40% | |
| 任务得分 | | | |

《全自动无人驾驶系统运营管理及故障处理》任务评价内容及标准

| 序号 | 评价项目 | 评价内容 | 评价标准 | 分值 | 得分 |
|---|---|---|---|---|---|
| 1 | 任务完成情况 | FAO系统运营模式 | 能否准确写出FAO系统运营模式；能否准确写出不同运用模式的特点及应用场景；能否在实验设备上完成不同运营模式的操作转换，根据实际情况酌情打分 | 20分 | |
| | | FAO系统运营体系和维修体系的岗位配置、职能的主要内容 | 能否依据自主查阅的资料及会议内容完整地阐述不同运营场景的岗位配置、职能的主要内容；分组汇报时对主要内容的表述是否完整、准确，根据实际情况酌情打分 | 20分 | |
| | | FAO系统常见故障 | 能否依据企业操作人员的实际操作总结出FAO系统常见故障的处理方法；能否准找到教师在实验设备上设置的故障点的处理；能否按照企业故障处理的操作步骤完成故障处理及故障工单的填写，根据实际情况酌情打分 | 40分 | |
| 2 | 职业素养情况 | 资料搜集情况 | 资料搜集非常全面5分；资料搜集比较全面1~4分；资料搜集不全面酌情扣1~5分 | 5分 | |
| | | 语言表达情况 | 表达非常准确5分；表达比较准确1~4分；表达不准确酌情扣1~5分 | 5分 | |
| | | 工作态度情况 | 态度非常认真5分；态度较为认真2~4分；态度不认真、不积极酌情扣1~5分 | 5分 | |
| | | 团队分工情况 | 分工非常合理5分；分工比较合理1~4分；分工不合理酌情扣1~5分 | 5分 | |

## 学习小结

CBTC系统的应用，有力地支撑了城市轨道交通安全、高效、可靠、准点、舒适、低碳、人性化七大目标的实现。但是随着运营里程增加、客运量攀升、各条线路行车间隔缩短，对轨道交通列控系统提出了更高的要求。运用现代管理与技术，对轨道交通多专业进行高度集成联动，从而提高运营效率，提高系统可靠性与自动化程度是目前研究的主要方向，也是城轨列车系统的新技术。本项目主要介绍CBTC系统的发展趋势以及目前高水平的列控系统FAO系统的组成、FAO系统运营模式、维护及故障处理等知识。

### 思考练习

1. 简要说明车—车通信列车运行自动控制系统组成及各部分的作用。
2. 介绍基于车—地和车—车通信列车运行自动控制系统的区别（至少说出2个）。
3. 描述 FAO 系统特点。
4. 简述 FAO 系统组成及各部分的作用。
5. 简述 FAO 系统的运营等级。
6. 简要说明 FAO 系统运营模式及不同运营模式的特点。
7. 简述 FAO 系统中工作岗位的维护工作内容。
8. 简述 FAO 系统中车载 ATP 故障的处理方法。

# 参考文献

[1] 谭丽娜，李晓红. 城市轨道交通信号基础[M]. 北京：北京理工大学出版社，2018.
[2] 林瑜筠. 城市轨道交通 ATC 系统[M]. 北京：中国铁道出版社，2019.
[3] 贾文婷. 城市轨道交通列车运行控制[M]. 北京：北京交通大学出版社，2019.
[4] 张玮. 城市轨道交通列车运行控制系统维护[M]. 成都：西南交通大学出版社，2012.
[5] 付兵，廖理明. 城市轨道交通 CBTC 信号系统[M]. 成都：西南交通大学出版社，2016.
[6] 林瑜筠. 城市轨道交通列车自动控制系统维护[M]. 北京：中国铁道出版社，2014.
[7] 翟国锐，刘宏伟，师秀霞. 下一代地铁车辆全自动无人驾驶信号系统关键技术[J]. 机电工程，2017（3）：78-82.
[8] 宁滨，郜春海，李开成，等. 中国城市轨道交通全自动运行系统技术及应用[J]. 北京交通大学学报，2019（1）：1-6.
[9] 黄新义. LZB700M 型城市轨道交通信号系统列车定位技术浅析[J]. 列车运行 2014（5）：6-9.
[10] 崔轶昕，刘琴，赵程，等. 基于车地和车车通信列车运行自动控制系统分析研究[J]. 技术装备 2022（7）：41-48.